Roland Nikolaus Löchli

Die Volksrepublik China, Japan und das Ostchinesische Meer, 1970-2012

Ein Meer der Stabilität?

projektverlag.

Bibliografische Information der Deutschen Nationalbibliothek

Die Deutsche Nationalbibliothek verzeichnet diese Publikation in der Deutschen Nationalbibliografie; detaillierte bibliografische Daten sind im Internet über http://dnb.d-nb.de abrufbar.

Dieser Band beruht auf einer Dissertation an der Ludwig-Maximilians-Universität München.

ISSN 2199-6237
ISBN 978-3-89733-424-3

© projekt verlag, Bochum/Freiburg 2017
www.projektverlag.de

Cover Design: punkt KOMMA Strich GmbH, Freiburg
www.punkt-komma-strich.de

Cover Image: Aerial Photo of Kitakojima and Minamikojima Japan, 1978.
Copyright © National Land Image Information (Color Aerial Photographs)

Roland Nikolaus Löchli

Die Volksrepublik China, Japan und das Ostchinesische Meer, 1970-2012

Münchner Schriftenreihe Japanforschung
Band 3

Herausgegeben von
Steffen Döll | Martin Lehnert | Peter Pörtner |
Evelyn Schulz | Klaus Vollmer | Franz Waldenberger

Inhalt

Einleitung: Stabilität im Ostchinesischen Meer 9
Kapitel I: Theorien der Internationalen Beziehungen 29
    I.1 Struktureller Realismus: offensiver und defensiver Realismus 32
        I.1.1 Politischer Realismus in der Internationalen Politik 32
        I.1.2 Offensiver Realismus 33
        I.1.3 Systemstabilität im offensiven Realismus 34
        I.1.4 Hypothesen offensiver Realismus 42
        I.1.5 Defensiver Realismus 43
        I.1.6 Das Sicherheitsdilemma 44
        I.1.7 Intensität des Sicherheitsdilemmas 44
        I.1.8 Hypothesen Defensiver Realismus 50
    I.2 Struktureller Liberalismus 51
        I.2.1 Geschichtlicher Überblick liberaler Theorien 51
        I.2.2 Ökonomische Interdependenz und Frieden 53
        I.2.4 Hypothesen Struktureller Liberalismus 60
    I.3 Struktureller Konstruktivismus 61
        I.3.1 Konstruktivismus als Paradigma der Internationalen Beziehungen 61
        I.3.2 Drei Strukturen der Anarchie 63
        I.3.3 Internalisierung 67
        I.3.4 Hypothesen Struktureller Konstruktivismus 69
Kapitel II: Maritime Interessenkonflikte 70
    II.1 Interessenkonflikt um die Senkaku/Diaoyu-Inseln 70
    II.2 Interessenkonflikt um die Festlegung der Seegrenze 77
    II.3 Interessenkonflikt um die Erschließung von Hydrokarbonressourcen .. 83
    II.4 Die sino-japanischen Interessenkonflikte im ostchinesischen Meer: Ursachen wiederkehrender Krisen und eines anhaltenden Konfliktes .. 86
Kapitel III: Sino-japanische Krisen im Ostchinesischen Meer 89
    III.1 DIE ERSTE KRISE 1970-1972 & DIE ZWEITE KRISE 1978 90
        III.1.1 DIE ERSTE KRISE 1970-1972: Hydrokarbonressourcen und die Rückgabe der Senkaku/Diaoyu-Inseln an Japan 90
        III.1.2 Intensität der ersten Krise 1970-1972 96
        III.1.3 Die zweite Krise 1978: Chinesische Fischerboote 97
        III.1.4 Intensität der zweite Krise 1978 101
    III.2 Analyse der ersten Krise 1970-1972 und der zweiten Krise 1978 102
        III.2.1 Struktureller Konstruktivismus 1970-1972 & 1978 102

    III.2.2 Struktureller Liberalismus 1970-1972 & 1978 110
    III.2.3 Defensiver Realismus 1970-1972 & 1978 115
    III.2.4 Offensiver Realismus 1970-1972 & 1978 126
    III.2.5 Stabilität im Ostchinesischen Meer 1970-1972 & 1978............. 128
III.3 Die dritte Krise 1990 und die vierte Krise 1996 129
    III.3.1 Die dritte Krise 1990: Die Leuchtturmkrise........................... 129
    III.3.2 Intensität der dritten Krise 1990 133
    III.3.3 Die vierte Krise 1996: EEZ-Gesetzgebung und die
          Leuchtturmfrage 134
    III.3.4 Intensität der vierten Krise 1996 138
III.4 Analyse der dritten Krise 1990 und der vierten Krise 1996 140
    III.4.1 Defensiver Realismus 1990 und 1996 140
    III.4.2 Offensiver Realismus 1990 und 1996 154
    III.4.3 Struktureller Liberalismus 1990 und 1996 160
    III.4.4 Struktureller Konstruktivismus 1990 und 1996 170
    III.4.5 Stabilität im Ostchinesischen Meer 1990 und 1996....................181
III.5 Die fünfte Krise 2004-2008, die sechste Krise 2010 und die
    siebte Krise 2012 183
    II.5.1 Die fünfte Krise 2004-2008: Wiederholte Landungsversuche
         und Hydrokarbonressourcen 183
    III.5.2 Intensität der fünften Krise 190
    III.5.3 Die sechste Krise 2010: Die Bootskollisionen 191
    III.5.4 Intensität der sechsten Krise 2010 195
    III.5.5 Die siebte Krise 2012: Die Nationalisierung der Inseln 196
    III.5.6 Intensität der siebten Krise 2012 202
    III.6 Analyse der fünften Krise 2004-2008, der sechsten Krise
    2010 und der siebten Krise 2012 206
    III.6.1 Struktureller Konstruktivismus 2004-2008, 2010 und 2012 206
    III.6.2 Defensiver Realismus 2004-2008, 2010 und 2012 214
    III.6.3 Offensiver Realismus 2004-2008, 2010 und 2012.................... 234
    III.6.4 Struktureller Liberalismus 2004-2008, 2010 und 2012 240
    III.6.5 Stabilität im Ostchinesischen Meer 2004-2008, 2010 und 2012 .. 247
Ergebnisse und Ausblick 249
Literaturverzeichnis 261

Tabellen- und Abbildungsverzeichnis

Tabelle I: Absolute Stabilität, Grad der Stabilität und Krisenintensität 20

Tabelle II: Analyseebenen und Analyseeinheiten der Theorien 31

Tabelle III: Sieben sino-japanische Krisen im Ostchinesischen Meer 204

Tabelle IV: Vorhersagen der Theorien über die absolute Stabilität und den Grad der relativen Stabilität im Ostchinesischen Meer 254

Bild I: Das Ostchinesische Meer und die Senkaku/Diaoyu-Inseln 82

Abkürzungsverzeichnis

A2/AD	Antiaccess/Area Denial
ARF	ASEAN Regional Forum
ASCM	Anti-Ship Cruise Missile
ASDF	Air Self-Defense Force (Japan)
ASEAN	Association of Southeast Asian Nations
ASW	Anti-Submarine Warfare
BMD	Ballistic Missile Defense
C4ISR	Command, Control, Communications, Computers, Intelligence, Surveillance and Reconnaissance
CCG	China Coast Guard
CEPA	Comprehensive Economic Partnership Agreement
CICIR	China Institute for Contemporary International Relations
DDG	Destroyer (Schiffsklasse)
DDH	Helicopter Destroyer (Schiffsklasse)
DPP	Democratic Progressive Party (Taiwan)
ECAFE	Economic Commission for Asia and the Far East
EEZ	Exclusive Economic Zone
EPA	Economic Partnership Agreement
FDI	Foreign Direct Investment
G7	Group of Seven
GSDF	Ground Self-Defense Force (Japan)
IGH	Internationaler Gerichtshof
ISR	Intelligence, Surveillance and Reconnaissance
JCBIT	Japan-China Bilateral Investment Treaty
JCG	Japan Coast Guard
JDZ	Joint Development Zone

KP	Kommunistische Partei (VR China)
LDP	Liberaldemokratische Partei (Japan)
MITI	Ministry for International Trade and Industry (Japan)
MSA	Marine Safety Agency (Japan)
MSDF	Maritime Self-Defense Force (Japan)
MTDP	Mid Term Defense Plan (Japan)
MTP	Mid Term Plan (Japan)
NDPG	National Defense Program Guidelines (Japan)
NDPO	National Defense Program Outline (Japan)
ODA	Official Development Assistance
ODB	Offensiv-Defensiv-Balance
ODT	Offensiv-Defensiv-Theorie
PLA	People's Liberation Army (VR China)
PLAAF	People's Liberation Army Air Force (VR China)
PLAN	People's Liberation Army Navy (VR China)
SDF	Self-Defense Forces (Japan)
SOA	State Oceanic Administration (VR China)
UN	United Nations
UNCLOS	United Nations Convention on the Law of the Sea
USN	United States Navy

EINLEITUNG: STABILITÄT IM OSTCHINESISCHEN MEER

SINO-JAPANISCHE KRISEN IM OSTCHINESISCHEN MEER

Im Ostchinesischen Meer macht in den letzten Jahrzehnten die Betrachtung der Interaktion zwischen der Volksrepublik (VR) China und Japan deutlich, dass dieser maritime geographische Raum zu einem Meer des Konfliktes geworden ist. Dort spielten sich seit 1970 in fast allen Dekaden Krisen zwischen beiden Staaten ab. Kurze Einblicke in verschiedene Episoden sino-japanischer Kriseninteraktion bestätigen diese Behauptung. 1970 verhandelte Japan mit Taiwan und Südkorea unter Ausschluss der VR China über die Erschließung von Hydrokarbonressourcen im Ostchinesischen Meer. 1971 protestierte die VR China gegen die Rückgabe Okinawas und der Senkaku/Diaoyu-Inseln aus der Treuhandschaft der Vereinigten Staaten von Amerika (USA) an Japan. 1978 segelten ungefähr 100 bewaffnete chinesische Fischerboote zu den Inseln, um die Souveränitätsansprüche der VR China zum Ausdruck zu bringen. 1990 provozierten japanische Rechtsnationalisten ihre Regierung zu der öffentlichen und die VR China bloßstellenden Erklärung, dass Japan Souveränität und effektive Kontrolle über die Senkaku/Diaoyu-Inseln ausübe und kein territorialer Konflikt existiere. 1996 deklarierte Japan seinen Anspruch auf eine Exclusive Economic Zone (EEZ) im Ostchinesischen Meer, die auch die Senkaku/Diaoyu-Inseln umfasste und zog dadurch Proteste aus der VR China auf sich. 2005 entsandte die VR China fünf Kriegsschiffe in das Ostchinesische Meer und demonstrierte seine Bereitschaft, eine Förderplattform auf einem umstrittenen Öl- und Gasfeld im Ostchinesischen Meer auch durch Machtprojektion zu schützen. 2010 rammte ein chinesisches Fischerboot zwei Schiffe der japanischen Küstenwache vor den Senkaku/Diaoyu-Inseln. Der Verhaftung der gesamten Besatzung durch Japan begegnete die VR China mit Protesten sowie diplomatischen, politischen und ökonomischen Zwangsmaßnahmen. Im Februar 2013 berichteten japanische Zeitungen, dass ein chinesisches Kriegsschiff seinen Zielradar auf einem japanischen Zerstörer fixierte und im Dezember 2013 etablierte die VR China unter dem Protest Japans eine Air Defense Identification Zone (ADIZ) über dem Ostchinesischen Meer, die auch die Senkaku/Diaoyu-Inseln umfasste.

Diese kurzen Einblicke in verschiedene Episoden sino-japanischer Kriseninteraktion sind sowohl aus selbsterklärenden praktischen Gesichtspunkten als auch aus theoretischen Gesichtspunkten besorgniserregend. Die politikwissenschaftliche Literatur über Krisen knüpft eine logische Verbindung zwischen Interessenkonflikten (*international conflict*), internationalen Krisen (*international crises*) und bewaffneten Konflikten (*war*).¹ In der Weltgeschichte haben sich demnach zahllose internationale Krisen ereignet, die nicht über friedliche Resolutionsmechanismen beigelegt werden konnten und zu bewaffneten Konflikten und Kriegen führten.² Michael Brecher definiert zwei Aspekte, die für die Existenz einer internationale Krise sowohl notwendig als auch hinreichend sind:³

(1) eine Zunahme der Intensität spaltender feindlicher, verbaler oder physischer Interaktion zwischen zwei oder mehreren Staaten mit einer *erhöhten* Wahrscheinlichkeit militärischer Auseinandersetzungen; die
(2) ihre Beziehungen destabilisiert und die Stabilität *eines* internationalen Systems bedroht.

Gemäß dieser Definition haben sich im Ostchinesischen Meer im Zeitraum 1970-2012 sieben sino-japanische Krisen ereignet:

(1) die erste Krise 1970-1972: Hydrokarbonressourcen und die Rückgabe der Senkaku/Diaoyu-Inseln an Japan
(2) die zweite Krise 1978: chinesische Fischerboote
(3) die dritte Krise 1990: Leuchtturmkrise
(4) die vierte Krise 1996: EEZ-Gesetzgebung und Leuchtturmfrage
(5) die fünfte Krise 2004-2008: wiederholte Landungsversuche und Hydrokarbonressourcen
(6) die sechste Krise 2010: Bootskollisionen
(7) die siebte Krise 2012 : die Nationalisierung der Senkaku/Diaoyu-Inseln

Nach der Definition von Michael Brecher und Jonathan Wilkenfeld kann die Gesamtheit der sino-japanischen Interaktion im Ostchinesischen Meer zudem als ein anhaltender Konflikt (*protracted conflict*) eingestuft werden,⁴

---

[1] Richard Ned Lebow (1981) *"Between Peace and War: The Nature of International Crisis"*, Baltimore, MA & London, UK: The John Hopkins University Press, 7, 9; Zeev Maoz (1982) *"Paths to Conflict: International Dispute Initiation, 1816-1976"*, Boulder, CO: Westview Press, 12-19; Patrick James (1988) *"Crisis and War"*, Kingston & Montreal: McGill-Queen's University Press, 5-7; Michael Brecher (1993) *"Crises in World Politics: Theory & Reality"*, Oxford, UK & New York, NY: Pergamon Press, 2-7; Michael Brecher & Jonathan Wilkenfeld (1997) *"A Study of Crisis"*, Ann Arbor, MI: University of Michigan Press, 2-7; John A. Vasquez (2009) *"The War Puzzle Revisited"*, New York, NY: Cambridge University Press, 200-213.

[2] Brecher & Wilkenfeld (1997) *"A Study of Crisis"*.

[3] Brecher (1993) *"Crises in World Politics"*, 2-3.

[4] Michael Brecher (1984) "International Crises and Protracted Conflicts", *Inter-*

da aufgrund derselben ungelösten Interessenkonflikte innerhalb desselben geographischen Raumes über Jahrzehnte hinweg wiederkehrende Krisen zwischen der VR China und Japan ausgebrochen sind. Die bislang aufgetretenen sino-japanischen Krisen im Ostchinesischen Meer drehten sich stets um den Interessenkonflikt um die (1) Souveränität über die Senkaku/Diaoyu-Inseln, den Interessenkonflikt um die (2) Festlegung einer Seegrenze und den Interessenkonflikt um die (3) Erschließung von Hydrokarbonressourcen.

Angesichts eines anhaltenden Konfliktes im Ostchinesischen Meer seit 1970 erscheint es bemerkenswert, dass die VR China und Japan bis in die Gegenwart von Gewaltandrohung und Gewaltanwendung[5] zur Resolution ihrer Interessenkonflikte abgesehen haben. So geht aus den Studien Russell J. Lengs hervor, dass die Gefahr einer gewalttätigen Eskalation anhaltender Konflikte von Krise zu Krise steigt.[6] Auch Michael Brecher und Patrick James sowie Michael Brecher und Jonathan Wilkenfeld zeigen, dass Gewaltanwendung innerhalb anhaltender Konflikte mit einer höheren Wahrscheinlichkeit zu einem bestimmenden Element der Kriseninteraktion wird als außerhalb anhaltender Konflikte.[7] Dennoch haben die VR China und Japan bislang stets von Gewaltandrohung und Gewaltanwendung abgesehen, um die Interessenkonflikte im Ostchinesischen Meer zu lösen. Die sino-japanische Kriseninteraktion im Ostchinesischen Meer hat folglich *nicht* zum Ausbruch eines bewaffneten Konfliktes oder Krieges (*militarised interstate dispute/war*)[8] geführt. Das Ostchinesische Meer kann somit nicht nur als ein Meer des Konfliktes, sondern gleichzeitig auch als ein Meer der Stabilität be-

---

national Interactions, 11: 3-4, 237-297; Brecher & Wilkenfeld (1997) *"A Study of Crisis"*, 5-7; nach der Definition in Edward E. Azar, Paul Jureidini & Ronald McLaurin (1978) "Protracted Social Conflict: Theory and Practice in the Middle East", *Journal of Palestine Studies*, 8: 1, 42-60 ist *Gewaltanwendung* zwar ein notwendiges Merkmal eines *anhaltenden Konfliktes*, aber Brecher sowie Brecher und Wilkenfeld lehnen diese Annahme ab.

[5] Randolph M. Siverson & Michael R. Tennefoss (1984) "Power, Alliance, and the Escalation of International Conflict, 1815-1965", *The American Political Science Review*, 78: 4, 1059.

[6] Russell J. Leng (1983) "When Will They Ever Learn? Coercive Bargaining in Recurrent Crises", *Journal of Conflict Resolution*, 27: 3, 379-419.

[7] Michael Brecher & Patrick James (1988) "Patterns of Crisis Management", *Journal of Conflict Resolution*, 32: 3, 426-456; Michael Brecher & Jonathan Wilkenfeld (1989) *"Crisis, Conflict and Instability"*, Oxford, UK: Pergamon Press, Kapitel IX, X.

[8] Charles S. Gochman & Zeev Maoz (1984) "Militarized Interstate Disputes, 1816-1976: Procedures, Patterns, and Insights", *Journal of Conflict Resolution*, 28: 4, 587.

zeichnet werden.⁹ Der Verzicht auf Gewaltandrohung und Gewaltanwendung zur Resolution der Interessenkonflikte im Ostchinesischen Meer wird in der vorliegenden Arbeit als *absolute Stabilität* bezeichnet.¹⁰ Gewaltandrohung und Gewaltanwendung können als Prozesse betrachtet werden, in deren Verlauf die Anwendung oder Androhung *organisierter* Gewalt als militärpolitisches Instrument genutzt wird, um eine Resolution von internationalen Interessenkonflikten herbeizuführen.¹¹ Ein unbeabsichtigter Zwischenfall, der wenigen Zivilisten oder Soldaten das Leben kostet oder zum Verlust von militärischer Ausrüstung führt, wird in der vorliegenden Arbeit *nicht* als Gewaltanwendung betrachtet.¹² Da die VR China und Japan im Untersuchungszeitraum der vorliegenden Arbeit 1970-2012 von Gewaltandrohung und Gewaltanwendung zur Resolution der Interessenkonflikte Abstand genommen haben, war die Aufrechterhaltung der absoluten Stabilität im Ostchinesischen Meer stets gegeben.

Die vorliegende Arbeit beschäftigt sich innerhalb des Bezugsrahmens der sino-japanischen Interessenkonflikte – deren ausstehende Resolution zu wiederkehrenden sino-japanischen Krisen geführt hat und die wiederum in ihrer Gesamtheit einen anhaltenden Konflikt ergeben – mit der absoluten Stabilität im Ostchinesischen Meer. Insbesondere geht die vorliegende Arbeit der Frage nach, welche Ursachen der Aufrechterhaltung der absoluten Stabilität im Ostchinesischen Meer seit dem Auftreten der sino-japanischen Krisen zugrunde liegen. Die vorliegende Arbeit stellt die These auf, dass die Ursachen der absoluten Stabilität in der die VR China und Japan umgebenden strategischen Umwelt lokalisiert werden können.¹³ In einer unendlich kom-

---

⁹ Diese scheinbare Diskrepanz ist auch ein wesentliches Element der Abhandlung über den Kalten Krieg in John Lewis Gaddis (1986) "The Long Peace: Elements of Stability in the Postwar International System", *International Security*, 10: 4, 99-142.

¹⁰ Karl W. Deutsch & J. David Singer (1964) "Multipolar Power Systems and International Stability", *World Politics*, 16: 3, 390-406.

¹¹ Nikolas Stürchler (2007) *"The Threat of Force in International Law"*, Cambridge, UK: Cambridge University Press; Christine Gray (2008) *"International Law and the Use of Force"*, Oxford, UK: Oxford University Press; Francis Grimal (2013) *"Threats of Force: International Law and Strategy"*, New York, NY & London, UK: Routledge.

¹² Vorstellbar ist jedoch, dass solch ein unbeabsichtigter Zwischenfall eine Reaktion auslöst, die Gewaltandrohung oder Gewaltanwendung beinhaltet.

¹³ Falls die Analyse der strategischen Umwelt nicht in einen kausalen Zusammenhang mit der Stabilität im Ostchinesischen Meer gestellt werden kann, müsste die Frage untersucht werden, ob die VR China und Japan inmitten einer konfliktuellen strategischen Umwelt, die beide Seiten in einen bewaffneten Konflikt hätte stürzen müssen, über ausgezeichnete Mechanismen zur Krisenbewältigung verfügten. Richard C. Bush

plexen Welt zieht die vorliegende Arbeit vier Theorien der politikwissenschaftlichen Schule der Internationalen Beziehungen heran, um festzulegen, welche Faktoren für die Rekonstruktion der strategischen Umwelt, in der zwei oder mehrere Staaten interagieren, bedeutend sind. Bei den vier Theorien handelt es sich um den offensiven Realismus, defensiven Realismus, strukturellen Liberalismus und strukturellen Konstruktivismus.

An die oben genannte These anschließend behauptet die vorliegende Arbeit weiter, dass die strategische Umwelt die Entscheidungen widerspiegelte, die die politischen Eliten der VR China und Japans während dem Auftreten der Krisen *gegen* Gewaltandrohung und Gewaltanwendung getroffen haben und die dazu geführt haben, dass die Aufrechterhaltung der absoluten Stabilität sichergestellt wurde. Die zentrale Fragestellung lautet somit, welche tiefgreifenden strategischen Faktoren während dem Auftreten der jeweiligen Krisen vorgeherrscht haben. Können diese strategischen Faktoren als Ursachen der absoluten Stabilität während des gesamten Untersuchungszeitraumes betrachtet werden? Falls die Antwort auf diese Frage positiv ausfällt, wird gleichzeitig klar, *welche strategischen Faktoren* der absoluten Stabilität im Ostchinesischen Meer *in welchen Phasen* des Untersuchungszeitraums förderlich waren. Zudem stellt die vorliegende Arbeit fest, ob und wie sich die strategischen Faktoren über den Untersuchungszeitraum entwickelt und verändert haben. Während in der Literatur und den Medien von Jahr zu Jahr intensiver darüber diskutiert wird, ob in der nahen Zukunft ein bewaffneter Konflikt im Ostchinesischen Meer zwischen der VR China und Japan denkbar ist, möchte die vorliegende Arbeit die absolute Stabilität und die damit einhergehende Abwesenheit von Gewaltandrohung und Gewaltanwendung zur Resolution der Interessenkonflikte im Ostchinesischen Meer *nicht* als Zufall der Geschichte im Raum stehen lassen.

(2010) *"The Perils of Proximity: China-Japan Security Relations"*, Washington, DC: Brookings Institution Press schließt diese Hypothese zumindest aus. Siehe zur Unterscheidung zwischen *unmittelbaren* und *grundlegenden* Kriegsursachen überdies Lebow (1981) *"Between Peace and War"*, Baltimore, MA & London, UK: The John Hopkins University Press, 1. Da die sieben sino-japanischen Krisen im Ostchinesischen Meer *keine unmittelbaren* Kriegsursachen waren, untersucht die vorliegende Arbeit, ob die strategische Umwelt auch die Abwesenheit von *grundlegenden* Kriegsursachen nahelegt.

DAS SENKAKU/DIAOYU-RÄTSEL I:
AUFRECHTERHALTUNG DER ABSOLUTEN STABILITÄT

Zahlreiche internationale Krisen werden ohne Gewaltandrohung und Gewaltanwendung beigelegt, aber die Aufrechterhaltung der absoluten Stabilität im Ostchinesischen Meer 1970-2012 darf keineswegs als selbstverständlich erachtet werden. Sich auf die Analyse (nahezu) aller verfügbaren quantitativen Studien über die Ursachen von Kriegen stützend, vermutet John A. Vasquez, dass es von der Existenz einer Sequenz aus bestimmten Faktoren (*steps to war*) abhängt, ob internationale Krisen mit einer höheren Wahrscheinlichkeit – relativ zu einem Szenario, das diese Sequenz nicht enthält – zu bewaffneten Konflikten führen. Die Bestandteile Vasquez' Sequenz, die sich zur *steps to war*-Formel zusammensetzen und über eskalierende Kriseninteraktion zu bewaffneten Konflikten führen, sind territoriale Konflikte, Rivalität, Allianzen und Aufrüstung.[14] Im Untersuchungszeitraum 1970-2012 wurden die sino-japanischen Krisen von allen vier *steps to war* begleitet.

Seitdem die Menschheit organisierte Gewaltandrohung und Gewaltanwendung erfahren hat,[15] waren territoriale Konflikte ihre wahrscheinlichsten grundlegenden Ursachen.[16] Auch bei den sino-japanischen Interessenkonflikten im Ostchinesischen Meer handelt es sich um komplexe territoriale Konflikte. Wie in Kapitel II detaillierter dargestellt wird, lassen sich von der Souveränität über die Senkaku/Diaoyu-Inseln vermutlich weitreichendere Ansprüche auf Meereszonen ableiten, die wiederum exklusive Rechte auf die Ausbeutung maritimer Ressourcen generieren. Infolge eines halben Jahrhunderts sino-japanischer bewaffneter Konflikte und intensiven Sicherheitswettbewerbs 1894-1945 ist es auch keine Übertreibung zu behaupten, dass es sich bei der VR China und Japan angesichts bis in die Gegenwart ungelöster Geschichtskontroversen um Rivalen im Sinne der von Vasquez zitierten Werke handelt.[17]

---

[14] John A. Vasquez (2005) "Assessing the Steps to War", *British Journal of Political Science*, 35, 607-633; John A. Vasquez (2008) *"The Steps to War: An Empirical Analysis"*, Princeton, MA: Princeton University Press; Vasquez (2009) *"The War Puzzle Revisited"*, 169-172.

[15] Shiping Tang (2013) *"The Social Evolution of International Politics"*, Oxford, UK: Oxford University Press, 43-95.

[16] Vasquez (2009) *"The War Puzzle Revisited"*, 135-166; Paul Diehl (1985) "Contiguity and Military Escalation in Major Power Rivalries, 1816-1980", *Journal of Politics*, 47: 4, 1203-1211; Kalevi J. Holsti (1991) *"Peace and War: Armed Conflicts and International Order 1648-1989"*, Cambridge UK: Cambridge University Press.

[17] Siehe zum Beispiel Michael P. Colaresi, Karen Rasler & William R. Thompson

Territoriale Konflikte und Rivalität begünstigen auch die Entscheidung von Staaten zur Aufrüstung, wobei Aufrüstung durch einen Rückkoppelungsmechanismus die Tragweite der Rivalität und die Bedeutung territorialer Konflikte erhöht.[18] Kapitel III wird in diesem Zusammenhang aufzeigen, wie Japans navale Macht seit den 1970er Jahren stets an die wahrgenommenen Bedrohungen angepasst und die People's Liberation Army Navy (PLAN) in der VR China seit den 1990er Jahren einem rapiden navalen Modernisierungsprozess unterzogen wurde. Allianzbildung ist ebenfalls ein Teil der *steps to war*-Formel, der im Kontext der sino-japanischen Krisen im Ostchinesischen Meer gegeben ist, da die USA, als die alle anderen Staaten überragende navale Macht des 20. und 21. Jahrhunderts, seit 1951 Allianzpartner Japans sind. Durch seine frühere Treuhandschaft über Okinawa sowie der Senkaku/Diaoyu-Inseln und der anschließenden Übertragung der administrativen Rechte über diese Inseln 1972 an Japan ist Washington direkt an den sino-japanischen Krisen beteiligt.[19] Dieser Bestandteil der Sequenz wird in Kapitel III ebenfalls genauer erörtert. Obwohl die sino-japanischen Krisen 1970-2012 somit als ein Paradebeispiel für die *steps to war*-Formel erscheinen, haben sowohl die VR China als auch Japan von Gewaltandrohung und Gewaltanwendung Abstand genommen.

Neben theoretischen Überlegungen können auch die Ergebnisse empirischer Analysen die Aufrechterhaltung der absoluten Stabilität im Ostchinesischen Meer mit einem Fragezeichen versehen. So geht aus M. Taylor Fravels minutiösen Studien über chinesische Territorialstreitigkeiten hervor, dass die VR China im Südchinesischen Meer bezüglich der Paracel-Inseln und Spratly-Inseln im Untersuchungszeitraum der vorliegenden Arbeit zum Instrument der Gewaltanwendung griff und bewaffnete Konflikte austrug. 1974 wurde die Crescent-Gruppe der Paracel-Inseln nach einem bewaffneten Konflikt mit der Marine Nordvietnams besetzt und 1988 wurden sechs Erhebungen der Spratly-Inseln durch unilaterale Gewaltanwendung erobert, auf die auch die Philippinen und Vietnam souveräne Ansprüche erheben.[20] 2012 übernahm die VR China schließlich durch unilaterale Gewaltandrohung die Kontrolle über das Scarborough-Riff vor der philippinischen Küste, nachdem die Phi-

---

(2008) *"Strategic Rivalries in World Politics: Position, Space and Conflict Escalation"*, Cambridge, UK: Cambridge University Press.

[18] Vasquez (2009) *"The War Puzzle Revisited"*, 193-200.

[19] Jean-Marc F. Blanchard (2000) "The U.S. Role in the Sino-Japanese Dispute over the Diaoyu (Senkaku) Islands 1945-1971", *The China Quarterly*, 161, 95-123.

[20] M. Taylor Fravel (2008) *"Strong Borders, Secure Nation: Cooperation and Conflict in China's Territorial Disputes"*, Princeton University Press, 267-299.

lippinen die Stellung aufgegeben und ihre Schiffe abgezogen hatten.[21] Somit lässt auch die Betrachtung empirischer Studien die Frage aufkommen, warum Gewaltandrohung und Gewaltanwendung im Ostchinesischen Meer im Gegensatz zum Südchinesischen Meer nicht auftrat, obwohl die VR China in beiden geographischen Räumen vergleichbare Interessenkonflikte austrägt.

Auch aus der Perspektive regionalspezifischer Studien wurde, zumindest seit den 1990er Jahren, die Frage aufgeworfen, ob die absolute Stabilität in Ostasien Bestand haben könnte. Denny Roy schloss die Möglichkeit nicht aus, dass eine ökonomisch starke VR China vor Gewaltanwendung nicht zurückschrecken, eine militärische Gegenreaktion Japans hervorrufen und die Stabilität der Region beeinträchtigen würde. Roy erörterte, dass die VR China und Japan natürliche Rivalen seien. Das Erbe des Großostasiatischen Kriegs, so Roy, verstärke das Sicherheitsdilemma, sodass beide Seiten ihre militärischen Aktivitäten grundsätzlich als Bedrohung interpretierten.[22] Aaron Friedberg konstatierte nach dem Zusammenbruch der bipolaren Weltordnung, dass Asien 'reif für Rivalität' sei. Damals stellte Friedberg fest, dass der ostasiatische Wirtschaftsraum relativ wenig integriert war und sich entwickelnde Interdependenzen auch ökonomische Interessenkonflikte hervorrufen könnten. Institutionalisierte Formen ökonomischer und sicherheitspolitischer Kooperation zwischen der VR China und Japan steckten überdies in den Kinderschuhen. Außerdem verfügten die Staaten, so Friedberg, über unterschiedliche politische Systeme und kulturelle Identitäten. Zudem beschwor Friedberg die Gefahr eines nuklearen Rüstungswettlaufs und schloss mit der These ab, dass die Obsoleszenz von Kriegen[23] in Ostasien eine verfrühte Beobachtung darstelle.[24] Im selben Atemzug stellte Richard Betts fest: "The most probable bipolar pair [in the world], and potentially the most antagonistic, is China and Japan. That would be the one with most potential for war among great powers [...]".[25]

Trotz dieser Erkenntnisse ist es der VR China und Japan gelungen, die absolute Stabilität im geographischen Raum des Ostchinesischen Meeres aufrechtzuerhalten. Dies impliziert, dass die Ursachen der Stabilität im Kon-

---

[21] Ely Ratner "Learning the Lessons of Scarborough Reef", *nationalinterest.org*, November 21st, 2013.
[22] Denny Roy (1994) "Hegemon on the Horizon? China's Threat to East Asian Security", *International Security*, 19: 1, 149-168.
[23] Carl Kaysen (1990) "Is War Obsolete?", *International Security*, 14: 4, 42-64.
[24] Aaron L. Friedberg (1993-1994) "Ripe for Rivalry: Prospects for Peace in a Multipolar Asia", *International Security*, 18: 3, 5-33.
[25] Richard K. Betts (1993-1994) "Wealth, Power, and Instability: East Asia and the United States after the Cold War", *International Security*, 18: 3, 70.

text eines anhaltenden Konfliktes im Ostchinesischen Meer eine noch bedeutendere Rolle gespielt haben als die düsteren Prognosen quantitativer, empirischer und regionalspezifischer Studien. Die strategische Umwelt, die während dem Auftreten der internationalen Krisen existierte, wird daher in der vorliegenden Arbeit umfassend rekonstruiert, um zu zeigen, warum die sino-japanischen Krisen 1970-2012 ohne Gewaltandrohung und Gewaltanwendung bewältigt worden sind. Die Kenntnis der Ursachen der absoluten Stabilität im Ostchinesischen Meer ist essentiell, da vor dem Hintergrund der unabsehbaren Resolution der Interessenkonflikte zukünftig – mit größter anzunehmender Wahrscheinlichkeit – weitere sino-japanische Krisen auftreten werden.

SENKAKU/DIAOYU-RÄTSEL II:
VARIANZ DES GRADES DER RELATIVEN STABILITÄT

Während die Aufrechterhaltung der *absoluten Stabilität* auf den ersten Blick feststellbar ist, fällt auf den zweiten Blick zusätzlich auch auf, dass sich der *Grad der Stabilität* bezüglich der sino-japanischen Krisen im Ostchinesischen Meer verändert hat. So gelang es beiden Seiten in den 1970er Jahren zu einem Konsens zu gelangen, der das *Einfrieren* der Interessenkonflikte vorsah. In den 1990er Jahren wurde dieser Konsens verworfen und beide Staaten hatten im Kontext der Beilegung der in diesem Zeitraum auftretenden Krisen größere Mühe und nur kurz anhaltenden Erfolg. Die VR China und Japan einigten sich darauf uneinig zu sein. Die 2000er und 2010er Jahre brachten wiederum höhere Krisenintensitäten hervor, als die VR China auf Repressalien zurückgriff, um auf als inakzeptabel wahrgenommene japanische Handlungen zu reagieren. Chung Chien-Peng, jahrelanger Beobachter der sino-japanischen Krisen, schrieb 2014: "When I wrote [*Domestic Politics, International Bargaining and China's Territorial Disputes* before 2004], I did not expect the [crises] to bring Japan and China to the brink of destroying their relationship."[26]

Um die Veränderung des *Grades der Stabilität* systematisch zu erfassen, überprüft die vorliegende Arbeit die Krisenintensität aller sino-japanische Krisen im Ostchinesischen Meer 1970-2012. Der Grad der Stabilität während dem Auftreten einer Krise gibt bedeutende Hinweise auf die Frage, auf welcher Stelle sich die sino-japanische Kriseninteraktion auf einem Kontinuum, das von Frieden bis Krieg reicht, abspielte. Im Kontext der absoluten

---

[26] Email Korrespondenz mit Chung Chien-Peng am 5. September 2014; Chien-Peng Chung (2004) *"Domestic Politics, International Bargaining and China's Territorial Disputes"*, London, UK & New York, NY: RoutledgeCurzon, 26-60.

Stabilität und des Grades der relativen Stabilität existiert eine imaginäre rote Linie, die zum Zeitpunkt eines möglichen Auftretens von Gewaltandrohung und Gewaltanwendung überschritten würde und zu bewaffneten Konflikten oder Krieg führen kann. Die VR China und Japan haben diese rote Linie zwar noch nicht überschritten, aber die Augen des Forschers dürfen nicht vor der Frage verschlossen werden, wie weit beide Staaten beim Ausbruch jeder einzelnen Krise von dieser roten Linie entfernt waren und ob sie sich von Krise zu Krise auf diese rote Linie zu- oder von ihr wegbewegten.

KRISENINTENSITÄT & GRAD DER RELATIVEN STABILITÄT

In Anlehnung an Michael Brechers Schema zur Analyse internationaler Krisen[27] teilt die vorliegende Arbeit jede einzelne sino-japanische Krisen in vier Phasen auf und beurteilt spezifische Faktoren, um systematische Aussagen über die Krisenintensität und den Grad der relativen Stabilität zu treffen.[28] Bei den vier Phasen handelt es sich um die (1) Auslösung, (2) Eskalation, (3) Deeskalation und (4) den Folgen einer sino-japanischen Krise. Während jeder einzelnen Phase sprechen gewisse Faktoren für einen *sehr hohen* Grad der relativen Stabilität, während andere Faktoren für einen *niedrigen* Grad der relativen Stabilität sprechen. Diese Faktoren werden nachfolgend für jede einzelne Phase aufgeführt.

Auslösung der Krise. Eine entscheidende Rolle spielt hier die Frage, ob eine Krise von einer der Regierungen oder den Handlungen substaatlicher Akteure ausgelöst wird. Da letztlich die Regierung eines Staates über das Monopol zu Gewaltandrohung und Gewaltanwendung verfügt, hat eine Krise dann einen *niedrigen* Grad der Stabilität, wenn ihrer Auslösung bewusste Entscheidungen von Regierungsvertretern vorangehen. Wenn hingegen substaatliche Akteure für die Auslösung einer Krise verantwortlich sind, tritt grundsätzlich eine Situation ein, die die Regierungen nicht herbeiführen wollten. Wenn eine Krise *nicht* von einer der Regierungen ausgelöst wurde, ist damit zu rechnen, dass eine baldige Deeskalation der Krise im Interesse der staatlichen Eliten liegt und es ist von einem *sehr hohen* Grad der relativen Stabilität zu sprechen.[29]

---

[27] Brecher (1993) *"Crises in World Politics"*, 53-356.
[28] Der *Grad der relativen Stabilität* verhält sich indirekt proportional zur Krisenintensität. Ein sehr hoher Grad der Stabilität entspricht einer niedrigen Krisenintensität, ein niedriger Grad der Stabilität entspricht einer sehr hohen Krisenintensität. Siehe Tabelle I.
[29] Douglas C. Foyle (1997) "Public Opinion and Foreign Policy: Elite Beliefs as a

Eskalation der Krise. Wiederum ist entscheidend, ob die Regierungen beider Staaten oder substaatliche Akteure bewusste Schritte der Eskalation vornehmen. Wenn sich die Regierungen für Schritte der Eskalation verantwortlich zeichnen, muss unterschieden werden, ob lediglich (1) Protest bekundet wird, oder auch (2) Forderungen gestellt werden und ob (3) Maßnahmen ergriffen werden, um Forderungen durchzusetzen. Zuletzt muss darauf geachtet werden, (4) wie weit die Maßnahmen reichen, um Forderungen durchzusetzen. So muss unterschieden werden, ob diplomatische, politische, ökonomische oder militärpolitische Maßnahmen ergriffen werden. Von (1) bis (4) sinkt der Grad der relativen Stabilität von *sehr hoch* bis *niedrig*.

Falls substaatliche Akteure eskalative Schritte einleiten, muss gefragt werden, ob die jeweilige Regierung das Verhalten dieser substaatlichen Akteure (1) ablehnt, (2) toleriert, (3) unterstützt oder (4) übertrifft. Wiederum sinkt der Grad der relativen Stabilität von (1) bis (4) von *sehr hoch* bis *niedrig*.

Deeskalation der Krise. Wird die Krise durch einen einvernehmlichen Konsens oder feierlichen Akt zwischen den Eliten beider Staaten zu einem feststellbaren Zeitpunkt beigelegt (*bilateraler Konsens*) und ein *modus vivendi* bestimmt, existiert ein *sehr hoher* Grad der Stabilität. Flaut eine Krise hingegen ab, weil beide Staaten – allerdings ohne eine vorherige und bindende Einigung – keine weitere Eskalation verursachen (*unilaterale Zurückhaltung*, die anschließend erwidert wird), ohne dass ein neuer *status quo* und angemessene Verhaltensweisen für die Zukunft festgelegt werden, existiert ein *niedriger* Grad der Stabilität.

Folgen der Krise.[30] Hier ist entscheidend, ob die bilateralen Beziehungen im ökonomischen, diplomatischen, gesellschaftlichen und militärpolitischen Bereich Schaden nehmen, der womöglich anhaltend ist und kurzfristig nicht mehr behoben werden kann, oder ob die Krise womöglich keinerlei kurzfristige Nachwirkungen auf die bilateralen Beziehungen hat. Je nach Ausmaß des langfristigen Schadens sinkt der Grad der relativen Stabilität von *sehr hoch* bis *niedrig*.

Mediating Variable", *International Studies Quarterly*, 41: 1, 141-169.

[30] Es kann argumentiert werden, dass die Folgen der Krise *unabhängig* von der Krisenintensität zu sehen sind, da die Folgen erst ersichtlich werden, wenn die Krise bereits beendet ist. Aber im Kontext der vorliegenden Untersuchung wird ein größerer zeitlicher Rahmen angesetzt, sodass auch die Folgen der Krise in einen direkten Zusammenhang mit ihrer Auslösung, ihrem Verlauf und ihrer Beendigung gesetzt werden können.

Falls die Analyse einer Krise gemischte Ergebnisse hervorbringt – und damit ist in einer unendlich komplexen Welt zu rechnen – wird eine Abwägung der einzelnen Faktoren vorgenommen und anschließend ein *sehr hoher*, *hoher*, *mittlerer* oder *niedriger* Grad der relativen Stabilität bestimmt. Es ist subjektiv unmittelbar erkennbar, dass die sino-japanischen Krisen 1970-2012 immer mehr an Intensität gewonnen haben. Die systematische Betrachtung jeder einzelnen sino-japanischen Krise ermöglicht es darüber hinaus zu begründen, welche objektiv wahrnehmbaren Phänomene dazu geführt haben, dass eine Krise intensiver oder milder war als die vorherige. Letztlich ist anzunehmen, dass die Phänomene innerhalb der vier Phasen einer Krise, die sich in ihrer Gesamtheit zum Grad der relativen Stabilität jeder einzelnen Krise zusammensetzen, ebenso die strategische Umwelt widerspiegeln, wie die absolute Stabilität.

Bevor die methodologische Herangehensweise der vorliegenden Arbeit detailliert erörtert wird, soll zunächst dargestellt werden, aus welchen Perspektiven sich die Literatur den sino-japanischen Krisen und der Stabilität im Ostchinesischen Meer angenähert hat.

Tabelle I: Absolute Stabilität, Grad der Stabilität und Krisenintensität

Kontinuum	----	——	——	——	——
Zustand der Systemstabilität im Ostchinesischen Meer	Frieden Einfrieren des status quo	Kooperation konstruktive Überwindung der Krise	Konflikt Sicherheits-wettbewerb	Eskalation kurz vor bewaffnetem Konflikt	Krieg bewaffneter Konflikt Gewaltandrohung Gewaltanwendung
	absolute Stabilität	absolute Stabilität	absolute Stabilität	absolute Stabilität	Instabilität
Grad der Stabilität	sehr hoch	hoch	mittel	niedrig	zuammengebrochen
Krisenintensität	niedrig	mittel	hoch	sehr hoch	gewalttätig eskalierend
Verteilung der Krisen I - VII 1970-2012	Krise I Krise II	Krise III Krise IV	Krise V Krise VI Krise VII		

FORSCHUNGSSTAND

Die Literatur führt insbesondere seit den 2000er Jahren eine hohe Anzahl von Veröffentlichungen in das Feld, die (1) einen oder mehrere Interessenkonflikte im Ostchinesischen Meer thematisieren und (2) die enorme Schwierigkeit der Resolution dieser Interessenkonflikte oft (3) am Beispiel einer oder mehrerer sino-japanischer Krisen demonstrieren.[31] Einige der Veröffentlichungen weisen auch darauf hin, dass die sino-japanische Kriseninteraktion Gewaltandrohung und Gewaltanwendung nach sich ziehen könnte, aber diesem Hinweis wird in den seltensten Fällen in einem analytisch angemessenem Rahmen nachgegangen.[32] Eine noch geringere Anzahl von Veröffent-

---

[31] Edo Yûsuke (1996) *"Senkaku Shotô: Dô Suru Nihon"*, Tôkyô: Kôyûsha [江戸雄介（1996年）『尖閣諸島：どうする日本』東京恒友社]; Phil Deans (2000) "Contending Nationalisms and the Diaoyu-tai/Senkaku Dispute", *Security Dialogue*, 31: 1, 119-131; Mark J. Valencia (2000) "Domestic Politics Fuels Northeast Asian Maritime Disputes", *Asia Pacific Issues*, 43, 1-8; Hiramatsu Shigeo (2002) *"Chûgoku no Senryakuteki Kaiyô Shinshutsu"*, Tôkyô: Keisô Shobô, 74-78 [平松茂雄（2002年）『中国の戦略的海洋進出』東京勁草書房、74-78]; Selig S. Harrison (2002) "Quiet Struggle in the East China Sea", *Current History*, 101: 656, 271-277; Chung (2004) "Domestic Politics, International Bargaining and China's Territorial Disputes"; John C. K. Daly (2004) "Energy Concerns and China's Unresolved Territorial Disputes", *China Brief*, 4: 24, 10-12; Janet Xuanli Liao (2007) "The petroleum factor in Sino-Japanese relations: beyond energy cooperation", *International Relations of the Asia-Pacific*, 7: 1, 23-46; Janet Xuanli Liao (2008) "Sino-Japanese Energy Security and Regional Stability: The Case of the East China Sea Gas Exploration", *East Asia: An International Quarterly*, 25:1, 57-78; James Manicom (2008) "Sino-Japanese Cooperation in the East China Sea: Limitations and Prospects", *Contemporary Southeast Asia*, 30: 3, 455-478; James Manicom (2008) "The Interaction of Material and Ideational Factors in the East China Sea Dispute: Impact on Future Dispute Management", *Global Change, Peace & Security*, 20: 3, 375-376; Reinhard Drifte (2009) "Territorial Conflicts in the East China Sea: From Missed Opportunities to Negotiation Stalemate", *The Asia-Pacific Journal: Japan Focus*, 22.

[32] Thomas J. Christensen (1999) "China, the U.S.-Japan Alliance, and the Security Dilemma in East Asia", *International Security*, 23: 4, 50; Mark J. Valencia (2007) "The East China Sea Dispute: Context, Claims, Issues, and Possible Solutions", *Asian Perspective*, 31: 1, 130; Reinhard Drifte (2008) "Japanese-Chinese Territorial Disputes in the East China Sea: Between Military Confrontation and Economic Cooperation", *London School of Economics Asia Research Center Working Paper*; Yinan He (2008) "Ripe for Cooperation or Rivalry? Commerce, Realpolitik, and War Memory in Contemporary Sino-Japanese Relations", *Asian Security*, 4: 2, 162-197; Leszek Buszynski (2009) "Sino-Japanese Relations: Interdependance, Rivalry and Regional Security", *Contemporary Southeast Asia*, 31: 1, 143-171; Ralf Emmers (2010) *"Geopolitics and*

lichungen testet Theorien der Internationalen Beziehungen, um Aussagen über den Grad der relativen Stabilität und der absoluten Stabilität im Ostchinesischen Meer zu treffen. Einige Studien geben jedoch im Kontext einer oder mehrerer sino-japanischer Krisen Hinweise auf Ursachen der Stabilität.

In einer beachtenswerten frühen Studie stellte Selig S. Harrison 1977 fest, dass positive Handelserwartungen zwischen der VR China und Japan eine stabilitätsfördernde Wirkung auf den Interessenkonflikt um die Erschließung von Hydrokarbonressourcen im Kontext der ersten Krise 1970-1972 hatten.[33] Auch Erica Strecker Downs und Phillip C. Saunders bestätigen im Kontext der dritten Krise 1990 und der vierten Krise 1996, dass positive Handelserwartungen zu einer geringen Krisenintensität führten und die potentiell destabilisierende Wirkung populären Nationalismus' zügelten.[34] Diese Ergebnisse bestätigt Koo Min Gyo im Kontext der ersten fünf Krisen: ökonomische Interessen dominierten demnach politische Ungewissheit bei der Bewältigung der Krisen.[35]

Während das liberale Paradigma oft bemüht wurde, um Aussagen über die Stabilität des Ostchinesischen Meeres zu treffen, wurden das realistische und konstruktivistische Paradigma und ihre Instrumente der Analyse, die Rolle von Macht und Identität, im Kontext der sino-japanischen Krisen bislang wenig bedacht. So wurden nationale Identitäten erst seit 1998 in der bereits erwähnten Studie von Strecker Downs und Saunders sowie später auch von Phil Deans, He Yinan und James Reilly thematisiert. Die Studie von Reilly ergab, dass populärer Nationalismus lediglich eine begrenzte Wirkung auf den Grad der relativen Stabilität der vierten Krise 1996 und der fünften Krise 2004-2008 entfaltete. Ebenso ist auffällig, dass realpolitische, machtpolitische und militärpolitische Argumente mit der Ausnahme von Thomas J. Christensens früher Studie erst ab 2008 von Reinhard Drifte, Kentarô Sakuwa

---

Maritime Territorial Disputes in East Asia", London, UK & New York, NY: Routledge, 13-15, 60-63.

[33] Selig S. Harrison (1977) *"China, Oil, and Asia: Conflict Ahead?"*, New York, NY: Columbia University Press, 146-188.

[34] Erica Strecker Downs & Phillip C. Saunders (1998/1999) "Legitimacy and the Limits of Nationalism: China and the Diaoyu Islands", *International Security*, 23: 3, 114-146; Linus Hagström (2005) *"Japan's China Policy: A Relational Power Analysis"*, London, UK & New York, NY: Routledge, 117-157.

[35] Min Gyo Koo (2009) "The Senkaku/Diaoyu Dispute and Sino-Japanese Political-Economic Relations: Cold Politics and Hot Economics?", *The Pacific Review*, 22: 2, 205-232; Min Gyo Koo (2009) *"Island Disputes and Maritime Regime Building in East Asia: Between a Rock and a Hard Place"*, New York, NY: Springer.

und Richard C. Bush stärker bedacht worden sind.[36] Diese Werke bringen die Machtvariable im Kontext der sino-japanischen Krisen jedoch stets mit der Gefahr erhöhter Krisenintensität in Verbindung und übersehen, dass Machtvariablen innerhalb des realistischen Paradigmas auch Stabilität begünstigen können.

Letztlich existiert kein Werk über die sino-japanischen Interessenkonflikte und Krisen im Ostchinesischen Meer, das (1) *alle sieben* sino-japanischen Krisen umfasst und auch kein Werk, das (2) die sino-japanischen Krisen aus *verschiedenen* theoretischen Perspektiven auf die absolute Stabilität und den Grad der relativen Stabilität im Ostchinesischen Meer untersucht hat. Alle sieben sino-japanische Krisen im Ostchinesischen Meer sind Bestandteile *eines* anhaltenden Konfliktes und müssen kohärent unter denselben Vorzeichen analysiert werden. Da die bestehende Literatur impliziert, dass der Grad der relativen Stabilität mit zunehmendem Fortschreiten des anhaltenden Konfliktes abgenommen hat, muss dargestellt werden, worauf diese Veränderungen des Grades der Stabilität zurückzuführen sind. In der vorliegenden Arbeit sollen *alle sieben* internationalen Krisen aus *vier verschiedenen* theoretischen Perspektiven beleuchtet werden, um ein umfassendes Verständnis über die sino-japanische Kriseninteraktion im Ostchinesischen Meer 1970-2012 zu gewinnen.

METHODOLOGISCHE HERANGEHENSWEISE

FORSCHUNGSFRAGEN

Die vorliegende Arbeit forscht nach den Ursachen der absoluten Stabilität, definiert als Abwesenheit von Gewaltandrohung und Gewaltanwendung zur Lösung der Interessenkonflikte im Ostchinesischen Meer. Darüber hinaus forscht die vorliegende Arbeit nach den Ursachen der Varianz des Grades der relativen Stabilität im Zeitraum der sieben sino-japanischen Krisen 1970-2012. Welche Ursachen der Stabilität waren über den gesamten Zeitraum bestimmend, welche Ursachen der Stabilität konnten zu unterschiedlichen Zeitpunkten unterschiedliche Wirkung entfalten und wie verhält sich eine Ursache der Stabilität relativ zu einer anderen Ursache?

---

[36] Christensen (1999) "China, the U.S.-Japan Alliance, and the Security Dilemma in East Asia"; Drifte (2008) "Japanese-Chinese Territorial Disputes in the East China Sea"; Kentaro Sakuwa (2009) "A not so dangerous dyad: China's rise and Sino-Japanese rivalry", *International Relations of the Asia-Pacific*, 9: 3, 517-520; Richard C. Bush (2009) "China-Japan Tensions, 1995-2006: Why They Happened, What To Do", *Brookings Policy Paper*, 16, 5-14, 18-21; Bush (2010) *"The Perils of Proximity"*.

VIER THEORIEN DER INTERNATIONALEN BEZIEHUNGEN

Um die Ursachen der Stabilität im Ostchinesischen Meer in einer unendlich komplexen Welt zu bestimmen, müssen wichtige Faktoren von weniger wichtigen Faktoren unterschieden werden. Aus diesem Grund greift die vorliegende Arbeit auf Theorien der politikwissenschaftlichen Schule der Internationalen Beziehungen zurück. Theorien der Internationalen Beziehungen beschreiben und erklären die *Ursachen* und die *Wirkung* von Phänomenen, die im internationalen System und der internationalen Politik vorgefunden werden. Die vorliegende Arbeit konzentriert sich dabei auf die *Ursachen* der absoluten Stabilität und dem Grad der relativen Stabilität im Ostchinesischen Meer im Zeitraum zwischen der ersten Krise 1970-1972 und der siebten Krise 2012. Theorien der Internationalen Beziehungen verfügen über einen auf Hypothesen beruhenden kausalen *Wirkungs*mechanismus, der durch einen oder mehrere Faktoren die Ursachen von Phänomenen beschreiben und erklären kann.

Um die Ursachen der Stabilität im Ostchinesischen Meer zu erklären, testet die vorliegende Arbeit die Hypothesen von vier strukturellen Theorien der politikwissenschaftlichen Schule der Internationalen Beziehungen. Die Theorien werden sowohl bezüglich einer Nullhypothese (hat diese Theorie in *irgendeinem* Maße Erklärungskraft?) als auch in Konkurrenz zueinander (hat diese Theorie *mehr* oder *weniger* Erklärungskraft als die anderen Theorien?) getestet. Bei den vier Theorien handelt es sich um (1) offensiven Realismus, (2) defensiven Realismus, (3) strukturellen Liberalismus (Theorie der Handelserwartungen und neoliberaler Institutionalismus) und (4) strukturellen Konstruktivismus. Alle vier Theorien stellen Hypothesen über (unterschiedliche Grade der) Stabilität in *einem* internationalen System auf. So unterscheidet der offensive Realismus zwischen bipolaren und multipolaren Systemen, die wiederum ausbalanciert oder unausbalanciert sein können. Der defensive Realismus trifft Aussagen über die nicht-existente, schwach ausgeprägte, moderate, ausgeprägte oder stark ausgeprägte Intensität des Sicherheitsdilemmas. Die Theorie der Handelserwartungen unterscheidet zwischen unterschiedlichen Ausprägungen positiver und negativer Handelserwartungen, während sich der neoliberale Institutionalismus mit dem Ausmaß von Gemeinsamkeit und Spezifität multilateraler Sicherheitsinstitutionen auseinandersetzt. Der strukturelle Konstruktivismus sieht mindestens drei distinktive Kulturen der Anarchie als gegeben. Mit der Veränderung dieser beschriebenen *unabhängigen Variablen* treffen die vier Theorien unterschiedliche Aussagen über die *abhängige Variable* (des unterschiedlichen Grades) der Stabilität.

Die *unabhängigen Variablen* der vier Theorien füllen ein breites Spektrum an kausalen Faktoren aus. Im offensiven Realismus ist der Begriff der *Macht* das grundlegende Konzept, im defensiven Realismus ist es *Sicherheit*, im strukturellen Liberalismus *Interesse* und im strukturellen Konstruktivismus *Identität*. Die Auseinandersetzung mit diesen *unabhängigen Variablen* dient letztlich der Rekonstruktion der strategischen Umwelt, in der die Ursachen der Stabilität lokalisiert werden können. Die vorliegende Arbeit erforscht wie sich die *unabhängigen Variablen* Macht, Sicherheit, Interesse und Identität auf die *abhängige Variable* der Stabilität ausgewirkt haben.

Somit wird dem Aufruf Rudra Sils und Peter J. Katzensteins nach analytischem Eklektizismus Folge geleistet. Bei dieser Herangehensweise werden Erkenntnisse verschiedener Paradigmen verbunden und angewandt. Dadurch gelingt (1) eine offene Formulierung von Problemen, (2) die Formierung einer Kette kausaler Analysen, die einen Mittelweg zwischen der Hervorhebung von Akteuren und Strukturen sowie der Orientierung zwischen materiellen und ideellen Faktoren erlaubt; und (3) die Auseinandersetzung sowohl mit akademischen als auch politikrelevanten Aspekten.[37]

Zudem sei angemerkt, dass die vorliegende Arbeit in der Tradition des wissenschaftlichen Realismus steht. Das bedeutet, dass die Hypothesen und kausalen Wirkungsmechanismen der zur Anwendung kommenden Theorien als zutreffend betrachtet werden. Wer an kritischen Betrachtungen über diese Theorien interessiert ist, muss andere Veröffentlichungen heranziehen.[38]

---

[37] Rudra Sil & Peter J. Katzenstein (2010) *"Beyond Paradigms: Analytic Eclecticism in the Study of World Politics"*, Basingstroke, UK: Palgrave Macmillan.

[38] Richard Ashley (1984) "The Poverty of Neorealism", *International Organization*, 38: 2, 225-286; Robert O. Keohane (Hrg., 1986) *"Neorealism and Its Critics"*, New York, NY: Columbia University Press; Alexander E. Wendt (1987) "The Agent-Structure Problem in International Relations Theory", *International Organization*, 41: 3, 335-370; John J. Mearsheimer (1994/1995) "The False Promise of International Institutions", *International Security*, 19: 3, 5-49; John A. Vasquez (1997) "The Realist Paradigm and Degenerative vs. Progressive Research Programs: An Appraisal of Neotraditional Research on Waltz's Balancing Proposition", *American Political Science Review*, 91: 4, 899-912; Jeffrey W. Legro & Andrew Moravcsik (1999) "Is Anybody Still a Realist?", *International Security*, 24: 2, 5-55; Dale C. Copeland (2000) "The Constructivist Challenge to Structural Realism: A Review Essay", *International Security*, 25: 2, 187-212; Tang (2013) *"The Social Evolution of International Politics"*.

DATEN & QUELLEN

Die vorliegende Arbeit beschäftigt sich mit den sino-japanischen Krisen 1970-2012 im Ostchinesischen Meer. Dazu ist die Kenntnis der chronologischen Krisenverläufe notwendig. Die Ereignisse jeder Krise werden auf Basis der täglichen Zeitungsberichterstattung in Japan und der VR China rekonstruiert. Dabei wurde vornehmlich auf das Archiv von *Asahi Shinbun* zurückgegriffen, da diese Tageszeitung (1) seit der ersten Krise 1970 intensiv über die sino-japanische Interaktion im Ostchinesischen Meer berichtet hat und (2) aufgrund ihrer Unabhängigkeit eine neutrale Darstellung der Fakten zu erwarten ist. Ob die Artikel in *Asahi Shinbun* dennoch Wertungen zugunsten der Position Tokyos vornehmen ist nicht entscheidend, da die Beurteilung der Krisen in der vorliegenden Arbeit unabhängig von den Meinungen der Artikel vorgenommen wird. Lediglich der Ablauf der Ereignisse wird aus den Artikeln destilliert. Sofern *Renmin Ribao* über die Geschehnisse im Ostchinesischen Meer während dem Auftreten der sino-japanischen Krisen berichtet hat, werden ihre Artikel ebenfalls berücksichtigt. Oft wurde *Renmin Ribao* in ihrer Funktion als Sprachrohr der Kommunistischen Partei (KP) jedoch aus politischen Gründen angewiesen, auf jegliche Berichterstattung über die sino-japanischen Krisen zu verzichten. Auf Basis der Berichterstattung von *Asahi Shinbun* kann aber eine lückenlose Rekonstruktion der sino-japanischen Krisen sichergestellt werden.

Um die Hypothesen der Theorien der Internationalen Beziehungen bezüglich der absoluten Stabilität und dem Grad der relativen Stabilität testen zu können, muss die strategische Umwelt, die zum Zeitpunkt der jeweiligen Krise herrschte, rekonstruiert werden. Dies gelingt durch die Auswertung der Bücher und Zeitschriftenartikel der führenden internationalen, chinesischen und japanischen Sinologen, Japanologen, Politikwissenschaftler und Historiker, die zum Thema der sino-japanischen Beziehungen ihr Wissen geteilt haben.

DATENANALYSE: IN VIER SCHRITTEN ZU DEN URSACHEN DER STABILITÄT

Die vorliegende Arbeit gelangt in vier Schritten von den Hypothesen der Theorien zu den Ursachen der Stabilität im Ostchinesischen Meer.

Schritt I: Hypothesen. Zunächst werden in Kapitel I *Hypothesen* über die Aufrechterhaltung der Stabilität und des Grades der Stabilität in *einem* internationalen System aufgestellt. Die Hypothesen werden aus den Aussagen der Theorien des offensiven Realismus, defensiven Realismus, strukturellen Liberalismus und strukturellen Konstruktivismus destilliert.

Schritt II: Abhängige Variablen. Alle sieben sino-japanische Krisen 1970-2012 werden in Kapitel III zunächst beschrieben, um anschließend festzustellen, dass die Aufrechterhaltung der absoluten Stabilität stets gegeben war. Zudem soll zur Maximierung des Erkenntnisgewinns der Grad der relativen Stabilität jeder Krise anhand des oben beschriebenen Schemas bestimmt werden.

Schritt III: Unabhängige Variablen. Im Analyseteil des Kapitel III werden die Hypothesen der Theorien *getestet*. Mit der Veränderung der *unabhängigen Variablen* (Polarität, Machtverteilung, Charakter militärischer Mittel, Absichten, Handelserwartungen, Spezifität und Gemeinsamkeit von Institutionen, Kultur der Anarchie), dies wird Kapitel I rigoros aufzeigen, ist auch eine Veränderung der abhängigen Variable (absolute Stabilität und Grad der relativen Stabilität) zu erwarten. Daher müssen die *unabhängigen Variablen*, das heisst die strategische Umwelt während dem Auftreten jeder Krise, rekonstruiert werden, um anschließend festzustellen, ob eine Korrelation zwischen den Hypothesen (*Schritt I*) und der Stabilität (*Schritt II*) existiert.

Schritt IV: Kausale Zusammenhänge. Im letzten Schritt können die Hypothesen, die eine Korrelation zu den empirischen Befunden aufweisen, als mögliche Ursachen der Stabilität bestimmt werden und Hypothesen, die keine Korrelation zu den empirischen Befunden aufweisen, als mögliche Ursachen der Stabilität verworfen werden. Falls eine Korrelation besteht, muss auf Basis der zur Verfügung stehenden Daten der Versuch unternommen werden, einen kausalen Zusammenhang[39] zwischen der strategischen Umwelt und der Stabilität herzustellen, um zu einer *Ursache* der Stabilität zu gelangen.

---

[39] In den Sozialwissenschaften kann Kausalität im Gegensatz zu den Naturwissenschaften stets nur *annäherungsweise* etabliert werden. In einer endlos komplexen (sozialen) Welt beruht faktisch jede Wirkung auf einer Vielzahl verschiedener Ursachen und kann dabei vom Forscher erkannt werden oder womöglich unerkannt bleiben. Die Suche nach den Ursachen der Stabilität erfolgt in der vorliegenden Arbeit im Bewusstsein dieser den Sozialwissenschaften inhärenten Einschränkung. Insbesondere besteht die Problematik, dass es unmöglich ist, in die Köpfe von Entscheidungsträgern hineinzuschauen und zweifelsfrei zu bestimmen, ob ihre Entscheidungen während einer Krise tatsächlich auf der (rational wahrgenommenen) strategischen Umwelt beruhten. Ebenso ist es unrealistisch zu erwarten, dass Entscheidungsträger ihre Beweggründe für ihre Entscheidungen während einer Krise akkurat wiedergeben können oder wollen. Siehe hierzu Federica Russo (2009) *"Causality and Causal Modelling in the Social Sciences: Measuring Variations"*, Springer Science+Business Media.

BEDEUTUNG DER VORLIEGENDEN ARBEIT

Organisierte Gewaltanwendung ist seit mehreren Jahrtausenden die destruktivste Form menschlichen Handelns. Kriege töten Menschen, vernichten Ressourcen, verlangsamen ökonomische Entwicklung, ruinieren die Umwelt, verbreiten Krankheiten, militarisieren Gesellschaften, zerreißen Familien und traumatisieren Menschen.[40] Zum gegenwärtigen Zeitpunkt ist noch nicht absehbar, ob sich die *steps to war*-Formel oder die Hypothese, dass Asien 'reif für Rivalität' sei, im Kontext der sino-japanischen Interessenkonflikte im Ostchinesischen Meer falsifizieren lassen. Die Einführung des Grades der relativen Stabilität als abhängige Variable erlaubt es zu sehen, dass die relative Stabilität im Ostchinesischen Meer von Krise zu Krise abgenommen hat und die absolute Stabilität im Ostchinesischen Meer zunehmend in Frage gestellt wird.[41] Aus diesen Gründen ist das Studium der Ursachen der absoluten Stabilität und den Ursachen der Veränderungen des Grades der relativen Stabilität gegenwärtig von herausragender Bedeutung.

Die Ergebnisse der vorliegenden Arbeit sind auch für die wissenschaftstheoretische Diskussion relevant, ob die wichtigsten Ereignisse in Asien mit westlichen Theorien der Internationalen Beziehungen erfassbar sind, oder ob hierzu spezifische Theorien asiatischen Ursprungs notwendig sind.[42] Aus sinologischer und japanologischer Sicht wird ein wichtiges Kapitel sicherheitspolitischer Interaktion zwischen den beiden wichtigsten Staaten Ostasiens ganzheitlich beleuchtet.

---

[40] Jack S. Levy & William R. Thompson (2010) *"Causes of War"*, West Sussex, UK: Wiley-Blackwell, 1.

[41] James R. Holmes "The Sino-Japanese Naval War of 2012", *foreignpolicy.com*, August 20th, 2012; *The Economist*, "Could Asia really go to war over these?", September 22nd, 2012; M. Taylor Fravel "The Dangerous Math of Chinese Island Disputes", *The Wall Street Journal*, October 29th, 2012.

[42] Amitav Acharya & Barry Buzan (2007) "Why is There No Non-Western International Relations Theory? An Introduction", *International Relations of the Asia-Pacific*, 7: 3, 287-312; Yaqing Qin (2007) "Why is There no Chinese International Relations Theory", *International Relations of the Asia-Pacific*, 7: 3, 313-340; Takashi Inoguchi (2007) "Are There any Theories of International Relations in Japan?", *International Relations of the Asia-Pacific*, 7: 3, 369-390; Amitav Acharya & Barry Buzan (Hrg., 2010) *"Non-Western International Relations Theory: Perspectives On Asia and Beyond"*, London, UK & New York, NY: Routledge.

KAPITEL I: THEORIEN DER INTERNATIONALEN BEZIEHUNGEN

In der vorliegenden Arbeit werden die Hypothesen von vier Theorien der politikwissenschaftlichen Disziplin der Internationalen Beziehungen getestet, um die Ursachen der absoluten Stabilität und des Grades der relativen Stabilität im Ostchinesischen Meer 1970-2012 zu bestimmen. Die vier Theorien entstammen den drei wichtigsten Paradigmen der Internationalen Beziehungen, Realismus, Liberalismus und Konstruktivismus. Bei den Theorien handelt es sich um (1) offensiven Realismus, (2) defensiven Realismus, (3) strukturellen Liberalismus (Interdependenztheorie der Handelserwartungen und neoliberaler Institutionalismus), und (4) strukturellen Konstruktivismus.

Alle vier Theorien verfolgen einen strukturellen Ansatz, weil sie Anarchie, im Sinne einer fehlenden souveränen Staaten übergeordneten legitimen Autorität oder einer fehlenden Weltregierung, als strukturelles Merkmal des internationalen Systems voraussetzen. Alle vier Theorien gehen weiter davon aus, dass sich das internationale System aus rational handelnden Staaten zusammensetzt, die innerhalb dieser anarchischen Struktur interagieren. Rational handelnde Staaten, so die Annahme der Theorien, wollen in diesem anarchisch geprägten internationalen System ihr Überleben sichern, um andere essentielle Ziele, wie die Wahrung ihrer territorialen Souveränität, verfolgen zu können. Die Theorien unterscheiden sich jedoch beträchtlich bezüglich ihrer Aussagen über die Wirkung und das Wesen der Anarchie im internationalen System. Deswegen unterscheiden sie sich auch in ihren Aussagen über rationale Überlebensstrategien und treffen unterschiedliche Aussagen über die Ursachen von Krieg und Frieden. So können je nach Theorie und strategischer Umwelt sowohl konfliktuelle als auch kooperative Handlungsweisen als rational erachtet werden.

Bevor sich die vorliegende Arbeit den Theorien genauer widmet, muss festgestellt werden, auf welchen Analyseebenen (*levels of analysis*) sie operieren und über welche Analyseeinheiten (*units of analysis*) sie Aussagen treffen. In seiner bedeutenden Studie über die Ursachen von Krieg und Frieden[43], *Man, the State, and War*, nimmt Kenneth N. Waltz eine Unterteilung nach drei Ebenen oder Bildern (*levels of analysis; images*) vor.[44] Erklärungen nach dem ersten Bild lokalisieren die Ursachen von Krieg und Frieden in der Natur und

---

[43] Der Begriff des Friedens wird in der vorliegenden Arbeit durch den Begriff der absoluten Stabilität substituiert und auf den Begriff des Grades der relativen Stabilität projiziert, um Aussagen über das *Wesen* des Friedens treffen zu können.
[44] Kenneth N. Waltz (1959) *"Man, the State, and War"*, New York, NY: Columbia University Press.

dem Verhalten des Individuums.[45] Dem zweiten Bild folgend entspringen Krieg und Frieden der inneren Struktur von Staaten.[46] Das dritte Bild, dem sich Waltz später in *Theory of International Politics*[47] mit besonderer Hingabe widmet, führt die Entstehung von Krieg und die Aufrechterhaltung von Frieden auf die Systemebene, das heisst auf die anarchische Struktur des internationalen Systems, zurück.[48] Es ist grundsätzlich diese dritte Ebene auf der die in der vorliegenden Arbeit zur Anwendung kommenden strukturellen Theorien die Ursachen von Krieg und Frieden lokalisieren. Der Grund hierfür ist oben bereits genannt: alle vier Theorien basieren auf Aussagen über das strukturelle Merkmal der Anarchie im internationalen System.

Allerdings beschränken sich die wenigsten Theorien auf eine einzige Analyseebene, um Aussagen über das Verhalten von Staaten (Staaten als Analyseeinheiten) oder Effekte auf das internationale System oder ein regionales Subsystem (Systeme als Analyseeinheiten) zu treffen.[49] Letztlich müssen die Eigenschaften des Systems (Waltz' drittes Bild; System als Analyseebene) mit den Eigenschaften der Staaten (Waltz' zweites Bild; Staaten als Analyseebene) integriert werden, um Effekte auf ein regionales Subsystem (absolute Stabilität, Grad der relativen Stabilität) *und* das Verhalten von Staaten (Entscheidungen über Gewaltandrohung, Gewaltanwendung, Auslösung, Eskalation und Deeskalation von internationalen Krisen) erklären zu können.[50] Dies trifft insbesondere dann zu, wenn, wie in der vorliegenden Arbeit, hauptsächlich die Interaktion einer einzigen Staatendyade im Fokus der Analyse steht.

Mit diesem theoriespezifischem Hintergrundwissen ausgestattet, können die vier Theorien nun auf ihre Aussagen über Stabilität auf einem Kontinuum

---

[45] Waltz (1959) *"Man, the State, and War"*, 16-41.
[46] Waltz (1959) *"Man, the State, and War"*, 80-123.
[47] Kenneth N. Waltz (1979) *"Theory of International Politics"*, Reading, MA: Addison-Wesley.
[48] Waltz (1959) *"Man, the State, and War"*, 159-186.
[49] John J. Mearsheimer (2001) *"The Tragedy of Great Power Politics"*, New York, NY & London, UK: W. W. Norton & Company, 335; Levy & Thompson (2010) *"Causes of War"*, 28-31.
[50] Das hier zugrundeliegende Argument findet sich bei Wendt (1987) "The Agent-Structure Problem in International Relations Theory", 337-340; Siehe auch die Diskussionen bei Robert Powell (1994) "Anarchy in International Relations Theory: The Neorealist-Neoliberal Debate", *International Organization*, 48: 2, 321-324; Colin Elman (1996) "Cause, Effect, and Consistency: A Response to Kenneth Waltz", *Security Studies*, 6: 1, 58-61 und Jeffrey W. Taliaferro (2000/2001) "Security Seeking under Anarchy: Defensive Realism Revisited", *International Security*, 25: 3, 132-134.

zwischen Krieg und Frieden überprüft werden, um Hypothesen über die absolute Stabilität und den Grad der relativen Stabilität im Ostchinesischen Meer 1970-2012 aufzustellen. Diese Hypothesen werden anschließen in Kapitel III rigoros getestet.

Tabelle II: Analyseebenen und Analyseeinheiten der Theorien

	Offensiver Realismus	Defensiver Realismus	Struktureller Liberalismus	Struktureller Konstruktivismus
Analyseebene (level of analysis)	Systemebene: (1) Anarchie (2) Polarität (3) Machtverteilung	Systemebene: (1) Anarchie	Systemebene: (1) Anarchie	Systemebene: (1) Kulturen der Anarchie
		Staatenebene: (1) Wahrnehmung des Sicherheitsdilemmas (2) Formulierung einer Militärdoktrin	Staatenebene: (1) Interesse an ökonomischer Interdependenz (2) Interesse an gemeinsamen und spezifischen Institutionen	Staatenebene: (1) Identität von Staaten (2) anarchy is what states make of it
Analyseeinheit (unit of analysis)	Systemebene: (1) Stabilität bipolarer und multipolarer Systeme	Systemebene: (1) defensivlastige oder offensivlastige Offensiv-Defensiv-Balance	Systemebene: (1) Stabilität bei Handelserwartungen (2) Stabilität durch Institutionen	Systemebene: (1) prozesshafte Übergänge zwischen Kulturen der Anarchie
	Staatenebene: (1) Machtmaximierung (2) balancing (3) buck-passing	Staatenebene: (1) Sicherheits-maximierung (2) bewusste sicherheitspolitische Zurückhaltung	Staatenebene: (1) Interessen-maximierung	Staatenebene: (1) Internalisierung von Kulturen der Anarchie

I.1 STRUKTURELLER REALISMUS: OFFENSIVER & DEFENSIVER REALISMUS[51]

I.1.1 POLITISCHER REALISMUS IN DER INTERNATIONALEN POLITIK

Das Paradigma des politischen Realismus basiert auf vier grundlegenden Annahmen: (1) Politik ist grundsätzlich konfliktuell; (2) die Akteure der Politik verhalten sich strategisch; (3) das Streben nach Macht steht im Mittelpunkt politischer Prozesse; und (4) Macht bestimmt die Auswirkungen der Politik. Die *Einheit* dieser vier grundlegenden Annahmen des politischen Realismus gilt sowohl im Bereich der Innenpolitik als auch im Bereich der Außenpolitik.[52] Wie Kenneth N. Waltz bemerkte, unterscheidet sich eine hierarchische innenpolitische Ordnung von einer anarchischen außenpolitischen Ordnung. Die anarchische Struktur des internationalen Systems muss somit als fünfte Grundannahme für jede außenpolitische Ordnung hinzugefügt werden.[53] Als sechste und letzte Grundannahme muss festgehalten werden, dass Staaten im außenpolitischen Bereich als wichtigste Akteure des internationalen Systems auftreten.[54]

Der offensive Realismus und defensive Realismus beruhen auf diesen sechs Grundannahmen, spalten sich an dieser Stelle aber zu zwei distinktiven Theorien der Internationalen Beziehungen ab.[55] Im Kontext der Fragestellung der vorliegenden Arbeit stellt sich insbesondere die Frage, welche unterschiedlichen Aussagen beide Theorien über Stabilität in einem internationalen Subsystem treffen.

---

[51] Jack Snyder (1991) *"Myths of Empire: Domestic Politics and International Ambition"*, Ithaca, NY: Cornell University Press, 11-12 hat die Begriffe des aggressiven (oder offensiven) Realismus und defensiven Realismus geprägt.

[52] Legro & Moravcsik (1999) "Is Anybody Still a Realist?", 16-18; Shiping Tang (2010) *"A Theory of Security Strategy for Our Time: Defensive Realism"*, New York, NY: Palgrave Macmillan, 10-11; Hervorhebung im Original.

[53] Waltz (1979) *"Theory of International Politics"*.

[54] Robert Gilpin (1996) "No One Loves a Political Realist", *Security Studies*, 5: 3, 7; Randall L. Schweller & William Wohlforth (2000) "Power Test: Evaluating Realism in Response to the End of the Cold War", *Security Studies*, 9: 3, 69-70.

[55] Tang (2010) *"A Theory of Security Strategy for Our Time"*, 13-32.

I.1.2 OFFENSIVER REALISMUS

Ausgehend von fünf grundlegenden Annahmen,[56] die aus der Struktur des internationalen Systems logisch ableitbar sind, etabliert John J. Mearsheimer in *The Tragedy of Great Power Politics* die Theorie des offensiven Realismus:[57] die erste Grundannahme lautet, dass (1) das internationale System von Anarchie geprägt ist. Das bedeutet keinesfalls, dass überall auf der Welt Chaos und Unordnung herrschen, sondern sagt lediglich aus, dass im internationalen System keine zentrale Autorität über den Staaten steht; die zweite Grundannahme lautet, dass (2) alle Staaten, in welch rudimentärer Form auch immer, über offensive Mittel der Machtprojektion verfügen; die dritte Grundannahme lautet, dass (3) Staaten keine Gewissheit über die gegenwärtigen und zukünftigen Absichten anderer Staaten haben können. Niemand kann sich vollständig sicher sein, dass Staaten von ihren militärischen Machtprojektionsmitteln keinen Gebrauch machen werden; die vierte Grundannahme lautet, dass (4) das primäre Ziel eines Staates die Sicherstellung seiner Existenz ist. Nur ein Staat der im anarchisch geprägten internationalen System überlebt, kann nationale Interessen verfolgen. Staaten verfolgen eine Vielzahl von Interessen, aber das Überleben im anarchisch geprägten internationalen System ist das übergeordnete Interesse; die fünfte Grundannahme lautet, dass (5) Staaten rationale Akteure sind, die ihre externe Umwelt bewusst wahrnehmen. Sie gehen strategisch vor, um ihr Überleben im internationalen System sicherzustellen.

Aus der gleichzeitigen[58] Betrachtung dieser fünf grundlegenden Annahmen folgert Mearsheimer, dass Staaten aus Angst vor den gegenwärtigen und zukünftigen Absichten anderer Staaten Selbsthilfe durch Machtmaximierung betreiben, um ihre Überlebenschancen zu erhöhen.[59]

---

[56] Mearsheimers fünf grundlegende Annahmen des offensiven Realismus leiten sich direkt von den sechs grundlegenden Annahmen des politischen Realismus in der internationalen Politik ab oder erweitern diese.

[57] Mearsheimer (2001) *"The Tragedy of Great Power Politics"*, 29-32.

[58] Mearsheimer (2001) *"The Tragedy of Great Power Politics"*, 31-32 betont, dass die grundlegenden Annahmen alleinstehend nicht ausreichen, damit sich Staaten aggressiv verhalten *sollten*. Erst ihre Gesamtbetrachtung veranlasst Staaten zu aggressivem Verhalten; Hervorhebung im Original.

[59] Mearsheimer (2001) *"The Tragedy of Great Power Politics"*, 31-32.

I.1.3 SYSTEMSTABILITÄT IM OFFENSIVEN REALISMUS

In einer Welt, in der sich Staaten im ständigen Wettbewerb um Macht befinden, erscheint Frieden, definiert als ein Zustand der Ruhe und Eintracht, unwahrscheinlich. So behauptet Mearsheimer, dass Staaten unentwegt ökonomische, diplomatische und militärische Maßnahmen ergreifen, um ihre relative Macht zu erhöhen.[60] Damit sagt der offensive Realismus aber nicht aus, dass Staaten ständig bewaffnete Konflikte austragen. Der Wettbewerb um Macht ist im internationalen System endemisch, aber Gewaltandrohung, Gewaltanwendung und bewaffnete Konflikte sind es nicht. Auch im Zustand der Anarchie kann das internationale System unter bestimmten Bedingungen von absoluter Stabilität, definiert als Abwesenheit von Gewaltandrohung und Gewaltanwendung, geprägt sein.

Das Verhalten von Staaten, das Wirkung auf die Stabilität eines regionalen Subsystems entfaltet, steht im offensiven Realismus in einem kausalen Zusammenhang mit der Systempolarität (herrscht Bipolarität oder Multipolarität im System vor?)[61] *und der Machtverteilung zwischen den Polen (ist die Macht zwischen den einzelnen Polen gleichmäßig oder ungleichmäßig verteilt?).* Mearsheimer erklärt, dass bipolare Systeme am stabilsten sind. Multipolare Systeme bei gleichmäßiger Machtverteilung (ausbalanciertes multipolares System) sind instabiler, während multipolare Systeme bei ungleicher Machtverteilung (unausbalanciertes multipolares System) am instabilsten sind.[62]

Der Begriff der Macht wird im offensiven Realismus grundsätzlich als die Kombination aus militärischer Macht und latenter Macht definiert. Militärische Macht bezeichnet die Gesamtheit aller militärischer Mittel, die einem Staat zur Verfügung stehen, während sich latente Macht auf sozioökonomische Faktoren bezieht, die ein Staat in militärische Macht transformieren kann. Insbesondere die Bevölkerungszahl, der technologische Entwicklungsstand und der Reichtum eines Staates entscheiden darüber, ob ein Staat über latente Macht verfügt.[63] Um die Polarität und die Machtverteilung der regionalen Subsysteme Nordostasiens und des Ostchinesischen Meeres zum

---

[60] Mearsheimer (2001) *"The Tragedy of Great Power Politics"*, 34-35.
[61] Gemäß der gängigen Definition muss ein Staat über mindestens 50% der Macht verfügen, die der mächtigste Staat im System innehält, um als Pol eingestuft zu werden. Siehe zum Beispiel Randall L. Schweller (1998) *"Deadly Imbalances: Tripolarity and Hitler's Strategy of World Conquest"*, New York, NY: Columbia University Press, 37.
[62] Mearsheimer (2001) *"The Tragedy of Great Power Politics"*, 334-359.
[63] Mearsheimer (2001) *"The Tragedy of Great Power Politics"*, 55-82.

Zeitpunkt des Auftretens einer sino-japanischen Krise zu bestimmen, wird in der vorliegenden Arbeit die militärische Macht und sofern relevant auch die latente Macht der in diesen regionalen Subsystemen existierenden Pole herangezogen.

SYSTEMPOLARITÄT I: BIPOLARITÄT VERSUS AUSBALANCIERTER UND UNAUSBALANCIERTER MULTIPOLARITÄT

Das internationale System oder ein regionales Subsystem ist dann am stabilsten, wenn es durch Bipolarität geprägt ist.[64] Mearsheimer führt drei Argumente an, die im offensiven Realismus für diese Sichtweise sprechen: (1) in einem bipolaren System ist aus mathematischen Gesichtspunkten die Anzahl der potentiellen Konfliktdyaden geringer; (2) Machtungleichgewichte sind in einem multipolaren System stärker ausgeprägt. Dadurch erhöht sich die Wahrscheinlichkeit, dass Großmächte bewaffnete Konflikte zu ihren Gunsten entscheiden können und dass das machtpolitische Instrument der Abschreckung an Wirksamkeit verliert; und (3) in multipolaren Systemen ist Fehlkalkulationen erhöhter Raum geboten, sodass Staaten zur Überbewertung ihrer militärischen Fähigkeiten neigen können.[65]

Zunächst ist (1) festzuhalten, dass in einem bipolaren System nur eine einzige potenzielle Konfliktdyade existiert, da Großmacht A nur gegen Großmacht B in das Feld ziehen kann. Ein multipolares System, das drei Großmächte beheimatet, würde bereits drei potentielle Konfliktdyaden zählen, die Existenz von fünf Großmächten würde schließlich zu zehn potentiellen Konfliktdyaden führen. Auch wenn die Rolle kleinerer Mächte in einer bipolaren Welt beleuchtet wird, bestätigt sich die stabile Struktur dieses Systems. In der Regel bleiben kleinere Mächte nicht neutral, sondern binden sich an eine der Großmächte. Dies trifft insbesondere dann zu, wenn sie sich in der Heimatregion einer der beiden Großmächte befinden. Die enge Verbindung zwischen einer Großmacht und einer kleineren Macht schützt Letztere vor einem Angriff der anderen Großmacht.

---

[64] Kenneth N. Waltz (1964) "The Stability of a Bipolar World", *Daedalus*, 93: 3, 882-887; Richard N. Rosecrance (1966) "Bipolarity, Multipolarity, and the Future", *Journal of Conflict Resolution*, 10: 3, 314-327; Waltz (1979) *"Theory of International Politics"*, Kapitel VIII; Thomas J. Christensen & Jack Snyder (1990) "Chain Gangs and Passed Bucks: Predicting Alliance Patterns in Multipolarity", *International Organization*, 44: 2, 140-147.

[65] Mearsheimer (2001) *"The Tragedy of Great Power Politics"*, 338-344, 346.

Aufgrund seiner Rigidität sinkt in einem bipolaren System auch die Wahrscheinlichkeit bewaffneter Konflikte *zwischen* kleineren Mächten, die an die beiden Großmächte gebunden sind. Es gilt, dass die beiden Großmächte eine Eskalation solcher Konflikte auf eine höhere Ebene verhindern wollen. Insbesondere wenn die kleineren Mächte *demselben* Block angehören, erscheint Gewaltandrohung und Gewaltanwendung zwischen ihnen undenkbar, da sie ansonsten ihren eigenen Block im Angesicht existentieller Bedrohungen schwächen würden.[66]

Ein bipolares System ist auch deswegen stabiler, weil (2) in einem multipolaren System mit einer höheren Wahrscheinlichkeit beträchtliche Machtungleichgewichte zwischen Großmächten auftreten. Machtungleichgewichte verringern die Wirksamkeit von abschreckenden Maßnahmen und können Staaten dazu veranlassen, die Kosten und Gefahren eines bewaffneten Konfliktes als gering zu erachten. Ein bipolares System kann definitionsgemäß keine großen Machtungleichgewichte aufweisen, da es sich ansonsten um ein unipolares System handeln würde. Je mehr Pole in einem System beheimatet sind, umso unwahrscheinlicher ist jedoch (wiederum aus mathematischen Gesichtspunkten) eine gleichmäßige Verteilung der Macht. Selbst wenn die Verteilung der Macht in einem multipolaren System wider stochastischen Wahrscheinlichkeiten relativ gleichmäßig verteilt sein sollte, können sich Pole im Gegensatz zu einem bipolaren System zu Allianzen zusammenschließen und auf diese Weise ein Machtungleichgewicht erzeugen oder bereits existierende Machtungleichgewichte verstärken.[67]

Weiterhin führt Mearsheimer (3) an, dass Fehlkalkulationen in multipolaren Systemen wahrscheinlicher sind. Dies liegt darin begründet, dass die Ausprägung und Akzeptanz von Normen und Institutionen in einem multipolaren System, das ständigen dynamischen Machtverschiebungen unterliegt, ungleich schwieriger ist als in einem rigiden bipolaren System. Großmächte können annehmen, dass sie andere Großmächte zu Zugeständnissen zwingen oder in einem bewaffneten Konflikt besiegen können, während die bedrängte Großmacht unter Umständen nicht nachgibt, zu den Waffen greift, Allianzen mobilisiert und bewaffnete Konflikte lostritt.[68]

Eine weitere Unterscheidung muss zwischen einem ausbalancierten und einem unausbalancierten multipolaren System getroffen werden. In unausbalancierten multipolaren Systemen existiert ein potentieller regionaler Hegemon, der über substantiell mehr Macht verfügt, als alle anderen regio-

---

[66] Mearsheimer (2001) "*The Tragedy of Great Power Politics*", 339-341.
[67] Mearsheimer (2001) "*The Tragedy of Great Power Politics*", 341-343.
[68] Mearsheimer (2001) "*The Tragedy of Great Power Politics*", 343-344.

nalen Großmächte. Da Machtungleichgewichte Instabilität verursachen, gilt ein unausbalanciertes multipolares System als die unsicherste Konstellation. Der offensive Realismus erwartet unter dem Zustand der unausbalancierten Multipolarität einen intensiven Sicherheitswettbewerb und erachtet den Ausbruch bewaffneter Konflikte als denkbar.[69]

SYSTEMPOLARITÄT II: TRIPOLARITÄT

Randall L. Schwellers Werk *Deadly Imbalances* bestätigt die Instabilität eines multipolaren Systems am Beispiel Europas vor dem Zweiten Weltkrieg. Für Schweller ist ein tripolares System die instabilste Ordnung unter allen multipolaren Ordnungen, da es (wiederum aus mathematischen Gesichtspunkten)[70] die höchste Anfälligkeit für destabilisierende Machtungleichgewichte besitzt.[71] Vor Schwellers analytischer Auseinandersetzung mit dem Phänomen der Tripolarität, haben bereits Morton A. Kaplan, Kenneth N. Waltz und Robert Gilpin auf die Instabilität dieser Konstellation hingewiesen.[72] Im Rahmen der Fragestellung der vorliegenden Arbeit ist die Auseinandersetzung mit tripolaren Systemen als besondere Form eines multipolaren Systems essentiell, da die Existenz ebendieses regionalen Subsystems in den geographischen Räumen Nordostasiens und des Ostchinesischen Meeres mit den Polen VR China, Japan und USA nach dem Zusammenbruch der Sowjetunion grundsätzlich angenommen werden kann.

In einem tripolaren System fokussieren sich die drei mächtigsten Akteure in einem Prozess intensiven Sicherheitswettbewerbs aufeinander. Kooperation zwischen zwei Polen, auch wenn sie ursprünglich nicht auf die Ausgren-

---

[69] Mearsheimer (2001) *"The Tragedy of Great Power Politics"*, 344-346.
[70] Unter der Annahme, dass alle Pole ungefähr gleich viel Macht besitzen (diese Annahme kann im Verlauf der Diskussion gelockert werden), können Systeme mit einer *geraden* Anzahl von Akteuren stets ein mathematisches Gleichgewicht bilden. Bei einer *ungeraden* Anzahl von Akteuren und einer Polarisierung in zwei antagonistische Blöcke sind die *Machtungleichgewichte bei drei Polen am größten*. Bei einem Verhältnis von 2:1 zwischen drei Polen verfügt der stärkere Block über 100% mehr Macht als der schwächere, bei *fünf* Akteuren und einem Verhältnis von 3:2 nurmehr über 50% mehr Macht und bei *sieben* Akteuren und einem Verhältnis von 4:3 lediglich über 33% mehr Macht.
[71] Schweller (1998) *"Deadly Imbalances"*, 33-47.
[72] Morton A. Kaplan (1957) *"System and Process in International Relations"*, New York, NY: Wiley, 34; Waltz (1979) *"Theory of International Politics"*, 163; Robert Gilpin (1981) *"War and Change in World Politics"*, Cambridge, UK: Cambridge University Press, 235.

zung des dritten Pols abzielt, kann umgehend das Misstrauen des dritten Pols hervorrufen. Ein gewisses Maß an Kooperation zwischen den einzelnen Polen lässt sich nicht vermeiden, da sich in der Regel keiner der Pole auf seine interne Macht verlassen kann, um gegen eine aus den anderen beiden Polen bestehende Allianz standhalten zu können. Daher wird es im Interesse eines Pols sein, eine Allianz mit einem anderen Pol zu bilden oder zumindest eine zu enge Bindung zwischen den anderen beiden Polen zu verhindern. Im Verlaufe dieser Prozesse ist Faktoren der Instabilität, insbesondere Misstrauen und Fehlkalkulationen, ein weiter Raum geboten. Während die Stabilität eines bipolaren Systems durch die geringste Anzahl an Konfliktdyaden, durch die Unwahrscheinlichkeit von Machtungleichgewichten und durch die Unwahrscheinlichkeit von Fehlkalkulationen gegeben ist, verlieren diese Faktoren der Stabilität in einem tripolaren System an Wirkung.[73]

Die Aufrechterhaltung der absoluten Stabilität hängt in einem tripolaren System von anderen Faktoren ab. Zunächst ist festzuhalten, dass (1) die Machtverteilung in einem tripolaren System von großen Unterschieden geprägt sein kann. Zudem hat (2) die Polarisierung[74] in unterschiedliche Machtblöcke verschiedene Auswirkungen. Außerdem sind (3) die Absichten der einzelnen Pole (handelt es sich um revisionistische oder *status quo*-Mächte?) von entscheidender Bedeutung. Bei der Verteilung der Macht und der Polarisierung zwischen den drei Polen unterscheidet Schweller zwischen folgenden Konstellationen:[75]

(1) $A = B = C$; das equilaterale tripolare System.
(2) $A > B = C$, $A < B + C$; das Paradoxon der Macht.
(3) $A < B = C$; der ausgelieferte Dritte.
(4) $A = B + C$, $B = C$; ausbalanciertes tripolares System.
(5) $A > B > C$, $A < B + C$; unausbalanciertes tripolares System.[76]

---

[73] Schweller (1998) *"Deadly Imbalances"*, 34-36.
[74] David R. Rapkin, William R. Thompson & Jon A. Christopherson (1979) "Bipolarity and Bipolarization in the Cold War Era: Conceptualization, Measurement, and Validation", *Journal of Conflict Resolution*, 23: 2, 261-295; Gregory A. Raymond & Charles W. Kegley, Jr. (1990) "Polarity, Polarization, and the Transformation of Alliance Norms", *Political Research Quarterly*, 43: 1, 9-38.
[75] Schweller (1998) *"Deadly Imbalances"*, 36-43.
[76] Schweller verwendet die Begriffe *ausbalanciert* und *unausbalanciert* nicht in dem Sinne Mearsheimers. Mearsheimer verwendet den Begriff *unausbalanciert* für den Zustand des Systems *zeitlich vor* der Gegenmachtbildung (existiert ein potentieller Hegemon?), während ihn Schweller für den Zustand *zeitlich nach* der Gegenmachtbildung (existieren zwischen den antagonistischen Blöcken Machtunterschiede?) benutzt.

Aus den fünf verschiedenen Konstellationen geht hervor, dass ein tripolares System unter den Konstellation (2), (4) und (5) ein unausbalanciertes multilaterales System nach der Definition Mearsheimers abbildet, da Staat A in diesen Fällen über mehr Macht verfügt als Staat B und C und somit die Rolle eines potentiellen regionalen Hegemonen einnimmt. Unter Konstellation (4) genießt Staat A die größten Machtvorteile. Solange die Allianz zwischen Staat B und Staat C aber einen starken Zusammenhalt aufweist, ähnelt die Struktur dieser Konstellation (4) einem stabilen bipolaren System. Die Bedrohung, die von Staat A als potentiellem regionalen Hegemonen ausgeht, garantiert diese feste Bindung zwischen Staat B und Staat C.[77]

Unter Konstellation (2) kann Staat A wiederum durch eine Allianz zwischen Staat B und C abgeschreckt werden. Staat B und C wollen eine Allianz mit Staat A unter allen Umständen vermeiden, damit Staat A seine hegemonialen Ambitionen nicht in die Wege leiten kann. Staat A ist damit als potentieller regionaler Hegemon kaum in der Lage seine Macht durch bewaffnete Konflikte zu erhöhen. Aus diesem Grund bezeichnet Schweller diese Konstellation als Paradoxon der Macht.[78] Für Konstellation (5) gelten ähnliche Kriterien. Wenn Schweller bei Konstellation (5) von einem unausbalancierten tripolaren System spricht, bezieht er sich nicht wie Mearsheimer auf die Existenz eines regionalen Hegemonen (der mit Staat A nach Mearsheimers Definition vorhanden ist), sondern auf das Machtungleichgewicht (A < B + C), das nach dem Zustandekommen der einzig denkbaren Allianz, die den potentiellen regionalen Hegemonen Staat A ausschließt (B + C), vorhanden wäre. Allerdings begründet sich die Stabilität dieses Systems darauf, dass Staat B und Staat C aufgrund ihrer eigenen Machtunterschiede (B > C) unattraktive Allianzpartner füreinander sind. Bei einer Allianz aus Staat B und C und einer nachfolgenden signifikanten Schwächung des Staates A müsste Staat C anschließend befürchten, von seinem vormaligen Allianzpartner Staat B angegriffen zu werden. Solange Staat A hingegen mächtig bleibt, kann sich Staat C der Unterstützung von Staat (A) bei einem Angriff von Staat B gewiss sein, da Staat A den Aufstieg des Staates (B) verhindern will.[79]

Unter Konstellation (2) ist eine Allianz zwischen Staat B und Staat C jedoch realistisch und spricht für Instabilität. Die hohe Wahrscheinlichkeit eines bewaffneten Konfliktes würde jedoch entgegen den Vorhersagen Mearsheimers nicht auf der Existenz des potentiellen Hegemonen Staat A, sondern durch die revisionistischen Absichten der gleichwertigen Staaten B und C

---

[77] Schweller (1998) *"Deadly Imbalances"*, 42.
[78] Schweller (1998) *"Deadly Imbalances"*, 40-41.
[79] Schweller (1998) *"Deadly Imbalances"*, 42-43.

beruhen. An diesem Punkt unterscheidet Schweller zwischen Staaten mit revisionistischen und *status quo*-Absichten, denn stabile tripolare Systeme unter Konstellation (1) und (3) sind nur im Falle der Existenz von *status quo*-orientierten Staaten denkbar. Obwohl Konstellation (1) keinen potentiellen regionalen Hegemonen aufweist, ist sie immer dann die instabilste Form der Tripolarität, wenn zwei oder drei der Pole revisionistische Absichten hegen und eine Polarisierung in zwei antagonistische Blöcke erfolgt. Der isolierte Staat würde sich in diesem Fall einer doppelt so starken Allianz gegenübersehen. Stabilität kann unter Konstellation (1) nur herrschen, wenn mindestens zwei *status quo*-orientierte Staaten existieren, die einen revisionistischen Staat abschrecken können.[80] Unter Konstellation (3) kann die Stabilität ebenfalls nur dann aufrechterhalten werden, wenn die stärkeren Staaten B und C den ausgelieferten dritten Staat A nicht angreifen wollen.[81]

Grundsätzlich bestätigt Schweller Mearsheimers These, wonach multipolare Systeme instabiler sind als bipolare Systeme. Allerdings ist bei Schweller unter allen multipolaren Systemen ein tripolares System, in dem revisionistische Staaten existieren, am instabilsten, während Mearsheimer ein unausbalanciertes multipolares System am instabilsten einstuft. Schweller sieht jedoch beträchtliche Möglichkeiten stabilitätsfördernder Gegenmachtbildung für Mearsheimers unausbalancierte multilaterale Systeme und betrachtet die Existenz von *status quo*-Mächten als stabilitätsfördernd.[82] In diesem Zusammenhang muss die Frage der Stabilität im offensiven Realismus in Mearsheimers Diskussion über die Rolle des *offshore balancers* im internationalen System eingebettet werden.

OFFSHORE BALANCER

Da Staaten gemäß der Theorie des offensiven Realismus aus Angst vor den gegenwärtigen und zukünftigen Absichten anderer Staaten Selbsthilfe durch Machtmaximierung betreiben, können sie definitionsgemäß nur die Rolle eines revisionistischen und nicht die eines *status quo*-Akteurs einnehmen. Aber durch die Einführung der Rolle des *offshore balancers* gesteht selbst Mearsheimer ein, dass Großmächte in der Funktion des *offshore balancers* Motive verfolgen, die der *Erhaltung* des *status quo* dienen.

---

[80] Schweller (1998) *"Deadly Imbalances"*, 38-40.
[81] Schweller (1998) *"Deadly Imbalances"*, 42.
[82] Siehe zur Bedeutung von revisionistischen Absichten für die Instabilität des internationalen Systems Randall L. Schweller "Bandwagoning for Profit: Bringing the Revisionist State Back in", *International Security*, 19: 1, 72-107.

Mearsheimer erklärt, dass Staaten, die ihr regionales Subsystem als Hegemon dominieren, verhindern möchten, dass andere Staaten in einem anderen regionalen Subsystem ebenfalls die Position einer regionalen Hegemonialmacht innehalten. Wenn ein regionales Subsystem von den als stabil erachteten Systemen der Bipolarität oder der ausbalancierten Multipolarität geprägt ist, hält sich ein überregionaler Hegemon bei der Aufrechterhaltung einer gegebenen regionalen Machtbalance zurück. Wenn jedoch beträchtliche Machtverschiebungen[83] einsetzen und das Aufkommen eines potentiellen regionalen Hegemonen ein bipolares regionales System oder ein ausbalanciertes multipolares regionales System in ein unausbalanciertes multipolares regionales System transformiert, kann ein *offshore balancer* die entstehenden Machtungleichgewichte ausgleichen und als Stabilisator fungieren.[84] Dabei entsendet ein *offshore balancer* Truppen in instabile regionale Subsysteme, wenn ein potentieller Hegemon einen Kontinent an sich zu reissen droht. Historische Beispiele sind hierfür das Eingreifen der USA im späteren Verlauf des 1. und 2. Weltkrieges, um die Herrschaft des Deutschen Reiches über Europa zu verhindern. Aber auch die dauerhafte Stationierung von Einheiten in regionalen Subsystemen *vor* dem Ausbruch eines bewaffneten Konfliktes, um einen potentiellen Hegemon abzuschrecken, ist grundsätzlich ein anerkanntes Instrument des *offshore balancing*.[85] Ein historisches Beispiel für diesen Fall ist die dauerhafte Stationierung von amerikanischen Truppen in Europa und Ostasien im Kalten Krieg, um die Wirkungskreise der Sowjetunion in diesen regionalen Subsystemen einzudämmen.

Der *offshore balancer* verfolgt in einem fremden regionalen Subsystem keine expansiven Ziele, sondern möchte vielmehr verhindern, dass eine andere Großmacht die hegemoniale Position in diesem regionalen Subsystem erklimmt. Wenn ein *offshore balancer* dies nicht verhindern kann, geht er die Gefahr ein, dass eine neue regionale Hegemonialmacht aufkommt, die anschließend ihren Fokus auf das regionale Subsystem des gescheiterten *offshore balancers* konzentriert. Seit dem Beginn des Ersten Weltkriegs haben die USA die Rolle des *offshore balancers* in Europa, dem Mittleren Osten und Nordostasien eingenommen und mehrmals im Verlauf des 20. und

---

[83] Gilpin (1981) *"War and Change in World Politics";* Mearsheimer (2001) *"The Tragedy of Great Power Politics",* 124-136; Randall L. Schweller & Xiaoyu Pu (2011) "After Unipolarity: China's Vision of International Order in an Era of U.S. Decline", International Security, 36: 1, 41-44.

[84] Mearsheimer (2001) *"The Tragedy of Great Power Politics",* 188-189.

[85] John J. Mearsheimer & Stephen M. Walt (2016) "The Case For Offshore Balancing: A Superior U.S. Grand Strategy" *Foreign Affairs,* 95: 4, 70-83.

21. Jahrhunderts die Etablierung eines weiteren regionalen Hegemonen unterbunden. Die USA haben damit sichergestellt, dass jede andere Großmacht auf sein eigenes regionales Subsystem fokussiert war und sich zu keinem Zeitpunkt in die Belange der Heimatregion der USA, der gesamten Westlichen Hemisphäre, einmischen konnte. Somit bleiben die USA zu Beginn des 21. Jahrhunderts weiterhin der einzige Staat im internationalen System, der seine Heimatregion als Hegemon uneingeschränkt dominiert.[86]

I.1.4 HYPOTHESEN OFFENSIVER REALISMUS

Das Verhalten von Staaten, das Wirkung auf die Stabilität eines regionalen Subsystems entfaltet, steht im offensiven Realismus in einem kausalen Zusammenhang mit der Systempolarität und der Machtverteilung zwischen den Polen.

(HI.1) Die Systemstabilität ist in einem bipolaren System am höchsten. Die Aufrechterhaltung der absoluten Stabilität und ein *sehr hoher* oder *hoher* Grad der relativen Stabilität ist in einem bipolaren System zwischen Staaten gegeben, die demselben Machtblock angehören. Die Existenz eines offshore balancers, der stets *status-quo*-Absichten verfolgt, spricht für einen *sehr hohen* Grad der relativen Stabilität.

(HI.2) Die Systemstabilität ist in einem ausbalancierten multipolaren System geringer. Die Aufrechterhaltung der absoluten Stabilität ist wahrscheinlich und es ist mit einem *hohen* oder *mittleren* Grad der relativen Stabilität zu rechnen. Die Existenz eines *offshore balancers*, der stets *status-quo*-Absichten verfolgt, spricht für einen *hohen* Grad der relativen Stabilität. Ein equilaterales tripolares System und ein tripolares System, in dem ein ausgelieferter Dritter existiert, können durch die Existenz eines *offshore balancers* stabilisiert werden.

(HI.3) Die Systemstabilität ist in einem unausbalancierten multipolaren System, sofern kein *offshore balancer* Machtungleichgewichte ausgleicht, am geringsten. Der Zusammenbruch der absoluten Stabilität ist denkbar und es ist mit einem *niedrigen* oder *zusammengebrochenen* Grad der relativen Stabilität zu rechnen.

---

[86] Mearsheimer (2001) *"The Tragedy of Great Power Politics"*, 189-190.

I.1.5 DEFENSIVER REALISMUS

Offensive Realisten behaupten, dass Staaten expandieren, wenn sie können: die Starken tun, was sie können und die Schwachen erleiden, was sie müssen. Der defensive Realismus widerspricht dieser Sichtweise jedoch entschieden. Staaten, die im internationalen System nach Sicherheit streben, sollten als rational handelnde Akteure unter gewissen Bedingungen kooperative Maßnahmen und nicht kompetitive Maßnahmen ergreifen, um ihre sicherheitspolitischen Ziele zu erreichen. Kooperative Maßnahmen beziehen sich hierbei im engsten Sinne auf die Vermeidung von Rüstungswettläufen und die Verbesserung politischer Beziehungen, während kompetitive Maßnahmen in erster Linie den Aufbau militärischer Macht betreffen. Im Gegensatz zu offensiven Realisten legt Charles L. Glaser dar, dass nicht nur kooperative Maßnahmen, sondern auch kompetitive Maßnahmen große Risiken bergen können.[87] Auch Stephen Van Evera widerspricht der These John J. Mearsheimers, wonach die Struktur des internationalen Systems kompetitive Strategien belohnt. Tatsächlich, so Van Evera, fördere Aggression wenig Ertrag zu Tage und die Geschichte lehre, dass Aggressoren letztlich durch Genegenallianzen eingedämmt oder sogar besiegt würden.[88] Der defensive Realismus widerspricht somit der offensiv realistischen These, wonach alle Staaten ihre Sicherheit so lange maximieren, bis sie den Status einer regionalen Hegemonialmacht innehaben *und* keine andere Großmacht in einem anderen regionalen Subsystem dieser Position nahekommt.

Insbesondere sagt der defensive Realismus aus, dass nach Sicherheit strebende Staaten nur unter bestimmten eng definierten Bedingungen eine expansive Außenpolitik betreiben und unter einer Vielzahl von Bedingungen moderate Strategien zur Umsetzung ihrer Sicherheitsinteressen verfolgen. Der defensive Realismus verlangt von Großmächten geradezu militärische, politische und ökonomische Zurückhaltung in ihrem außenpolitischen Handeln, sofern sie ihre Sicherheitsinteressen nicht auf das Spiel setzen wollen. Mit der Aufnahme kooperativer und zurückhaltender Strategien als veritable Optionen außenpolitischen Handelns ergibt sich eine größere Bandbreite außenpolitischer Zustände und Handlungsmuster, die von Krieg, Konflikt und Wettbewerb zu Kooperation, Stabilität und Frieden reichen.[89]

---

[87] Charles L. Glaser (1994/1995) "Realists as Optimists: Cooperation as Self-help", *International Security*, 19: 3, 50-90.
[88] Stephen Van Evera (1999) *"Causes of War: Power and the Roots of Conflict"*, Ithaca, NY: Cornell University Press.
[89] Robert Jervis (1978) "Cooperation under the Security Dilemma", *World Politics*, 30: 2, 167-214; Barry R. Posen (1984) *"The Sources of Military Doctrine: France,*

I.1.6 DAS SICHERHEITSDILEMMA

Das als Sicherheitsdilemma bezeichnete Phänomen ist das zentrale analytische Konzept des defensiven Realismus. Das Sicherheitsdilemma wird in der politikwissenschaftlichen Schule der Internationalen Beziehungen als eine Situation beschrieben, in der die Maßnahmen, die ein Staat ergreift, um seine Sicherheit zu erhöhen, gleichzeitig die Sicherheit eines anderen Staates vermindert.[90] In einem wegweisenden Artikel, der den Begriff des Sicherheitsdilemmas zum ersten Mal umfassend behandelt, erklärt Robert Jervis, wie selbst Staaten, die keine fundamentalen Interessenkonflikte austragen, der Logik sicherheitspolitischen Wettbewerbs und bewaffneter Konflikte erliegen können.[91] Demnach sind Staaten in einem anarchisch geprägten System auf ihre eigene Sicherheit bedacht und haben grundsätzlich geringe Bedenken, wenn sie die Sicherheit anderer Staaten durch Aufrüstung oder Allianzbildung vermindern. Destabilisierend auf die bilateralen Beziehungen, auf ein regionales Subsystem oder sogar das internationale System wirkt letztlich die Reaktion, die der andere Staat zeigt, nachdem seine Sicherheit vermindert worden ist.

I.1.7 INTENSITÄT DES SICHERHEITSDILEMMAS

Das Verhalten von Staaten, das Wirkung auf die Stabilität eines regionalen Subsystems entfaltet, steht im defensiven Realismus in einem kausalen Zu-

---

Britain, and Germany between the World Wars", Ithaca, NY: Cornell University Press; Stephen M. Walt (1987) *"The Origins of Alliances"*, Ithaca, NY: Cornell University Press; Christensen & Snyder (1990) "Chain Gangs and Passed Bucks"; Glaser (1994/1995) "Realists as Optimists"; Stephen M. Walt (1995) *"Revolution and War"*, Ithaca, NY: Cornell University Press; Thomas J. Christensen (1997) "Perceptions and Alliances in Europe, 1860-1940", International Organization, 51: 1, 65-98; Stephen Van Evera (1998) "Offense, Defense, and the Causes of War", International Security, 22: 4, 5-43; Van Evera (1999) *"Causes of War"*; Taliaferro (2000/2001) "Security Seeking under Anarchy", 128-161; Tang (2010) *"A Theory of Security Strategy for Our Time"*, 99-127.

[90] John H. Herz (1950) "Idealist Internationalism and the Security Dilemma", World Politics, 2: 2, 157-180; John H. Herz (1951) *"Political Realism and Political Idealism: A Study in Theories and Realities"*, Chicago: University of Chicago Press [(1959) *"Politischer Realismus und politischer Idealismus: Eine Untersuchung von Theorie und Wirklichkeit"*, Meisenheim am Glan: Verlag Anton Hain KG]; Herbert Butterfield (1951) *"History and Human Relations"*, London, UK: Collins.

[91] Jervis (1978) "Cooperation under the Security Dilemma", 169, 187-194, 199-206; Robert Jervis (1976) *"Perception and Misperception in International Politics"*, Princeton, NJ: Princeton University Press, 62-76.

sammenhang mit der Intensität des Sicherheitsdilemmas. Wenn die Intensität des Sicherheitsdilemmas schwach ausgeprägt oder nicht-existent ist, sollten nach Sicherheit strebende Staaten kooperative und defensive sicherheitspolitische Maßnahmen ergreifen, sodass die Aufrechterhaltung der Stabilität zwischen zwei Staaten oder eines regionalen Subsystems sehr wahrscheinlich ist. Wenn die Intensität des Sicherheitsdilemmas jedoch zunimmt, erhöht sich der Druck auf nach Sicherheit strebenden Staaten, kompetitive und offensive sicherheitspolitische Maßnahmen zu ergreifen, sodass die Wahrscheinlichkeit von Gewaltandrohung, Gewaltanwendung und bewaffneten Konflikten steigt.[92]

Die Intensität des Sicherheitsdilemmas wird von dem Zusammenspiel zwischen materiellen Variablen und Informationsvariablen bestimmt. Die materiellen Variablen setzen sich wiederum aus der (1) Offensiv-Defensiv-Balance, der (2) Unterscheidbarkeit zwischen offensiven und defensiven Waffen sowie der (3) relativen Verteilung von militärischer Macht zwischen den Staaten zusammen. Informationsvariablen betreffen hingegen die Wahrnehmung der außenpolitischen Absichten anderer Staaten: handelt es sich bei dem Widersacher um eine (1.1) *status quo*-Macht oder um eine (1.2) revisionistische Macht.[93]

Die Intensität des Sicherheitsdilemmas kann infolge der Veränderung dieser Variablen über Raum und Zeit hinweg beträchtlich variieren, auch wenn die anarchische Struktur des internationalen Systems konstant bleibt. Der Intensität des Sicherheitsdilemmas entsprechend können Anreize für Staaten, kooperative Maßnahmen zu ergreifen und Stabilität zu erzeugen oder kompetitive Maßnahmen zu ergreifen, die die Wahrscheinlichkeit eines bewaffneten Konfliktes unbeabsichtigt erhöht, signifikanten Unterschieden unterliegen.[94]

MATERIELLE VARIABLEN

Robert Jervis nahm ursprünglich an, dass die Intensität des Sicherheitsdilemmas von der Offensiv-Defensiv-Balance (*offense-defense balance*, ODB) und der Unterscheidbarkeit zwischen offensiver militärischer Macht und defensiver militärischer Macht (*offense-defense distinguishability*, ODD) ab-

---

[92] Charles L. Glaser (2010) *"Rational Theory of International Politics: The Logic of Competition and Cooperation"*, Princeton, NJ: Princeton University Press, 72.
[93] Glaser (2010) *"Rational Theory of International Politics"*, 72-85.
[94] Charles L. Glaser (1997) *"The Security Dilemma Revisited"*, World Politics, 50: 1, 171; Taliaferro (2000/2001) *"Security Seeking under Anarchy"*, 136-141.

hängt. Glaser hat nachfolgend die relative Machtverteilung zwischen Staaten als weitere materielle Variable hinzugefügt. Die drei obengenannten Variablen konstituieren die Offensiv-Defensiv-Theorie (*offense-defense theory*, ODT).[95] Nachfolgend werden die drei materiellen Variablen definiert.

Vereinfacht ausgedrückt beschäftigt sich die ODB mit der Frage, ob es einfacher ist, ein bestimmtes Territorium einzunehmen oder zu verteidigen.[96] Auf einer abstrakten Ebene wird die ODB von Charles L. Glaser und Chaim Kaufmann als *Verhältnis der Kosten* definiert, die ein Angreifer für offensive militärische Macht aufwenden muss, um ein Territorium einzunehmen und den Kosten, die der Verteidiger für defensive militärische Macht aufbringen muss, um dieses Territorium zu verteidigen. Wenn die Kosten des Angreifers größer (kleiner) als die Kosten des Verteidigers sind, dann ist die ODB defensivlastig (offensivlastig).[97] Zahlreiche Faktoren können das Verhältnis der Kosten und somit die ODB beeinflussen: eine strikte Definition führt Geographie und/oder Militärtechnologie als zentrale Elemente auf, eine breite Definition umfasst neben den obengenannten Elementen auch Truppenstärke, Nationalismus und Kumulativität von Ressourcen (hierbei geht es um die Frage, ob eroberte Territorien ökonomisch ausgebeutet werden können) als grundlegende Bestandteile.[98] Wenn, wie in der vorliegenden Arbeit, die ODB einer bestimmten Staatendyade oder eines regionalen Subsystems – und nicht des gesamten internationalen Systems - analysiert wird, eignet sich die breite Definition besser, da auf spezifische situationsabhängige Faktoren Bezug genommen werden kann.[99]

---

[95] Shiping Tang (2010) "Offence-Defence Theory: Towards a Definitive Understanding", *The Chinese Journal of International Politics*, 213-260.
[96] Jervis (1978) "Cooperation under the Security Dilemma", 187-188.
[97] Charles L. Glaser & Chaim Kaufmann (1998) "What is the Offense-Defense-Balance and Can We Measure It?", *International Security*, 22: 4, 49-51; Van Evera (1999) *"Causes of War"*; Glaser (2010) *"Rational Theory of International Politics"*, 43.
[98] George Quester (1977) *"Offense and Defense in the International System"*, New York, NY: Wiley; Jervis (1978) "Cooperation under the Security Dilemma",194-199; Jack S. Levy (1984) "The Offensive/Defensive Balance of Military Technology: A Theoretical and Historical Analysis", *International Studies Quarterly*, 38: 2, 219-238; Sean M. Lynn-Jones (1995) "Offense-Defense Theory and Its Critics", *Security Studies*, 4: 4, 665-670; Glaser & Kaufmann (1998) "What is the Offense-Defense-Balance and Can We Measure It?", 60-68; Taliaferro (2000/2001) "Security Seeking under Anarchy", 136-141.
[99] Lynn-Jones (1995) "Offense-Defense Theory and Its Critics", 668, 670-671, 679-682; James W. Davis, Jr. & Stephen Van Evera (1998-1999) "Correspondence: Taking Offense at Offense-Defense Theory", *International Security*, 23: 3, 179-182, 195-200.

Außerdem kann die Unterscheidbarkeit von Militärtechnologien, die offensive Missionen unterstützen von solchen, die defensive Missionen unterstützen, die Intensität des Sicherheitsdilemmas erheblich beeinflussen. Ein Staat, der lediglich ein defensives Arsenal unterhält, schürt nicht die Angst und Ungewissheit seiner Nachbarn und signalisiert folglich *status quo*-Absichten.[100] Weiterhin stellt sich die Frage, ob ein Machtgleichgewicht zwischen den Staaten (oder Allianzen) besteht, oder ob eine Seite relative Machtvorteile geniesst. Die überlegene Seite befindet sich in einer Situation, in der das Sicherheitsdilemma sehr schwach ausgeprägt ist. Für die schwächere Seite gilt folglich das Gegenteil. Ob die Gesamtsituation von relativer Stabilität geprägt sein wird, hängt in dieser Situation davon ab, ob die stärkere Seite *status quo*-Absichten verfolgt und ob die schwächere Seite die Absichten der überlegenen Seite richtig wahrnimmt. Falls die überlegene Seite keine revisionistischen Absichten hegt, kann sie eine defensive Militärdoktrin verfolgen und auf die Aneignung offensiver militärische Macht verzichten, um der schwächeren Seite ihre *status quo*-Absichten zu signalisieren.[101]

Wenn die ODB zugunsten der Defensive ausfällt, können Staaten ihre Sicherheit mit einer defensiven Militärdoktrin aufrechterhalten, moderate Truppenstärken unterhalten und Rüstungswettläufe mit anderen Staaten vermeiden. Sobald ein Staat über ausreichende (defensive) militärische Macht verfügt, kann er selbstbeschränkt auf weitere Aufrüstung verzichten und damit seine *status quo*-Absichten signalisieren. Die Wahrscheinlichkeit für den Ausbruch bewaffneter Konflikte kann unter diesen Umständen als gering eingeschätzt werden.

Bei einem Vorteil der Offensive kehren sich die Vorzeichen hingegen um und die Wahrscheinlichkeit eines bewaffneten Konfliktes steigt:[102] Kriege werden schnell und deutlich entschieden, sodass sie in den Augen revisionistischer Staaten attraktiv erscheinen und der Logik des Sicherheitsdilemmas folgend erhöht sich bei einem Vorteil der Offensive die Unsicherheit aller Staaten, sodass Expansion auch für nach Sicherheit strebende *status quo*-Staaten erstrebenswerter ist. Ein Vorteil der Offensive bedeutet dann gleichzeitig auch einen Vorteil des Erstschlages, sodass Krisen mit

---

[100] Jervis (1978) "Cooperation under the Security Dilemma", 168; Glaser (1997) "The Security Dilemma Revisited", 186-187; Glaser (2010) *"Rational Theory of International Politics"*, 75-76.
[101] Glaser (2010) *"Rational Theory of International Politics"*, 76-80.
[102] Jervis (1978) "Cooperation under the Security Dilemma"; Glaser (1997) "The Security Dilemma Revisited", 185-186; Glaser (2010) *"Rational Theory of International Politics"*, 73-76.

höherer Wahrscheinlichkeit infolge von Erstschlägen und unbeabsichtigten Zwischenfällen zu bewaffneten Konflikten eskalieren.[103] Außerdem werden Rüstungswettläufe mit einem hohen Maß an Intensität betrieben und Allianzen mit großem Nachdruck geformt und gestärkt, da bewaffnete Konflikte bei einem Vorteil der Offensive wahrscheinlicher sind.[104]

INFORMATIONSVARIABLEN

Neben materiellen Variablen bestimmen Informationsvariablen die Intensität des Sicherheitsdilemmas.[105] Die Ungewissheit über die Absichten anderer Staaten spielt hier die entscheidende Rolle. Ohne Ungewissheit über die Absichten des Widersachers könnten Handlungen, die die eigene Sicherheit erhöhen, die Sicherheit des anderen Staates nicht vermindern und somit würde das Sicherheitsdilemma nicht existieren. Bei vollkommener Gewissheit über die wohlwollenden Absichten anderer Staaten, müsste kein Staat Maßnahmen ergreifen, um seine Sicherheit zu erhöhen und kein Staat müsste um seine Sicherheit fürchten, falls ein anderer Staat dennoch seine Sicherheit erhöht. Ungewissheit ist jedoch nicht zu eliminieren, sodass Staaten stets Vermutungen über die Absichten anderer Staaten anstellen müssen. Die Annahme, dass das Gegenüber lediglich nach Sicherheit strebt, resultiert in einem weniger intensiven Sicherheitsdilemma, während die Annahme, dass das Gegenüber über seine Sicherheit hinausgehende Interessen verfolgt, zu einem intensiveren Sicherheitsdilemma führt.

Mit einem nach Sicherheit strebenden Staat zu kooperieren, ist aus mehreren Gründen sinnvoll. Ein nach Sicherheit strebender Staat wird mit höherer Wahrscheinlichkeit das Kooperationsangebot erwidern, während das Scheitern von Kooperation mit solch einem Staat geringere Risiken birgt. Überdies können Staaten durch dargelegten Kooperationswillen ihre *status quo*-Absichten zum Ausdruck bringen.

Ein revisionistischer Staat strebt hingegen nach militärischen Vorteilen und neigt daher dazu, Kooperationsangebote unerwidert zu lassen. Gescheiterte Kooperation bringt hohe Risiken mit sich, da ein revisionistischer Staat, der hohen Wert auf Expansion legt, schwer abzuschrecken ist. Das Angebot zu kooperieren würde solch einem Staat nur signalisieren, dass es dem kooperationswilligen Staat an machtpolitischer Entschlossenheit mangelt. Gegen-

---

[103] Thomas C. Schelling & Morton H. Halperin (1961) *"Strategy and Arms Control"*, New York, NY: Twentieth Century Fund, 14-16.
[104] Quester (1977) *"Offense and Defense in the International System"*, 105-106.
[105] Glaser (2010) *"Rational Theory of International Politics"*, 81-85.

über einem revisionistischen Staat sind demnach kompetitive Maßnahmen vorzuziehen: über die Aneignung militärischer Mittel muss sich ein Staat militärische Vorteile erarbeiten und machtpolitische Entschlossenheit demonstrieren.[106]

Falls Ungewissheit über die Absichten eines Staates vorliegt, muss eine vorsichtige Abwägung von Vorteilen und Risiken nach probabilistischen Prinzipien vorgenommen werden. Wenn die Wahrscheinlichkeit größer ist, dass der eigene Staat einem *status quo*-Staat gegenübersteht, sollten die Wege der Kooperation erschlossen werden. Falls eine höhere Wahrscheinlichkeit dafür spricht, dass es sich beim Gegenüber um einen revisionistischen Staat handelt, muss der eigene Staat die Bereitschaft zu konfliktuellen Maßnahmen aufbringen. Ein Staat muss sich auch vergegenwärtigen, welche Wahrnehmung sein Widersacher über ihn hat. Selbst wenn ein Staat nach Sicherheit strebt und mit hoher Wahrscheinlichkeit vermutet, dass sein Widersacher sich ebenfalls wohlwollend verhalten wird, kann dieser Widersacher dennoch paranoiden Tendenzen unterliegen und sich von gierigen Staaten umgeben sehen. In diesem Fall wird Kooperation wiederum risikobehaftet sein.[107]

Informationsvariablen können die Entwicklung politischer Beziehungen zwischen zwei Staaten nachhaltig beeinflussen. Wird das Gegenüber als ein nach Sicherheit strebender Staat mit *status quo*-Absichten angesehen, können freundschaftliche Beziehungen aufrechterhalten und erweitert werden (positive Spirale), während revisionistische Absichten gegenteilige Resultate hervorrufen (negative Spirale). Eine negative Spirale setzt sich zwar nicht ewig fort, aber größere Veränderungen der materiellen Umwelt oder riskantere kooperative Maßnahmen sind erforderlich, um ihr zu entkommen.[108]

DIE KOMBINATION VON MATERIELLEN UND INFORMATIONSVARIABLEN

Wenn die materiellen Variablen mit den Informationsvariablen kombiniert werden, ergeben sich in einem vereinfachten Modell fünf verschiedene Stufen für die Intensität des Sicherheitsdilemmas: wenn die ODB offensivlastig ist und das Gegenüber (1) mit hoher Wahrscheinlichkeit ein revisionistischer

---

[106] Glaser (2010) *"Rational Theory of International Politics"*, 81-82.
[107] Jervis (1976) *"Perception and Misperception in International Politics"*, Kapitel III; Robert Jervis (2001) "Was The Cold War a Security Dilemma?", *Journal of Cold War Studies*, 3: 1, 36-60; Glaser (2010) *"Rational Theory of International Politics"*, 82-83.
[108] Glaser (1997) "The Security Dilemma Revisited", 189-193; Glaser (2010) *"Rational Theory of International Politics"*, 84.

Staat ist, ist das Sicherheitsdilemma *stark ausgeprägt*, wenn das Gegenüber (2) nicht eingeschätzt werden kann, ist das Sicherheitsdilemma *ausgeprägt* und wenn es (3) mit hoher Wahrscheinlichkeit nach Sicherheit strebt, ist das Sicherheitsdilemma *moderat*.

Wenn die ODB andererseits defensivlastig ist und es sich (4) beim Gegenüber mit hoher Wahrscheinlichkeit um einen revisionistischen Staat handelt, ist das Sicherheitsdilemma ebenfalls *moderat*, wenn das Gegenüber (5) nicht eingeschätzt werden kann, ist das Sicherheitsdilemma *schwach ausgeprägt* und wenn es sich (6) mit hoher Wahrscheinlichkeit um einen nach Sicherheit strebenden Staat handelt, ist das Sicherheitsdilemma *nicht-existent*, *eliminiert* oder *ruhend*.[109]

I.1.8 HYPOTHESEN DEFENSIVER REALISMUS

Das Verhalten von Staaten, das Wirkung auf die Stabilität eines regionalen Subsystems entfaltet, steht im defensiven Realismus in einem kausalen Zusammenhang mit der Intensität des Sicherheitsdilemmas.

(HII.1) Ein *ruhendes* Sicherheitsdilemma garantiert die Aufrechterhaltung der absoluten Stabilität und einen *sehr hohen* Grad der relativen Stabilität. Staaten ergreifen kooperative Maßnahmen und erhöhen die Systemstabilität.

(HII.2) Ein *schwach ausgeprägtes* Sicherheitsdilemma garantiert die Aufrechterhaltung der absoluten Stabilität und einen *hohen* Grad der relativen Stabilität. Staaten ergreifen kompetitive *und* kooperative Maßnahmen, fokussieren sich jedoch auf kooperative Maßnahmen und erhöhen die Systemstabilität.

(HII.3) Ein *moderates* Sicherheitsdilemma spricht für die Aufrechterhaltung der absoluten Stabilität und einen *mittleren* Grad der relativen Stabilität. Staaten ergreifen kompetitive *und* kooperative Maßnahmen. Die Veränderung der Systemstabilität hängt von der Balance zwischen kompetitiven und kooperativen Maßnahmen ab.

(HII.4) Bei einem *ausgeprägten* Sicherheitsdilemma ist der Zusammenbruch der absoluten Stabilität denkbar und es ist mit einem *niedrigen* Grad der relativen Stabilität zu rechnen. Staaten ergreifen kompetitive *und* kooperative Maßnahmen, fokussieren sich jedoch auf kompetitive Maßnahmen und verringern die Systemstabilität.

(HII.5) Bei einem *stark ausgeprägten* Sicherheitsdilemma ist mit dem Zusam-

---

[109] Glaser (2010) "*Rational Theory of International Politics*", 85-87.

menbruch der absoluten Stabilität und einem *zusammengebrochenen* Grad der relativen Stabilität zu rechnen. Staaten ergreifen kompetitive Maßnahmen und verringern die Systemstabilität.

I.2 STRUKTURELLER LIBERALISMUS

I.2.1 GESCHICHTLICHER ÜBERBLICK LIBERALER THEORIEN

Die liberale Tradition entspringt der Epoche der Aufklärung des 18. Jahrhunderts. Liberale Intellektuelle waren von dem Denken überzeugt, dass die Vernunft des Menschen der Entstehung einer friedlicheren und besseren Welt den Weg ebnen kann.[110] Robert O. Keohane identifiziert drei distinktive Stränge klassischer liberaler Theorien: den (1) kommerziellen Liberalismus, der die friedensstiftende Wirkung von Handel in den Mittelpunkt stellt; den (2) demokratischen Liberalismus, der die friedensstiftende Wirkung republikanischer Regierungsformen betont; und den (3) regulativen Liberalismus, der vordergründig die friedensstiftende Wirkung von Normen und Institutionen betrachtet.[111] Joseph Nye fügt mit dem (4) soziologischen Liberalismus noch eine weitere Kategorie hinzu. Diese Variante des Liberalismus stellt den transformativen Effekt transnationaler Kontakte und Koalitionen auf die Ausgestaltung nationaler Interessen in den Mittelpunkt.[112] In einer entscheidenden Abkehr von Theorien des Realismus behaupten Theorien des Liberalismus, dass Staaten in vielen Bereichen kooperieren und dass Handel, gemeinsame Regierungsformen, Institutionen und substaatliche Akteure im Prozess der Kooperation eine wichtige Rolle einnehmen.

Noch während des Zweiten Weltkriegs wurden in Fortführung der liberalen Tradition neue Theorien aus der Taufe gehoben, die auf einer oder mehreren Annahmen der oben angeführten Stränge klassisch liberaler Theorien be-

---

[110] F. H. Hinsley (1967) *"Power and the Pursuit of Peace: Theory and Practice in the History of Relations between States"*, Cambridge, UK: Cambridge University Press, 13-150; F. Parkinson (1977) *"The Philosophy of International Relations: A Study in the History of Thought"*, Beverly Hills, CA: Sage Publications, Kapitel 4.

[111] Robert O. Keohane (1986) "Economic Limits of Modern Politics: International Liberalism Reconsidered" zitiert in Joseph S. Nye, Jr. (1988) "Neorealism and Neoliberalism", *World Politics*, 40: 2, 245-246; Robert O. Keohane (1990) "International Liberalism Reconsidered" in John Dunn (Hrg.) *"The Economic Limits to Modern Politics"*, Cambridge, UK: Cambridge University Press, 177-185; Susan M. McMillan (1997) "Interdependence and Conflict", *Mershon International Studies Review*, 41: 1, 35-38 spricht von politischem, wirtschaftlichem, soziologischem und kultiviertem Liberalismus; Mearsheimer (2001) *"The Tragedy of Great Power Politics"*, 28-29.

[112] Nye (1988) "Neorealism and Neoliberalism", 246.

ruhen. Mit David Mitranys Werk *A Working Peace System* entstand eine funktionalistische Integrationstheorie,[113] die in den 1950er und 1960er Jahren in die neofunktionalistische Integrationstheorie auf regionaler Ebene überging.[114] Die 1970er Jahre standen daraufhin im Zeichen der Interdependenztheorie.[115] Schließlich brachten die 1980er Jahre, als direkte Antwort auf Waltz' strukturellen Realismus, die strukturelle Theorie des neoliberalen Institutionalismus hervor. Diese Theorie beruht, wie Keohane in seinem Hauptwerk *After Hegemony* betont, ebenfalls auf der Grundannahme eines anarchisch geprägten internationalen Systems.[116]

Vor dem Auge des liberalen Theoretikers erscheint somit ein horizontaler Zeitstrahl, der vier liberale Theorien der Nachkriegszeit einfängt und ein vertikales Angebot an klassischen liberalen Konzepten. Das Paradigma des Liberalismus der politikwissenschaftlichen Schule der Internationalen Beziehungen besteht somit aus einer komplexen Matrix, die mindestens die oben angeführten Elemente enthält.

Im Kontext der sino-japanischen Beziehungen können jedoch der demokratische Liberalismus, da es sich bei der VR China während dem gesamten Untersuchungszeitraum der vorliegenden Arbeit um einen autoritär regierten Staat handelte, und der soziologische Liberalismus, da es wenige Hinweise

---

[113] David Mitrany (1944 [1966]) *"A Working Peace System"*, London, UK: Royal Institute of International Affairs [Chicago, IL: Quadrangle Books]; Ernst B. Haas (1964) *"Beyond the Nation-State: Functionalism and International Organization"*, Stanford, CA: Stanford University Press.

[114] Karl Deutsch (Hrg., 1957) *"Political Community and the North Atlantic Area"*, Princeton, NJ: Princeton University Press; Ernst B. Haas (1958) *"The Uniting of Europe: Political, Economic, and Social Forces, 1950-1957"*, Stanford, CA: Stanford University Press; Ernst B. Haas (1968) "Technology, Pluralism, and the New Europe" in Joseph S. Nye, Jr., (Hrg.) *"International Regionalism"*, Boston, MA: Little Brown.

[115] Edward S. Morse (1970) "The Transformation of Foreign Policies: Modernization, Interdependence, and Externalization", *World Politics*, 22: 3, 371-392; Richard C. Cooper (1972) "Economic Interdependence and Foreign Policies in the 1970's", *World Politics*, 24: 2, 158-181; Robert O. Keohane & Joseph S. Nye, Jr., (1977) *"Power and Interdependence: World Politics in Transition"*, Boston, MA: Little Brown.

[116] Arthur Stein (1983) "Coordination and Collaboration: Regimes in an Anarchic World" in Stephen D. Krasner (Hrg.) *"International Regimes"*, Ithaca, NY: Cornell University Press; Robert O. Keohane (1984) *"After Hegemony: Cooperation and Discord in the World Political Economy"*, Princeton, NJ: Princeton University Press; Robert Axelrod (1984) *"The Evolution of Cooperation"*, New York, NY: Basic Books; Charles Lipson (1984) "International Cooperation in Economic and Security Affairs", *World Politics*, 37: 1, 1-23; Robert Axelrod & Robert O. Keohane (1985) "Achieving Cooperation Under Anarchy: Strategies and Institutions", *World Politics*, 38: 1, 226-254.

darauf gibt, dass transnationale Kontakte Einfluss auf die sino-japanischen Beziehungen hatten, nicht herangezogen werden. Allerdings lassen sich im Untersuchungszeitraum beeindruckende Handelsbeziehungen zwischen beiden Staaten und ein fortschreitender Institutionalisierungsprozess in Ostasien beobachten. Um Aussagen über die Stabilität im Kontext der sinojapanischen Interaktion im Ostchinesischen Meer treffen zu können, müssen daher die klassisch liberalen Konzepte des kommerziellen und regulativen Liberalismus zur Anwendung kommen, die insbesondere in der Interdependenztheorie und dem neoliberalen Institutionalismus ihre moderne Ausprägung gefunden haben.

I.2.2 ÖKONOMISCHE INTERDEPENDENZ & FRIEDEN[117]

Strömungen die zum kommerziellen Liberalismus zusammengefasst werden können, treffen bezüglich sicherheitspolitischer Fragestellungen die Grundaussage, dass ökonomische Interdependenz die Wahrscheinlichkeit des Auftretens bewaffneter Konflikte senkt. Der zugrundeliegende kausale Mechanismus bewirkt, dass ökonomische Interdependenz den Nutzen internationalen Handels erhöht und gleichzeitig den Nutzen aggressiver Invasion senkt.

Dieses Argument wurde bereits in den 1850er Jahren von Richard Cobden vertreten, als er die Staaten verbindende Wirkung von Freihandel betonte.[118] Norman Angell sah in seinem berühmten Werk *The Great Illusion* Staaten vor der Wahl zwischen neuen Denkmustern des friedlichen Handels und den „alten Methoden" der Machtpolitik stehen. Angell erläuterte, dass die globale Modernisierung Bereicherung durch Gewalt unmöglich macht, denn die Zerstörung von Handelsbeziehungen gleiche einem „kommerziellem Suizid".[119] Eine Studie Albert O. Hirschmans argumentierte nach dem Zweiten Weltkrieg in ähnlicher Weise, dass internationaler Handel die Gier nach territorialer Expansion in den Köpfen von Individuen aufhebt.[120] In Hirschmans Schriften wird dargelegt, wie internationaler Handel wohlwollende

---

[117] Nye (1988) "Neorealism and Neoliberalism", 239-240; Edward D. Mansfield (1994) *"Power, Trade, and War"*, Princeton NJ: Princeton University Press; Dale C. Copeland (1996) "Economic Interdependence and War: A Theory of Trade Expectations", *International Security*, 20: 4, 8-16; McMillan (1997) "Interdependence and Conflict", 33-58.

[118] Richard Cobden (1903) *"The Political Writings of Richard Cobden"*, London, UK: T. Fischer Unwin, 225.

[119] Norman Angell (1933) *"The Great Illusion"*, 2nd ed., New York, NY: G. P. Putnam's Sons, 33, 59-60, 87-89.

[120] Albert O. Hirschman (1977) *"The Passions and the Interests"*, Princeton, NJ: Princeton University Press, 79.

Menschen hervorbringt. Ökonomische Interdependenz wurde in diesem Kontext von Hirschman als ein "powerful moralizing agent" bezeichnet.[121]

Vertreter des Liberalismus behaupteten, dass Staaten in ihrer historischen Entwicklung immer weniger auf Macht und Sicherheit bedacht sind. Zudem haben Atomwaffen die Kosten der Kriegsführung ohnehin in prohibitive Bereiche befördert. Vertreter des Liberalismus zeigen weiterhin auf, wie die Industrialisierung das ‚soziale Jahrhundert' und damit einhergehend Wohlfahrtsstaaten hervorbrachte. Diese waren nicht mehr einseitig auf Macht und Prestige bedacht, sondern vielmehr auf Wirtschaftswachstum und soziale Sicherheit.[122] Liberalisten widersprechen aus diesem Grund der Behauptung der Realisten, wonach Staaten Kooperation vermeiden und beobachten, dass sich Staaten nicht als Feinde wahrnehmen, sondern als notwendige Kooperationspartner zur Sicherung des Wohlergehens ihrer heimischen Bevölkerung.[123]

Richard Rosecrance formuliert im nuklearen Zeitalter in *The Rise of the Trading State* die These, dass die Welt des Handels Staaten ermöglicht, einem Teufelskreis der Machtpolitik zu entkommen und neue Wege der Kooperation zu beschreiten. Die Bedingungen der Moderne veranlassen Staaten zum Handel, da Staaten begreifen, dass eine durch die Weltmärkte gestützte innere ökonomische Entwicklung ihre Wohlfahrt im stärkeren Maße fördert als kostspielige Expansion.[124] Carl Kaysen greift Rosecrances Argument auf und untermauert es mit der Feststellung, dass Kriegsführung seit dem 19. Jahrhundert durch Veränderungen in den Sphären der Wirtschaft, Politik, Gesellschaft und Kultur unter fortgeschrittenen industrialisierten Staaten keine Option mehr ist.[125]

---

[121] Albert O. Hirschman (1982) "Rival Interpretations of Market Society: Civilizing, Destructive, or Feeble?", *Journal of Economic Literature*, 20: 4, 1465.

[122] Mitrany (1966) *"A Working Peace System"*, 13, 41-42, 95-96, 136-137, 144-145; Haas (1968) "Technology, Pluralism, and the New Europe" in Nye (Hrg.) *"International Regionalism"*, 155-158; Morse (1970) "The Transformation of Foreign Policies", 380-381, 383-385; Keohane & Nye (1977) *"Power and Interdependence"*, 27-29, 227-228.

[123] Mitrany (1966) *"A Working Peace System"*, 92-93; Haas (1968) "Technology, Pluralism, and the New Europe" in Nye (Hrg.) *"International Regionalism"*, 158, 160-162, 166-167; Morse (1970) "The Transformation of Foreign Policies", 383-385; Cooper (1972) "Economic Interdependence and Foreign Policies in the 1970's", 164-167, 170-172, 179; Joseph M. Grieco (1987) "Anarchy and the Limits of Cooperation: A Realist Critique of the Latest Liberal Institutionalism", *International Organization*, 42: 3, 489-490, Fn. 16-19.

[124] Richard Rosecrance (1986) *"The Rise of the Trading State: Commerce and Conquest in the Modern World"*, New York, NY: Basic Books, ix, 13-14, 24-25.

[125] Kaysen (1990) "Is War Obsolete?", 51.

Letztlich ist jedoch die Frage wesentlich, *unter welchen Bedingungen* wirtschaftliche Interdependenz zwischen Staaten entstehen kann und Frieden und Stabilität fördert. Realisten vertreten nämlich eine diametral entgegengesetzte Meinung über ökonomische Interdependenz. Ihre Behauptung lautet, dass ökonomische Interdependenz die Wahrscheinlichkeit des Auftretens bewaffneter Konflikte erhöht. Für sie bedeutet Interdependenz in einem anarchisch geprägten internationalen System gegenseitige Abhängigkeit und Verwundbarkeit, die Staaten dazu veranlassen kann, ihre materiellen Interessen mit Waffengewalt zu verteidigen.[126] Joanne Gowa und Edward D. Mansfield bestätigen in dieser Frage Robert Powells Hypothese, wonach die Entstehung und die Wirkung ökonomischer Interdependenz in einem engen Zusammenhang mit der gegenwärtigen strategischen Umwelt eines Staates stehen.[127]

THEORIE DER HANDELSERWARTUNGEN

Dale C. Copelands Theorie der Handelserwartungen spezifiziert *unter welchen Bedingungen* ökonomische Interdependenz zu Stabilität oder zu bewaffneten Konflikten führt. Insbesondere integriert die Theorie die in diesem Kontext gegensätzlichen Aussagen des Liberalismus und Realismus. Kosten und Nutzen ökonomischer Interdependenz (relativ zu Autarkie) werden mit einer neuen kausalen Variable (zukünftige Handels- und Investitionserwartungen)[128] kombiniert, um den statischen Ansatz der Momentaufnahme (der Zustand der ökonomischen Interdependenz zum Zeitpunkt X) in der

---

[126] Waltz (1979) *"Theory of International Politics"*, 106, 138-160; John J. Mearsheimer (1990) "Back to the Future: Instability in Europe After the Cold War", *International Security*, 15: 1, 45; John J. Mearsheimer (1992) "Disorder Restored" in Graham Allison & Gregory F. Treverton (Hrg.) *"Rethinking America's Security"*, New York, NY: W. W. Norton & Company, 223; Anne Uchitel (1993) "Interdependence and Instability" in Jack Snyder & Robert Jervis (Hrg.) *"Coping with Complexity in the International System"*, Boulder, CO: Westview Press, 243-264.

[127] Joanne Gowa & Edward D. Mansfield (1993) "Power Politics and International Trade", *American Political Science Review"*, 87: 2, 408-420; Powell (1994) "Anarchy in International Relations Theory", 334-338.

[128] Neben Handels- stehen auch Investitionserwartungen als gleichwertige unabhängige Variablen. Da Investitionen allerdings eine spezifische Form von Handel darstellen und somit unter dem Begriff „Handel" subsumiert werden können, wird die Theorie auch der nomenklatorischen Einfachheit wegen als Theorie der Handelserwartungen bezeichnet. Siehe hierzu Dale C. Copeland (2015) *"Economic Interdependence and War"*, Princeton, NJ: Princeton University Press, 27, Fn. 21.

liberalen und realistischen Theorie mit einer dynamischen Herangehensweise (wie verändern sich Kosten und Nutzen ökonomischer Interdependenz in der Zukunft) zu ersetzen.[129]

Das Verhalten von Staaten, das Wirkung auf die Stabilität eines regionalen Subsystems entfaltet, steht im kommerziellen Liberalismus nach der Prägung Dale C. Copelands in einem kausalen Zusammenhang mit Handelserwartungen. Wenn die Aussichten auf fortgeführte und robuste Handelsbeziehungen hoch sind (positive Handelserwartungen), wird sich die kooperative liberale Vision ökonomischer Interdependenz durchsetzen. Wenn ein Staat hingegen befürchten muss, dass die Handelsbeziehungen in der Zukunft nachhaltig eingeschränkt oder sogar (in bestimmten Schlüsselbereichen) vollständig zum Stillstand kommen (negative Handelserwartungen), wird die konfliktuelle realistische Schule ökonomischer Interdependenz Recht behalten. Dies kann dazu führen, dass Staaten selbst bei einem hohen Grad an ökonomischer Interdependenz bewaffnete Konflikte führen (im Falle negativer Handelserwartungen), während auch ein geringer Grad an ökonomischer Interdependenz relativer Stabilität förderlich sein kann (bei positiven Handelserwartungen).[130]

ASYMMETRISCHE INTERDEPENDENZ

Die Theorie der Handelserwartungen lässt sich mit Theorien der asymmetrischen Interdependenz verbinden, die dadurch gekennzeichnet sind, dass in einer Staatendyade Staat A in größerem Maße vom gegenseitigen Handel abhängig ist als Staat B.[131] Veränderungen der Handelsbeziehungen haben grundsätzlich auf den im größeren Maße abhängigen Staat A aufgrund seiner relativen Verwundbarkeit eine stärkere Wirkung. Wenn der ökonomisch schwächere Staat A seinen Wunsch nach Autarkie aufgibt und eine stärkere Verflechtung mit ökonomisch weiter entwickelten Staaten sucht, kann er

---

[129] Copeland (1996) "Economic Interdependence and War", 6-7, 16-25; Dale C. Copeland (1999) "Trade Expectations and the Outbreak of Peace: Détente 1970-1974 and the End of the Cold War 1985-1991", *Security Studies*, 9: 1-2, 15-58; Copeland (2015) *"Economic Interdependence and War"*.

[130] Copeland (1996) "Economic Interdependence and War", 7.

[131] Robert O. Keohane & Joseph S. Nye, Jr., (1973) "World Politics and the International Economic System" in C. Fred Bergsten (Hrg.) *"The Future of the International Economic Order"*, Lexington: D. C. Heath, 121-122; Neil R. Richardson & Charles W. Kegley, Jr. (1980) "Trade Dependence and Foreign Policy Compliance", *International Studies Quarterly*, 24: 2, 191-222.

seine relative Macht[132] erhöhen. Die Theorie der Handelserwartungen sagt voraus, dass Staat A diesen positiven Effekte bereits in Erwägung zieht, bevor eine asymmetrisch interdependente Beziehung zustande kommt.[133]

Es ist zu erwarten, dass Staat A dann seine Außenpolitik mäßigt, wenn er positive Erwartungen an die zukünftigen Handelsbeziehungen hat. Je *höher* diese positiven Erwartungen (erwarteter Nutzen zukünftiger Handelsbeziehungen) ausfallen und als je *geringer* die Wahrscheinlichkeit einer zukünftigen Blockade oder der abrupten Beendigung der Handelsbeziehungen erachtet wird, umso geringer ist auch die Wahrscheinlichkeit, dass Staat A gegenüber Staat B zu Gewaltandrohung oder Gewaltanwendung greift.[134] Copeland weist auch auf die wichtige Rolle kostbarer Signale[135] hin, um in einem anarchisch geprägten internationalen System dem Informationsmangel politischer Entscheidungsträger zu begegnen. Staat A muss davon überzeugt sein, dass der erwartete Wert zukünftiger Handelsbeziehungen mit hoher Wahrscheinlichkeit eintritt und Staat B muss davon überzeugt sein, dass Staat A seine Außenpolitik tatsächlich mäßigt. Diese Überzeugungskraft kann nur von kostbaren Signalen ausgehen.[136]

INSTITUTIONEN & EINE REGIONALE ORDNUNG

Der regulative Liberalismus, der im neoliberalen Institutionalismus seine gegenwärtige Ausprägung gefunden hat, glaubt an die stabilisierende und befriedende Wirkung legitimer Ordnungsvorstellungen, die auf international anerkannten Institutionen beruhen.[137] Robert O. Keohane bezeichnet Institutionen als beständige und verbundene Normen (*persistent and connected*

---

[132] Robert Powell (1991) "Absolute and Relative Gains in International Relations Theory", *American Political Science Review*, 85: 4, 1303-1320.
[133] Copeland (1999) "Trade Expectations and the Outbreak of Peace", 20-25
[134] Copeland (1999) "Trade Expectations and the Outbreak of Peace", 21.
[135] Tang (2010) "*A Theory of Security Strategy for Our Time*", 129-162.
[136] Copeland (1999) "Trade Expectations and the Outbreak of Peace", 22-25.
[137] Keohane (1984) "*After Hegemony*"; Robert Jervis (1986) "From Balance to Concert: A Study of International Security Cooperation" in Kenneth A. Oye "*Cooperation Under Anarchy*", Princeton, NJ: Princeton University Press, 58-79; George W. Downs, David M. Rocke & Randolph M. Siverson (1986) "Arms Races and Cooperation" in Oye "*Cooperation Under Anarchy*", 118-146; Robert O. Keohane & Lisa L. Martin (1995) "The Promise of Institutionalist Theory", *International Security*, 20: 1, 39-51; Helga Haftendorn, Robert O. Keohane & Celeste Wallander (Hrg., 1999) "*Imperfect Unions: Security Institutions over Time and Space*", Oxford, UK: Oxford University Press.

set of rules), die Verhaltensregeln verschreiben und gemeinsame Erwartungen formen.[138] Wenn Staaten ein gemeinsames Interesse an Kooperation haben, können sie mit der Erschaffung von Institutionen Informationen austauschen, Ungewissheit vor zukünftigen Absichten anderer Staaten reduzieren, die Einhaltung von Verpflichtungen über kodifizierte und beständige Signale glaubwürdig kommunizieren, Transaktionskosten senken, die Verteilung von absoluten Gewinnen koordinieren und ein Verhältnis der Reziprozität etablieren.[139] G. John Ikenberry elaboriert zudem, dass Institutionen Staaten befähigen, nationale Interessen ohne Machtanwendung zu artikulieren und durchsetzen, Macht über ihren Zenit hinaus zu konservieren, Mechanismen zur Resolution von Interessenkonflikten zu spezifizieren und strategische Zurückhaltung im Angesicht von Machtungleichgewichten zum Ausdruck zu bringen.[140] Eine institutionalisierte regionale Ordnung kann die anarchische Struktur des internationalen Systems nicht transformieren, aber sie wirft einen Schatten der Zukunft voraus und senkt die Ungewissheit der sich an ihr beteiligenden Staaten. Dadurch wird die Intensität des Sicherheitsdilemmas reduziert und effektive Selbsthilfe beruht nicht mehr ausschließlich auf der Ausübung von interner und externer Gleichgewichtspolitik.[141]

GEMEINSAMKEIT, SPEZIFITÄT UND FUNKTIONALE DIFFERENZIERUNG VON SICHERHEITSINSTITUTIONEN

Internationale Institutionen können in vielen Bereichen ihre dargelegten Effekte hervorrufen, explizit auch im Bereich der Sicherheitspolitik. Grund-

---

[138] Robert O. Keohane (1989) "*International Institutions and State Power: Essays in International Relations Theory*", Boulder, CO: Westview Press, 163.

[139] Keohane & Martin (1995) "The Promise of Institutionalist Theory", 41-42.

[140] G. John Ikenberry (1998/1999) "Institutions, Strategic Restraint, and the Persistence of American Postwar Order", *International Security*, 23: 3, 43-78; G. John Ikenberry (2001) "*After Victory: Institutions, Strategic Restraint, and the Building of Order after Major Wars*", Princeton, NJ: Princeton University Press, 50-72.

[141] Keohane & Martin (1995) "The Promise of Institutionalist Theory", 43-44; Daniel Deudney (1995) "The Philadelphian System: Sovereignty, Arms Control, and Balance of Power in the American States-Union", *International Organization*, 49: 2, 191-228; Ikenberry (1998/1999) "Institutions, Strategic Restraint, and the Persistence of American Postwar Order", 43-78; Celeste A. Wallander & Robert O. Keohane (1999) "Risk, Threat, and Security Institutions" in Haftendorn, Keohane & Wallander *"Imperfect Unions"*, 24-26; Ikenberry (2001) *"After Victory"*, 50-72; Seth Weinberger (2003) "Institutional Signaling and the Origins of the Cold War", *Security Studies*, 12: 4, 80-115.

sätzlich werden Allianzen als *exklusive* Sicherheitsinstitutionen erschaffen, um mit Staaten umzugehen, die außerhalb der Allianz eine *Bedrohung* darstellen. Bei Allianzen, denen aus neoliberal institutionalistischer Sicht größere Aufmerksamkeit geschenkt wird, handelt es sich jedoch um komplexere *inklusive* Allianzen. Diese werden für den Umgang mit Staaten erschaffen, die innerhalb der Allianz Interessenkonflikte austragen und *Risiken* füreinander darstellen.[142] Mit dem Association of Southeast Asian Nations (ASEAN) Regional Forum (ARF) ist unter der maßgeblichen Federführung Japans und insbesondere auch im Kontext des ökonomischen und militärischen Aufstiegs der VR China eine komplexe inklusive und mit der Reduzierung von Risiken für ihre Mitgliedstaaten betraute Sicherheitsinstitution entstanden, die sich von ihrer Kernregion Südostasien bis nach Südasien, Nordostasien, Ozeanien und Nordamerika erstreckt. Neoliberale Institutionalisten stellen sich die Frage, ob das ARF oder andere multilaterale Institutionen auf regionaler Ebene einen von Machtvariablen (und *a priori* existierenden Informationsvariablen) unabhängigen Beitrag leisten können, um die Risiken bewaffneter Konflikt unter ihren Mitgliedstaaten zu reduzieren und ihre Beziehungen zu stabilisieren.[143]

Das Verhalten von Staaten, das Wirkung auf die Stabilität eines regionalen Subsystems entfaltet, steht im regulativen Liberalismus, der im neoliberalen Institutionalismus seine gegenwärtige Ausformung gefunden hat, in einem kausalen Zusammenhang mit dem Grad der Institutionalisierung multilateraler inklusiver Sicherheitsinstitutionen. Der Grad der Institutionalisierung ist wiederum von der Ausprägung der Dimensionen der (1) Gemeinsamkeit (*commonality*); der (2) Spezifität (*specificity*); und der (3) funktionalen Differenzierung (*functional differentiation*) abhängig.[144] Gemeinsamkeit bezieht sich auf die gemeinsamen Erwartungen der Mitgliedstaaten bezüglich angemessener Verhaltensweisen. Spezifität bezieht sich auf die Frage, inwieweit gemeinsame Erwartungen in spezifische und beständige Normen transformiert werden, die angemessene Verhaltensweisen bindend verankern. Funktionale Differenzierung bezieht sich hingegen auf die Frage, inwie-

---

[142] Wallander & Keohane (1999) "Risk, Threat, and Security Institutions" in Haftendorn, Keohane & Wallander *"Imperfect Unions"*, 22-23, 26-28.
[143] Alastair Iain Johnston (1999) "The Myth of the ASEAN Way? Explaining the Evolution of the ASEAN Regional Forum" in Haftendorn, Keohane & Wallander *"Imperfect Unions"*, 287-324; Takeshi Yuzawa (2007) *"Japan's Security Policy and the ASEAN Regional Forum"*, London, UK & New York, NY: Routledge, 114-115.
[144] Keohane (1989) *"International Institutions and State Power"*, 4-5; Celeste A. Wallander & Robert O. Keohane (1999) "Risk, Threat, and Security Institutions" in Haftendorn, Keohane & Wallander *"Imperfect Unions"*, 23-24.

weit die Institution den Mitgliedstaaten verschieden Rollen zuweist. Eine Institution organisiert und legitimiert die Verteilung von Verantwortung, sodass Mitgliedstaaten unterschiedliche Rollen bekleiden können. So können zum Beispiel mächtigere Staaten für die Sicherheit schwächerer Staaten garantieren.

I.2.4 HYPOTHESEN STRUKTURELLER LIBERALISMUS

Das Verhalten von Staaten, das Wirkung auf die Stabilität eines regionalen Subsystems entfaltet, steht im kommerziellen Liberalismus nach der Prägung Dale C. Copelands in einem kausalen Zusammenhang mit Handelserwartungen.

(HIII.1.1.1) Positive Handelserwartungen garantieren die Aufrechterhaltung der absoluten Stabilität und einen *sehr hohen* Grad der relativen Stabilität.

(HIII.1.1.2) Stagnierende Handelserwartungen sprechen für die Aufrechterhaltung der absoluten Stabilität und einen *hohen* Grad der relativen Stabilität.

(HIII.1.2.1) Negative Handelserwartungen gefährden die Aufrechterhaltung der absoluten Stabilität und sprechen für einen *mittleren* Grad der relativen Stabilität.

(HIII.1.2.2) Aufgekündigte Handelsbeziehungen gefährden die Aufrechterhaltung der absoluten Stabilität und sprechen für einen *niedrigen* Grad der relativen Stabilität.

Das Verhalten von Staaten, das Wirkung auf die Stabilität eines regionalen Subsystems entfaltet, steht im regulativen Liberalismus, der im neoliberalen Institutionalismus seine gegenwärtige Ausformung gefunden hat, in einem kausalen Zusammenhang mit dem Grad der Institutionalisierung multilateraler inklusiver Sicherheitsinstitutionen.

(HIII.2.1) Ausgeprägte Gemeinsamkeit, Spezifität und funktionale Differenzierung internationaler Sicherheitsinstitutionen garantiert die Aufrechterhaltung der absoluten Stabilität und einen *sehr hohen* Grad der relativen Stabilität.

(HIII.2.2) Bei mangelnder Gemeinsamkeit, Spezifität und funktionaler Differenzierung internationaler Sicherheitsinstitutionen ist kein messbarer Effekt auf die Aufrechterhaltung der absoluten Stabilität und den Grad der relativen Stabilität zu erwarten.

I.3 STRUKTURELLER KONSTRUKTIVISMUS

I.3.1 KONSTRUKTIVISMUS ALS PARADIGMA DER INTERNATIONALEN BEZIEHUNGEN

Seit den späten 1980er Jahren und verstärkt seit dem Ende des Kalten Krieges wurde innerhalb des konstruktivistischen Paradigmas – in einer Abkehr von den materiell-rationalistischen Grundlagen des Realismus und Liberalismus – die Rolle von Ideen, Normen und Identitäten in der politikwissenschaftlichen Schule der Internationalen Beziehungen betrachtet.[145] Emanuel Adler definiert Konstruktivismus als die Ansicht, dass die Art und Weise wie die materielle Welt menschliches Handeln und menschliche Interaktion formt und umgekehrt durch menschliches Handeln und durch menschliche Interaktion geformt wird, von dynamischen, normativen und erkenntnistheoretischen *Interpretationen* ebendieser materiellen Welt abhängt.[146] Zwischen dem Materialismus der Realisten auf der einen Seite und dem Idealismus der Postmodernisten und Poststrukturalisten auf der anderen Seite beanspruchen Konstruktivisten, einen Mittelweg zu beschreiten. Konstruktivisten akzeptieren die Existenz einer materiellen Welt *da draussen*, aber sie glauben, dass diese Welt nicht ausschließlich von physikalischen Gesetzmäßigkeiten bestimmt wird, sondern zu einem beträchtlichen Teil auch aus sozialen Prozessen *hervorgeht*.[147] Der Konstruktivismus interessiert sich für die Frage, wie die materielle, subjektive und intersubjektive Welt[148] bei der

---

[145] Nicholas Greenwood Onuf (1989) *"World of our Making: Rules and Rule in Social Theory and International Relations"*, Columbia, SC: University of South Carolina Press; Alexander Wendt (1992) "Anarchy is What States Make of it: The Social Construction of Power Politics", *International Organization*, 46: 2, 391-425; Alexander Wendt (1994) "Collective Identity Formation and the International State", *American Political Science Review*, 88: 2, 384-396; Alexander Wendt (1995) "Constructing International Politics", *International Security*, 20: 1, 71-81; Peter Katzenstein (Hrg., 1996) *"The Culture of National Security: Norms and Identity in World Politics"*, New York, NY: Columbia University Press; Yosef Lapid & Friedrich V. Kratochwil (Hrg., 1996) *"The Return of Culture and Identity in World Politics"*, New York, NY: Columbia University Press; Emanuel Adler & Michael Barnett (1996) "Governing Anarchy: A Research Agenda for the Study of Security Communities", *Ethics and International Affairs*, 10: 1, 63-98; Ted Hopf (1998) "The Promise of Constructivism in International Relations Theory", *International Security*, 23: 1, 171-200.

[146] Emanuel Adler (1997) "Seizing the Middle Ground: Constructivism in World Politics", *European Journal of International Relations*, 3: 3, 322; eigene Hervorhebung.

[147] Adler (1997) "Seizing the Middle Ground", 321-324; eigene Hervorhebung.

[148] Siehe zur Unterteilung des *Universums* in drei *Subuniversen*, der Welt 1 (materiell),

sozialen Konstruktion der Realität interagieren. Deswegen versucht er neben der Frage, wie Strukturen die Identitäten und Interessen von Agenten konstituieren, vorrangig zu erklären, wie *individuelle Agenten* diese Strukturen sozial konstruieren.[149]

Vor diesem Hintergrund hat Alexander Wendt – der als staatszentrischer Konstruktivist mit dem übergeordneten Interesse an der Rolle von Staaten im internationalen System identifiziert werden kann[150] – den berühmten Satz "anarchy is what states make of it" geprägt. Wendt greift mit dieser Aussage den strukturellen Realismus an seiner Wurzel an. Wendt teilt die Grundannahmen der strukturell realistischen Schulen, aber Selbsthilfe und Machtpolitik, so Wendt, können nicht logisch aus der anarchischen Struktur des internationalen Systems abgeleitet werden. Die fundamentalen Strukturen der internationalen Politik sind sozial und nicht etwa materiell bedingt und folgerichtig formen diese Strukturen die Identitäten und Interessen, nicht nur das Verhalten, der handelnden Akteure. Wenn wir in einer Welt leben, in der die Praktiken der Selbsthilfe vorherrschen, so Wendt, dann liegt das an den *Prozessen* im internationalen System und nicht etwa an den *Strukturen* des internationalen Systems. Selbsthilfe und Machtpolitik sind Institutionen und keine grundlegenden Artefakte der Anarchie.[151] Aus diesem Grund betrachtet Wendt Selbsthilfe als eine sozial konstruierte Institution und nicht als eine direkte Ursache einer anarchischen Weltordnung.[152] Die Verteilung der Macht mag zwar immer die Kalkulationen eines Staates beeinflussen, aber in welcher Weise dies passiert, hängt von der Verteilung des Wissens und der Konstituierung vom Selbst und des Anderen ab. Staaten nehmen in diesem Prozess Identitäten ein, auf der ihre Interessen basieren.[153]

---

2 (subjektiv) und 3 (intersubjektiv) Karl R. Popper (1982) *"The Open Universe: An Argument for Indeterminism"*, Totowa, NJ: Rowman & Littlefield, 118; Karl R. Popper (1982) "The Place of Mind in Nature" in Richard Q. Elvee (Hrg.) *"Mind in Nature"*, San Francisco, CA: Harper & Row, 53-54.

[149] Adler (1997) "Seizing the Middle Ground", 330-337; Hervorhebung im Original.

[150] Zur Unterteilung von Konstruktivisten in verschieden Strömungen siehe Adler (1997) "Seizing the Middle Ground", 335.

[151] Wendt (1992) "Anarchy is What States Make of it", 394-395; eigene Hervorhebung.

[152] Wendt (1992) "Anarchy is What States Make of it" zitiert in Adler (1997) "Seizing the Middle Ground", 334.

[153] Wendt (1992) "Anarchy is What States Make of it", 397-398.

I.3.2 DREI STRUKTUREN DER ANARCHIE

Alexander Wendt behauptet in seinem Hauptwerk *Social Theory of International Politics*, dass sich der Zustand der Anarchie in mindestens drei verschiedenen Strukturen, die er wahlweise auch als drei verschiedene politische Kulturen bezeichnet, ausprägen kann. Wendt fragt dabei, von welchem zwischenstaatlichen Rollenverständnis das internationale System oder ein regionales Subsystem dominiert wird: Feind, Rivale oder Freund? In Anlehnung an Martin Wight, einem der führenden Vertreter der Englischen Schule in den Internationalen Beziehungen, bezeichnet Wendt die sozial konstruierte Ausprägung diese drei Rollenverständnisse als Hobbes'sche, Locke'sche und Kant'sche Struktur.[154] Laut Wendt stellt *nur* die politische Kultur der Hobbes'schen Struktur ein ausgeprägtes System der Selbsthilfe dar. Strukturelle Realisten nehmen an, dass die Hobbes'sche Struktur die *einzige* Logik der Anarchie ist.[155] Wendt sagt hingegen, dass die Logik der Anarchie, und somit die Struktur des internationalen Systems oder eines regionalen Subsystems, einer der drei politischen Kulturen zugrunde liegt.[156] *Das Verhalten von Staaten, das Wirkung auf die Stabilität eines regionalen Subsystems entfaltet, steht im strukturellen Konstruktivismus in einem kausalen Zusammenhang mit der Kultur der Anarchie, unter dessen Logik sich die Interaktion zwischen Staaten abspielt.*[157]

---

[154] Martin Wight (1991) "The Three Traditions of International Theory" in G. Wight & B. Porter (Hrg.) *"International Theory: The Three Traditions"*, Leicester, UK: Leicester University Press, 7-24; Wendt betont jedoch, dass er Wights Bezeichnungen nur aus stilistischen und nicht aus inhaltlichen Gründen übernimmt.

[155] Mit dieser Behauptung übersieht Wendt jedoch, dass der defensive Realismus eher seinem Rollenbild der Rivalität entspricht; nur der offensive Realismus spiegelt Wendts Rollenbild der Feindschaft, sofern ein potentieller regionaler Hegemon in einem regionalen Subsystem existiert, wider.

[156] Alexander Wendt (1999) *"Social Theory of International Politics"*, Cambridge, UK: Cambridge University Press, 249-250; Siehe zum Begriff der Kultur auf der Ebene des internationalen Systems Sujata Pasic (1996) "Culturing International Relations Theory" in Yosef Lapid & Friedrich Kratochwil (Hrg.) *"The Return of Culture and Identity in IR Theory"*, Boulder, CO: Lynne Rienner, 85-104; John W. Meyer et al. (1997) "World Society and the Nation-State", *The American Journal of Sociology*, 103: 1, 144-181.

[157] Wendt (1999) *"Social Theory of International Politics"*, 246-258.

FEINDSCHAFT: DIE HOBBES'SCHE KULTUR

Feinde erkennen das autonome Existenzrecht des anderen Staates nicht an und betrachten die Anwendung *ungezügelter* Gewalt stets als Option. Staaten verhalten sich gegenüber ihren Feinden mit äußerster Aggressivität und Rücksichtslosigkeit. Wendt trifft die deutliche Unterscheidung, dass es ein Feind auf Tötung und Versklavung abgesehen hat und nicht auf die begrenzten Ziele des Rivalen, nämlich Schlagen und Stehlen. Bei Feinschaft handelt es sich um eine Welt des 'jeder gegen jeden' und 'töten oder getötet werden' im Naturzustand ohne den Anschein zivilisatorischer Elemente.[158]

Insbesondere vier Implikationen zeigen sich im außenpolitischen Verhalten, wenn sich Staaten gegenseitig als Feinde wahrnehmen:[159] (1) Staaten verhalten sich gegenüber ihren Feinden als rücksichtslose Revisionisten.[160] Staaten müssen dieses Verhalten unter allen Umständen an den Tag legen (selbst wenn sie *status quo*-Interessen verfolgen), da sie sich ansonsten der Gefahr aussetzen, vernichtet zu werden; (2) *worst case*-Szenarien possibilistischer Natur (Kriege können jederzeit ausbrechen) bestimmen alle Entscheidungen, sodass kooperative Maßnahmen eines Feindes nicht erwidert werden können;[161] (3) die relative Verteilung der Macht nimmt eine essentielle Bedeutung ein. Staaten verfahren nach dem Prinzip *si vis pacem para bellum*, um im Zuge von Rüstungswettläufen nicht in das Hintertreffen zu geraten. Relative Machtvorteile erhöhen dabei die Überlebensfähigkeit; und (4) bewaffnete Konflikte beginnen oft als Präemptivschläge und werden ohne Beschränkung eigener Gewaltbereitschaft geführt.

Im Kontext dieser vier Aspekte sieht Wendt den strukturellen Realismus als eine Theorie an, die Machtpolitik *beschreibt*, aber nicht erklärt. Die Erklärung für machtpolitisches Verhalten sieht Wendt seiner Theorie folgend in

---

[158] Wendt (1999) *"Social Theory of International Politics"*, 259-262; Tang (2013) *"The Social Evolution of International Politics"*, 43-95; Hervorhebung im Original.

[159] Wendt (1999) *"Social Theory of International Politics"*, 262; Wendt (1999) *"Social Theory of International Politics"*, 265-266 führt danach auf, welche Folgen sich aufgrund dieser Mikrostrukturen für die Makroebene eines internationalen politischen Systems, das der Logik der Hobbes'schen Kultur folgt, ergeben: (1) totaler Krieg; (2) Elimination nicht ausreichend starker Einheiten (Staaten); (3) Erschaffung von Machtbalancen; und (4) wenig Spielraum für Neutralität.

[160] Wendt (1999) *"Social Theory of International Politics"*, 262 verwendet den Ausdruck 'deep revisionists'.

[161] Siehe zur Unterscheidung possibilstischer und probabilistischer Denkmuster Stephen G. Brooks (1997) "Dueling Realisms", *International Organization*, 51: 3, 445-477; Jack S. Levy (1997) "Prospect Theory, Rational Choice, and International Relations", *International Studies Quarterly*, 41: 1, 87-112.

der sozial konstruierten Wahrnehmung des Selbst und des Anderen. Dieser Wahrnehmung nach handelt es sich bei Feindschaft um eine Rollenstruktur in der Staaten auf Anfeindung mit Anfeindung antworten, um zu Überleben.[162] Dadurch nimmt Machtpolitik die Gestalt einer selbsterfüllenden Prophezeiung ein.[163]

RIVALITÄT: DIE LOCKE'SCHE KULTUR

Wendt beginnt seine Abhandlung über die Locke'sche Kultur mit der Behauptung, dass das gegenwärtige internationale System in einem viel geringeren Maße ein System der Selbsthilfe darstellt, als es strukturelle (offensive) Realisten annehmen. Die Aufrechterhaltung der absoluten Stabilität konstituiert die Norm, aber zwischenstaatliche Gewaltandrohung und Gewaltanwendung bleiben weiterhin denkbar. Die Kultur der Rivalität beschreibt somit eine Welt, die das gesamte Kontinuum zwischen Krieg und Frieden abdeckt. Aus diesem Grund ist es im Kontext der vorliegenden Arbeit sinnvoll, jene Elemente innerhalb der Kultur der Rivalität, die der Erhaltung der absoluten Stabilität dienen, als *konziliante Rivalität* und jene Elemente, die die rote Linie der Gewaltandrohung und Gewaltanwendung überschreiten, als *konfliktuelle Rivalität* zu bezeichnen.

Konziliante Rivalität. Laut Wendt ist nicht Feindschaft sondern Rivalität das bestimmende Rollenbild seit der zweiten Hälfte des 20. Jahrhunderts und das bedeutet vor allem, dass dem Begriff der Souveränität eine zentrale Bedeutung zukommt: Rivalen erwarten voneinander, dass die völkerrechtliche Institution der Souveränität als ein *Recht* auf 'Leben und Freiheit' anerkannt wird.[164] Staaten, die dies tun, werden in der Literatur der Internationalen Beziehungen als *status quo*-Staaten identifiziert. Die Institutionalisierung des Rechts auf Souveränität vergrößert letztlich Sicherheit und vermindert Risiken im internationalen System.

Konfliktuelle Rivalität. Das Recht auf Souveränität ist in der Locke'schen Kultur jedoch nicht grenzenlos und schließt nicht das Recht auf Gewaltlosigkeit im Kontext von Interessenkonflikten ein. Gewaltanwendung zur Lösung von Interessenkonflikten – explizit auch im Falle territorialen Revisionismus – kann somit nicht vollständig ausgeschlossen werden. Das Recht auf Leben wird einem Rivalen zugestanden aber das Recht auf bestimmte

---

[162] Wendt (1999) "*Social Theory of International Politics*", 262-263.
[163] Wendt (1992) "*Anarchy is What States Make of it*"; John A. Vasquez (1993) "*The War Puzzle*", Cambridge, UK: Cambridge University Press.
[164] Wendt (1999) "*Social Theory of International Politics*", 279.

Territorien kann auch durch das Instrument der Gewaltanwendung angefochten werden. Aus diesem Grund bleibt das Konzept der relativen Macht bedeutend, aber es nimmt in der Locke'schen Kultur eine neue Bedeutung ein, da eine neue Balance der Bedrohung, hier nimmt Wendt Bezug auf Walt,[165] erschaffen wird, sodass nur noch von gewissen Staaten Gefahr ausgeht. Wendt merkt auch an, dass Staaten Gewaltanwendung in eventuellen bewaffneten Konflikten limitieren, der totale Krieg ist in einer Locke'schen Kultur undenkbar.[166]

Ob sich die Interaktionen von Staaten innerhalb der Kultur der Rivalität nach den *konzilianten* oder *konfliktuellen* Elementen orientieren, hängt im strukturellen Konstruktivismus davon ab, ob diese Staaten konvergierende oder divergierende Identitäten ausprägen.[167] Innerhalb der sino-japanischen Beziehungen kann damit nur die Frage gemeint sein, wie die VR China und Japan im Untersuchungszeitraum der vorliegenden Arbeit 1970-2012 mit der Periode in ihrer Geschichte umgegangen sind, die sich angesichts eines totalen Krieges 1931-1945 innerhalb der Kultur der Feindschaft abgespielt hat. Eine fortschreitende Versöhnung würde die *konzilianten* Elemente stärken, während fehlende Versöhnung die *konfliktuellen* Elemente innerhalb der Kultur der Rivalität hervorheben würde.[168]

FREUNDSCHAFT: DIE KANT'SCHE KULTUR

Wendt versteht Freundschaft als eine Rollenstruktur, in der Staaten die Befolgung zweier Regeln voneinander erwarten: (1) Interessenkonflikte werden ohne Gewaltandrohung und Gewaltanwendung gelöst (die Regel des Gewaltverzichts); und (2) sie leisten einander Beihilfe, wenn die Sicherheit eines befreundeten Staates gefährdet ist (die Regel der gegenseitigen Unterstützung). Grundsätzlich schliesst die Befolgung einer der beiden Regeln die Missachtung der anderen nicht aus. Freundschaft existiert aber nur dann, wenn Staaten *beide* Regeln befolgen. Als wichtigstes Merkmal der Freundschaft führt Wendt ihre Beständigkeit an. Daher hebt sich Freundschaft

---

[165] Walt (1987) "*The Origins of Alliances*".
[166] Wendt (1999) "Social Theory of International Politics", 279-283; Tang (2013) "*The Social Evolution of International Politics*", 96-109.
[167] Hopf (1998) "The Promise of Constructivism in International Relations Theory", 174-177.
[168] Yinan He (2009) "*The Search for Reconciliation: Sino-Japanese and German-Polish Relations since World War II*", Cambridge, UK: Cambridge University Press, 12-45; Shiping Tang (2011) "Review Article: Reconciliation and the Remaking of Anarchy", *World Politics*, 63: 4, 713-751.

qualitativ von einer Allianz ab, die als ein Bündnis auf Zeit zwischen Rivalen oder sogar Feinden betrachtet werden kann.[169]

Die beiden Regeln der Freundschaft sind die bestimmenden Verhaltensweisen pluralistischer Sicherheitsgemeinschaften. Innerhalb einer pluralistischen Sicherheitsgemeinschaft besteht eine wahrhaftige Garantie, dass Staaten von der Anwendung von Gewalt zur Lösung ihrer Interessenkonflikte absehen.[170] Krieg wird in diesem Kontext nicht als legitime Option angesehen und die Bedeutung militärischer Macht wird transformiert. Interessenkonflikte werden vielmehr durch Verhandlung, Vermittlung und Schiedsgerichtsbarkeit beigelegt. In dieser Hinsicht unterscheidet sich die Kultur der Freundschaft maßgeblich von der Kultur der Rivalität, die Gewaltanwendung zur Lösung von territorialen Interessenkonflikten nicht ausschließt.[171]

I.3.3 INTERNALISIERUNG

Warum befolgen Akteure die kulturellen Normen einer bestimmten internationalen Struktur mit ihrer jeweils innewohnenden Logik der Anarchie? Grundsätzlich können sie (1) dazu unter Machteinfluss gezwungen werden, es liegt andernfalls (2) in ihrem Eigeninteresse oder sie erkennen (3) die Legitimität dieser Normen an.[172] Jede der drei idealtypischen politischen Kulturen der Anarchie kann somit auf drei verschiedenen Wegen internalisiert werden. Die Erklärungen für die drei unterschiedlichen Grade der Internalisierung besitzen Parallelen zu dem Umgang mit kulturellen Normen gemäß realistischen (Macht), liberalen (Eigeninteresse) und konstruktivistischen (Legitimität) Theorien.[173] Lediglich im Rahmen des dritten Grades der Internalisierung (Legitimität) sind die Identitäten der Akteure durch die jeweils vorherrschen-

---

[169] Wendt (1999) *"Social Theory of International Politics"*, 297-302.

[170] Deutsch et al. (1957) "Political Community and the North Atlantic Area", 5; Emanuel Adler & Michael Barnett (Hrg., 1998) *"Security Communities"*, Cambridge, UK: Cambridge University Press.

[171] Janice Bially Mattern (2001) "The Power Politics of Identity", *European Journal of International Relations*, 7: 3, 349-397.

[172] Melford Spiro (1987) "Collective Representations and Mental Representations in Religious Belief Systems" in B. Kilborne & L. Langness (Hrg.) *"Culture and Human Nature: Theoretical Papers of Melford Spiro"*, Chicago, IL: University of Chicago Press; Roy D'Andrade (1995) *"The Development of Cognitive Anthropology"*, Cambridge, UK: Cambridge University Press, 227-228; Ian Hurd (1999) "Legitimacy and Authority in International Politics", *International Organization*, 53: , 379-408.

[173] Andreas Hasenclever, Peter Mayer & Volker Rittberger (1997) *"Theories of International Regimes"*, Cambridge, UK: Cambridge University Press, 83-135, 23-82, 136-210.

de anarchische Kultur *konstruiert*. Die Rolle kultureller Normen im Rahmen der anderen beiden Grade der Internalisierung (Zwang und Eigeninteresse) beeinflusst dagegen *nur* das Verhalten von Staaten und das Verständnis über ihre Umwelt, trifft aber keine Aussagen bezüglich Frage „wer sie sind und was sie wollen".[174] Ob eine der drei idealtypischen politischen Kulturen der Anarchie bis zum ersten, zweiten oder dritten Grad internalisiert wird, hat Auswirkungen auf theoretische und empirische Fragestellungen. Insbesondere beeinflusst der jeweilige Grad der Internalisierung, (1) warum Staaten die kulturellen Normen einer politischen Kultur einhalten; (2) die Qualität der Einhaltung der kulturellen Normen; (3) den Widerstand oder den Willen, die politische Kultur zu verändern; und (4) die Unterschiede, die ein bestimmter Grad der Internalisierung im Rahmen der Prozesse verursacht, die sich in einer politischen Kultur der Anarchie abspielen.[175]

Internalisierung bis zum ersten Grad: Macht. Bis zum ersten Grad internalisierte kulturelle Normen sind allen Akteuren bekannt, aber sie werden lediglich durch Zwang oder Gewaltandrohung eingehalten. Die Qualität der Einhaltung kann als gering bezeichnet werden, denn ohne die konstante Ausübung von Zwang ist damit zu rechnen, dass sich die Staaten den kulturellen Normen einer bestimmten politischen Kultur widersetzen werden. Zwang ist auch die bestimmende Größe, wenn es um die Aufrechterhaltung einer politischen Kultur der Anarchie geht, die lediglich bis zum ersten Grad internalisiert worden ist. Wenn Zwang nicht mehr im ausreichenden Maße ausgeübt werden kann, ist mit dem Zusammenbruch dieser politischen Kultur der Anarchie zu rechnen.[176]

Internalisierung bis zum zweiten Grad: Eigeninteresse. Wenn Staaten eine von Zwang unbeeinflusste freie Wahl über die Einhaltung von kulturellen Normen besitzen, kann von einer Internalisierung bis zum zweiten Grad gesprochen werden. Die Qualität der Einhaltung kultureller Normen ist höher als im ersten Grad der Internalisierung, auch wenn Staaten immer noch kein intrinsisches Interesse an der Einhaltung haben. Kulturelle Normen können in diesem Kontext als externe Beschränkungen gesehen werden. Mit der Veränderung einer Kultur der Anarchie ist dann zu rechnen, wenn die Kosten ihrer Aufrechterhaltung größer werden als ihr Nutzen.[177]

---

[174] Wendt (1999) *"Social Theory of International Politics"*, 250, 254, 266-278, 285-297, 302-307.
[175] Wendt (1999) *"Social Theory of International Politics"*, 268.
[176] Wendt (1999) *"Social Theory of International Politics"*, 268-270.
[177] Wendt (1999) *"Social Theory of International Politics"*, 270-272.

Internalisierung bis zum dritten Grad: Legitimität. Wenn Staaten kulturelle Normen bis zum ersten Grad internalisieren, betrachten sie diese kulturellen Normen als legitim und *wollen* sie befolgen. Sie identifizieren sich mit den Erwartungen, die andere Staaten an sie haben. Die Einhaltung von Institutionen und kulturellen Normen ist in diesem Kontext ein präferiertes Ergebnis und keine präferierte Strategie (um zu einem bestimmten Ergebnis zu gelangen). Die Qualität der Einhaltung kultureller Normen ist hoch und Staaten widersetzen sich entschlossen ihrer Veränderung.[178]

I.3.4 HYPOTHESEN STRUKTURELLER KONSTRUKTIVISMUS

Das Verhalten von Staaten, das Wirkung auf die Stabilität eines regionalen Subsystems entfaltet, steht im strukturellen Konstruktivismus in einem kausalen Zusammenhang mit der Kultur der Anarchie, unter dessen Logik sich die Interaktion zwischen Staaten abspielt.

(H.IV.1.1) Die Kultur der Freundschaft garantiert die Aufrechterhaltung der absoluten Stabilität und einen *sehr hohen* Grad der relativen Stabilität.

(HIV.1.2) Die Kultur der Rivalität garantiert die Aufrechterhaltung der absoluten Stabilität und einen *hohen* Grad der relativen Stabilität, wenn ihre *konzilianten* Elemente zwischenstaatliche Beziehungen dominieren.

(HIV.1.3) Unter der Kultur der Rivalität ist der Zusammenbruch der absoluten Stabilität denkbar und ein *mittlerer* Grad der relativen Stabilität zu erwarten, wenn die *konfliktuellen* Elemente der Kultur der Rivalität zwischenstaatliche Beziehungen dominieren.

(H.IV.1.4) Unter der Kultur der Feindschaft ist der Zusammenbruch der absoluten Stabilität und ein *niedriger* oder *zusammengebrochener* Grad der relativen Stabilität zu erwarten.

(H.IV.2.1) Die Befolgung der Institutionen einer der drei Kulturen hängt vom Grad der Internalisierung dieser Kultur ab. Wird eine Kultur bis zum ersten Grad (Macht) internalisiert (Macht), ist die Qualität ihrer Befolgung gering. Die Qualität der Befolgung der Institutionen einer Kultur steigt, wenn sie bis zum zweiten Grad (Eigeninteresse) internalisiert wurde und ist bei einer Internalisierung bis zum dritten Grad (Legitimität) am höchsten.

---

[178] Wendt (1999) *"Social Theory of International Politics"*, 272-273; Hervorhebung im Original.

KAPITEL II: MARITIME INTERESSENKONFLIKTE ZWISCHEN DER VR CHINA & JAPAN

Die VR China und Japan tragen im Ostchinesischen Meer Interessenkonflikte um (1) die Souveränität über die Senkaku/Diaoyu-Inseln, um (2) die Festlegung einer Seegrenze, die die Exclusive Economic Zones (EEZ) zwischen beiden Staaten abtrennt und (3) die Erschließung von Hydrokarbonressourcen aus. Die sieben sino-japanischen Krisen im Ostchinesischen Meer 1970-2012 sind stets aufgrund von einem oder mehrerer dieser Interessenkonflikte aufgetreten.

Taiwan erhebt dieselben Ansprüche wie die VR China und ist theoretisch ebenfalls in vollem Umfang an den Interessenkonflikten beteiligt. Allerdings zeigt sich in der Praxis, dass Taipei seinen Anspruch nicht in demselben Maße geltend machen kann, wie Beijing und Tokyo. Im Rahmen der Fragestellung der vorliegenden Arbeit erscheint es unwahrscheinlich, dass Taiwan seine stabilen Beziehungen zu den USA und Japan im Ostchinesischen Meer auf das Spiel setzt, während es auf die Unterstützung dieser beiden Staaten angewiesen ist, um seine *de facto*-Unabhängigkeit zu wahren. Aus diesem Grund richtet sich der Fokus der vorliegenden Arbeit auf die VR China und Japan.

II.1 INTERESSENKONFLIKT UM DIE SENKAKU/DIAOYU-INSELN

Die Senkaku/Diaoyu-Inseln bestehen aus acht natürlich entstandenen geologischen Strukturen im Ostchinesischen Meer und nehmen zusammen eine Fläche von etwa 6,3 Quadratkilometern ein. Serita Kentarô schreibt, dass die Inseln über die längste Zeit ihrer Geschichte unbewohnt waren und kaum Aufmerksamkeit auf sich zogen. Nachdem ein Bericht der Economic Commission for Asia and the Far East (ECAFE) unter der Schirmherrschaft der Vereinten Nationen (United Nations, UN) 1968 festgestellt hat, dass auf dem Meeresboden des Ostchinesischen Meeres im Gebiet der Senkaku/Diaoyu-Inseln mit hoher Wahrscheinlichkeit Hydrokarbonressourcen lagern, hat die Frage der Souveränität über die Inseln eine neue Bedeutung erlangt.[179] Im Anschluss an den Pazifischen Krieg gelangten die Inseln unter die Treuhandschaft der USA und wurden im Rahmen des Okinawa Reversion Treaty am 15. Mai 1972 an Japan zurückgegeben. Tokyo übt somit gegenwärtig die administrative Kontrolle über die Senkaku/Diaoyu-Inseln aus. Doch die VR

---

[179] Serita Kentarô (2002) *"Nihon no Ryôdo"*, Tôkyô: Chûô Kôron Shinsha, 106, 108 ［芹田健太郎（2002年）『日本の領土』東京中央公論新社、106, 108］.

China hat den japanischen Souveränitätsanspruch offiziell im Dezember 1971 mit einer Stellungnahme seines Außenministeriums angefochten und beansprucht seitdem seinerseits die territoriale Souveränität über die Inseln.[180]

DIE STELLUNGNAHME DER VR CHINA

Mit der Stellungnahme seines Außenministeriums aus dem Jahr 1971 verfolgte die VR China zwei Argumentationslinien, um seinen Anspruch auf die Inseln zu stärken: zum einen wurden Argumente *für* den eigenen Anspruch angeführt und zum anderen werden Argumente *gegen* den Anspruch Japans vorgetragen.

Um seinen eigenen Anspruch zu stärken, verweist Beijing auf historische Ereignisse. Die Senkaku/Diaoyu-Inseln waren, so argumentiert die Volksrepublik, seit ewigen Zeiten chinesisches Territorium (*Diaoyudao shi Zhongguo de guyou lingtu* 钓鱼岛是中国的固有领土), denn sie wurden bereits in den navalen Verteidigungsperimeter der Ming-Dynastie (1368-1644) einbezogen. Beijing verweist auch auf taiwanesische Fischer, die die Inseln entdeckten und bezieht sich auf Aufzeichnungen, die bis 1403 zurückreichen. Die VR China behauptet somit, dass die Inseln von China entdeckt, benannt, und ausgebeutet worden sind und dass China die Inseln über Jahrhunderte kontrolliert hat.[181] Schließlich zwang Japan der Qing-Dynastie, so die Version der VR China, nach dem Sino-Japanischen Krieg 1894/1895 einen ungleichen Vertrag auf und bemächtigte sich Taiwans mitsamt der zugehörigen Inseln (dazu zählt die VR China auch die Senkaku/Diaoyu-Inseln) sowie der Pescadoren.[182]

Die Stellungnahme des Außenministeriums von 1971 kritisierte anschließend, dass die Senkaku/Diaoyu-Inseln Gegenstand des Okinawa Reversion Treaty sind. Dies stelle eine offene Verletzung chinesischen Territoriums und chinesischer Souveränität dar. Weiterhin war der Stellungnahme zu entnehmen, dass Japan alle zu Taiwan gehörenden Inseln, darunter auch die Senkaku/Diaoyu-Inseln, nach dem Ende des Zweiten Weltkrieges an die USA abgetreten hat, woraufhin Washington unilateral die administrativen Hoheitsbefugnisse über die Inseln für sich beanspruchte. Dies war in den Augen der VR China ein von Grund auf illegaler Akt. Dies sei deswegen nicht recht-

---

[180] Serita (2002) *"Nihon no Ryôdo"*, 108 ［芹田（2002年）『日本の領土』108］.
[181] Zhang Haiwen & Gao Zhiguo (Hrg., 2012) *"Zhongguo de Lingtu Diaoyudao"*, Beijing: Haiyang Chubanshe, 2, 11 ［张海文，高志国（编，2012年）"中国的领土钓鱼岛"，北京海洋出版社，2，11］.
[182] Serita (2002) *"Nihon no Ryôdo"*, 116-117 ［芹田（2002年）『日本の領土』116-117］.

mäßig, da Japan mit der Unterzeichnung des Friedensvertrages von San Francisco seinen Anspruch über Taiwan und die Pescadoren abtrat.[183] Beijing behauptet in diesem Zusammenhang, dass die Senkaku/Diaoyu-Inseln seit jeher zu Taiwan gehörten und widerspricht der in Japan und USA akzeptierten Auslegung des Friedensvertrages von San Francisco, wonach die Senkaku/Diaoyu-Inseln administrativer Teil Okinawas sind.[184]

DIE BEURTEILUNG DER CHINESISCHEN POSITION

Der größte Schwachpunkt der chinesischen Position liegt in der Tatsache begründet, dass Beijing bis 1971, kurz nachdem Hydrokarbonressourcen entdeckt wurden, keinen Anspruch auf die Inseln erhob. Auch wenn Japan die Inkorporation der Inseln nicht öffentlich machte, hätte Beijing zwischen 1895 und 1971 wahrnehmen müssen, dass die Inseln von Japan ökonomisch genutzt und zeitweise von Japanern bewohnt oder als Zufluchtsort vor Wirbelstürmen benutzt wurden. Da der chinesische Protest über eine dermaßen lange Zeitdauer ausblieb, besteht der berechtigte Verdacht, dass Beijing erst mit dem Bericht der ECAFE auf die Inseln aufmerksam wurde und ihnen davor keine Bedeutung beigemessen hatte.[185] Unter diesen Umständen erscheint die Behauptung Beijings, wonach die Inseln inhärentes chinesisches Territorium seien, als wenig überzeugend.

Es existiert auch ein Dankesbrief des Konsuls der Republik China aus dem Jahr 1920 in dem den Bewohnern Ishigakis dafür gedankt wird, chinesische Fischer, die auf einer der Senkaku/Diaoyu-Inseln gestrandet waren, gerettet zu haben. Aus dem Dankesbrief wird ersichtlich, dass China die Zugehörigkeit der Inseln zu der Präfektur Okinawa anerkannte.[186] Zhu Jianrong be-

---

[183] Ministry of Foreign Affairs of the People's Republic of China "Statementof the Ministry of Foreign Affairs of the People's Republic of China", December 30th, 1971; State Council Information Office of The People's Republic of China "Diaoyu Dao, an Inherent Territory of China", September 2012; Serita (2002) "Nihon no Ryôdo", 109-110 [芹田（2002年）『日本の領土』109-110］; Hara Kimie (2005) "San Furanshisuko Heiwa Jôyaku no Môten: Ajia Taiheiyô Chiiki no Reisen to 'Sengo Mikaiketsu no Shomondai'", Tôkyô: Keisuisha, 26 [原貴美恵（2005年）『サンフランシスコ平和条約の盲点：アジア太平洋地域の冷戦と「戦後未解決の諸問題」』東京渓水社、26].

[184] Hara (2005) "San Furanshisuko Heiwa Jôyaku no Môten" [原貴美恵（2005年）『サンフランシスコ平和条約の盲点』].

[185] Ministry of Foreign Affairs of Japan "Fact Sheet on the Senkaku Islands", November 2012.

[186] Ministry of Foreign Affairs of Japan "Fact Sheet on the Senkaku Islands",

richtet in diesem Kontext, dass ein Artikel der *Renmin Ribao* 1996 den Inhalt des Briefes als die Wahrnehmung gewisser Leute zu einer Zeit beschreibt, als Taiwan eine japanische Kolonie war.[187] Aber auch als die VR China bereits gegründet war, erwähnt ein Artikel in *Renmin Ribao* 1953 im Zusammenhang mit anti-amerikanischen Demonstrationen auf Okinawa, dass die Senkaku/Diaoyu-Inseln Teil Okinawas sind. Auch Atlanten, die 1933 und 1958 in China gedruckt wurden, behandeln die Inseln als japanisches Territorium.[188]

Darüber hinaus werden die Senkaku/Diaoyu-Inseln weder in der Kairoer Deklaration 1943, noch in der Potsdamer Erklärung 1945 oder dem Friedensvertrag von San Francisco 1951 namentlich erwähnt. In einem Entwurf des chinesischen Außenministeriums aus dem Jahr 1950, der 2012 von japanischen Medien veröffentlicht wurde, wurde die Frage gestellt, ob die VR China den Friedensvertrag von San Francisco unterzeichnen sollte. In diesem chinesischen Entwurf werden die Senkaku/Diaoyu-Inseln mit ihren japanischen Namen genannt und der Vorschlag unterbreitet, die Zugehörigkeit der Inseln zu Taiwan zu prüfen. Damit gerät auch die chinesische Behauptung in das Wanken, dass die Inseln seit jeher zu Taiwan gehörten.[189]

DIE STELLUNGNAHME JAPANS

Das japanische Außenministerium führt seit 1972 an, dass Japan die Senkaku-Inseln seit 1885 erforschte (*genchi chôsa wo okonai* 現地調査を行い), ohne dass dies Proteste der über China herrschenden Qing-Dynastie (1644-1911) hervorrief. Japan behauptet überdies, dass zu dieser Zeit keine Anzeichen einer effektiven Kontrolle über die Inseln durch die Qing-Dynastie existierten (*Shinkoku no shihai ga oyonde iru konseki ga nai koto* 清国の支配が及んでいる痕跡がないこと). Weiterhin ist der Stellungnahme des Außenministeriums zu entnehmen, dass Japan die Inseln im Januar 1895 durch einen Kabinettsbeschluss in sein Staatsgebiet eingliederー

November 2012.
[187] Zhu Jianrong (2012) "Chûgokugawa kara Mita 'Senkaku Mondai': Tairitsu wo Koeru 'Chie' ha Doko ni", *Sekai*, 836: 11, 107 ［朱建栄（2012年）『中国側から見た「尖閣問題」：対立を超える「知恵」はどこに』世界、836：11、107］.
[188] Ministry of Foreign Affairs of Japan "*Fact Sheet on the Senkaku Islands*", November 2012.
[189] Shiroyama Hidemi (2013) "Fûin Sareta Senkaku Gaikô Bunshô: Jikoku no Rekishi ni Sae Musekinin na Chûgoku Gaikô no Akireta Jitai", *Bungei Shunju*, 91: 7, 264-271 ［城山英巳（2013年）『封印された尖閣外交文書：自国の歴史にさえ無責任な中国外交の呆れた事態』文芸春秋、91：7, 264-271］.

te. Zum Zeitpunkt der Inkorporation waren die Senkaku-Inseln *terra nullius* (*mushuchi* 無主地) und wurden administrativ an die Präfektur Okinawa angeschlossen.[190] Japan widerspricht damit mit aller Entschlossenheit der chinesischen Sichtweise, dass die Inseln Gegenstand des Vertrages von Shimonoseki gewesen seien.[191] Damit hätten weder die Kairoer Erklärung und Potsdamer Erklärung, noch der Friedensvertrag von San Francisco Implikationen auf Japans Souveränität über die Inseln.

Insbesondere verneint Japan auch die chinesische Behauptung, wonach der Interessenkonflikt im Rahmen der sino-japanischen Normalisierung der bilateralen Beziehungen 1972 und des Abschlusses des Friedens- und Freundschaftsvertrages 1978 im Rahmen eines stillschweigenden Abkommens *eingefroren* worden ist, um eine Lösung, in den Worten Deng Xiaopings, „weiseren Generationen zu überlassen".[192] Das japanische Außenministerium verneint sogar die bloße Existenz eines territorialen Disputes:

> "There is no doubt that the Senkaku Islands are clearly an inherent territory of Japan, in light of historical facts and based upon international law. Indeed, the Senkaku Islands are now under the valid control of Japan. There *exists no issue of territorial sovereignty* to be resolved concerning the Senkaku Islands."[193]

---

[190] Gaimushô *"Saikin no Nitchû Kankei (Senkaku Shotô wo Meguru Kihon Jôhô Oyobi Saikin no Chûgoku Gyosen Shôtotsu Jiken"*, Oktober 2010 ［外務省　『最近の日中関係（尖閣諸島をめぐる基本情報及び最近の中国漁船衝突事件）』平成22年10月］; Serita (2002) *"Nihon no Ryôdo"*, 133 ［芹田（2002年）『日本の領土』133］.

[191] Serita (2002) *"Nihon no Ryôdo"*, 134 ［芹田（2002年）『日本の領土』134］; Tao Cheng (1974) "The Sino-Japanese dispute over the Tiao-yu-tai (Senkaku) Islands and the Law of Territorial Acquisition", *Virginia Journal of International Law*, 14: 2, 259.

[192] Yabuki Susumu (2013) *"Senkaku Mondai no Kakushin: Nitchû Kankei ha Dô Naru"*, Tôkyô: Kadensha, 22-48 ［矢吹晋（2013年）『尖閣問題の核心：　日中関係はどうなる』東京：花伝社、22-48］.

[193] Ministry of Foreign Affairs of Japan *"Statement by the Press Secretary/Director-General for Press and Public Relations, Ministry of Foreign Affairs, on the Collision between Japan Coast Guard Patrol Vessels and a Chinese Fishing Trawler in Japan's Territorial Waters off the Senkaku Islands"*, September 25th, 2010; Hervorhebung hinzugefügt.

DIE BEURTEILUNG DER JAPANISCHEN POSITION

Bei der Beurteilung der Positionen erweist sich die Tatsache, dass das internationale System in Ostasien zum Ende des 19. Jahrhunderts von einer sinozentrischen Ordnung in eine vom westlichen Völkerrecht geprägte Ordnung überging, als komplexes Problem. Denn Japan nahm eine aktive Rolle inmitten dieses Prozesses ein, während China sich diesen Entwicklungen versperrte. Das Konzept der territorialen Souveränität nahm innerhalb der Logik dieser ungleichen Ordnungen unterschiedliche Bedeutungen ein und auf dieser Basis wird der japanische Anspruch in der VR China bis heute zurückgewiesen.[194]

Nachdem Japan große Teile der Ryûkyû-Inselkette 1879 als Präfektur Okinawa in sein Staatsgebiet eingegliedert hat, führte es 1880 Verhandlungen mit der Qing-Dynastie, um eine Grenze im Ostchinesischen Meer festzulegen. Im Vertragsentwurf schlug Japan vor, Miyako und Yaeyama sowie alle noch weiter südlich gelegenen Inseln China zu überlassen, um sich im Gegenzug von der Qing-Regierung kommerzielle Rechte auf dem chinesischen Festland zusichern zu lassen. Der Vertrag wurde nie unterzeichnet, aber nach seinen damals ausgearbeiteten Maßgaben lagen die Senkaku/Diaoyu-Inseln auf der chinesischen Seite der Grenzlinie. Die im Vertragsentwurf implizierte Bereitschaft Japans, die Senkaku/Diaoyu-Inseln China zu überlassen, ruft bei Hane Jirô berechtigte Zweifel hervor, ob es sich bei den Inseln tatsächlich um inhärentes Territorium (*koyô no ryôdo* 固有の領土) Japans handelt.[195]

Hane schreibt zudem, dass die Lokalregierung der Präfektur Okinawa und der Unternehmer Koga Tatsuhiro seit 1885 starkes Interesse an einer Inkorporation der Inseln hatten. Allerdings wurde die Lokalregierung 1885 von Tokyo dazu angehalten, ihren Anspruch auf die Inseln nicht öffentlich zu machen, da dies sonst mit großer Wahrscheinlichkeit den Widerspruch der damals militärisch überlegenen Qing-Regierung hervorgerufen hätte. Diese Episode legt die Vermutung nahe, dass Japan die Zugehörigkeit der Inseln zum Qing-Reich implizit annahm.[196] Han-yi Shaws Studien widersprechen sogar der

---

[194] Han-yi Shaw (1999) "The Diaoyutai/Senkaku Islands Dispute: its History and an Analysis of the Ownership Claims of the P.R.C., R.O.C., and Japan", *Occasional Papers/Reprints in Contemporary Asian Studies*, 3, 64-68.

[195] Hane Jirô (2012) "Senkaku Mondai ni Naizai Suru Hôriteki Mujun: 'Koyû no Ryôdo' Ron no Kokufuku no Tame ni", *Sekai*, 836: 11, 117-120 [羽根次郎（2012年）『尖閣問題に内在する法理的問題：「固有の領土」論の克服のために』世界、836：11、117–120].

[196] Shaw (1999) "The Diaoyutai/Senkaku Islands Dispute", 70; Hane (2012) "Senkaku Mondai ni Naizai Suru Hôriteki Mujun", *Sekai*, 836: 11, 113 [羽根（2012年）

japanischen Behauptung, wonach Tokyo die Inseln seit 1885 erforschte.[197]

Auch die Umstände und der Zeitpunkt der Inkorporation der Senkaku/Diaoyu-Inseln durch Tokyo am 14. Januar 1895 werden von einigen Wissenschaftlern als Schwächen des japanischen Standpunktes eingestuft. So war zu diesem Zeitpunkt bereits absehbar, dass die Qing-Dynastie im sino-japanischen Krieg unterlegen sein wird. Während Japan in den zehn vorhergehenden Jahren, als es (angeblich) die Erforschung der Inseln vorantrieb, keine Einverleibung vornahm, geschah dies nun in den Wirren des Krieges. Die Behauptung, dass die Inseln kein Gegenstand des Vertrages von Shimonoseki waren, kann aufrechterhalten werden, aber ein impliziter Zusammenhang zwischen dem sino-japanischen Krieg und der Inkorporation der Inseln kann durchaus angenommen werden.[198]

Überdies ist anzumerken, dass Japan den Rechtsakt der Inkorporation zum damaligen Zeitpunkt nicht öffentlich gemacht hat. Als Tokyo 1896 die geographischen Ausmaße der Präfektur Okinawa bestimmte, gab es beispielsweise keinen Hinweis auf die Inkorporation der Senkaku/Diaoyu-Inseln.[199] Nach völkerrechtlichen Maßgaben stärkt die öffentliche Bekanntgabe und daraufhin nicht erfolgender Protest anderer Staaten die rechtmäßige Aneignung von Territorium. Allerdings handelt es sich bei der Bekanntgabe nicht um eine *conditio sine qua non*, sodass sich aus ihrer Unterlassung keine unmittelbaren negativen Konsequenzen ergeben.

KEINE RESOLUTION DES SOUVERÄNITÄTSANSPRUCHS ABSEHBAR

Die Mehrzahl der internationalen Wissenschaftler und Beobachter vertritt die Meinung, dass die Position Japans unter geltendem Völkerrecht plausibler erscheint als die überwiegend auf historische Argumente gestützte Position der VR China. Die VR China möchte den Fall womöglich deswegen keinem internationalen Schiedsgericht zuführen, da es sich nach gegenwärtig geltendem Völkerrecht benachteiligt sieht, während Japan die bloße Existenz eines territorialen Interessenkonfliktes verneint und dementsprechend keine Veranlassung sieht, eine rechtsprechende Instanz anzurufen. An dieser Stelle fällt die vorliegende Arbeit jedoch kein Urteil über die Qualität der Standpunkte beider Staaten. Vielmehr soll deutlich werden, dass sowohl die VR China, als auch Japan eine Vielzahl von Argumenten und Gegenargumenten

---

『尖閣問題に内在する法理的問題』113].
[197] Shaw (1999) "The Diaoyutai/Senkaku Islands Dispute", 84.
[198] Shaw (1999) "The Diaoyutai/Senkaku Islands Dispute", 85.
[199] Shaw (1999) "The Diaoyutai/Senkaku Islands Dispute", 100.

anführen, um ihren Anspruch auf die Senkaku/Diaoyu-Inseln zu stärken und dass keine Seite von ihren Standpunkten abrücken will. Der Interessenkonflikt um die Senkaku/Diaoyu-Inseln birgt somit bereits ein gewisses Konfliktpotential, aber es handelt sich keineswegs um den einzigen sino-japanischen Interessenkonflikt im Ostchinesischen Meer. Im nächsten Abschnitt wird daher der Interessenkonflikt um die Festlegung der Seegrenze beleuchtet.

II.2 INTERESSENKONFLIKT UM DIE FESTLEGUNG DER SEEGRENZE

Das Seerechtsübereinkommen der Vereinten Nationen (United Nations Convention on the Law of the Sea, UNCLOS) bildet die völkerrechtliche Grundlage für die Abgrenzung von Meereszonen zwischen seinen Vertragsparteien. Die Erarbeitung und Annahme von UNCLOS erfolgte 1982 und es trat 1994 in Kraft, nachdem zunächst 60 Staaten ihre Ratifikationsurkunden beim UN-Generalsekretär hinterlegten.[200] Hara Kimie und Mark J. Valencia führen an, dass die sino-japanische Interaktion im Ostchinesischen Meer mit der Weiterentwicklung des Internationalen Seerechts stark an Komplexität gewonnen hat.[201] Der Interessenkonflikt um die Festlegung der Seegrenze bestätigt diese Erkenntnis: Die VR China und Japan haben in allen Aspekten der Interpretation von UNCLOS unterschiedliche Auffassungen.

FESTLANDSOCKEL

Die VR China hat das Seerechtsübereinkommen im Juni 1996 ratifiziert und im Juni 1998 eine Exclusive Economic Zone (EEZ) über 200 Seemeilen deklariert und darüber hinaus den Festlandsockel (*dalujia* 大陆架) im Ostchinesischen Meer beansprucht.[202] Beijing betrachtet den Festlandsockel, der bis zum Okinawa-Graben reicht und parallel zu den japanischen Inseln südlich von Kyushu verläuft, als natürliche Verlängerung seiner kontinentalen Landmasse. UNCLOS erklärt in Artikel 76, Absatz 1:

> "Der Festlandsockel eines Küstenstaats umfasst den jenseits seines Küstenmeeres gelegenen Meeresboden und Meeresuntergrund der Unterwassergebiete, die sich über die gesamte natürliche Verlänge-

---

[200] Valencia (2007) "The East China Sea Dispute", 146.
[201] Hara (2005) "San Furanshisuko Heiwa Jôyaku no Môten", 280 [原 (2005年)『サンフランシスコ平和条約の盲点』280]; Mark J. Valencia (2008) "A Maritime Security Regime for Northeast Asia", *Asian Perspective*, 32: 4, 159-160.
[202] Valencia (2007) "The East China Sea Dispute", 140.

rung seines Landgebiets bis zur äußeren Kante des Festlandrands erstrecken [...]".[203]

Japan protestiert jedoch entschlossen gegen die Forderung der VR China nach einem Festlandsockel bis zum Okinawa-Graben und behauptet, dass der Graben lediglich eine zufällige Senke sei, die in Fragen der Abgrenzung keine rechtliche Rolle einnehmen könne (*Okinawa torafu no yô na kaitei chikei ni hôteki na imi ha nai to kangaeru no ga datô* 沖縄トラフのような海底地形に法的な意味はないと考えるのが妥当).[204] Da der Meeresboden des Ostchinesischen Meeres am Okinawa-Graben steil abfällt, lässt sich durchaus argumentieren, dass der Graben eine geophysisch klar erkennbare Begrenzung zwischen zwei Festlandsockeln darstellt. Doch der Zuspruch eines Festlandsockels der bis zum Okinawa-Graben reicht, würde die VR China zweifelsfrei unilateral begünstigen. Der Graben verläuft nämlich unmittelbar vor der Okinawa-Inselkette und würde als endgültige Seegrenze die japanischen Ansprüche im Ostchinesischen Meer auf eine unverhältnismäßig kleine Fläche beschränken.[205]

EXCLUSIVE ECONOMIC ZONE

Beide Staaten haben auch unterschiedliche Auffassungen über die Abgrenzung der EEZ. Laut UNCLOS Artikel 56, Absatz 1 hat der Küstenstaat in der EEZ, die sich bis über 200 Seemeilen von den Basislinien entlang der Küsten erstrecken darf:

> "souveräne Rechte zum Zweck der Erforschung und Ausbeutung, Erhaltung und Bewirtschaftung der lebenden und nicht lebenden natürlichen Ressourcen der Gewässer über dem Meeresboden, des Meeresbodens und seines Untergrundes [...]".[206]

---

[203] Seerechtsübereinkommen der Vereinten Nationen, Art. 76, Abs. 1.
[204] Hamakawa Kyôko (2006) "Higashi Shinakai ni Okeru Nitchû Kyôkai Kakutei Mondai: Kokusaihô kara Mita Gasu Den Kaihatsu Mondai", *Kokuritsu Kokkai Toshokan Issue Brief*, 547, 3 ［濱川今日子（2006年）『東シナ海における日中境界画定問題：国際法から見たガス田開発問題』国立国会図書館 ISSUE BRIEF、547、3］; Serita (2002) "*Nihon no Ryôdo*", 219-220 ［芹田（2002年）『日本の領土』219-220］; Jin Yongming (2007) "Higashi Shinakai ni Okeru Shigen Mondai Oyobi Sono Kaiketsu Hôhô ni Tsuite", *Hiroshima Hôgaku*, 31: 3, 3-4 ［金永明（2007年）『東シナ海における資源問題およびその解決方法について』広島法学 31：3、3-4］.
[205] Valencia (2007) "The East China Sea Dispute", 147-148.
[206] Seerechtsübereinkommen der Vereinten Nationen, Art. 56, Abs. 1.

Japan hat UNCLOS im Juni 1996 ratifiziert und ebenfalls eine EEZ über 200 Seemeilen ausgehend von den Basislinien seiner Küsten deklariert. Da aber die Entfernung zwischen den Küsten der VR China und Japans weniger als 400 Seemeilen beträgt, überschneiden sich die Ansprüche beider Staaten.[207] UNCLOS legt unter Kapitel XV, Abschnitt 2 detaillierte Mechanismen zur friedlichen Streitbeilegung vor,[208] aber die Streitparteien sind rechtlich nicht an diese Mechanismen gebunden.

ÄQUIDISTANZLINIE

Japan schlägt zur Beilegung des Interessenkonfliktes eine Äquidistanzlinie (*Chûkansen* 中間線) vor, die das Ostchinesische Meer ausgehend von den Basislinien entlang der Küsten beider Staaten in zwei annähernd gleich große Meereszonen unterteilt. Dieser Vorschlag wird jedoch von der VR China abgelehnt, da Japan zur Festlegung der Seegrenze nach dem Äquidistanzprinzip die Basislinien der Senkaku/Diaoyu-Inseln einbezieht.[209] Die Seerechtsexperten Clive H. Schofield und Ian Townsend-Gault bemerken in diesem Zusammenhang jedoch, dass die Senkaku/Diaoyu-Inseln bei der Festlegung der Seegrenze womöglich nicht berücksichtigt werden können.[210] Die Küstenlinien des chinesischen Festlandes und aller umliegenden Inseln sind um ein vielfaches länger und würden als geographische Ausgangspunkte wahrscheinlich stärker berücksichtigt werden.[211] Zudem führt UNCLOS unter Artikel 121, Absatz 3 an, dass "Felsen, die für menschliche Besiedlung nicht geeignet sind oder ein wirtschaftliches Eigenleben nicht zulassen, [...] keine [EEZ] und keinen Festlandsockel [haben]."[212] Während die VR China in diesem

---

[207] Jin (2007) "Higashi Shinakai ni Okeru Shigen Mondai Oyobi Sono Kaiketsu Hôhô ni Tsuite", 2 ［金（2007年）「東シナ海における資源問題およびその解決方法について」2］.
[208] Seerechtsübereinkommen der Vereinten Nationen, Kapitel XV; Thomas J. Schoenbaum (Hrg., 2008) *"Peace in Northeast Asia: Resolving Japan's Territorial and Maritime Disputes with China, Korea and the Russian Federation"*, Cheltenham, UK & Northampton, MA: Edward Elgar: 67-68.
[209] Serita (2002) *"Nihon no Ryôdo"*, 223-224, 227-229 ［芹田（2002年）『日本の領土』223-224、227-229］.
[210] Selbst wenn sich diese Meinung durchsetzt, würde Japan seine Ansprüche auf die Senkaku/Diaoyu-Inseln selbstverständlich nicht fallen und auch den Anspruch der VR China auf den gesamten Festlandsockel nicht anerkennen.
[211] Clive H. Schofield & Ian Townsend-Gault (2011) "Choppy Waters ahead in 'a Sea of Peace Cooperation and Friendship'?: Slow Progress Towards the Application of Maritime Joint Development to the East China Sea", *Marine Policy*, 35: 1, 28.
[212] Seerechtsübereinkommen der Vereinten Nationen, Art. 121, Abs. 3.

Zusammenhang die Position vertritt, dass die Senkaku/Diaoyu-Inseln lediglich Felsen sind (und dementsprechend keine EEZ begründen können), betrachtet Japan die Erhebungen als Inseln im Sinne von UNCLOS und benutzt ihre Basislinien zur Festlegung der seewärtigen Grenze ihrer EEZ.[213]

DER BILLIGKEIT ENTSPRECHENDE PRINZIPIEN

Unabhängig vom Status der Senkaku/Diaoyu-Inseln führt die VR China zusätzlich an, dass eine Äquidistanzlinie unter UNCLOS nicht der geeignete Standard zur Abgrenzung von Meereszonen sei. Vielmehr sei eine der Billigkeit entsprechende Lösung zu favorisieren, wie in UNCLOS Artikel 74 und Artikel 83, Absatz 1 ausgeführt wird:

> "Die Abgrenzung der [EEZ] zwischen Staaten mit gegenüberliegenden oder aneinander angrenzenden Küsten erfolgt durch Übereinkunft auf der Grundlage des Völkerrechts [...], um eine der Billigkeit entsprechende Lösung zu erzielen."[214]

Unter Berücksichtigung folgender der Billigkeit entsprechender Prinzipien (*hengping yuanze* 衡平原则) behauptet die VR China, dass seine rechtmäßigen Ansprüche über eine Äquidistanzlinie hinausgehen: (1) die natürliche Verlängerung seines kontinentalen Landgebietes, der Festlandsockel, reicht weit über die Äquidistanzlinie hinaus und erstreckt sich bis zum Okinawa-Graben; (2) die an das Ostchinesische Meer angrenzende chinesische Küstenlinie ist viel länger als die gegenüberliegende Okinawa-Inselkette; (3) der chinesische Küstenstreifen beheimatet weitaus mehr Menschen als die Okinawa-Inseln; (4) sozioökonomische Aktivitäten sind auf der Seite der Volksrepublik weitaus umfangreicher als auf der japanischen Seite; und (5) die Struktur der Küstenstreifen ist von einem grundlegenden Unterschied geprägt: die chinesische Küste ist kontinentaler Natur, während die japanische Seite aus kleinen Inseln besteht.[215] Wenn der Internationale Gerichtshof (IGH) zu entscheiden hätte, so vermutet Anami Yûsuke, würde eine Abgrenzung *zwischen* einer Äquidistanzlinie und der seewärtigen Grenze einer chinesischen 200 Seemeilen-EEZ eine der Billigkeit entsprechende Lösung

---

[213] Valencia (2007) "The East China Sea Dispute", 154.
[214] Seerechtsübereinkommen der Vereinten Nationen, Art. 74, Abs. 1.
[215] Hamakawa (2006) "Higashi Shinakai ni Okeru Nitchû Kyôkai Kakutei Mondai", 6-8 [濱川（2006年）『東シナ海における日中境界画定問題』6-8]; Schoenbaum (Hrg., 2008) *"Peace in Northeast Asia"*, 92-93.

darstellen.[216] Unter Anwendung dieses Modells würde sich die EEZ der VR China zwar nicht über 200 Seemeilen (und damit logischerweise auch nicht bis zum Okinawa-Graben) erstrecken, wäre aber dennoch größer als die EEZ Japans, sodass auch den angeführten Prinzipien der Billigkeit bis zu einem gewissen Grad Rechnung getragen würde. Wang Yi, Botschafter der VR China in Japan, bekräftigte 2005 die Haltung Beijings und sagte:

> "Gegenüber der langen chinesischen Küstenlinie befinden sich, wie an einer Kette aneinandergereiht, die japanischen Inseln. Wenn man sich diese geographische Besonderheit vor Augen führt, entspricht die Äquidistanzlinie als Seegrenze nicht den Prinzipien der Billigkeit (*chûkansen wo ryôkoku no kyôkai to suru no ha kôhei gensoku ni awanai* 中間線を両国の境界とするのは衡平原則に合わない)".[217]

Auch Thomas J. Schoenbaum kommt zu dem Schluss, dass der Billigkeit entsprechende Faktoren die Position der VR China stärken.[218] Doch da jeder offene Fall um die Festlegung der Seegrenze einzeln betrachtet werden muss, kann nicht vorhergesagt werden, in welchem Maße der Billigkeit entsprechende Prinzipien bei einer endgültigen Abgrenzung der Meereszonen einbezogen würden und ob die Senkaku/Diaoyu-Inseln in dieser Frage tatsächlich nicht beachtet werden müssten. Außerdem bleibt unklar, ob der Fall jemals dem IGH oder einem anderen autorisierten Rechtsprechungsorgan zugetragen wird.

---

[216] Anami Yûsuke (2007) "Kaiyô wo Meguru Nitchû Kankei" in Iechika Ryôko, Duan Ruicong und Matsuda Yasuhiro (Hrg.) *"Kiro ni Tatsu Nitchû Kankei: Kako to no Taiwa・Mirai he no Mosaku"*, Tôkyô: Kôyô Shobô, 194 [阿南友亮（2007年）『海洋をめぐる日中関係』家近亮子、段瑞聡、松田康博（編集）『岐路に立つ日中関係：過去との対話・未来への模索』東京晃洋書房, 194].

[217] *Tôkyô Shinbun Chôkan*, 24. Oktober 2005 [東京新聞朝刊『東シナ海のガス田開発なぜ対立解けないの？ 境界未画定が根本原因』2005年10月24日].

[218] Schoenbaum (Hrg., 2008) *"Peace in Northeast Asia"*, 95.

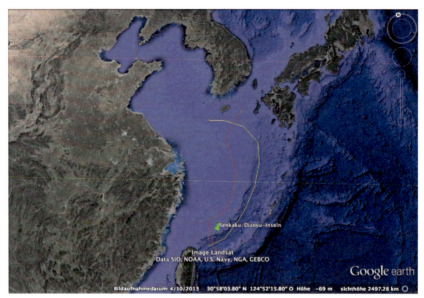

Bild I: Das Ostchinesische Meer und die Senkaku/Diaoyu-Inseln
Die gelbe Linie markiert den EEZ-Anspruch der VR China (Festlandsockel), die rote Linie markiert den EEZ-Anspruch Japans (Äquidistanzlinie). *Quelle: Google earth und eigene Markierungen.*

DER FAKTOR TAIWAN

Abschließend soll der Status Taiwans im Kontext der Abgrenzung der Meereszonen behandelt werden. Die Senkaku/Diaoyu-Inseln sind nur 120 Seemeilen von Taiwan entfernt und falls die Wiedervereinigung Taiwans mit der Volksrepublik jemals realisiert wird, würde sich der rechtmäßige EEZ-Anspruch der VR China im Ostchinesischen Meer um mehr als 100 Seemeilen ostwärts verschieben und den Forderungen Beijings deutlich mehr Nachdruck verleihen. Dadurch würden die Senkaku/Diaoyu-Inseln deutlich innerhalb einer chinesischen 200-Seemeilen-EEZ liegen. Die japanische Äquidistanzlinie wäre unter diesen Umständen kaum noch zu rechtfertigen.[219] Unabhängig von allen anderen Implikationen, die eine Wiedervereinigung Taiwans mit der VR China bereithalten würde, bleibt die *de facto*-Unab-

---

[219] James C. Hsiung (2005) "Sea Power, Law of the Sea, and China-Japan East China Sea 'Resource War'", *Forum on China and the Sea, Institute for Sustainable Development. Macao University of Science & Technology*, October 9th -11th, 12-13.

hängigkeit Taipeis somit für Japan im Zusammenhang mit dem Interessenkonflikt um die Festlegung der Seegrenze im Ostchinesischen Meer von elementarer Bedeutung.[220]

II.3 INTERESSENKONFLIKT UM DIE ERSCHLIESSUNG VON HYDROKARBONRESSOURCEN

Das Ostchinesische Meer ist aufgrund von Hydrokarbonressourcen, Tiefseemetallen und Fischereigründen von hohem ökonomischem Interesse für die VR China und Japan. Auch weil beide Staaten nicht von ihren Ansprüchen auf die Senkaku/Diaoyu-Inseln abrücken, können sie sich nicht auf den Verlauf der Seegrenze im Ostchinesischen Meer einigen. Und da der Vorgang der endgültigen Abgrenzung der Seegrenze im Ostchinesischen Meer noch nicht abgeschlossen ist, besteht auch Uneinigkeit über die rechtmäßigen Ansprüche auf eine Vielzahl von unerschlossenen Hydrokarbonressourcen, die in Form von Öl- und Erdgasdepots auf dem Meeresgrund des Ostchinesischen Meeres lagern. Der Interessenkonflikt um die Erschließung von Hydrokarbonressourcen könnte als eine bloße Ableitung der anderen beiden Interessenkonflikte angesehen werden. Aber da die VR China und Japan bereits Anstrengungen unternommen haben, die Erschließung von Hydrokarbonressourcen in gewissen Teilen des Ostchinesischen Meeres unabhängig von den anderen beiden Interessenkonflikten zu bewältigen, wird die Sache der Hydrokarbonressourcen in der vorliegenden Arbeit als dritter Interessenkonflikt analysiert. Es ist ohnehin nicht von der Hand zu weisen, dass ein zeitlicher Zusammenhang zwischen der Entdeckung der Hydrokarbonressourcen und der Genese eines anhaltenden Konfliktes zwischen der VR China und Japan im Ostchinesischen Meer besteht.

Schätzungen über den Umfang der Hydrokarbonressourcen im Ostchinesischen Meer variieren beträchtlich. Eine 1994 durchgeführte Untersuchung des japanischen Ministeriums für Wirtschaft, Handel und Industrie spricht von einer Menge an Rohöl und Erdgas auf der japanischen Seite einer theoretischen Äquidistanzlinie, die sich auf 500 Millionen Kiloliter beläuft. Chinesische Schätzungen gehen von 5-6 Billionen Kubikmetern an Erdgas aus. Beide Staaten gehen zudem davon aus, dass in der Nähe der Senkaku/Diaoyu-Inseln 94,5 Millionen Barrel Rohöl auf dem Meeresgrund lagern.[221]

---

[220] Hisahiko Okazaki (2003) "The Strategic Value of Taiwan", *The US-Japan-Taiwan Trilateral Strategic Dialogue, Tokyo Round*, March 2nd, 2003.
[221] Verschiedene Untersuchungen zitiert in Reinhard Drifte (2008) "From 'Sea of

Diese Zahlen können nach internationalen Standards nicht als besonders hoch angesehen werden, spielen aber für die von Rohstoffimporten abhängigen Volkswirtschaften der VR China und Japans eine wichtige Rolle. Ihre Abhängigkeit von Rohstoffimporten macht beide Staaten zu Wettbewerbern um den Zugang zu sicheren Energiequellen. In diesem Zusammenhang erscheinen Energiequellen in unmittelbarer geographischer Nähe als äußert attraktiv, da auch die Abhängigkeit von Rohöllieferungen aus dem Mittleren Osten gesenkt werden kann.[222]

Nach der Veröffentlichung der Studie der ECAFE 1969 hat die chinesische Regierung gegenüber Japan stets die Position vertreten, die Rohstoffe zunächst gemeinsam zu erschließen und anschließend erst die Interessenkonflikte um die Souveränität über die Senkaku/Diaoyu-Inseln und die Festlegung der Seegrenze zu verhandeln. Einen konkreten Vorschlag unterbreitete Deng Xiaoping der japanischen Seite 1984.[223] Japan forderte hingegen, dass die VR China ihren Anspruch auf die Senkaku/Diaoyu-Inseln fallenlässt oder einer endgültigen Seegrenze zustimmt, bevor es die gemeinsame Erschließung von Hydrokarbonressourcen in die Tat umsetzen würde. Dieser scheinbar unüberbrückbaren Konstellation geschuldet sind sporadische Verhandlungen über die gemeinsame Erschließung von Hydrokarbonressourcen, die 1980 und später zwischen 1985 und 2001 stattfanden, gescheitert.[224]

Allerdings suchten die VR China und Japan auch Lösungen, die die jeweils andere Seite ausgrenzt. Tokyo nahm 1970, kurz nach dem Bekanntwerden des ECAFE-Berichts, Verhandlungen mit Taiwan und Südkorea über die gemeinsame Erschließung von Hydrokarbonressourcen auf, die 1974 zu einer vorläufigen Einigung mit Südkorea führten. Diese Einigung betraf nördliche Meereszonen des Ostchinesischen Meeres und zog scharfe Kritik aus Beijing auf sich, da die VR China von den Verhandlungen (zunächst wegen der bis 1972 offenen Taiwan-Frage im Kontext der sino-japanischen Beziehungen) ausgeschlossen wurde. Japan ratifizierte die Einigung mit Südkorea 1978,

---

Confrontation' to 'Sea of Peace, Cooperation and Friendship'?: Japan Facing China in the East China Sea", *Japan Aktuell*, 3: 32-33.

[222] Drifte (2008) "From 'Sea of Confrontation' to 'Sea of Peace, Cooperation and Friendship'?": 33-34.

[223] Urano Tatsuo, Liu Suchao, Zhirong Bianji (Hrg., 2001) *"Diaoyutai Qundao 'Jiange Zhudao' Wenti : Yanjiu Ziliao Huibian"*, Xianggang: Lizhi Chubanshe, 49〔浦野起央，刘苏朝，植荣边吉（编2001年）"钓鱼台群岛'尖阁诸岛'问题：研究资料汇编"，香港理智出版社，49〕.

[224] Drifte (2008) "From 'Sea of Confrontation' to 'Sea of Peace, Cooperation and Friendship?'", 34-36.

aber sieben Untersuchungen, die in diesen Meereszonen zwischen 1980 und 1986 durchgeführt wurden, förderten keine ökonomisch erschließbaren Öl- und Erdgasdepots zutage.[225]

Beijing unternahm wiederum seit dem Ende der 1990er Jahre in der Nähe der japanischen Äquidistanzlinie Vorstöße, um Hydrokarbonressourcen ohne die Beteiligung Japans zu erschließen. Das Pinghu-Feld, das seit 1999 Erdgas fördert,[226] befindet sich 45 Seemeilen westlich der japanischen Äquidistanzlinie und rief in Tokyo zunächst keine Proteste hervor. Japan unterstützte dieses Projekt in der Anfangsphase sogar indirekt mit finanziellen Mitteln über die Asia Development Bank. Seit 2005 protestierte Tokyo jedoch gegen die chinesischen Bemühungen, da sich das Pinghu-Feld innerhalb einer theoretischen japanischen 200 Seemeilen-EEZ befindet. Tokyo machte Beijing darauf aufmerksam, dass Japan 1996 das Äquidistanzprinzip lediglich als Verhandlungsgrundlage vorschlug. Aber solange die VR China die japanische Äquidistanzlinie nicht anerkennt, lässt Tokyo seinen Anspruch auf eine 200 Seemeilen-EEZ nicht fallen.[227]

Mit Beginn des neuen Jahrtausends leitete Beijing weitere unilaterale Schritte ein, um sich Hydrokarbonressourcen im Ostchinesischen Meer zu sichern. Im Mai 2004 war bekannt geworden, dass die VR China eine Bohrplattform auf dem Chunxiao/Shirakaba-Feld errichtet hat.[228] Da dieses Gasfeld nur fünf Seemeilen von der japanischen Äquidistanzlinie entfernt ist, befürchtete Tokyo, dass sich die geomorphologischen Strukturen des Chunxiao/Shirakaba-Feldes bis auf die japanische Seite der Äquidistanzlinie erstreckten und chinesische Bohrungen auch Hydrokarbonressourcen auf der japanischen Seite anzapfen könnten.[229] Im Juni 2008 kam es zwar zu einer prinzipiellen Einigung über eine mögliche japanische Beteiligung am Chunxiao/Shirakaba-Feld,[230] aber diese prinzipielle Einigung wurde im Anschluss nicht

---

[225] Drifte (2008) "From 'Sea of Confrontation' to 'Sea of Peace, Cooperation and Friendship'?", 33-34.

[226] Hiramatsu (2002) *"Chûgoku no Senryakuteki Kaiyô Shinshutsu"*, 74-78 ［平松（2002年）『中国の戦略的海洋進出』74-78］; Liao (2008) "Sino-Japanese Energy Security and Regional Stability", 58-59.

[227] Drifte (2008) "Japanese-Chinese Territorial Disputes in the East China Sea", 14.

[228] Liao (2008) "Sino-Japanese Energy Security and Regional Stability", 59.

[229] Hiramatsu (2002) *"Chûgoku no Senryakuteki Kaiyô Shinshutsu"*, 78-79 ［平松（2002年）『中国の戦略的海洋進出』、78-79］; Hamakawa (2006) "Higashi Shinkai ni Okeru Nitchû Kyôkai Kakutei Mondai", 1 ［濱川（2006年）『東シナ海 における日中境界画定問題』、1］.

[230] Gaimushô (2008) *"Shirakaba (Chûgokumei: 'Chunxiao') Yu Gasu Den Kaihatsu no Ryôkai"*, 18. Juni 2008 ［外務省『白樺（中国名：「春暁」）油ガス田開発の

umgesetzt und seit 2010 wird ihre Umsetzung nicht mehr verhandelt.[231] Die prinzipielle Einigung im Juni 2008 war somit nicht der erhoffte Durchbruch und der Interessenkonflikt um die Erschließung von Hydrokarbonressourcen bleibt, wie die beiden anderen Interessenkonflikte im Ostchinesischen Meer, ungelöst.

II.4 DIE SINO-JAPANISCHEN INTERESSENKONFLIKTE IM OSTCHINESISCHEN MEER: URSACHEN WIEDERKEHRENDER KRISEN UND EINES ANHALTENDEN KONFLIKTES

Die sieben Krisen, die sich 1970-2012 im Ostchinesischen Meer abgespielt haben, drehten sich stets um einen oder mehrere der drei oben dargestellten Interessenkonflikte. Internationale Beobachter und Völkerrechtler haben bereits eine Vielzahl von Vorschlägen bezüglich der Resolution der Interessenkonflikte in das Feld geführt,[232] aber die Umsetzung völkerrechtlicher Methoden hat sich unter den gegebenen politischen Umständen als Illusion erwiesen. Vor allem zeigt die Analyse der drei Interessenkonflikte, dass sie *komplex*, *verknüpft* und *multidimensional* sind.

Die sino-japanischen Interessenkonflikte im Ostchinesischen Meer sind äußerst *komplex*. Beide Staaten können eine Vielzahl von überzeugenden Argumenten und Gegenargumenten in das Feld führen, die sowohl der Geschichtsschreibung als auch dem modernen Völkerrecht entnommen sind, um ihren Anspruch auf die Senkaku/Diaoyu-Inseln, auf einen bestimmten Verlauf der Seegrenze und auf die Erschließung von Hydrokarbonressourcen zu stärken oder zu schwächen. Dadurch wähnen sich beide Seiten auf der richtigen Seite der Geschichte und des Rechts. Darüber hinaus hat auch der in Zukunft ungewisse Status Taiwans Einfluss auf die Interessenkonflikte.

Außerdem sind die Interessenkonflikte miteinander *verknüpft*, sodass es ein Problem darstellt, sie unabhängig voneinander zu bewältigen. So nimmt die unilaterale Erschließung von Hydrokarbonressourcen umgehend die Festlegung der Seegrenze vorweg und würde von der jeweils anderen Seite als Provokation aufgefasst werden. Eine gemeinsame Erschließung von Hydrokarbonressourcen ist zwar denkbar, aber die prinzipielle Einigung im Juni 2008 hat auch deutlich gemacht, dass die Bestimmung von Joint Develop-

---

了解』2008 年6月18日］.
[231] Katsumata Hajime (2010) "Senkaku Shôtotsu no Saki ni Aru Higashi Shinakai Jûichigatsu Kiki", *Chûô Kôron*, 125: 11, 54 ［勝股秀通（2010年）『尖閣衝突の先にある東シナ海十一月危機』中央公論、125：11、54］.
[232] Schoenbaum (Hrg., 2008) "*Peace in Northeast Asia*".

ment Zones (JDZ) die Eliten beider Staaten vor große Probleme stellt, wenn beide Seiten im Kontext einer Einigung nicht als gleichberechtigte Partner auftreten, da diese Statusunterschiede wiederum Implikationen auf den Verlauf der Seegrenze haben könnten. Die Souveränität über die Senkaku/Diaoyu-Inseln und der zukünftige Status Taiwans könnten wiederum Implikationen auf den Verlauf der Seegrenze haben, wobei umgekehrt keine Seite einer Seegrenze zustimmen würde, die die Senkaku/Diaoyu-Inseln nicht auf ihre eigene Seite stellt.

Nicht zuletzt handelt es sich um *multidimensionale* Interessenkonflikte. Während einige Beobachter den potentiellen Energiereichtum und die reichen Fischereigründe des Ostchinesischen Meeres in den Vordergrund stellen, sehen andere das aus historischen Umständen geborene nationale Prestige in Gefahr, falls ein anderer Staat die strategische Oberhand im Ostchinesischen Meer gewinnt und die effektive Kontrolle über die Senkaku/Diaoyu-Inseln übernimmt.[233] Gerade bei territorialen Konflikten nehmen Regierungen eine starre Haltung ein und sehen den Interessenkonflikt als subjektiv unteilbare Verhandlungsmasse,[234] um zu beweisen, dass sie zum Schutz der territorialen Integrität und Souveränität des Staates imstande sind. Für die vorliegende Arbeit bleibt es unerheblich entlang welcher Dimension eine Resolution der Interessenkonflikte unmöglich erscheint. Vielmehr verursacht das *Aufeinanderprallen der Dimensionen* immer wiederkehrende internationale Krisen, die sich in ihrer Gesamtheit zu einem anhaltenden Konflikt konstituieren. Die *Komplexität* und *Verknüpfung* der Interessenkonflikte verstärken diesen Aspekt.

In diesem Zusammenhang erscheint Vorsitzender Deng Xiaopings Vorschlag nach der Beilegung der zweiten Krise 1978, die Lösung der Interessenkonflikte „weiseren Generationen zu überlassen", unter dem Eindruck von nunmehr sieben Krisen als unerfüllbare Hoffnung. Da die Aussichten auf eine kurz- oder mittelfristige Resolution der Interessenkonflikte als äußerst unwahrscheinlich erachtet werden können, ist in den folgenden Jahren und Jahrzehnten mit dem Auftreten weiterer Krisen zu rechnen. Daher kann der

---

[233] Liao (2007) "The petroleum factor in Sino-Japanese relations", 23-46; Liao (2008) "Sino-Japanese Energy Security and Regional Stability", 57-78; Manicom (2008) "The interaction of material and ideational factors in the East China Sea dispute", 375-376; Interviews mit chinesischen Wissenschaftlern in He (2009) *"The Search for Reconciliation"*, 273.

[234] Ron E. Hassner (2003) "'To Halve and to Hold': Conflicts over Sacred Space and the Problem of Indivisibility", *Security Studies*, 12: 4, 1-33; Ron E. Hassner (2006-2007) "The Path to Intractability: Time and the Entrenchment of Territorial Disputes", *International Security*, 31: 3, 107-138.

Fokus der vorliegenden Arbeit nur auf jene Faktoren gerichtet sein, die die Ursachen der absoluten Stabilität und der Varianz des Grades der relativen Stabilität im Ostchinesischen Meer begründen.

Nachdem die drei sino-japanischen Interessenkonflikte im Ostchinesischen Meer in Kapitel II umfassend dargestellt wurden, können nun in Kapitel III die sieben Krisen behandelt werden, die im Zeitraum 1970-2012 aufgrund der drei Interessenkonflikte aufgetreten sind. Die Hypothesen der in Kapitel I eingeführten Theorien der Internationalen Beziehungen über die absolute Stabilität und den Grad der relativen Stabilität werden anschließend im Analyseteil des Kapitels III getestet.

KAPITEL III: SINO-JAPANISCHE KRISEN IM OSTCHINESISCHEN MEER

Kapitel III ist das Herzstück der vorliegenden Arbeit und widmet sich vier wichtigen Aufgaben. Zunächst wird (1) der Verlauf der sino-japanischen Krisen im Ostchinesischen Meer beschrieben, um die Aufrechterhaltung der absoluten Stabilität während aller sieben Krisen festzustellen und anschließend (2) den Grad der relativen Stabilität jeder Krise gemäß den in der Einleitung spezifizierten Kriterien zu bestimmen.

Da die vorliegende Arbeit kausale Zusammenhänge zwischen der Aufrechterhaltung der absoluten Stabilität, dem Grad der relativen Stabilität und der die VR China und Japan umgebenden strategischen Umwelt untersucht, wird im Analyseteil des Kapitel III (3) ebendiese strategische Umwelt vor und während dem Auftreten der sino-japanischen Krisen rekonstruiert. Gemäß den Theorien der Internationalen Beziehungen sollen insbesondere die Fragen geklärt werden, welche Polarität das regionale Subsystem des Ostchinesischen Meeres aufgewiesen hat und wie sich die Verteilung der Macht auf die Handlungen der Akteuere ausgewirkt hat (offensiver Realismus); welche Intensität das Sicherheitsdilemma besessen hat (defensiver Realismus); welche Kultur der Anarchie vorherrschte (struktureller Konstruktivismus); und welche Rolle Handels- und Investitionserwartungen sowie multilaterale Institutionen gespielt haben (struktureller Liberalismus). Sobald Kenntnisse über die strategische Umwelt vor und während dem Auftreten jeder sino-japanischen Krise vorliegen, können (4) die Hypothesen der Theorien der Internationalen Beziehungen getestet werden, um die Ursachen der Stabilität im Ostchinesischen Meer zu bestimmen.

Kapitel III ist in drei Teile aufgeteilt, der (1) erste Teil behandelt die erste Krise 1970-1972 und die zweite Krise 1978. Der (2) zweite Teil beschäftigt sich mit der dritten Krise 1990 und der vierten Krise 1996. Der (3) dritte Teil widmet sich der fünften Krise 2004-2008, der sechsten Krise 2010 und der siebten Krise 2012. Alle drei Teile gehen nach demselben Muster vor, um die oben beschriebenen vier Aufgaben zu bewältigen.

III.1 DIE ERSTE KRISE 1970-1972 & DIE ZWEITE KRISE 1978

III.1.1 DIE ERSTE KRISE 1970-1972: HYDROKARBONRESSOURCEN UND DIE RÜCKGABE DER SENKAKU/DIAOYU-INSELN AN JAPAN[235]

Die erste Krise im Ostchinesischen Meer erstreckte sich von 1970 bis 1972 und wurde von zwei distinktiven Ereignissen ausgelöst, in deren Folge die bestehenden Interessenkonflikte zum ersten Mal zum Vorschein traten. Zunächst legte ein Bericht der Economic Commission for Asia and the Far East (ECAFE) im Mai 1969 das Potential des Festlandsockels zwischen Taiwan und Japan als eines der ertragreichsten Hydrokarbonreservoirs der Welt offen.[236] Zudem bereiteten Washington und Tokyo seit 1968 die Übergabe Okinawas und der Senkaku/Diaoyu-Inseln von der amerikanischen Treuhandschaft an die japanische Administration für das Jahr 1972 vor.[237]

Während Beijing unmittelbar nach Bekanntwerden der potentiellen Existenz reichhaltiger Hydrokarbonressourcen keine offizielle Reaktion zeigte, äußerte Taipei bereits am 19. Juli 1969 seine Absicht, souveräne Ansprüche auf bestimmte Zonen des Ostchinesischen Meeres zu erheben. Japan protestierte gegen dieses Vorgehen und begründete, dass die Senkaku/Diaoyu-Inseln administrativer Teil Okinawas seien und nach der Rückgabe Okinawas unter japanische Kontrolle fallen würden.[238] Am 12. September bekräftigte Tokyo seinen Anspruch auf die Senkaku/Diaoyu-Inseln erneut, signalisierte der taiwanesischen Regierung gleichzeitig jedoch auch Gesprächsbereitschaft, um über die Aufteilung des Festlandsockels im Ostchinesischen Meer in Verhandlungen zu treten.[239] Auch die Republik Korea wurde anschließend zu diesen Gesprächen eingeladen, sodass am 21. Dezember 1970 drei Parteien zum China-Japan-Korea Oceanic Research and Development United Committee (Ozeankomitee) in Tokyo zusammentrafen. Unter dem Vorsitz des ehemaligen japanischen Premierministers Kishi Nobusuke einigte man sich

---

[235] Eine Darstellung der ersten Krise findet sich auch bei Chung (2004) *"Domestic Politics, International Bargaining and China's Territorial Disputes"*, 31-35.

[236] *Asahi Shinbun Chôkan*, 2. Juni 1969 ［朝日新聞朝刊『尖閣列島へ海底油田調査団総理府』1969年6月2日］; *Asahi Shinbun Chôkan*, 30. August 1969 ［朝日新聞朝刊『尖閣列島（沖縄）周辺の海底石油やガスの宝庫？』1969年8月30日］.

[237] Kei Wakaizumi (2002) *"The Best Course Available: A personal account of the Secret U.S.-Japan Okinawa Reversion Negotiations"*, Honolulu, HI: University of Hawai'i Press.

[238] Chung (2004) *"Domestic Politics, International Bargaining and China's Territorial Disputes"*, 32.

[239] *Asahi Shinbun Chôkan*, 12. September 1970 ［朝日新聞朝刊 『来月初め日本と会談「尖閣列島」で国府外相談』1970年9月12日］.

darauf, Möglichkeiten der gemeinsamen Erschliessung der Hydrokarbonressourcen zu ergründen und Fragen der territorialen Souveränität zunächst *einzufrieren*.[240] Der international isolierten VR China versagten alle drei Teilnehmer die offizielle Anerkennung und somit wurde Beijing bei diesen Verhandlungen keine Rolle zugestanden. Bereits am 4. Dezember 1970 berichtete *Asahi Shinbun* auf der Titelseite, dass die staatliche chinesische Nachrichtenagentur *Xinhua* die geplanten Verhandlungen der drei Parteien kritisierte.[241] Am 29. Dezember 1970 warnte schließlich auch *Renmin Ribao* in ideologisch aufgeladener Sprache, dass die VR China ein einseitiges Vorgehen nicht tolerieren würde:

> "Amerikanische und japanische Revisionisten haben das Japan-Chiang [Kai-shek]-Park [Chung Hee]-Ozeankomitee installiert, um die submarinen Ressourcen unseres Landes zu plündern. [...] Die Provinz Taiwan und die zu ihr gehörenden Inseln, die Diaoyu-Inseln miteingeschlossen, bilden das unverletzbare Territorium Chinas. Die Ozeane, die diese Inseln und die chinesische Küste umgeben und submarine Ressourcen enthalten, gehören zu einem China, das sich entschlossen gegen jene stellen wird, die ihre schmutzigen Finger nach [diesen submarinen Ressourcen] ausstrecken. Nur die Volksrepublik China hat das Recht die submarinen Ressourcen dieser Region zu ergründen und auszubeuten."[242]

Yasuhiro Nakasone, Direktor der Japan Defense Agency (JDA), wurde in demselben Artikel als sicherheitspolitischer Falke dargestellt und ihm wurde vorgeworfen, die Senkaku/Diaoyu-Inseln in Japans Verteidigungsperimeter einzubeziehen zu wollen. Japan wurde zudem beschuldigt, den Kurs des Militarismus und Imperialismus eingeschlagen zu haben. Bemerkbar macht sich an der chinesischen Kritik allerdings auch der Umstand, dass keine konkreten Gegenmaßnahmen angedroht wurden. Außerdem wurde der Protest nicht direkt von der chinesischen Regierung, sondern ihren Sprachrohren bekundet, sodass nicht von dem einseitigen Rechtsgeschäft des Protestes nach völkerrechtlichen Maßgaben gesprochen werden kann.

---

[240] *Asahi Shinbun Chôkan*, 22. Dezember 1970 ［朝日新聞朝刊『尖閣列島三国開発委を設置』1970年12月22日］.

[241] *Asahi Shinbun Yûkan*, 4. *Dezember 1970* ［朝日新聞夕刊『中国も領有主張 新華社論評 日韓台の開発非難』『具体的行動はとるまい 中国のねらい外務省の見方』1970年12月4日］.

[242] *Renmin Ribao*, 29. Dezember 1970 ［人民日报 "决不容许美日反动派掠夺我国 海底资源", 1970年12月29日］.

ÖFFENTLICHER WIDERSTAND

Öffentliche Proteste gegen das gemeinsame Vorgehen der drei Regierungen waren bereits im Vorfeld der Verhandlungen des Ozeankomitees ausgebrochen. Interessengruppen innerhalb Japans, Taiwans, Hong Kongs und der chinesischen Minderheiten in Nordamerika wollten sich nicht damit abfinden, dass Fragen territorialer Souveränität aufgrund wirtschaftlicher Zusammenarbeit in den Hintergrund traten. Am 2. September 1970 war ein taiwanesischer Journalist auf eine der Inseln gelangt und hisste dort die Flagge Taiwans. Diese wurde anschliessend von der Polizei Okinawas entfernt. Ab dem 6. September berichteten Zeitungen in Hong Kong, dass die japanische Maritime Safety Agency (MSA)[243] taiwanesische Fischerboote davon abhielt, in den territorialen Gewässern der Senkaku/Diaoyu-Inseln ihren Fang einzuholen.[244] Die Proteste setzten sich auch nach der Zusammenkunft des Ozeankomitees fort. Ungefähr 300 taiwanesische Studenten demonstrierten am 29. Januar 1971 vor dem japanischen Generalkonsulat in San Francisco gegen Tokyos Anspruch auf die Senkaku/Diaoyu-Inseln.[245]

Nachdem der öffentliche Druck auf Japan stetig zugenommen und Beijing seinen Unmut über offizielle Sprachrohre kundgetan hatte, berichtete *Yomiuri Shinbun* am 12. März 1971, dass die japanische Regierung nicht mehr daran interessiert sei, die Erschließung von Hydrokarbonressourcen mit Taiwan zu verhandeln.[246] Angesichts der chinesischen Vorbehalte und der öffentlichen Proteste wollte Tokyo jede weitere Eskalation der Situation verhindern. Auch das Außenministerium der USA beorderte am 8. April Forschungsschiffe amerikanischer Ölfirmen aus den Gewässern um die Senkaku/Diaoyu-Inseln zurück, um eine Abkühlung der Beziehungen zu Beijing zu vermeiden.[247] Die erste Krise konnte jedoch trotz der amerikanisch-japanischen Zurückhaltung bezüglich der Hydrokarbonressourcen nicht abflauen.

---

[243] Die Maritime Safety Agency ist die Vorgängerorganisation der Japan Coast Guard.

[244] Chung (2004) "Domestic Politics, International Bargaining and China's Territorial Disputes", 33-34.

[245] *Asahi Shinbun Chôkan*, 31. Januar 1971 ［朝日新聞朝刊 『日本総領事館に中国系米人デモ 尖閣列島領有権に反対』1971年1月31日］.

[246] *Yomiuri Shinbun Chôkan*, 12. März 1971 ［読売新聞朝刊『台湾海峡の石油日台共同開発に断念 中国刺激さける 政府が業界に指示』1971年3月12日］; die Verhandlungen mit Südkorea wurden jedoch im nördlichen Teil des Ostchinesischen Meeres fortgeführt.

[247] *Asahi Shinbun Chôkan*, 10. April 1971 ［朝日新聞朝刊 『米石油調査船、尖閣列島付近を引揚げ 国務省が対中国配慮』1971年4月10日］; Harrison (1977) "China, Oil, and Asia", 1-9.

Denn sogleich rückte die Frage der Souveränität über die Senkaku/Diaoyu-Inseln verstärkt in den Vordergrund.

DIE RÜCKGABE OKINAWAS UND DER SENKAKU/DIAOYU-INSELN AN JAPAN

Nachdem die Verhandlungen zwischen Washington und Tokyo über die Rückgabe Okinawas und der Senkaku/Diaoyu-Inseln an Japan im Rahmen des Okinawa Reversion Treaty erfolgreich abgeschlossen wurden und Washington dies am 9. April 1971 verlautbaren ließ, brach der Zorn chinesischer Studenten am nächsten Tag auf Demonstrationen in amerikanischen Städten aus. Auf der Constitution Avenue in Washington forderten Redner vor bis zu 3,000 Demonstranten beide chinesische Regierungen dazu auf, im Zuge „japanischer Aggression gegen chinesisches Territorium" standhaft zu bleiben.[248] Am 30. April bekundete *Renmin Ribao* gegen den „amerikanisch-japanischen Imperialismus" starken Protest.[249] Am 1. Mai 1971, im Vorfeld der Ratifizierung des Okinawa Reversion Treaty, wurde diese generelle Kritik erneut in *Renmin Ribao* zum Ausdruck gebracht.[250]

Asahi Shinbun stellte als Besonderheit der Artikel in *Renmin Ribao* heraus, dass im Gegensatz zu früheren Stellungnahmen, die die Verhandlungen Japans mit Taiwan und Südkorea hinsichtlich der Erschließung von Hydrokarbonressourcen kritisierten, nun die Frage der Souveränität über die Senkaku/Diaoyu-Inseln in den Mittelpunkt der Berichterstattung gerückt war.[251] Das chinesische Außenministerium ließ einige Monate später, am 30. Dezember 1971, verlautbaren, dass der Okinawa Reversion Treaty durch den Einbezug der Senkaku/Diaoyu-Inseln „eine schwere Verletzung der territorialen Integrität und Souveränität" der VR China darstelle und dass das chinesische Volk dies „unter keinen Umständen tolerieren" könne. Das chinesische Außenministerium sah in der Rückgabe Okinawas einen weiteren Beleg für die immer engere amerikanisch-japanische Zusammenarbeit in militärischen Angelegenheiten und fürchtete eine Wiederbelebung des japanischen Milita-

---

[248] *Asahi Shinbun Chôkan*, 12. April 1971 ［朝日新聞朝刊 『「軍事占領めざす」新華社　国府外交部米に引渡しを要求』『米首都などでデモ』1971年4月12 日］.

[249] *Renmin Ribao*, 30. April 1971 ［人民日报　"强烈抗议美日反动派玩弄'归还'冲绳的骗局"，1971年4月30日］.

[250] *Renmin Ribao*, 1. Mai 1971 ［人民日报　"中国领土主权不容侵犯"，"日本佐藤反动政府勾结美帝国主义加紧推行侵吞我钓鱼岛等岛屿罪恶计划"，1971年5月1日］.

[251] *Asahi Shinbun Chôkan*, 2. Mai 1971 ［朝日新聞朝刊『日本返還に抗議　尖閣列島の領土権主張』1971年5月2日］.

rismus.²⁵² Damit nahm die VR China das einseitige Rechtsgeschäft des Protestes vor und signalisierte, dass es die Souveränität Japans über die Senkaku/Diaoyu-Inseln nicht stillschweigend anerkennt. Dennoch bediente sich Beijing nicht des Instruments der Repressalie, um Tokyo zu Zugeständnissen zu bewegen. Zudem war es bemerkenswert, dass Beijing mehr als acht Monate nach dem Abschluss des Okinawa Reversion Treaty verstreichen ließ, um offiziellen Protest zum Ausdruck zu bringen.

Um die Position Beijings zu kontrastieren, veröffentlichte das japanische Außenministerium am 8. März 1972 ebenfalls eine offizielle Stellungnahme, wonach Japan die Souveränität und die effektive Kontrolle über die Senkaku/Diaoyu-Inseln ausübe und kein territorialer Interessenkonflikt existiere.²⁵³ In der Zwischenzeit formierte sich auch in Japan eine aufgeladene öffentliche Meinung bezüglich der Inseln. Wichtige Zeitungen unterstützten die in der Stellungnahme des Außenministeriums dargelegte Position Japans vorbehaltlos.²⁵⁴ Von März bis Mai 1972 verkehrten Lautsprecherwagen vor dem sino-japanischen Memorandum Office und der sino-japanischen Memorandum Trade Agency.²⁵⁵ Die Demonstranten riefen die Regierung dazu auf, die Unabhängigkeit, Sicherheit und das nationale Prestige Japans zu verteidigen – wenn notwendig auch durch Gewaltanwendung.²⁵⁶ Doch es zeigte sich zu diesem Zeitpunkt bereits, dass geostrategische Umwälzungen globaler Reichweite eine konfrontative Haltung der VR China und Japans nicht zulassen würden.

---

²⁵² *Peking Review* "Statement of the Ministry of Foreign Affairs Of the People's Republic of China, December 30, 1971" & "Tiaoyu and Other Islands Have Been China's Territory Since Ancient Times", 15:1, January 7th, 1972, 12-14; *Renmin Ribao*, 7. Januar 1972 [人民日报 "中华人民共和国外交部声明 一九七一年十二月三十日", 1971年12月31日].

²⁵³ *Asahi Shinbun Chôkan*, 9. März 1972 [朝日新聞朝刊『尖閣列島領有で文書 外務省 中国側主張に反論』1972年3月9日]; Serita (2002) *"Nihon no Ryôdo"*, 133 [芹田（2002年）『日本の領土』133].

²⁵⁴ *Yomiuri Shinbun Chôkan*, 10. März 1972 [読売新聞朝刊『「社説」わが国の尖閣領有権は明確』1972年3月10日]; *Asahi Shinbun Chôkan*, 20, März 1972 [朝日 新聞朝刊『尖閣列島とわが国の領有権 社説』1972年3月20日].

²⁵⁵ Chung (2004) *"Domestic Politics, International Bargaining and China's Territorial Disputes"*, 35.

²⁵⁶ Cheng (1974) "The Sino-Japanese Dispute Over the Tiao-yu-tai (Senkaku) Islands and the Law of Territorial Acquisition", 264.

NORMALISIERUNG DER SINO-JAPANISCHEN BEZIEHUNGEN

Seit 1970 begaben sich die USA und die VR China auf einen langen Marsch der politischen Annäherung. Angesichts der sino-sowjetischen Entfremdung, die mit dem bewaffneten Zwischenfall auf der Zhenbao/Damansky-Insel 1969 ihren blutigen Höhepunkt gefunden hatte, musste Beijing ein übergeordnetes Interesse daran haben, sich strategisch abzusichern und einer feindlichen Einkreisung entgegenzuwirken. Mit dem Shanghaier Kommuniqué im Februar 1972 gipfelten die Gespräche zwischen Washington und Beijing in der festen Willensbekundung, die diplomatischen Beziehungen zwischen beiden Staaten wiederherzustellen.[257] Gleichzeitig eröffnete diese Entwicklung Beijing und Tokyo neue diplomatische Optionen zu ebenjener Zeit, als die Interessenkonflikte im Ostchinesischen Meer zum Vorschein traten.[258] Bereits im März 1971 unterrichtete Premierminister Zhou En-Lai den ehemaligen japanischen Außenminister Fujiyama Aiichiro, dass „zu einem bestimmten Zeitpunkt eine plötzliche und dramatische Verbesserung in den Beziehungen zu den [USA] möglich sei".[259] Die Annäherung zwischen der VR China und den USA wurde in Japan nach dem anfänglichen Schockzustand als eine Chance begriffen, die Beziehungen zu Beijing zu normalisieren. Nachdem Beijing und Washington mit dem Shanghaier Kommuniqué ein deutliches Signal an Tokyo gesendet hatten, bereiteten die VR China und Japan 1972 Gespräche auf höchster Ebene vor[260] und leiteten die Phase der Deeskalation der ersten Krise ein.

Auf den Gipfelgesprächen über die Normalisierung im September 1972 wurden die Senkaku/Diaoyu-Inseln anschliessend zum ersten Mal im Dialog auf höchster Ebene thematisiert. Yabuki Susumu gibt den Gesprächsverlauf folgendermaßen wieder: als Premierminister Tanaka Kakuei seinen Amtskollegen Zhou En-Lai auf die Inseln ansprach, erwiderte sein Gegenüber, dass es „jetzt nicht gut ist, darüber zu sprechen (*ima, kore wo hanasu no ha yokunai* 今、これを話すのはよくない)". „Da Öl gefunden wurde", fuhr Zhou fort, „ist es zu einem Problem geworden. Wenn es kein Öl gebe, würden sich auch Taiwan und die USA nicht darum kümmern". Am folgenden Tag griff

---

[257] Henry A. Kissinger (1979) „*Memoiren: Band I-III*", München: C. Bertelsmann Verlag GmbH, 868-929; John H. Holdridge (1997) "*Crossing the Divide: An Insider's Account of the Normalization of U.S.-China Relations*", Lanham, MA: Roman & Littlefield.
[258] Gene T. Hsiao (1974) "*Sino-American Detente and its Policy Implications*", New York, NY: Praeger.
[259] Zhou En-Lai zitiert in Kissinger (1979) „*Memoiren*", 899.
[260] Ming Wan (2006) "*Sino-Japanese Relations: Interaction, Logic, and Transformation*", Stanford, CA: Stanford University Press, 83-108.

Tanaka das Thema erneut auf, und Zhou antwortete diesmal: „wenn wir das jetzt behandeln, haben beide Seiten viel darüber zu sagen. Es kommt zwar nicht häufig zu Gipfeltreffen, aber wir würden doch nicht fertig werden. Also sollten wir es diesmal nicht berühren". Tanaka akzeptierte Zhous Haltung mit den Worten: „So ist es, nun, das machen wir dann bei einer anderen Gelegenheit". Aus Yabukis Forschungen geht somit hervor, dass Tanaka und Zhou den Interessenkonflikt um die Souveränität über die Senkaku/Diaoyu-Inseln durch eine Art stillschweigendes Abkommen (*anmoku no ryôkai* 暗黙の了解) einvernehmlich *eingefroren* (*tanaage wo teian shi* 棚上げを提案し) haben, um die erste Krise endgültig beizulegen.[261]

III.1.2 INTENSITÄT DER ERSTEN KRISE 1970-1972

Die erste Krise 1970-1972 war von einem *sehr hohen* Grad der relativen Stabilität geprägt. Die Eliten beider Staaten offenbarten über den Verlauf der ersten Krise hinweg große Zurückhaltung und waren überwiegend darauf bedacht, die erste Krise zu entschärfen. Tokyo verzichtete auf die Erschließung potentieller Hydrokarbonressourcen in Kooperation mit Taiwan. Beijing ließ äußerst viel Zeit verstreichen, bevor es offiziell gegen die Positionen Japans protestierte. Tokyo entgegnete diesen offiziellen Stellungnahmen wiederum kein hohes Maß an Entrüstung. Beide Seiten verzichteten auch auf militärische Machtdemonstrationen sowie auf die Ausübung von diplomatischem, politischem und wirtschaftlichem Druck. Auf eine wenig intensive Eskalationsphase folgte eine entschlossene Deeskalationsphase. Abschließend belegen die Gespräche der Premierminister im Rahmen der Normalisierung der sino-japanischen Beziehungen, dass ein einvernehmliches Ende der ersten Krise im Interesse beider Staaten stand. Die erste Krise zeitigte anschließend keine negativen Auswirkungen auf das bilaterale Verhältnis, sodass die zweite Krise 1978 nicht unter verschärften Bedingungen bewältigt werden musste.

Die Stimmung in der Öffentlichkeit war hingegen aufgeheizter. In Japan versuchten rechtsnationale Gruppierungen Druck auf die eigene Regierung auszuüben, aber ihr Wirken konnte keinen Einfluss auf die Entscheidungen Tokyos entfalten. Für die Sache der VR China und Taiwans begaben sich die Menschen in Hong Kong, Taipei und mehreren amerikanischen Städten auf die Strassen, aber Kundgebungen ausserhalb der VR China konnten die Eliten der KP nicht aus der Ruhe bringen. Es gibt keine Hinweise darauf, dass inner-

---

[261] Yabuki (2013) *"Senkaku Mondai no Kakushin"*, 27-31 ［矢吹（2013年）『尖閣問題の核心』27-31］.

halb der VR China ähnliche Proteste geplant waren, aber die KP hätte sie im Einklang mit ihrem außenpolitischen Kurs ohnehin nicht toleriert. Bevor die absolute Stabilität und der *sehr hohe* Grad der relativen Stabilität während der ersten Krise aus der Perspektive der Theorien der Internationalen Beziehungen analysiert werden, widmet sich der folgende Abschnitt der zweiten Krise 1978.

III.1.3 DIE ZWEITE KRISE 1978: CHINESISCHE FISCHERBOOTE[262]

Nachdem die VR China und Japan 1972 die Normalisierung ihrer diplomatischen Beziehungen errungen und 1975 zwischenstaatliche Vereinbarungen in den Bereichen Luftfahrt, Schiffahrt, Handel und Fischerei abgeschlossen hatten, wurde die Unterzeichnung eines Friedens- und Freundschaftsvertrages an die höchste Stelle der gemeinsamen Agenda gesetzt.[263] Um den Erfolg der sensiblen Verhandlungen und die nach der Normalisierung eingeleitete Revitalisierung der sino-japanischen Beziehungen nicht zu gefährden, bemühten sich beide Regierungen, den Interessenkonflikt um die Senkaku/Diaoyu-Inseln herunterzuspielen. So erklärte Außenminister Ôhira Masayoshi am 27. März 1973 vor dem japanischen Parlament, dass „[die japanische Regierung] diplomatische Umsicht an den Tag legen muss, damit das [Senkaku/Diaoyu-]Problem nicht der Auslöser einer Krise wird".[264] Trotz der von japanischer Seite eingeforderten Zurückhaltung kam es 1978 im Endstadium der langwierigen Verhandlungen über einen Friedens- und Freundschaftsvertrag zu der zweiten Krise im Ostchinesischen Meer.

Nakagawa Ichirô, Minister für Landwirtschaft und Forstwesen sowie führende Figur der rechtsnationalen *Seirankai* (青嵐会),[265] vertrat am 26. März 1978 die Meinung, dass die Verhandlungen über einen Friedens- und

---

[262] Zusammenfassungen der zweiten Krise finden sich bei Daniel Tretiak (1979) "The Sino-Japanese Treaty of 1978: The Senkaku Incident Prelude", *Asian Survey*, 18: 12, 1241-1249; und wiederum bei Chung (2004) *"Domestic Politics, International Bargaining and China's Territorial Disputes"*, 36-41.

[263] Chae-Jin Lee (1979) "The Making of the Sino-Japanese Peace and Friendship Treaty", *Pacific Affairs*, 52: 3, 421-422.

[264] *Asahi Shinbun Yûkan, 28. März 1973* [朝日新聞夕刊『日中条約の締結へ 意見調査始める　大平外相答弁』1973年3月28日].

[265] Chung (2004) *"Domestic Politics, International Bargaining and China's Territorial Disputes"*, 44-45 beschreibt, wie die *Seirankai* 1972 in Ablehnung der Normalisierung der sino-japanischen Beziehungen entstanden ist, die Aufhebung des anti-Militarismus vorschreibenden Artikel 9 forderte und für eine umfangreichere Wiederbewaffnung Japans einstand.

Freundschaftsvertrag nur dann voranschreiten könnten, wenn die Frage der Souveränität über die Senkaku/Diaoyu-Inseln endgültig geklärt sei. Am 7. April 1978 trafen sich 100 japanische Abgeordnete mit Außenminister Sonoda Sunao und brachten ihre Bedenken gegenüber einem Vertrag mit Beijing zum Ausdruck. Die Kräfte, die sich gegen einen Vertrag stellten, wollten die Verhandlungen mit Beijing durch ihre unnachgiebige Haltung bezüglich der Inseln entweder zum Scheitern bringen, oder zumindest erreichen, dass Beijing seine Ansprüche auf die Inseln fallenlässt und damit einen hohen Preis für das Zustandekommen eines Vertrages entrichtet.[266]

Auf der anderen Seite des Ostchinesischen Meeres sah sich nun Deng Xiaoping, einen Monat nach seiner Ernennung zum Vorsitzenden der KP, als Befürworter des Vertrages unter Druck gesetzt. Unter keinen Umständen wollte er vor seinen politischen Rivalen in der VR China Schwäche offenbaren. Am 12. April segelten schließlich mehr als 100 chinesische Fischerboote mit Flaggen der Volksrepublik zu den Senkaku/Diaoyu-Inseln. 38 der Boote sind dabei in das Küstenmeer der Inseln vorgedrungen. Gemäß offiziellen japanischen Angaben waren mehr als die Hälfte der Boote, teilweise mit Maschinengewehren, bewaffnet.[267] Der Vorfall musste als klares Signal dafür gewertet werden, dass Beijing im Kontext der Vertragsverhandlungen (1) im Ringen um die Souveränität über die Inseln nicht nachgeben und (2) nicht zulassen würde, dass Tokyo die strategische Verletzbarkeit der VR China gegenüber der Sowjetunion ausnutzt.[268] In diesem Kontext wird weithin angenommen, dass die innenpolitischen Gegner des Vorsitzenden Deng innerhalb der KP für die Koordination des Vorfalls verantwortlich waren, um den Abschluss des Vertrages mit Japan im Falle einer unversöhnlichen Haltung Tokyos zum Scheitern zu bringen und die Position des frisch ernannten Vorsitzenden zu schwächen.[269]

---

[266] Tretiak (1979) "The Sino-Japanese Treaty of 1978: The Senkaku Incident Prelude", 1241-1246; Chung (2004) "Domestic Politics, International Bargaining and China's Territorial Disputes", 36.
[267] *Asahi Shinbun Chôkan*, 13. April 1978 [朝日新聞朝刊『尖閣列島に中国漁船群領海侵犯で退去求める』、『中国旗掲げる 侵犯の漁船団』、『政府は冷静な対応 中国漁船群の尖閣列島侵犯 日中慎重派は勢いづく？』1978年4月13日]; *Asahi Shinbun Yûkan*, 13. April 1978 [朝日新聞夕刊『中国漁船、警告を無視 尖閣列島沖 日本領海に38隻』1978年4月13日].
[268] Chung (2004) "Domestic Politics, International Bargaining and China's Territorial Disputes", 37.
[269] Robert Hoppens (2015) "*The China Problem in Postwar Japan: Japanese National Identity and Sino-Japanese Relations*", London, UK: Bloomsbury Academic, 180.

Es zeigte sich jedoch umgehend, dass Tokyo nicht an einer Eskalation der zweiten Krise interessiert war. Tokyo legte zwar Protest ein und forderte den unverzüglichen Abzug der Fischerboote, aber Außenminister Sonoda Sunao[270] rief gleichzeitig zur Ruhe auf und die JDA ließ verlautbaren, dass es nicht in Betracht gezogen werde, den Fischerbooten japanische Einheiten entgegenzustellen.[271] Vizepremierminister Geng Biao versicherte japanischen Abgeordneten bei deren Besuch in der VR China am 15. April, dass der Vorfall nicht von offizieller Seite geplant gewesen sei und dass Beijing der Sache nachgehen werde. Am folgenden Tag begann schließlich der Abzug der Fischerboote.[272] Die Darstellung des Vorfalls von chinesischer Seite entsprach wohl nicht vollständig den Tatsachen,[273] aber dennoch gelang es, die japanische Seite zu beschwichtigen. Selbst wenn Tokyo den Ausführungen Beijings keinen Glauben schenkte, musste die rhetorische Distanzierung der KP von dem Vorfall als starkes Signal der Zurückhaltung gewertet werden. Vielsagend war auch die Tatsache, dass chinesische Medien *nicht* über den Fischerbootvorfall berichteten.[274] Aus den oben angeführten Gründen erscheint es sinnvoller, die einfallenden Fischerboote als politstrategisches Manöver und weniger als militärstrategisches Manöver zu charakterisieren. Es gibt im Übrigen auch Hinweise darauf, dass die People's Liberation Army Navy (PLAN) als Zeichen der Stärke eine navale Truppenübung durchführen wollte, aber in letzter Instanz vom Vorsitzenden Deng abgehalten wurde, um einer Verschärfung der zweiten Krise Einhalt zu gebieten.[275]

---

[270] Sonoda Sunao genoß unter den Eliten der KP ein hohes Ansehen und galt als guter Freund (*Lao Pengyou* 老朋友) der VR China.

[271] *Asahi Shinbun Chôkan*, 15. April 1978 [朝日新聞朝刊『「友好関係阻害望まぬ」　外務省首脳　中国が表明と語る　中国側の態度』、『「外交努力で平和解決」　防衛庁長官　自衛隊出動を否定』1978年4月15日].

[272] *Asahi Shinbun Chôkan*, 16. April 1978 [朝日新聞朝刊『「尖閣」打開へ双方動く　中国「漁船出魚は偶発」　耿副首相が表明』1978年4月16日]; Anderslautenden Berichten zufolge, wurden die chinesischen Fischerboote von Schiffen der japanischen Maritime Self-Defense Force umkreist, aber zumindest lässt sich festhalten, dass es von beiden Seiten nicht zu Gewaltanwendung kam. Siehe hierzu Kazankai (1998) *"Nichû Kankei Kihon Shiryôshû"*, Tokyo: Kazankai, 1090 [霞山会（編、1998年）『日中関係資料集1949年-1997年』東京：霞山会、1090].

[273] Tretiak (1979) "The Sino-Japanese Treaty of 1978: The Senkaku Incident Prelude", 1242.

[274] Am 13. April 1978 berichtete *Renmin Ribao* bezüglich Japan von einer chinesischen Delegation, die Osaka empfangen wurde, und am 14. April 1978 von einem Abendessen zwischen japanischen und chinesischen Politikern.

[275] David Bachmann "Structure and Process in the Making of Chinese Foreign Policy"

DER SINO-JAPANISCHE FRIEDENS- UND FREUNDSCHAFTSVERTRAG

Die Deeskalationsphase der zweiten Krise wurde im Rahmen der Verhandlungen über den sino-japanischen Friedens- und Freundschaftsvertrag fortgeführt. Premierminister Fukuda Takeo war nach dem Eindringen der Fischerboote weiterhin gewillt, den Vertrag mit der VR China abzuschließen und bemühte sich in den Wochen nach dem Vorfall erfolgreich um einen breiten nationalen Konsens bezüglich des Vertragsabschlusses. Außenminister Sonoda Sunao reiste schließlich am 10. August 1978 zu Gesprächen mit dem Vorsitzenden Deng nach Beijing und beide Seiten kamen auf die Senkaku/Diaoyu-Inseln zu sprechen. Der Inhalt dieser Konversation wurde 1998 in den Memoiren des damals anwesenden Diplomaten Zhang Xiangshan folgendermaßen wiedergegeben: Deng Xiaoping erwähnte, dass sowohl die Frage der Souveränität über die Senkaku/Diaoyu-Inseln als auch die Frage der Aufteilung des Festlandsockels ungeklärt seien. Beide Staaten seien sich jedoch in so vielen Belangen einig, dass eine kleine Meinungsverschiedenheit dem Vertrag nicht entgegenstehen dürfe (*shôi wo nokoshite daidô ni tsuku* 小異を残して大同に就く). Sonoda erwiderte, dass Deng die Position Japans bezüglich der Inseln kenne und äußerte anschließend den Wunsch, dass ein Vorfall im Ausmaß der eindringenden Fischerboote nicht wieder auftrete. Der Dialog endete gemäß den Aussagen Zhangs mit Dengs bekanntem Ausspruch, wonach unsere Generation keine Lösung habe. Künftige Generationen würden eine Lösung finden.[276]

Im Verlauf der Vertragsverhandlungen ist der 1972 entwickelte *modus vivendi* in der Form eines stillschweigenden Abkommens mit hoher Wahrscheinlichkeit bestätigt und bestärkt worden. Erneut waren beide Seiten darum bemüht die zweite Krise schnell zu bewältigen und Gruppierungen, die sich die Interessenkonflikte im Ostchinesischen Meer für ihre Zwecke zunutze machen wollten, den Wind aus den Segeln zu nehmen. Als die VR China und Japan den Friedens- und Freundschaftsvertrag am 12. August 1978 in Beijing unterzeichneten, sprach ihm Premierminister Hua Guofeng „große Bedeutung" zu, während sein Amtskollege Fukuda Takeo verlautbarte, dass der Vertrag ein „großer Beitrag, nicht nur für die Zukunft der beiden Länder, sondern auch für den Frieden und die Stabilität in der asiatisch-pazifischen Region sowie dem Rest der Welt" sei.[277]

---

in Samuel S. Kim (Hrg., 1998) *"China and the World, 4th ed."*, Boulder, CO: Westview Press, 40-41.

[276] Die Aussagen von Zhang Xiangshan zitiert in Yabuki (2013) *"Senkaku Mondai no Kakushin"*, 32-34 [矢吹（2013年）『尖閣問題の核心』、32-34].

[277] *Peking Review* "China and Japan Sign Peace and Friendship Treaty", 21: 33, August

III.1.4 INTENSITÄT DER ZWEITEN KRISE 1978

Im Vergleich zu der ersten Krise 1970-1972 schien die zweite Krise 1978 mit der Entsendung chinesischer Fischerboote zu den Senkaku/Diaoyu-Inseln eine erhöhte Krisenintensität aufzuweisen. Da jedoch beide Seiten ausgesprochen zurückhaltend auf das Eindringen der Fischerboote reagierten, kann auch für die zweite Krise ein *sehr hoher* Grad der relativen Stabilität verzeichnet werden. Aufgrund der gemäßigten Reaktionen der Eliten war es nahezu ausgeschlossen, dass die zweite Krise eine höhere Krisenintensität erreichen würde und folglich flaute sie unmittelbar nach dem Fischerbootvorfall ab. Im Machtkampf der politischen Eliten in Japan errang umgehend jene Seite größeren Einfluss, die für eine Annäherung an Beijing einstand, zu Kompromissen in der Senkaku/Diaoyu-Frage bereit war und die Herabstufung der Beziehungen zu Taipei in Kauf nahm. In Beijing gewannen jene Eliten innerhalb der KP die Oberhand, die vor der japanischen Seite nicht als Übeltäter in Erscheinung treten wollten und zum Abschluss eines Friedens- und Freundschaftsvertrages bereit waren. All diese Schritte können als rückversichernde Maßnahmen begriffen werden, um die Wogen schnell zu glätten.

Die Meinung der chinesischen Öffentlichkeit, die in Unkenntnis über die zweite Krise gehalten wurde, musste die KP nicht in ihre Entscheidungen einbeziehen. In den späten 1970er Jahren bestand die Funktion der *Renmin Ribao*, dem wichtigsten Sprachrohr der KP, darin, die sino-japanische Freundschaft durch positive Berichterstattung über Japan zu stärken.[278] Spätestens mit der Unterzeichnung des Friedens- und Freundschaftsvertrages nahm auch die zweite Krise ein versöhnliches Ende und wurde erfolgreich beigelegt.

Die Aufrechterhaltung der absoluten Stabilität und ein jeweils *sehr hoher* Grad der relativen Stabilität charakterisieren die ersten beiden sino-japanischen Krisen im Ostchinesischen Meer. Stimmen diese empirischen Befunde mit den Hypothesen der Theorien der Internationalen Beziehungen überein und kann bestimmt werden, auf welchen Variablen das Phänomen der Stabilität beruhte? Der folgende Abschnitt untersucht diese Fragen.

18, 1978, 6-7; Lee (1979) "The Making of the Sino-Japanese Peace and Friendship Treaty", 420-445.

[278] Liu Zhiming (1998) *"Chûgoku no Masu Media to Nihon Imeji"*, Kôbe: Epikku, 32 [劉志明（1998年『中国のマスメディアと日本イメージ』神戸：エピック、32]

III.2 ANALYSE DER ERSTEN KRISE 1970-1972 & DER ZWEITEN KRISE 1978

III.2.1 STRUKTURELLER KONSTRUKTIVISMUS 1970-1972 & 1978

Die Theorie des strukturellen Konstruktivismus stellt die Frage, welcher Logik die Kultur der Anarchie innerhalb der sino-japanischen Beziehungen im Kontext der ersten Krise 1970-1972 und der zweiten Krise 1978 folgte. Konnten aus erbitterten Feinden im Großostasiatischen Krieg zwei befreundete Staaten erwachsen, zwischen denen Gewaltandrohung und Gewaltanwendung zur Resolution von Interessenkonflikten undenkbar war?

Als Japan im Großostasiatischen Krieg das Existenzrecht Chinas bedrohte und das Maß an Gewaltbereitschaft keine feststellbaren Grenzen kannte, dominierte eine Kultur der Feindschaft die sino-japanischen Beziehungen. Die sino-japanische Feindschaft blieb auch nach dem Krieg bestehen, da kein Friedensvertrag abgeschlossen wurde, Japan die neugegründete Volksrepublik nicht anerkannte und Tokyo von Beijing ein hohes Maß an feindlicher Rhetorik entgegengebracht wurde. In Japan befürchteten einzelne Strategen einen erneuten bewaffneten Konflikt und falls einige Beobachter, wie Premierminister Yoshida Shigeru, Beijing nicht als revanchistische Bedrohung wahrnahmen, lag dies im primitiven Zustand der People's Liberation Army (PLA) und in ihren fehlenden amphibischen Fähigkeiten begründet.[279] In der VR China war hingegen die Angst allgegenwärtig, dass Japan im Kontext des Korea-Krieges oder eines Taiwan-Szenarios wieder gegen China Krieg führen würde.[280] Artikel 1 des sino-sowjetischen Allianzvertrages 1950 warnte explizit vor einem japanischen Angriff und nannte die unverzügliche Gewaltanwendung als geeignetes Instrument der Verteidigung.[281]

Es gibt jedoch deutliche Hinweise darauf, dass die sino-japanische Kultur der Feindschaft nach dem Ende des Krieges nicht mehr bis zum zweiten Grad (Eigeninteresse), sondern nur bis zum ersten Grad (Macht) internalisiert war,

---

[279] Chen Zhaobin (2000) "*Sengo Nihon no Chûgoku Seisaku: 1950 Nendai Higashi Ajia Kokusai Seiji no Bunmyaku*", Tôkyô Daigaku Shuppansha, 12-13 [陳肇斌（2000年）『戦後日本の中国政策：1950年代東アジア国際政治の文脈』東京大学出版社、12-13].

[280] Thomas J. Christensen (1999) "A Troubled Triangle: US-Japan Relations and Chinese Security Perceptions", *China-Japan-U.S. Triangular Relations Conference, Asia Center of Harvard University*.

[281] Tian Huan, Ji Chaoqin & Jiang Lifeng (1996) "*Zhanhou Zhongri Guanxi Wenxianji, 1945-1970*", Beijing: Zhongguo Shehui Kexue Chubanshe [田桓，纪朝钦，蒋立峰（编，1996年）"战后中日关系文献集，1945－1970"，北京：中国社会科学出版社]; He (2009) "*The Search for Reconciliation*", 141-143.

da beide Staaten von über ihnen stehenden Mächten gezwungen wurden, sich wie Feinde zu verhalten. So unternahm der amerikanische Allianzpartner Japans mit dem Beginn des Korea-Kriegs 1950 große Anstrengungen, um die ideologisch feindlich gesinnte VR China politisch, diplomatisch und ökonomisch zu isolieren. Aus diesem Grund *durfte* Tokyo in den 1950er und 1960er Jahren *keine* politischen Kontakte zu Beijing unterhalten und *musste* die Republik China auf Taiwan als einzig legitime chinesische Regierung anerkennen. Das Interesse an Beziehungen zu Beijing war in Tokyo dennoch klar erkennbar, was sich auch in der Aufnahme informeller Handelsbeziehungen manifestierte.[282]

Auf der anderen Seite band sich die VR China mit dem Abschluss des sino-sowjetischen Freundschaftsvertrages 1950 ökonomisch und militärisch an die Sowjetunion. Dennoch vermied es Beijing in der Nachkriegsperiode die Erinnerungen an die sino-japanische Feindschaft im innenpolitischen Diskurs zum Nachteil Tokyos zu instrumentalisieren. So wurde der anti-japanische Widerstandskrieg (*kang Ri zhanzheng* 抗日战争) während des chinesischen Bürgerkriegs 1945-1949 und des Koreakriegs 1950-1953 idealisiert - das heisst ohne eine einseitige Fokussierung auf japanische Grausamkeiten, unter denen das chinesische Volk zu leiden hatte – dargestellt.[283] Die Rückbesinnung auf eine Zeit der Schwäche und Invasion hätte in den Augen des Vorsitzenden Mao Zedong eine elementare Gefährdung für den revolutionären Fortschritt in der VR China dargestellt.[284] Währenddessen wurde japanischen Kriegsgefangenen vor Militärtribunalen in Shenyang und Taiyuan 1956 äußerste Barmherzigkeit von der KP entgegengebracht. Nur 45 von 1.108 Angeklagten wurden verurteilt, aber bis 1964 wurden selbst die Verurteilten Kriegsverbrecher nach Japan repatriiert.[285]

---

[282] Allen S. Whiting (1989) *"China Eyes Japan"*, Berkeley, CA: University of California Press, 37-39; Kurt Werner Radtke (1990) *"China's Relations with Japan, 1945-83: The Role of Liao Chengzhi"*, Manchester, UK: Manchester University Press, 92-191; Thomas J. Christensen (1996) *"Useful Adversaries: Grand Strategy, Domestic Mobilization, and Sino-American Conflict, 1947-1958"*, Princeton, NJ: Princeton University Press.

[283] Caroline Rose (2005) *"Sino-Japanese Relations: Facing the Past, Looking to the Future?"*, New York, NY: RoutledgeCurzon, 39-41.

[284] Mark Eykholt (2000) "Aggression, Victimization, and Chinese Historiography of the Nanjing Massacre" in: Joshua F. Vogel (Hrg.) *"The Nanjing Massacre in History and Historiography"*, Berkeley & Los Angeles, CA: University of California Press, 25-26.

[285] Rose (2005) *"Sino-Japanese Relations"*, 34-37; Justin Jacobs (2011) "Preparing the People for Mass Clemency: The 1956 Japanese War Crimes Trials in Shenyang and Taiyuan", *The China Quarterly*, 205, 152-172; Reilly (2012) *"Strong Society, Smart*

Infolge des sino-sowjetischen Bruchs in den 1960er Jahren wurde schließlich innerhalb der KP die Option geprüft, Japan als strategischen Partner gegen die nun als Bedrohung wahrgenommene Sowjetunion zu gewinnen. Kurz bevor die Normalisierung der sino-japanischen Beziehungen vollzogen wurde, teilte der Vorsitzende Mao Zedong dem Zentralkomitee mit, dass Kooperation mit Japan „zum Kampf gegen amerikanische und sowjetische Hegemonie, insbesondere [zum Kampf gegen] sowjetischen Revisionismus beitragen und gegen ein Wiedererwachen des japanischen Militarismus, bezüglich der Befreiung Taiwans, sowie zur Abminderung von Spannungen in Asien von Nutzen sein" werde.[286] Um Japan in diesem Kontext nicht als strategisches Faustpfand zu verlieren, setzte sich innerhalb der KP bereits in den 1960er Jahren der Konsens durch, keine Reparationen von Japan zu fordern und die Tür zur Annäherung offen zu lassen.[287] Diese Episoden verdeutlichen, dass die sino-japanische Feindschaft in der VR China nach dem Ende des Krieges nur bis zum ersten Grad (Macht) internalisiert war. Beijing hatte weder Interesse (zweiter Grad) an der Aufrechterhaltung der Kultur der Feindschaft, noch empfand es diese Kultur als legitim (dritter Grad). Demnach war Beijing gewillt, die Kultur der Feindschaft einem Wandel zu unterziehen.

In Japan war die von Washington konstruierte Barriere, die den Wandel der sino-japanischen Kultur von Feindschaft zu Rivalität blockierte, spätestens mit der Verkündung des Shanghaier Kommuniqués zwischen Beijing und Washington im Februar 1972 durchbrochen. Mit der anschließenden Normalisierung der sino-japanischen Beziehungen wurde die Souveränität der jeweils anderen Seite anerkannt und damit die Kultur der Rivalität internalisiert. Während der Verhandlungen über die Normalisierung gelangten Premierminister Zhou En-Lai und Außenminister Ôhira Masayoshi auch zum Konsens, die Frage der Kriegsgeschichte abschließend zu bewältigen.[288] In

---

State", 58.

[286] Mao Zedong (1987-1990) *"Jianguo Yilai Mao Zedong Wengao"*, Beijing: Zhongyang Wenxian Chubanshe, 13, 316 ［毛泽东（1987－1990年）"建国以来毛泽东文稿" 北京中央文献出版社，13, 316］.

[287] Zhang Xiangshan (1998) *"Zhongri Guanxi: Guankui yu Jianzheng"*, Beijing: Dangdai Shijie Chubanshe, 66-70 ［张香山（1998年）"中日关系管窥与见证" 北京当代世界出版社, 66－70］; Wan (2006) *"Sino-Japanese Relations"*, 88.

[288] *Yomiuri Shinbun Chôkan*, 23. Juni 2001 ［読売新聞朝刊『中国国交正常化交渉の記録　外務省開示文書から』、『72年の田中首相と周中国首相、日中正常化会談の秘録　外務省が公開』2001年6月23日］; Wan (2006) *"Sino-Japanese Relations"*, 89.

diesem Zusammenhang bat die VR China Japan um einen Verweis auf seine Kriegsverantwortung. Tanaka Kakuei deutete im März 1972 als Minister für Internationalen Handel und Industrie (Ministry of International Trade and Industry, MITI)[289] an, dass Japan zu diesem Zugeständnis bereit war: "[I]n my opinion, the first precondition for the normalization [...] with China is our understanding that Japan caused China enormous trouble and that we truly want to offer an apology from the bottom of our hearts".[290] Im gemeinsamen Kommuniqué über die Normalisierung der sino-japanischen Beziehungen hieß es anschließend:

> "The Japanese side is keenly conscious of the responsbility for the serious damage that Japan caused in the past to the Chinese people through war, and deeply reproaches itself. [...] The Government of the People's Republic of China declares that in the interest of the friendship between the Chinese and the Japanese peoples, it renounces its demand for war reparations from Japan."[291]

Die Tragweite dieser Klausel muss jedoch mit der damals herrschenden Herangehensweise beider Staaten an die Frage der Kriegsverantwortung konterkariert werden. In der VR China wurde nach dem Ende des Kriegs, wie oben erwähnt, eine instrumentelle Betrachtungsweise der japanischen Kriegsverantwortung propagiert, die fraglos zu Japans Gunsten ausfiel. Beijing traf eine klare Unterscheidung zwischen einer 'kleinen Gruppe japanischer Militaristen' und der japanischen Bevölkerung, die ebenso unter der Führung der japanischen Militärclique zu leiden hatte wie das chinesische Volk. In Darstellungen des sino-japanischen Krieges in Schulbüchern verurteilte die KP nicht die gesamte japanische Nation, sondern lediglich den ‚japanischen Imperialismus' (*Ridi* 日帝), das ‚japanische Militär' (*Rijun* 日军) und die 'japanischen Banditen' (*Rikou* 日寇). Die staatlich kontrollierten Medien in der VR China verbreiteten in diesem Kontext die Ansicht, dass die japanische Bevölkerung nach Frieden strebe, und forderten alle Japaner dazu auf, sich gemeinsam mit dem chinesischen Volk der amerikanisch-japanischen Allianz zu widersetzen, da diese Japan in einen weiteren katastrophalen Krieg stür-

---

[289] Beim Abschluss der Verhandlungen über die Normalisierung der diplomatischen Beziehungen im September 1972 war Tanaka Kakuei bereits Premierminister.
[290] Tanaka Kakuei zitiert in Yoshibumi Wakamiya (1998) *"The Postwar Conservative View of Asia: How the Political Right Delayed Japan's Coming to Terms with Its History of Aggression in Asia"*, Tokyo: LTCB International Library Foundation, 25.
[291] Ministry of Foreign Affairs of Japan *"Joint Communique of the Government of Japan and the Government of the People's Republic of China"*, September 29th, 1972.

zen werde. Diese instrumentelle Interpretation der Kriegsgeschichte fügte sich nahtlos in den von Tokyo aus der Taufe gehobenen ‚Mythos der Militärclique' ein.[292]

In diesem Kontext zeichneten konservative Kräfte in Japan nach dem Ende des Großostasiatischen Krieges zur Konsolidierung ihrer innenpolitischen Macht ein verzerrtes Bild der Ereignisse, das die friedliebende japanische Bevölkerung als Opfer eines für den Krieg alleine verantwortlichen kleinen Kreises rücksichtsloser Militärführer darstellte. Insbesondere der Kaiser, aber auch kaiserliche Berater, die eng verflochtene Geschäftswelt der *zaibatsu* (財閥), bestimmende politische Figuren und hochrangige Bürokraten wurden in diesem Akt der Selbstreinigung nach dem Endes des Krieges aus der Schusslinie gezogen.[293] Die japanische Bevölkerung nahm damit die von Steven Benfell geprägte *renegade view* der eigenen Kriegsgeschichte ein, die einen unkontrollierbaren Militärapparat als Ursache allen Übels in den Mittelpunkt stellt.[294]

Der Umgang mit der japanischen Kriegsverantwortung erzeugte nach dem Ende des Krieges eine bemerkenswerte Konvergenz nationaler Identitäten auf Elitenebene. In diesem Kontext wurden bis zur Normalisierung der sino-japanischen Beziehungen die *konzilianten* Elemente innerhalb der Kultur der Rivalität internalisiert, um die Kultur der Feindschaft endgültig zu überwinden.

FEINDSCHAFT, RIVALITÄT UND DIE ERSTE KRISE 1970-1972

Als die erste Krise mit den Verhandlungen des Ozeankomitees im Dezember 1970 eskalierte, dominierte noch die Kultur der Feindschaft, symbolisiert durch den Ausschluss der VR China von den Verhandlungen des Ozeankomitees, das sino-japanische Verhältnis. Unter den Vorzeichen der Feindschaft waren die Handlungen Tokyos für Beijing nicht hinnehmbar, aber die Reaktionen der KP – anti-japanische Denunzierungen über ihre Sprachrohre – wirkten nur in ihrer Rhetorik bedrohlich. Suganuma Unryu stellt richtig fest,

---

[292] Yinan He (2007) "Remembering and Forgetting the War: Elite Mythmaking, Mass Reaction, and Sino-Japanese Relations, 1950-2006", *History and Memory*, 19: 2, 46-50; He (2009) *"The Search for Reconciliation"*, 133-136.

[293] He (2009) *"The Search for Reconciliation"*, 124-126.

[294] Steven T. Benfell (2002) "Why Can't Japan Apologize? Institutions and War Memory since 1945", *Harvard Asia Quarterly*, 6: 2, 1-21; James J. Orr (2001) *"The Victim as Hero: Ideologies of Peace and National Identity in Postwar Japan"*, Honolulu, HA: University of Hawai'i Press.

dass keine verifizierbaren Informationen über die Zurückhaltung Beijings vorliegen,[295] aber die strukturell konstruktivistische Theorie legt nahe, dass die VR China von Gewaltandrohung und Gewaltanwendung zur Lösung des Interessenkonfliktes Abstand nahm, da im Dezember 1970, als das Ozeankomitee zusammentrat, ein Wandel der Kultur der Feindschaft zwischen Beijing und Washington und schließlich auch zwischen Beijing und Tokyo bereits absehbar war.[296] Nur wenige Monate später verzichtete Japan im März 1971 auf weitere Verhandlungen über die Erschließung von Hydrokarbonressourcen mit Taiwan, woraufhin auch die USA ihre Forschungsschiffe aus dem Ostchinesischen Meer zurückbeorderten. Die Deeskalationsphase der ersten Krise 1970-1972 war deswegen erfolgreich, weil die VR China und Japan zu ebendieser Zeit eine Kultur der Rivalität internalisierten. Die Kultur der Rivalität schließt zwar Gewaltandrohung und Gewaltanwendung zur Lösung von Interessenkonflikten nicht vollständig aus, aber im Kontext der *Ankunft* dieser Kultur ist davon auszugehen, dass sich beide Staaten zunächst der Einhaltung ihrer prägenden Institution, der Souveränität, widmen, um eine Internalisierung dieser Kultur herbeizuführen. Dies gelang vor allem auch deswegen, weil beide Staaten bis zum Auftreten der ersten Krise bezüglich des Umgangs mit der japanischen Kriegsverantwortung eine Divergenz nationaler Identitäten auf Elitenebene nicht zuließen und auf diese Weise den *konzilianten* Elementen innerhalb der Kultur der Rivalität den Vorrang einräumten.

Zum Zeitpunkt der Verkündung des Okinawa Reversion Treaty im April 1971 war die kulturelle Transformation bereits in vollem Gange und es erschien unwahrscheinlich, dass Beijing oder Tokyo eine weitere Eskalation der ersten Krise herbeiführen oder zu den Instrumenten der Gewaltandrohung und Gewaltanwendung greifen würden. Da die VR China im Verlauf der ersten Krise 1970-1972 das Rollenbild der Feindschaft gegenüber Japan ablegte und das Rollenbild des Rivalen annahm, entspricht die Aufrechterhaltung der absoluten Stabilität unter den Bedingungen der *konzilianten* Rivalität spätestens seit März 1971 der strukturell konstruktivistischen Hypothese. Es ist jedoch weitaus schwieriger den *sehr hohen* Grad der relativen Stabilität der ersten Krise im Kontext der Kultur der *konzilianten* Rivalität zu begründen. Auch wenn Gewaltandrohung und Gewaltanwendung für Beijing nicht in Frage

---

[295] Unryu Suganuma (2000) "*Sovereign Righty and territorial Space in Sino-Japanese Relations: Irredentism and the Diaoyu/Senkaku Islands*", Honolulu: HA: Hawai'i University Press, 132.

[296] Robert S. Ross (1995) "*Negotiating Cooperation: The United States and China, 1969-1989*", Stanford, CA: Stanford University Press.

kamen, wäre eine intensivere Verteidigung seiner souveränen Ansprüche auf die Senkaku/Diaoyu-Inseln, Meereszonen und Hydrokarbonressourcen zu erwarten gewesen. Daher müssen andere Theorien die Ursachen des *sehr hohen* Grades der relativen Stabilität im Kontext der ersten Krise begründen.

ÜBERWINDUNG DER KOLLEKTIVEN AMNESIE BIS ZUR ZWEITEN KRISE?

Während der ersten Krise 1970-1972 internalisierten die VR China und Japan eine Kultur der *konzilianten* Rivalität. Bis zur zweiten Krise 1978 konnten Beijing und Tokyo in gewissen Sphären konvergierende nationale Identitäten ausprägen, aber es ist anzunehmen, dass die Transformation einer Kultur der Rivalität zu einer Kultur der Freundschaft vor allem deswegen nicht gelang, weil beide Staaten unfähig waren, die Erinnerungen an ihre Feindschaft aus dem Großostasiatischen Krieg konstruktiv zu überwinden und einen Prozess der Versöhnung in Gang zu setzen.

Im Zeitraum zwischen der ersten und zweiten Krise betrachtete sich die VR China als entwickelnde, sozialistische, kontinentale politische Macht und Japan betrachtete sich als entwickelte, kapitalistische, pazifistische, maritime ökonomische Macht. Darüber hinaus nahmen beide Staaten die Sowjetunion als eine Bedrohung für die Stabilität ihrer Heimatregion Nordostasien wahr. In der VR China wurde Japans schädliche Rolle als vergangener militärpolitischer Aggressor mit seiner nutzbringenden Rolle als gegenwärtiger wirtschaftspolitischer Partner aufgewogen. Fraglich ist somit, ob Beijing den Pazifismus als glaubwürdiges Element der Identität Tokyos anerkannte. Es ist vielmehr anzunehmen, dass die VR China eine klar strukturierte Konzeption von Japan als bedeutenden sicherheitspolitischen Akteur generierte. Beijing und Tokyo bildeten durch die Eindämmung der Sowjetunion im Verbund mit den USA eine anti-hegemoniale Phalanx in Ostasien. Die Hervorhebung kontinentaler Interessen auf Seiten Beijings und maritimer Interessen auf Seiten Tokyos garantierte jedoch beiden Staaten Freiräume in ihrer jeweiligen geostrategischen Interessensphäre. Beijing konnte daher in Anbetracht seiner geostrategischen Identität mit einem potentiell nicht-pazifistischem Japan koexistieren oder sehnte sich im Angesicht der sowjetischen Bedrohung geradezu nach einem nicht-pazifistischen Japan. Die auf realpolitischen Imperativen beruhende materielle Basis der sino-japanischen Annäherung konnte somit nicht als Grundlage für eine Kultur der Freundschaft angesehen werden. Um diese herbeizuführen, hätte sich vor allem auch im Kontext der Frage der japanischen Kriegsverantwortung eine über das Stillschweigen oder die Idealisierung hinausgehende Konvergenz nationaler Identitäten einstellen müssen.

Japan akzeptierte grundsätzlich, dass es China in der Vergangenheit großes Leid zugefügt hatte, aber konvergierende Identitäten in den oben angeführten Sphären der Wirtschaft, der Geopolitik und der Sicherheitspolitik überspielten die Tatsache, dass die Frage der Kriegsverantwortung während dem Auftreten der ersten und zweiten Krise nicht zufriedenstellend beantwortet wurde.[297] Im Verlauf der 1970er Jahre versuchten einige Autoren in Japan den von Caroline Rose als „kollektive Amnesie" bezeichneten Zustand bezüglich der Frage der Kriegsverantwortung zu überwinden.[298] Honda Katsuichis Werk *Chûgoku no Tabi* thematisierte die tragischen Ereignisse des Massakers von Nanjing 1937[299] und bereitete unbeabsichtigt auch jenen eine Bühne, die sich daraufhin zur medienwirksamen Leugnung der grausamen Ereignisse veranlasst sahen.[300] Auch das unmenschliche Schicksal der Zwangsprostituierten, sogenannten ‚Trostfrauen' (*ianfu* 慰安婦), wurde zu einem öffentlichen Thema.[301] Dennoch handelte es sich bei diesen Veröffentlichungen und Debatten im Kontext der japanischen Kriegsverantwortung um partikularistische Ansätze, die zu keinem Zeitpunkt zu einer breiten Bewegung zusammenliefen.[302] He Yinan spricht davon, dass die Propagierung nationaler Mythen der rigorosen Untersuchung historischer Fakten übergeordnet war, damit der strategischen Annäherung zwischen der VR China und Japan in den 1970er Jahren nichts im Wege stand. Eine auf idealisierten Narrativen beruhende Ausprägung konvergierender Identitäten, die die sensiblen Facetten der japanischen Kriegsverantwortung zunächst ausklammerte, unterstützte letztlich die Normalisierung der sino-japanischen Beziehungen und den Abschluss des Friedens- und Freundschaftsvertrages. Um jedoch eine tiefe Versöhnung der Menschen in beiden Staaten zu realisieren und eine Kultur der Freundschaft herbeizuführen, hätte unweigerlich ein

---

[297] Wan (2006) *"Sino-Japanese Relations"*, 93-94, 105-107.
[298] Rose (2005) *"Sino-Japanese Relations"*, 38-39.
[299] Honda Katsuichi (1972) *"Chûgoku no Tabi"*, Tôkyô: Asahi Shinbunsha [本多勝一（1972年）『中国の旅』東京朝日新聞社].
[300] Bob T. Wakabayashi (2000) "The Nanking 100-Man Killing Contest Debate: War Guilt amid Fabricated Illusions, 1971-1975", *Journal of Japanese Studies*, 26: 2, 307-340.
[301] Senda Kakô (1973) *"Jûgun Ianfu"*, Tôkyô: Futabasha [千田夏光（1973年）『従軍慰安婦』東京双葉者]; Kim Il-Myon (1976) *"Tennô no Guntai to Chôsenjin Ianfu"*, Toyko: Sanichi Shobô [金一勉（1976年）『天皇の軍隊と朝鮮人慰安婦』東京三一書房].
[302] Junji Kinoshita (1986) "What the War Trials Made me Think About" in Chihiro Hosoya, Nisuki Ando, Yasuaki Onuma & Richard H. Minear (Hrg.) *"The Tokyo War Crimes Trial: An International Symposium"*, Tokyo: Kodansha, 146.

Prozess der Aufarbeitung der gemeinsamen Kriegsgeschichte in Gang gesetzt werden müssen. Da dies nicht geschehen ist, blieb ein latentes Misstrauen in der Bevölkerung beider Staaten bestehen, das so lange überdeckt wurde, wie gemeinsame Interessen und die sowjetische Bedrohung beide Seiten zusammenschweißten. Ungeachtet japanfreundlicher Regierungspropaganda, so Wan Ming, konnte die chinesische Bevölkerung Japan während der 1970er Jahre emotional nicht akzeptieren.[303] Auf dieser Grundlage konnten aus einstigen Feinden und gegenwärtigen Rivalen keine Freunde werden.

Daher lässt sich schlussfolgern, dass sich die Internalisierung der Kultur der *konzilianten* Rivalität zwischen der ersten und der zweiten Krise nicht wesentlich verändert hat und es gelten dieselben strukturell konstruktivistischen Hypothesen, die bereits während der ersten Krise aufgestellt worden sind. Die Aufrechterhaltung der absoluten Stabilität während der zweiten Krise entspricht der strukturell konstruktivistischen Hypothese, wonach Gewaltandrohung und Gewaltanwendung unter dem Rollenverständnis der *konzilianten* Rivalität unwahrscheinlich erscheint. In Beijing hatte mit der Entsendung der Fischerboote wohl niemand ernsthaft vor, einen bewaffneten Konflikt mit Tokyo zu provozieren und in Tokyo vermutete auch niemand, dass Beijing einen bewaffneten Konflikt beabsichtigte. Aus diesem Grund wurde der Einfall der Fischerboote von Beijing als Zufall dargestellt, in Tokyo als politstrategisches Manöver durchschaut und die zweite Krise umgehend in die Phase der Deeskalation überführt. Der *sehr hohe* Grad der relativen Stabilität weicht jedoch von der strukturell konstruktivistische Hypothese unter den Bedingungen der Kultur der Rivalität ab, auch wenn ihre *konzilianten* Elemente im Vordergrund standen. Es wäre zu erwarten gewesen, dass Beijing und Tokyo ihre territorialen Interessen mit größerem Nachdruck verfolgen und eine höhere Krisenintensität in Kauf nehmen, auch wenn mit Gewaltandrohung und Gewaltanwendung nicht zu rechnen war. In dieser Frage muss die Erklärungskraft anderer Theorien herangezogen werden.

III.2.2 STRUKTURELLER LIBERALISMUS 1970-1972 & 1978

Wie wirkten sich Handelserwartungen und Institutionen auf die erste Krise 1970-1972 und die zweite Krise 1978 aus? Existierten positive Handelserwartungen und multilaterale Institutionen, die eine stabilitätsfördernde Wirkung auf die erste und zweite Krise entfalten konnten? Der folgende Abschnitt widmet sich diesen Fragen und stellt fest, dass lediglich im Kontext der zweiten Krise positive Handelserwartungen in einem kausalen Zusammenhang

---

[303] Wan (2006) *"Sino-Japanese Relations"*, 106.

mit der Aufrechterhaltung der absoluten Stabilität und dem *sehr hohen* Grad der relativen Stabilität im Ostchinesischen Meer stehen.

Bevor die Normalisierung der sino-japanischen Beziehungen 1972 vollzogen wurde, brachte Tokyo nach dem Ende des Großostasiatischen Krieges das sogenannte Prinzip der Trennung von Politik und Wirtschaft (*seikei bunri* 政経分離) in seinem Verhältnis zu Beijing zur Anwendung. In der Realität lassen sich beide Sphären jedoch nicht vollständig trennen (*seikei fukabun* 政経不可分) und Japan beabsichtigte dies auch keineswegs.[304] Im Einklang mit der Yoshida-Doktrin verfolgte Tokyo mit genanntem Prinzip vordergründig das politische Ziel des konstruktiven Engagements gegenüber Beijing. Gemäß Premierminister Yoshida Shigerus Vision würde sich die VR China aus der Abhängigkeit von der Sowjetunion lösen, wenn Japan und die USA ihr eine Alternative bieten könnten. Eine prosperierende VR China würde den Westmächten demnach freundlich gesinnt sein und auf Gewaltandrohung und Gewaltanwendung verzichten. Premierminister Yoshida gelangte bereits 1951 zu der pragmatischen Erkenntnis: "Red or white, China remains our next-door neighbour. Geography and economic laws will, I believe, prevail in the long run over any ideological differences and artificial trade barriers".[305] Somit mussten es Tokyos vorrangige Ziele sein, reformorientierte Kräfte in der VR China zu stärken, Maßnahmen zur Unterstützung der inneren Stabilität der VR China zu ergreifen und die VR China als wichtigen Handelspartner Japans aufzubauen.[306] Michael J. Green sieht im Kern dieser Strategie den unerschütterlichen Glauben an die befriedende Wirkung ökonomischer Interdependenz.[307] Das unter dem Prinzip der Trennung von Politik und Wirtschaft angewandte Instrument war der sogenannte L-T Handel (L-T *bôei* L-T貿易; benannt nach den 'Pionieren der sino-japanischen Beziehungen' der

---

[304] Hattori Kenji & Marukawa Tomoo (Hrg., 2012) *"Nitchû Kankeishi: II Keizai"*, Tôkyô Daigaku Shuppansha, 7-9 ［服部健治、丸川知雄（編、2012年）『日中関係史1972-2012年：II経済』東京大学出版社、7-9］.
[305] Shigeru Yoshida (1951) "Japan and the Crisis in Asia", *Foreign Affairs*, 29: 2, 179.
[306] Glenn D. Hook, Julie Gilson, Christopher W. Hughes & Hugo Dobson (2005) *"Japan's International Relations: Politics, Economics and Security"*, London, UK: Routledge, 191-192; Christopher W. Hughes (2009) "Japan's Response to China's Rise: Regional Engagement, Global Containment, Dangers of Collision", *International Affairs*, 85: 4, 839.
[307] Michael J. Green & Benjamin L. Self (1996) "Japan's Changing China Policy: From Commercial Liberalism to Reluctant Realism", *Survival*, 38: 2, 35-57; Michael J. Green (2001) *"Japan's Reluctant Realism: Foreign Policy Challenges in an Era of Uncertain Power"*, New York, NY: Palgrave Macmillan, 77.

Nachkriegszeit Liao Chengzhi und Takasaki Tatsunosuke[308]), der seit 1968 bis zur Normalisierung der sino-japanischen Beziehungen 1972 als Memorandumhandel bezeichnet wurde.[309] Im Kontext von Dale C. Copelands Theorie der Handelserwartungen ist letztlich die Frage entscheidend, ob dieses Instrument vor dem Auftreten der ersten Krise positive Handelserwartungen generieren konnte.

Nachdem in der VR China der 'Große Sprung nach Vorne' 1959-1961 desaströse Folgen nach sich gezogen hatte und die Handelsbeziehungen zum sowjetischen Block in den 1960er im Abnehmen begriffen waren, vergrößerte sich das grundsätzliche chinesische Interesse an intensiveren Handelsbeziehungen zu Japan. Politische Volatilität im Zuge der sich seit 1966 abspielenden Kulturrevolution und die Tatsache, dass sino-japanische Abkommen im Rahmen des Memorandumhandels auf ein Jahr beschränkt waren, verhinderten jedoch das Aufkommen positiver Handelserwartungen.[310] Im Vorfeld der Normalisierung standen in Beijing zudem politische Bedenken – insbesondere die sowjetische Bedrohung und der Status Taiwans – im Vordergrund. Nach der Normalisierung der sino-japanischen Beziehungen entwickelte sich das bilaterale Handelsvolumen zwar positiv, aber der Vorsitzende Mao Zedong bekundete weder Interesse an Entwicklungshilfe, noch an ausländischen Direktinvestitionen (*foreign direct investment,* FDI) und verfocht bis zu seinem Tod 1976 eisern das Prinzip der Autarkie. So sieht Wan Ming das Festhalten an autarken Prinzipien auch von 1972 bis 1975 als gegeben, als beide Staaten vier Wirtschaftsabkommen in den Bereichen Luftfahrt, Schiffahrt, Handel und Fischerei abschlossen.[311] Da die ökonomische Interdependenz zwischen der VR China und Japan äußerst schwach ausgeprägt war, kann die Theorie der Handelserwartungen im Fall der ersten Krise weder Aussagen über die Aufrechterhaltung der absoluten Stabilität, noch über den *sehr hohen* Grad der relativen Stabilität treffen.[312]

---

[308] Mayumi Itoh (2012) "*Pioneers of Sino-Japanese Relations: Liao and Takasaki*", New York, NY: Palgrave Macmillan.
[309] Radtke (1990) "*China's Relations with Japan, 1945-83*", 92-191.
[310] Akioka Ieshige (1973) "*Pekin Tokuhain: Bunka Daikakumei Kara Nitchû Kokkô Kaifuku Made*", Asahi Shinbunsha, 151 ［秋岡家栄（1973年）『北京特派員：文化大革命から日中国交回復まで』朝日新聞社、151］.
[311] Wan (2006) "*Sino-Japanese Relations*", 87-88.
[312] Dies trifft deswegen zu, da es aufgrund einer äußerst schwach ausgeprägten sino-japanischen ökonomischen Interdependenz gleichzeitig auch keine Hinweise auf *negative* Handelserwartungen gab.

Mit dem Tod des Vorsitzenden Mao Zedong 1976 begann die neue Führung der KP unter Premierminister Hua Guofeng ökonomischer Modernisierung einen bestimmenden Stellenwert einzuräumen und dem Klassenkampf als Parteilinie abzuschwören.[313] Unter diesen Voraussetzungen waren chinesische Bemühungen um verstärkte Handelsbeziehungen zu Japan und eine konziliante außenpolitische Linie gegenüber Tokyo zu erwarten, falls es Anlass zu positiven Handelserwartungen gäbe. Nach der Normalisierung der sino-japanischen Beziehungen wurden die bilateralen Handelsbeziehungen stetig erweitert. Zwischen den ersten beiden Krisen 1972 und 1978 verfünffachte sich das japanische Exportvolumen in die VR China von $608,9 Millionen auf $3,049 Millionen. Die Importe aus der VR China nach Japan erhöhten sich im Zeitraum von 1972 bis 1978 ebenfalls von $491,1 Millionen auf $2,030 Millionen. Zwei Monate vor dem Auftreten der zweiten Krise schlossen die VR China und Japan im Februar 1978 ein langfristiges Handelsabkommen für den Zeitraum 1978-1985 ab, das die Komplementarität beider Volkswirtschaften exemplifizierte. Auf Grundlage dieses Abkommens wurde der Export von Rohöl von der VR China nach Japan in Wert von $10 Milliarden geplant, während Japan moderne Maschinentechnologien im entsprechenden Gegenwert in die VR China ausführen sollte. Daraufhin wurde der 1975 verabschiedete Zehnjahresplan von der KP im März 1978 erweitert und sah folglich den umfangreichen Import von Maschinentechnologien aus den führenden Industrienation, insbesondere aus Japan, vor.[314]

Nachdem in der VR China die Reformära unter dem Vorsitzenden Deng Xiaoping 1978 eingeleitet wurde, benötigte Beijing dringend Tokyos Unterstützung bei der Realisierung der 'Vier Modernisierungen'. Japan besaß moderne Technologien und effektive Managementstrukturen, sodass es der VR China bei der Beschleunigung ihres Wirtschaftswachstums, beim Aufbau einer zeitgemäßen industriellen Basis und bei der Transition von einem regulierten zu einem offenen Wirtschaftssystem helfen konnte. Japan wurde nach Hong Kong zum wichtigsten Handelspartner der VR China und nahm dadurch die Funktion einer Wachstumslokomotive ein, die Beijings erfolgreiche Transformation von einem Entwicklungsland zu reinem rapide wachsenden Industrieland auf den Weg brachte.[315] Daher gelangte Ezra F. Vogel zu

---

[313] Qingxin Ken Wang (1993) "Recent Japanese Economic Diplomacy in China: Political Alignment in a Changing World Order", *Asian Survey*, 33: 6, 626; Wan (2006) *"Sino-Japanese Relations"*, 87.

[314] Whiting (1989) *"China Eyes Japan"*, 95-96; Wang (1993) "Recent Japanese Economic Diplomacy in China", 626.

[315] Ezra F. Vogel (2011) *"Deng Xiaoping and the Transformation of China"*,

dem Schluss, dass die Unterstützung Japans beim Aufbau der chinesischen Industrie und Infrastruktur in der Reformära die weltweit bedeutendste Rolle gespielt hat.[316] Auf der anderen Seite trug die Kooperation verhältnismäßig wenig zu Japans bereits bestehendem Status als ökonomische Supermacht bei. In Tokyo musste für Sicherheitsfragen sensibilisierten Akteuren bewusst sein, dass Handelsbeziehungen zwar beiden Staaten absolute Gewinne garantierten, aber die VR China relative Gewinne gegenüber Japan davontragen würde. Dennoch kann angenommen werden, dass vor allem in japanischen Wirtschaftskreisen Kräfte existierten, denen das Denken in Nullsummenspielen und die Sorge um relative Gewinne völlig fremd war. So urteilte Ôkita Saburô:

> "[It] seems clear that the unfolding of China's economic programs over the next 20 years should be one of the great constructive developments in East Asian and, indeed, in world history. [...] [The] modernization of China, with its population of 900 million, is an enormous task that will require the participation of all industrial countries. Through the enlarged economic ties formalized most recently in the agreements of early 1978, Japan expects to play a significant role, and the Chinese government has already turned to the Japanese [...] for advice [...] Proximity as well as deep historical connections have naturally stimulated Japan's interest in effective cooperation with China."[317]

Die Frage lautete nun, wie sich Tokyo einer moderaten chinesischen Außenpolitik im Austausch für die Stärkung der chinesischen Ökonomie gewiss sein konnte. In diesem Kontext können die Vertragsverhandlungen zum Friedens- und Freundschaftsvertrag seit 1972 als kostbares Signal der VR China an Japan gewertet werden. Beijing demonstrierte öffentlich seine Bereitschaft, ein engeres Verhältnis zu Tokyo einzugehen und setzte sich bereitwillig der Gefahr aus, dass ein Scheitern der Verhandlungen oder eine Außenpolitik im Widerspruch zum Geiste der verhandelten Vertragsinhalte mit erheblichen innenpolitischen und internationalen Kosten verbunden sein würde. Japan erhielt durch die Verhandlungen das dringend benötigte kostbare Signal der

---

Cambridge, MA & London, UK: Harvard University Press, 319; Björn Jerdén & Linus Hagström (2012) "Rethinking Japan's China Policy: Japan as an Accommodator in the Rise of China", *Journal of East Asian Studies*, 12: 2, 230-234, 237-239.

[316] Vogel (2011) "*Deng Xiaoping and the Transformation of China*", 336.

[317] Saburo Okita (1979) "Japan, China and the United States: Economic Relations and Prospects", *Foreign Affairs*, 57: 5, 1090-1110.

Rückversicherung, um zu der Überzeugung zu gelangen, dass seine Politik der konstruktiven Einbindung tatsächlich ein wohlwollendes außenpolitisches Verhalten der VR China erzeugen würde. Zudem kann hinzugefügt werden, dass Beijing zwar den größeren relativen Gewinn davontrug, aber gleichzeitig auch verwundbarer und abhängiger von Tokyos Wohlwollen im Bereich der ökonomischen Kooperation war. Japan besaß somit ein gewisses Maß an Macht über die VR China. Zuletzt liegt auch der strukturell realistische Ansatz nahe, wonach Japan in Abwesenheit von militärischen Bedrohungen relativen Machtverlusten keine große Sensibilität entgegenbrachte und kurzfristigen absoluten (ökonomischen) Gewinnen den Vorzug einräumte.[318]

In diesem Kontext wären weitere eskalative Schritte nach dem Einfall der chinesischen Fischerboote von beiden Staaten konterintuitiv gewesen. Nachdem Beijing auf diese unkonventionelle Art und Weise demonstriert hatte, dass es seinen Anspruch auf die Senkaku/Diaoyu-Inseln nicht aufgeben würde, wurde Tokyo wiederholt beschwichtigt. Beide Seiten wollten danach an den Verhandlungstisch zurückkehren, um den eng mit positiven Handelserwartungen in Verbindung stehenden Friedens- und Freundschaftsvertrag abzuschließen. Die ökonomische Interdependenz zwischen beiden Staaten war während der zweiten Krise noch äußerst schwach ausgeprägt, aber die Theorie der Handelserwartungen zeigt sehr deutlich auf, wie in Beijing und Tokyo erwartete positive Entwicklungen eine zurückhaltende Haltung bezüglich der zweiten Krise begründen.

Eine Diskussion über die Rolle von Institutionen bezüglich der absoluten Stabilität und den Grad der relativen Stabilität kann im Kontext der ersten beiden Krisen hingegen nicht geführt werden. Eine minimal institutionalisierte Blockformation zwischen der VR China und Japan gegen die Sowjetunion, die während der ersten Krise Gestalt annahm und während der zweiten Krise implizit ihren Eingang in den Friedens- und Freundschaftsvertrag fand, wird den institutionalistischen Anforderungen der Gemeinsamkeit und der Spezifität nicht gerecht, um eine von strukturell realistischen Theorien unabhängige neoliberal institutionalistische Aussage über die absolute Stabilität und den Grad der relativen Stabilität zu treffen.

III.2.3 DEFENSIVER REALISMUS 1970-1972 & 1978

Aus defensiv realistischer Sicht entscheidet die Zusammensetzung zwischen materiellen Variablen und Informationsvariablen, ob ein Sicherheitsdilemma

---

[318] Wang (1993) "Recent Japanese Economic Diplomacy in China", 625-627.

zwischen zwei Staaten ruhend bleibt oder aktiviert wird. Zunächst werden die materiellen Variablen analysiert, um die Offensiv-Defensiv-Balance (ODB) im Ostchinesischen Meer während der ersten Krise 1970-1972 und der zweiten Krise 1978 zu bestimmen. Anschließend wird die Diskussion um die Informationsvariablen angereichert, um festzustellen, dass Japan ein *ruhendes* und die VR China ein *moderates* oder sogar *ausgeprägtes* Sicherheitsdilemma vorfand. Während die Aufrechterhaltung der absoluten Stabilität und ein *sehr hoher* Grad der relativen Stabilität aus der Sicht Tokyos folgerichtig erschien, sind diese Ergebnisse aus der Sicht Beijings, unter den spezifischen Bedingungen der damaligen Zeit, ebenfalls mit defensiv realistischen Hypothesen kompatibel.

Japans sicherheitspolitische Ausrichtung wurde in den Jahren nach dem Großostasiatischen Krieg von der amerikanisch-japanischen Allianz (beruhend auf dem amerikanisch-japanischen Sicherheitsvertrag 1951 und dem Vertrag gegenseitiger Kooperation und Sicherheit 1960) und der Yoshida-Doktrin geprägt. Nachdem der amerikanisch-sowjetische Kontrast 1947 zum Vorschein getreten war und der Korea-Krieg 1950 ausbrach, forderte Washington die Wiederbewaffnung Japans, doch Premierminister Yoshida Shigeru lehnte dies entschieden ab. In den Augen Premierminister Yoshidas war das Japan jener Zeit ein schwacher Staat, der um wirtschaftlichen Wiederaufbau bemüht war. Das Verbot der Wiederbewaffnung war überdies in Artikel 9 der Verfassung festgeschrieben und das japanische Volk durch die tragischen Ereignisse des Krieges traumatisiert. Zudem würden alle regionalen Akteure einer japanischen Wiederbewaffnung mit allergrößtem Misstrauen gegenüberstehen.[319] Letztlich waren die USA durch die Eskalation des Ost-West-Konfliktes in Nordostasien strategisch dermaßen von Japan abhängig, dass Washington sich mit der Nutzung japanischer Militärstützpunkte zufrieden gab und dem Wunsch Japans nach einer zurückhaltenden sicherheitspolitischen Orientierung schließlich Rechnung trug.

Die Ereignisse der 1960er und 1970er Jahre veränderten jedoch die Voraussetzungen unter denen die amerikanisch-japanische Allianz und die Yoshida-Doktrin zur Geltung kamen und brachten in der Gestalt einer stärker aufrüstenden Sowjetunion neue Bedrohungsszenarien hervor. Während dieser Zeit rüstete Moskau im nuklearen und navalen Bereich massiv auf, überbrückte die relativen Machtvorteile der USA und erhöhte seine Präsenz

---

[319] Shigeru Yoshida (1961) *"The Yoshida Memoirs"*, London, UK: Heinemann, 191-192, 266, 274-275; Mike M. Mochizuki (1983/1984) "Japan's Search for Strategy", *International Security*, 8: 3, 152-157.

in Südostasien.[320] Weiterhin verstärkten der Verlauf und Ausgang des Vietnam-Kriegs die Wahrnehmung einer verwundbaren USA und stellten auch den Zusammenhalt der amerikanisch-japanischen Allianz in Frage.[321] Zusätzlich offenbarten die Ölkrisen Japans Verwundbarkeit im Bereich der Energiesicherheit.[322]

Um diesen Transitionen zu begegnen, schärfte Japan seit Ende der 1960er Jahre im Schatten des amerikanischen Schutzschirmes sein sicherheitspolitisches Profil, artikulierte im National Defense Program Outline (NDPO) 1976 zum ersten Mal seit dem Ende des Krieges seine Militärdoktrin und plante, sich die militärische Macht zur Abschreckung und Abwehr eines limitierten Angriffs auf sein Territorium anzueignen.[323] Der erste Schritt inmitten dieses Prozesses war die Verkündung des Nixon-Satô-Kommuniqués im November 1969. In den drei wichtigsten Klauseln des Kommuniqués wurde (1) die Aufrechterhaltung des amerikanisch-japanischen Vertrages von 1960 in seiner bestehenden Form bestätigt; (2) die Wiederherstellung japanischer Souveränität über Okinawa bis 1972 vereinbart; und (3) die Sicherheit Südkoreas als essentiell für Japans eigene Sicherheit sowie die Aufrechterhaltung des Friedens und der Sicherheit in Taiwan als äußerst wichtig eingestuft. Damit wurden diese Staaten zum ersten Mal namentlich in Verbindung mit Japans sicherheitspolitischen Zielsetzungen erwähnt, nachdem der amerikanisch-japanische Vertrag 1960 vage konstatiert hatte, dass die Sicherheit eines Staates mit der Sicherheit seiner Nachbarn im Zusammenhang stehe.[324] Nach der Veröffentlichung des Kommuniqués gab Premierminister Satô Eisaku am 14. Februar 1970 die Rahmenbedingungen für Japans

---

[320] Hiroshi Kimura (1986) "The Soviet Military Build-up: It's Impact on Japan and its Aims" in Richard H. Solomon & Masataka Kosaka (Hrg.) *"The Soviet Far East Military Build-up: Nuclear Dilemmas and Asian Security"*, Dover, MA: Auburn House, 107.

[321] Mike M. Mochizuki (1983/1984) "Japan's Search for Strategy", *International Security*, 8: 3, 154-157.

[322] Alessio Patalano (2008) "Shielding the 'Hot Gates': Submarine Warfare and Japanese Naval Strategy in the Cold War and Beyond (1976-2006)", *Journal of Strategic Studies*, 31: 6, 859-895.

[323] Hideo Sekino (1971) "Japan and her Maritime Defence", *US Naval Institute Proceedings*, 97: 5, 98-121; Hisahiko Okazaki (1982) "Japanese Security Policy: A Time for Strategy", *International Security*, 7: 2, 188-190; Mochizuki (1983/1984) "Japan's Search for Strategy", *International Security*, 8: 3, 152-179; Masashi Nishihara (1983/1984) "Expanding Japan's Credible Defense Role", *International Security*, 8: 3, 180, 182-183.

[324] Kobun Ito (1970) "Japan's Security in the 1970s", *Asian Survey*, 10: 12, 1031, 1034-1035.

Verteidigungspolitik in den 1970er Jahren vor:

> "I firmly believe that [...] there is a wide national consensus for the policy of augmenting our self-defense capabilities in accordance with our national power and circumstances, and of complementing our insufficiencies by the United States-Japan Treaty of Mutual Security based on the fundamental attitude of preserving liberty and peace".[325]

Konkret bedeutete dies, dass sich Japan seine geostrategische Lage als vom internationalen Handel abhängige Inselnation[326] bewusst machte und mehr Verantwortung für seine Selbstverteidigung übernehmen wollte. Japans eigene militärische Mittel mussten demnach ausreichen, einem Angriff auf sein Territorium bereits auf hoher See Einhalt zu gebieten und die Invasion gegnerischer Truppen in Japan zu verhindern. Eine als *forward strategy* oder *two-stage defense strategy* bezeichnete doktrinäre Ausrichtung, die Japans maritime Verwundbarkeit nachhaltig reduzierte, wurde hierfür als notwendig erachtet.[327] Tokyos offen formulierte geostrategische Orientierung manifestierte sich anschliessend im NDPO 1976, das auf den Diskussionen der *bôei wo kangaeru kai* (防衛を考える会 'Gruppe, die über Verteidigung nachdenkt') beruhte. Das NDPO 1976 verankerte den Schutz der Seewege durch die Unterseebootflotte der Maritime Self-Defense Force (MSDF) als Element der nationalen Verteidigungsstrategie und verordnete zur Stärkung des defensiven navalen Potentials Qualitätsverbesserungen in Ausrüstung und Technologie. So verfügte Japan in den 1970er Jahren über die Fähigkeit, regionale maritime Knotenpunkte und Meerengen mit einer hochmodernen Unterseebootflotte zu kontrollieren. Die MSDF wurde dabei von der US Navy (USN) im Rahmen von taktischen Seminaren, Trainingseinheiten in der Unterseebootbasis auf Hawai'i und zahlreichen gemeinsamen Truppenübungen unterstützt.[328]

In der VR China brachten die Eliten der KP in den 1970er Jahren zwar die Notwendigkeit zum Ausdruck, dass die VR China ihre maritimen Interessen wahrnehmen müsse, aber als reine Kontinentalmacht konnte Beijing auf

---

[325] Satô Eisaku zitiert in Ito (1970) "Japan's Security in the 1970s", 1032.
[326] Siehe dazu vor allem Kôsaka Masataka (1965) *"Kaiyô Kokka Nihon no Kôsô"*, Tôkyô: Chûô Kôronsha [高坂正堯（1965年）『海洋国家日本の構想』東京中央公論社].
[327] Ito (1970) "Japan's Security in the 1970s", 1032-1034.
[328] Patalano (2008) "Shielding the 'Hot Gates'", 862-863.

navaler Ebene Tokyo nicht die Stirn bieten.[329] Li Nan charakterisiert die Strategie der People's Liberation Army Navy (PLAN) in dieser Zeit als *near-coast defense (jin'an fangyu* 近岸防御*)*. Der Aufgabenbereich der PLAN beschränkte sich auf die Verteidigung des chinesischen Küstenmeeres und des Küstenstreifens 300 Kilometer landeinwärts. Es handelte sich um eine defensive navale Doktrin, die zur Abwehr eines Angriffs auf das chinesische Festland von der See konzipiert wurde, sodass die PLAN weder imstande war, umstrittene maritime Territorien wie die Senkaku/Diaoyu-Inseln einzunehmen, noch maritime Ressourcen oder See- und Transportwege zu sichern.[330]

Die Analyse der materiellen Variablen legt damit nahe, dass die ODB im Ostchinesischen Meer während der ersten und zweiten Krise defensivlastig war. Sowohl die MSDF als auch die PLAN waren mit der Umsetzung einer defensiven Doktrin betraut, die auf die Verteidigung des eigenen Territoriums abzielte und für die ausschließlich defensive navale Mittel zur Verfügung standen. Offensive Machtprojektionsmittel, die maritime Abenteuer erlaubt hätten, fehlten auf beiden Seiten. So war auch die Luftwaffe in beiden Staaten nicht imstande, hypothetische offensive navale Missionen zu unterstützen. Allerdings existierten beträchtliche navale Machtungleichgewichte zwischen der PLAN und den MSDF. Mit ihrer veralteten Ausrüstung konnte die PLAN lediglich als eine bessere Küstenwache eingeordnet werden und konnte der MSDF, die in den Kategorien Ausrüstung und Ausbildung hervorragende Werte erzielte und zu Verteidigungsmissionen außerhalb der japanischen Territorialgewässer fähig war, nicht das Wasser reichen. Diese Asymmetrie im Bereich der navalen Mittel muss in der unten folgenden Analyse über die Intensität des Sicherheitsdilemmas beachtet werden. Nachdem nun die ODB im Kontext der Analyse der materiellen Variablen bestimmt wurde, kann die Diskussion auf die Informationsvariablen eingehen, um die Intensität des Sicherheitsdilemmas festzustellen und defensiv realistische Hypothesen zu testen.

DAS RUHENDE SICHERHEITSDILEMMA

Während dem Auftreten der ersten Krise 1970-1972 und der zweiten Krise 1978 gab es keine Anzeichen dafür, dass Japan die VR China als maritime Bedrohung wahrnahm. So wurde das Ausmaß der Bedrohungen im Weißbuch

---

[329] Hiramatsu (2002) *"Chûgoku no Senryakuteki Kaiyô Shinshutsu"*, 1-4 〔平松（2002年）『中国の戦略的海洋進出』1-4〕.
[330] Nan Li (2009) "The Evolution of China's Naval Strategy and Capabilities: From 'Near Coast' and 'Near Seas' to 'Far Seas'", *Asian Security*, 5: 2, 145-148.

der Verteidigung (*bôei hakusho* 防衛白書) 1977[331] als relativ gering eingestuft:

(1) There is "little possibility of a full-scale military clash between the East and the West or of major conflict leading to such a clash".
(2) There is "little possibility of limited military conflict breaking out in Japan's neighborhood".
(3) The existence of the Japan-U.S. Security arrangement can prevent full-scale aggression against Japan.[332]

Im Kontext dieser optimistischen Lagebeurteilung, wurde die PLAN in den Überlegungen Tokyos in keinem offiziellen Dokument als Herausforderung bedacht. Da die ODB im Ostchinesischen Meer defensivlastig war, die MSDF darüberhinaus relative navale Machtvorteile gegenüber der PLAN besaß und Tokyo Beijing im maritimen Bereich als *status quo*-Macht betrachtete, fand Japan im Kontext der ersten Krise 1970-1972 und der zweiten Krise 1978 ein *ruhendes* Sicherheitsdilemma vor. Unter dieser Konstellation bestätigen die Aufrechterhaltung der absoluten Stabilität und der *sehr hohe* Grad der relativen Stabilität während der ersten und zweiten Krise die defensive realistische Hypothese.

Auch das Auftreten der ersten Krise konnte in Tokyo kein Sicherheitsdilemma aktivieren. Während der Verhandlungen des Ozeankomitees und im Kontext der Rückgabe der Senkaku/Diaoyu-Inseln ließ Beijing nur Worte, aber keine Taten sprechen. Diese zögerliche Haltung offenbarte materielle Schwächen der PLAN und fehlende maritime Ambitionen der KP. Dadurch musste in Tokyo der Eindruck aufkommen, dass die VR China nicht bis an das Äußerste gehen würde, um seine Interessen im Ostchinesischen Meer zu wahren, sondern lediglich die bloße Existenz eigener Interessen zum Ausdruck brachte. Für ein fortbestehendes *ruhendes* Sicherheitsdilemma aus der Sicht Japans spricht auch der unaufgeregte Umgang Tokyos mit den einfallenden chinesischen Fischerbooten im Kontext der zweiten Krise, als keine Notwendigkeit zur Gewaltanwendung als Instrument der Gefahrenabwehr gesehen wurde.

---

[331] Die Analyse der Weißbücher der Verteidigung von 1970, 1976 und 1977 eröffnet (1971-1975 wurden keine Weißbücher der Verteidigung veröffentlicht), dass sich die Bedrohungswahrnehmung in dieser Phase nicht wesentlich verändert hat. Deswegen wird das Weißbuch der Verteidigung 1977 in der vorliegenden Arbeit repräsentativ für die Analyse der japanischen Informationsvariablen im Kontext der ersten und zweiten Krise verwendet.

[332] Japan Defense Agency (1977) *"Defense of Japan 1977"*.

Unter diesen Umständen erschien es für Japan vorteilhaft, sich in Selbstbeschränkung zu üben und keine Maßnahmen zu ergreifen, die die Intensität des Sicherheitsdilemmas für die VR China erhöhen könnten. Diese Zurückhaltung zeigte sich nicht nur im Kontext der ersten und zweiten Krise, sondern manifestierte sich auch in allen übergeordneten strategischen Entscheidungen in den 1970er Jahren. Im Weißbuch der Verteidigung 1977 bildeten folgende Faktoren die Säulen der internationalen Umwelt zu dieser Zeit:

(1) Effective future maintenance of the Japan-U.S. security system.
(2) Efforts to avoid nuclear war and large-scale conflict apt to lead to nuclear war by the United States and the Soviet Union.
(3) No fundamental resolution of Sino-Soviet confrontation, allowing for minor improvement.
(4) Continued adjustment in Sino-American relations.
(5) Generally unchanged Korean Peninsula situation along present lines and continued unlikelihood of at least major conflict there.[333]

Bemerkenswert ist vor allem Tokyos Kalkül, wonach (3) eine anhaltende sino-sowjetische Konfrontation als vorteilhaft für Japan angesehen wurde. Laut Premierminister Miki Takeo war es Japans Absicht, eine „angemessene Balance" zwischen den beiden Rivalen einzunehmen. Dadurch ist auch Tokyos anfängliche Ablehnung gegen die Aufnahme der anti-Hegemonieklausel in den sino-japanischen Friedens- und Freundschaftsvertrag zu erklären.[334] Durch die kontinentale Interessenkollision zwischen Beijing und Moskau musste sich Tokyo weder zu stark auf eine Seite zubewegen, noch war es vonnöten, durch Misstrauen erweckende militärpolitische Anstrengungen oder durch destabilisierende Handlungen im Ostchinesischen Meer die Sicherheit eines anderen Staates zu vermindern und ein Sicherheitsdilemma zu befeuern. Deswegen beendete Japan die Verhandlungen mit Taiwan im Rahmen des Ozeankomitees, zog es nicht in Erwägung, die Senkaku/Diaoyu-Inseln militärisch zu sichern und lehnte bei den Verhandlungen über die National Defense Program Guidelines (NDPG) 1978 mit den USA jegliche Rolle für die Sicherheit Taiwans und Südkoreas ab. In bewusster Abkehr zu der an den Tag gelegten Haltung im Nixon-Satô-Kommuniqué wollte Tokyo die Beziehungen zu Beijing keiner Belastungsprobe unterziehen.

---

[333] Japan Defense Agency (1977) *"Defense of Japan 1977"*, 54-56.
[334] Miki Takeo zitiert in Kazushige Hirasawa (1975) "Japan's Emerging Foreign Policy", *Foreign Affairs*, 54: 1, 159-160; Michael P. Pillsbury (1977) "Future Sino-American Security Ties: The View from Tokyo, Moscow, and Peking", *International Security*, 1: 4, 126-128.

In diesem Zusammenhang schreibt Tsuchiyama Jitsuo, das eine *fear of entrapment*,[335] die Angst von den USA in einen Krieg hineingezogen zu werden, Japans sicherheitspolitisches Verhalten beeinflusste. Zu dieser Zeit war sich Japan seiner relativ sicheren geostrategischen Position bewusst und betrachtete das Verhalten Washingtons gegenüber Moskau und Beijing als in einem überhöhten Maße aggressiv.[336]

DAS AKTIVIERTE SICHERHEITSDILEMMA

Ein komplexeres Bild bezüglich des Sicherheitsdilemmas ergibt sich während der ersten Krise 1970-1972 und der zweiten Krise 1978 für Beijing. Während die Analyse der materiellen Variablen zu einem deutlichen Ergebnis führt, gestaltet sich die Bestimmung der Informationsvariablen als äußerst schwieriges Unterfangen. Laut Allen S. Whiting können offizielle Aussagen der KP über Japan auf verschiedenen Motiven beruhen: sie können der Ausdruck (1) unausweichlicher Differenzen sein, die zwischen zwei Staaten und vormaligen Kriegsgegnern in einer asymmetrischen Beziehung aufkommen; sie können (2) einfache Fehleinschätzungen widerspiegeln, die mit zunehmender zwischenstaatlicher Interaktion ausgeräumt werden können; sie können (3) kalkulierte Aussagen darstellen, um die chinesische Verhandlungspositionen gegenüber Japan zu verbessern; und sie können durch (4) emotionale Ausbrüche verursacht werden, die als Reaktion auf wahrgenommene Provokationen zu verstehen sind.[337]

Es gibt zumindest zahlreiche Anzeichen dafür, dass Beijing seine Wahrnehmung Tokyos kurz vor und während der ersten Krise 1970-1972 aufgrund widersprüchlicher Informationen ständig überdenken musste. Zunächst schien das Nixon-Satô-Kommuniqué 1969 in der VR China große Besorgnis hervorzurufen. Premierminister Zhou En-Lai und der Große Führer Kim Il-Song legten im April 1970 in Pyongyang als Antwort auf den amerikanisch-japanischen Vorstoß ein eigenes Kommuniqué mit folgendem Inhalt vor: (1) der japanische Militarismus ist bereits wiederbelebt; (2) Japan beabsichtigt einen weiteren Krieg in Korea zu führen und Taiwan zu annektieren; und (3)

---

[335] Glenn H. Snyder (1984) "The Security Dilemma in Alliance Politics", *World Politics*, 36: 4, 461-495; Glenn H. Snyder (1997) *"Alliance Politics"*, Ithaca, NY: Cornell University Press.

[336] Tsuchiyama Jitsuo (1993) "Araiansu Direnma to Nihon no Dômei Gaikô", *Leviathan,* 13: 10, 50-75 [土山實男（1993年）『アライアンス・デイレンマと日本の同盟外交：日米同盟の終わり？』レヴィアサン、13：10、50-75].

[337] Whiting (1989) *"China Eyes Japan"*, 8-9.

das gemeinsame amerikanisch-japanische Kommuniqué fördert die militärische Expansion Japans und stärkt amerikanischen Imperialismus in Asien.[338] Im Pyongyanger Kommuniqué verschmolzen wohl ideologisch motivierte Ressentiments gegen feindliche Staaten und die berechtigte Sorge, dass Beijing auf der koreanischen Halbinsel und in Taiwan mit weiteren sicherheitspolitischen Herausforderungen konfrontiert werden könnte.

Die Glaubwürdigkeit der anti-imperialistischen Kritik des Pyongyanger Kommuniqués erhöht sich vor allem deswegen, weil sich nicht von der Hand weisen lässt, dass das Nixon-Satô-Kommuniqué in einem direkten Zusammenhang mit der Verkündung der Nixon-Doktrin im Juli 1969 auf Guam stand. Präsident Richard Nixon forderte in seiner Rede auf Guam die amerikanischen Allianzpartner in Ostasien dazu auf, die primäre Verantwortung für ihre Verteidigung zu übernehmen. Nakasone Yasuhiro, der im Januar 1970 zum Direktor der Japan Defense Agency (JDA) ernannt wurde, entwarf daraufhin das Konzept der autonomen Verteidigung (*jishu bôei* 自主防衛).[339] Als Signal japanischer Zurückhaltung musste Beijing jedoch die Tatsache werten, dass Direktor Nakasones Konzept letztlich scheiterte, da Japan widerwillig war, mit der Tradition der Yoshida-Doktrin zu brechen und sich zu weit von seinem amerikanischen Allianzpartner zu entfernen.[340] Außerdem war den Eliten der KP bewusst, dass die VR China und Japan in der Sowjetunion einen gemeinsamen Feind sahen und die Annäherung an Washington und Tokyo 1970-1972 kann nicht erklärt werden, wenn Beijing den USA und Japan gegen die VR China gerichtete Absichten unterstellt hätte.

Die VR China konnte jedoch nicht ausschließen, dass Japan die strategische Verwundbarkeit Beijings im maritimen Bereich ausnutzt, indem es die relativen navalen Machtvorteile der MSDF in eine Politik der freien Hand im Ostchinesischen Meer übersetzt. Als Japan unter Ausschluss der VR China Gespräche mit Taiwan und Südkorea führte und die Rückgabe Okinawas und der Senkaku/Diaoyu-Inseln an Japan vorbereitet wurde, kann die Aktivierung des Sicherheitsdilemmas in Beijing angenommen werden, sodass erste Proteste über *Renmin Ribao* bekundet wurden. Die ODB war zwar defensivlastig, aber Japan genoss relative Machtvorteile und die Absichten Japans

---

[338] Ito (1979) "Japan's Security in the 1970s", 1035.

[339] Nakajima Takuma (2002) "Nakasone Yasuhiro Bôeichôkan no Anzen Hoshô Kôsô", *Kyûshû Hôgaku*, 84, 114-115 ［中島琢磨（2002年）『中曽根康弘防衛長官の安全保障構想』九州法学、84、114–115］; Yasuhiro Izumikawa (2010) "Explaining Japanese Antimilitarism: Normative and Realist Constraints on Japan's Security Policy", *International Security*, 35: 2, 143.

[340] Izumikawa (2010) "Explaining Japanese Antimilitarism", 143-146.

aus der Sicht Beijings waren unbestimmbar, wenn nicht sogar revisionistisch. Laut Glasers Schema entspricht diese Ausgangslage einem *schwach ausgeprägten* oder *moderaten* Sicherheitsdilemma. Unter diesen Bedingungen musste die VR China eine langfristige Strategie verfolgen. Bewaffnete Vorstöße im Ostchinesischen Meer hätten keine Lösung der Interessenkonflikte zugunsten Beijings herbeigeführt, sondern lediglich zu Verlusten geführt und im schlimmsten Fall die Beteiligung des japanischen Allianzpartners USA provoziert, sodass die defensivlastige ODB zu einer offensivlastigen transformiert worden wäre. Durch die eigene Zurückhaltung konnte Beijing nicht nur die defensivlastige ODB konservieren, sondern auch die Wirkung der relativen navalen Machtvorteile Japans eliminieren. Diese hätten sich nur im Falle chinesischer Gewaltandrohung oder Gewaltanwendung und einer entsprechenden Gegenreaktion Japans als Vorteil für Tokyo herausgestellt. Aufgrund der limitierten offensiven navalen Machtprojektionsmittel der MSDF konnte Beijing trotz widersprüchlicher Informationsvariablen mit hoher Wahrscheinlichkeit annehmen, dass auch Tokyo nicht zu den Instrumenten der Gewaltandrohung oder Gewaltanwendung greifen würde. Navale Abenteuer im Ostchinesischen Meer hätten zudem der Sowjetunion ein Gelegenheitsfenster eröffnet.

Beijing musste sich der Tatsache bewusst sein, dass Handlungen, die den *sehr hohen* Grad der relativen Stabilität und die absolute Stabilität gefährdeten, lediglich zu einer Intensivierung des Sicherheitsdilemmas und zu einer Verschlechterung der chinesischen Ausgangslage geführt hätten. (1) Langfristige navale Aufrüstung und die (2) mittelfristige Erhaltung des *sehr hohen* Grades der relativen Stabilität und der absoluten Stabilität waren die rationalen Maßnahmen, die die VR China ergreifen konnte. Da die erste Option aufgrund begrenzter finanzieller Mittel und der sowjetischen Bedrohung (noch) nicht umsetzbar war, musste sich Beijing auf die zweite Maßnahme konzentrieren. Daher wurden über Artikel in *Renmin Ribao* und Erklärungen des Außenministeriums hinausgehend, keine eskalativen Schritte in die Wege geleitet.

Im weiteren Verlauf der ersten Krise signalisierten Japan und die USA seit 1971 ihre wohlwollenden Absichten durch ihre Annäherung an die VR China. Im März und April 1971 zeichneten sich Japan und die USA zur atmosphärischen Vorbereitung dieser epochalen Entwicklung durch große Zurückhaltung bezüglich der Hydrokarbonressourcen im Ostchinesischen Meer aus. Washington und Tokyo signalisierten Beijing außerdem, dass sie über die Rückgabe Okinawas hinausgehend keine unmittelbaren Ziele im Ostchinesischen Meer umsetzen würden. Auf dem Höhepunkt der ersten Krise zeichneten sich bereits Gespräche zwischen Beijing und Washington ab und die

Aufnahme der Gespräche mit Tokyo machten Beijing deutlich, dass Japan gegenüber der VR China kurzfristig keine revisionistischen Ziele verfolgen würde. Präsident Richard Nixon und der Nationale Sicherheitsberater Henry Kissinger versicherten der chinesischen Seite in diesem Zusammenhang, dass Washington die sicherheitspolitische Ausrichtung Tokyos im Auge behalten würde.[341] Im Verlauf der ersten Krise schwächte sich somit ein höchstens *moderates* Sicherheitsdilemma zu einem höchstens *schwach ausgeprägten* Sicherheitsdilemma für Beijing ab. Die Signale aus Washington und Tokyo mussten Beijing im Angesicht seiner materiellen Schwäche dazu motivieren, selbst kein Öl in das Feuer zu giessen. Selbst wenn Beijing nicht mit abschließender Sicherheit bestimmen konnte, ob Japan eine *status quo*-Politik im Ostchinesischen Meer betreiben würde, konnte es auch nicht zwingend annehmen, dass sich Japan umgehend der Hydrokarbonressourcen in umstrittenen Meereszonen bemächtigen oder die Senkaku/Diaoyu-Inseln militärisch sichern würde.

Bis zur zweiten Krise 1978 blieben die materiellen Variablen relativ konstant und die Verhandlungen über den Friedens- und Freundschaftsvertrag signalisierten Beijing erneut die wohlwollenden Absichten Tokyos. Die Informationsvariablen waren für Beijing im Vorfeld der zweiten Krise konstanter als während der ersten Krise, zumal in Tokyo die pro-Beijing-Faktionen innerhalb der LDP nach dem Senkaku/Diaoyu-Vorfall die Oberhand errangen. Das Sicherheitsdilemma war in dieser Zeit *schwach ausgeprägt*. Unter diesen Umständen musste Beijing seine Strategie aus der ersten Krise auch während der zweiten Krise beibehalten. Beijing war angehalten, eine übermäßige Eskalation der Krise unter allen Umständen zu vermeiden, um die wohlwollenden Absichten eines im navalen Bereich überlegenen Tokyos nicht negativ zu beeinflussen. Nur auf diese Weise konnte es der KP gelingen, Zeit zu gewinnen und an den Verhandlungstisch zurückzukehren, wenn sich die VR China in einem ebenbürtigen Zustand im navalen Bereich befinden würde. Aus diesem Grund wies die KP die Verantwortung für den Senkaku/Diaoyu-Vorfall umgehend von sich und beteuerte gleichzeitig, dass sie zukünftig Vorfälle dieser Art verhindern würde. Da Beijing den *status quo* nicht verändern sondern lediglich erhalten konnte, errangen Premierminister Zhou En-Lai und Premierminister Deng Xiaoping durch das *Einfrieren* des Interessenkonfliktes um die Senkaku/Diaoyu-Inseln diplomatische Zugeständnis-

---

[341] Soeya Yoshihide (2005) *"Nihon no 'Midoru Pawâ' Gaikô: Sengo Nihon no Sentaku to Kôsô"*, Tôkyô: Chikuma Shinsho, 108-109 ［添谷芳秀（2005年）『日本の「ミドルパワー」外交：戦後日本の選択と構想』東京ちくま新書、108-109］.

se,³⁴² die die chinesische Seite zufrieden stellten und dadurch der absoluten Stabilität und dem *sehr hohen* Grad der relativen Stabilität während der ersten und der zweiten Krise in höchstem Maße zuträglich waren.

III.2.4 OFFENSIVER REALISMUS 1970-1972 & 1978

Aus offensiv realistischer Sicht standen die erste Krise 1970-1972 und die zweite Krise 1978 im Schatten der Auseinandersetzung der Supermächte und der sino-sowjetischen Konfrontation. Nordostasien kann während dieser Periode – wenn die USA noch nicht in die Gleichung aufgenommen wird – als unausbalanciertes multipolares System eingestuft werden. Das Kennzeichen dieses Systems ist die Anwesenheit von mehr als zwei Großmächten (multipolar), wobei eine dieser Mächte über substantiell mehr militärische Macht verfügt (unausbalanciert) und die Rolle eines potentiellen regionalen Hegemonen bekleidet.

Die Rolle des potentiellen regionalen Hegemonen kam der Sowjetunion zu, die von den regionalen Großmächten VR China (seit der sino-sowjetischen Entfremdung in den 1960er Jahren) und Japan als militärische Bedrohung wahrgenommen wurde. Auch wenn die Sowjetunion im bipolaren internationalen System scheinbar auf einer Stufe neben den USA stand, unterschied sich die regionale Rolle Moskaus in Nordostasien von der Position Washingtons in der westlichen Hemisphäre. Im Kontrast zu den USA, die ihre Heimatregion unangefochten als Hegemon dominierte, konnte die Sowjetunion keine regionale Hegemonie ausüben. Moskau war lediglich ein potentieller regionaler Hegemon. Diese Erkenntnis lässt sich auf zwei Gründe zurückführen. Zum einen standen Moskaus Interessen auch in Europa auf dem Spiel, sodass die Sowjetunion ihre militärische Macht nicht auf eine einzige Weltregion konzentrieren konnte. Zum anderen fungierten die USA sowohl in Europa als auch in Nordostasien als *offshore balancer* und unterstützten in dieser Rolle die schwächeren regionalen Großmächte bei der Eindämmung der Sowjetunion. Beleg für das Engagement der USA war insbesondere der amerikanisch-japanische Sicherheitsvertrag, der am Vorabend der 1970er Jahre durch das gemeinsame Kommuniqué zwischen Premierminister Satô Eisaku und Präsident Richard Nixon im November 1969 zum wiederholten Male bestätigt wurde.³⁴³ Darüber hinaus kann die von Washington aus-

---

[342] Ross (1995) *"Negotiating Cooperation"* beschreibt, dass die VR China gegenüber den USA eine ähnliche Verhandlungsstrategie bezüglich der Taiwan-Frage angewandt hat.
[343] Ito (1979) "Japan's Security in the 1970s", 1032-1034.

gehende Annäherung zwischen der VR China und den USA als klares Signal für die vitalen Interessen Washingtons in Nordostasien gewertet werden.

Erst die Präsenz der USA als *offshore balancer* transformierte ein unausbalanciertes multipolares System in ein bipolares System in Nordostasien. Während für das unausbalancierte multipolare System nach Mearsheimers Definition hohe Instabilität zu erwarten ist, weist Bipolarität den höchsten Grad an Stabilität auf – sowohl was die Stabilität *zwischen* den polarisierenden Blöcken als auch die Kohäsion der einzelnen Staaten *innerhalb* eines Blocks anbetrifft. Beijing und Tokyo wären ohne die Präsenz der USA einer massiven sowjetischen Bedrohung ausgesetzt gewesen, die nun aber im Gespann mit Washington vor extensiver Gewaltanwendung abgeschreckt werden konnte. Aus offensiv realistischer Sicht erschien es unter diesen Umständen unwahrscheinlich, dass die VR China und Japan angesichts der Existenz eines potentiellen regionalen Hegemonen untereinander Gewaltandrohung und Gewaltanwendung zur Lösung ihrer Interessenkonflikte im Ostchinesischen Meer einsetzen und den militärischen Block, der die Gegenmacht zum potentiellen regionalen Hegemonen bildete, schwächen würden. Eine derartige Destabilisierung hätte der Sowjetunion in die Karten gespielt und die Interessen der USA als *offshore balancer* im höchsten Maße verletzt.[344]

Vielmehr zeigte sich, dass Beijing, Washington und Tokyo angesichts dieser existentiellen Gefahr immer näher zusammenrückten. Vor dem Auftreten der ersten Krise 1970 schien die VR China zwischen den beiden Blöcken zu schweben. Allerdings war spätestens nach dem sino-sowjetischen Grenzkonflikt 1969 und den Bemühungen der USA um eine Annäherung 1969-1970, noch vor dem Auftreten der ersten Krise, absehbar, dass sich die VR China bereitwillig dem anti-sowjetischen Block anschließen würde. Trotz der feindlichen Rhetorik Beijings gegenüber dem Satô-Kabinett,[345] den Verhandlungen des Ozeankomitees 1970 und dem Okinawa Reversion Treaty 1970-1971 muss die erste Krise 1970-1972 über ihren gesamten Verlauf aus der Perspektive der Verschiebung der chinesischen Position im regionalen Subsystem Nordostasiens betrachtet werden.

---

[344] Zu diesem Ergebnis gelangt auch Jonathan D. Pollock (1990) "The Sino-Japanese Relationship and East Asian Security: Patterns and Implications", *The China Quarterly*, 124, 714-729.

[345] *Asahi Shinbun Chôkan, 5. September 1970* [朝日新聞朝刊『中国、一段と対日硬化　人民日報など共同社説　成田訪日に影響か』1970年9月5日]; *Asahi Shinbun Chôkan, 22. November 1970* [朝日新聞朝刊『日中関係どう打開　政府・自民・社会の三氏に聞く木村官房副長官　古井自民党代議士　石原社党国際局長』1970年11月22日].

Bis zur zweiten Krise verstärkte sich dieser Prozess, als die VR China und Japan eine implizit gegen die Sowjetunion gerichtete anti-Hegemonieklausel vereinbarten. Die Tatsache, dass Präsident Jimmy Carter den Einbezug einer anti-Hegemonieklausel in den sino-japanischen Friedens- und Freundschaftsvertrag offen befürwortete, zeigte deutlich, dass ein hohes Maß an sino-japanischer Kohäsion im Interesse der USA lag.[346] Der Einfall der chinesischen Fischerboote während der zweiten Krise 1978 war auch aus offensiv realistischer Perspektive *nicht* der verzweifelte Versuch, die Senkaku/Diaoyu-Inseln durch Gewaltanwendung an sich zu reissen, sondern lediglich das Signal der VR China an ein an die Blockformation gebundenes Japan, dass Beijing seinen Anspruch auf die Inseln nicht fallen lassen würde. Die absolute Stabilität und der *sehr hohe* Grad der relativen Stabilität während der zweiten Krise 1978 und insbesondere auch das implizite *Einfrieren* des Interessenkonfliktes um die Senkaku/Diaoyu-Inseln bestätigen die offensiv realistische Hypothese unter den Voraussetzungen der Bipolarität mit eiserner Blockkohäsion und der Existenz eines *offshore balancers*. Die Theorie des offensiven Realismus besitzt somit eine hohe Erklärungskraft bezüglich der ersten beiden Krisen im Ostchinesischen Meer.

III.2.5 STABILITÄT IM OSTCHINESISCHEN MEER 1970-1972 & 1978

Bei der ersten Krise 1970-1972 und der zweiten Krise 1978 handelt es sich um Angelegenheiten für politische Realisten. Für offensive Realisten war ein unausbalanciertes multipolares System, das die (1) Anwesenheit der USA als *offshore balancer* erforderte, Nordostasien (2) dadurch in ein bipolares System transformierte sowie (3) die VR China und Japan zur Eindämmung der Sowjetunion von langanhaltenden konfliktträchtigen Abenteuern im Ostchinesischen Meer ablenkte, Garant für die Aufrechterhaltung der absoluten Stabilität im Ostchinesischen Meer. Der defensive Realismus erklärt die Aufrechterhaltung der absoluten Stabilität ebenfalls, führt dieses Phänomen jedoch auf die defensivlastige ODB im Ostchinesischen Meer zurück. Japan besaß überdies relative (defensive) navale Machtvorteile, sodass Tokyo kein Sicherheitsdilemma wahrnahm und von konfrontativen Verhaltensweisen Abstand nehmen konnte. Die VR China sah sich ihrerseits kontinentalen Bedrohungen ausgesetzt und musste auf Zeit spielen, um diese Bedrohungen zu bannen und ökonomische Macht aufzubauen, die es anschließend in navale Macht konvertieren konnte.

---

[346] Lee (1979) "The Making of the Sino-Japanese Peace and Friendship Treaty", 420-445.

Im Kontext der ersten und zweiten Krise lassen sich strukturell liberale und strukturell konstruktivistische Argumente von den strukturell realistischen Argumenten ableiten. Vor dem Auftreten der zweiten Krise kommt dem strukturell liberalen Argument positiver Handelserwartungen eine bedeutende Rolle zu. Japan genoss dabei ein ausreichend hohes Maß an Sicherheit, um absoluten ökonomische Gewinnen den Vorrang einzuräumen und die VR China war auf ökonomische Entwicklung angewiesen, um seine Sicherheit zu erhöhen. Strukturelle Konstruktivisten beobachten hingegen im Angesicht geopolitischer Umwälzungen einen Zustand der kollektiven Amnesie bezüglich der japanischen Kriegsverantwortung.

Zwischen dem Auftreten der zweiten Krise 1978 und dem Auftreten der dritten Krise 1990 sollten zwölf Jahre, die längste Phase ohne dem Auftreten einer sino-japanischen Krise im Zeitraum 1970-2012, vergehen. Das ist ein Hinweis darauf, dass der Grad der relativen Stabilität im Ostchinesischen Meer im Kontext der ersten und zweiten Krise am höchsten war. Tatsächlich lässt sich für alle weiteren Krise eine höhere Intensität feststellen. Der nächste Teil widmet sich zunächst der dritten und anschließend der vierten Krise.

III.3 DIE DRITTE KRISE 1990 & DIE VIERTE KRISE 1996

III.3.1 DIE DRITTE KRISE 1990: DIE LEUCHTTURMKRISE[347]

Die von der rechtsnationalen *Nihon Seinensha* (日本青年者)[348] und der Maritime Safety Agency (MSA) geforderte Anerkennung eines Leuchtturms auf einer der Senkaku/Diaoyu-Inseln (Kita Kojima) als offizielle Navigationshilfe und der darauf folgende Protest Taiwans lösten 1990 die dritte Krise im Ostchinesischen Meer aus. Wenige Tage nach dem Auftreten der Krise war auch die chinesische Regierung gezwungen, im Krisenmodus in Erscheinung zu treten. Tokyo und Beijing vollbrachten daraufhin einen Balanceakt zwischen eskalierenden und deeskalierenden Maßnahmen. Tokyo musste vermeiden, dass das Vorgehen der *Nihon Seinensha* und der MSA eine übermäßige Provokation der VR China und Taiwans verursacht, sah sich aber

---

[347] Andere Zusammenfassungen finden sich bei Strecker Downs & Saunders (1998/1999) "Legitimacy and the Limits of Nationalism", 127-131; und wiederum bei Chung (2004) *"Domestic Politics, International Bargaining and China's Territorial Disputes"*, 42-43.

[348] Chung (2004) *"Domestic Politics, International Bargaining, and China's Territorial Disputes"*, 45-46.

dennoch dazu gezwungen, seinen souveränen Anspruch auf die Senkaku/Diaoyu-Inseln öffentlich zu vertreten. Die VR China durfte hingegen nicht den Eindruck entstehen lassen, dass Fragen chinesischer Souveränität von Taiwan aus verteidigt werden, zumal patriotische Studenten im Inland ein hartes Vorgehen gegen Japan forderten. Auf der anderen Seite wollte die VR China seine Beziehungen zu Japan keiner unlösbaren Belastungsprobe unterziehen. Infolge dieser komplexen Ausgangslage konnten beide Regierungen nicht verhindern, dass das stillschweigende Abkommen von 1972 und 1978, den Interessenkonflikt um die Senkaku/Diaoyu-Inseln *einzufrieren*, nicht erneuert werden konnte.

Mitglieder der *Nihon Seinensha* hielten sich 1988 und 1989 auf Kita Kojima auf, um einen 1978 errichteten Leuchtturm zu reparieren und traten daraufhin für seine staatliche Anerkennung ein. Am 29. September 1990 traf die MSA den Beschluss, den Leuchtturm auf Kita Kojima als offizielle Navigationshilfe anzuerkennen und leitete einen entsprechenden Antrag an das japanische Parlament weiter.[349] In den folgenden Tagen formierte sich im taiwanesischen Legislativ-Yuan innerhalb der Reihen der Democratic Progressive Party (DPP) Widerstand gegen die Vorgänge in Japan. Abgeordnete der DPP forderten ihre Regierung auf, die Souveränität Taiwans über die Senkaku/Diaoyu-Inseln geltend zu machen. Das taiwanesische Außenministerium berichtete zwar am 14. Oktober, dass Japan überzeugt werden konnte, den mit dem Leuchtturm in Verbindung stehenden Gesetzgebungsprozess auszusetzen, aber bis zu diesem Zeitpunkt hatten taiwanesische Fischer bereits Vorkehrungen getroffen, um aus Protest gegen die Vorgänge in Japan zu den Inseln zu segeln.[350]

Nachdem politische und zivile Kräfte in Taiwan resolute Positionen zum Schutz chinesischer territorialer Souveränität eingenommen hatten, sah sich nun auch die VR China zum Handeln aufgefordert, um ihrem Anspruch auf den Status als einzige legitime chinesische Regierung Rechnung zu tragen. Am 18. Oktober äußerte die Sprecherin des chinesischen Außenministeriums Li Jinhua, dass eine Anerkennung des Leuchtturms eine Verletzung chinesischer Souveränität darstelle und forderte die japanische Regierung zu

---

[349] Unryu Suganuma (2000) "*Sovereignty Rights and Territorial Space in Sino-Japanese Relations: Irredentism and the Diaoyu/Senkaku Islands*", Hawai'i, HA: University of Hawai'i Press, 139; Chung (2004) "Domestic Politics, International Bargaining, and China's Territorial Disputes", 42.

[350] Chung (2004) "*Domestic Politics, International Bargaining, and China's Territorial Disputes*", 42.

Maßnahmen auf, um die Aktivitäten rechtsnationaler Organisationen einzugrenzen.³⁵¹

Die Krise verschärfte sich, nachdem taiwanesische Fischer ihre Drohungen in die Tat umgesetzt hatten und am 21. Oktober mit Journalisten und Athleten auf zwei Booten zu den Inseln gesegelt sind, um eine olympische Fackel als Symbol taiwanesischer Souveränität aufzustellen. Die MSA verhinderte daraufhin unter dem Einsatz von 12 Schiffen und zwei Helikoptern die Landung der Aktivisten auf einer der Inseln.³⁵² Auf die Frage eines taiwanesischen Journalisten forderte Sprecherin Li Japan am 22. Oktober entschlossen auf, „der Verletzung chinesischer territorialer Souveränität hinsichtlich der Inseln und der umliegenden Gewässer unverzüglich Einhalt zu gebieten".³⁵³

Japan sendete im Anschluss an diesen Zwischenfall gemischte Signale aus. Der japanische Kabinettsekretär Sakamoto Misoji bestätigte am 22. Oktober, dass „die Senkaku-Inseln inhärentes japanisches Territorium" (*Senkaku shotô ha waga kuni koyû no ryôdo* 尖閣諸島はわが国固有の領土) seien, schlug aber auf die Äusserung des Vorsitzenden Deng Xiaoping von 1978 bezugnehmend gleichzeitig vor, dass „spätere Generationen die Frage der Souveränität abschliessend entscheiden sollten".³⁵⁴ Am nächsten Tag versprach Premierminister Kaifu Toshiki, dass Japan bei der Prüfung des Antrags der *Nihon Seinensha* eine „vorsichtige Haltung" an den Tag legen werde. Das japanische Außenministerium beschwichtige die chinesische Seite überdies mit der Aussage, dass es keine Pläne gebe, regelmäßig Schiffe der MSA zur Überwachung der Inseln zu entsenden. Zu diesem Zeitpunkt waren Signale der Rückversicherung essentiell, da das japanische Parlament in diesen Tagen

---

³⁵¹ Hu Xijin, *Renmin Ribao*, 19. September 1990 ［胡锡进"外交部发言人发表谈话 钓鱼岛是中国固有领土",人民日报,1990年9月19日］; *Mainichi Shinbun Chôkan*, 22. Oktober 1990 ［毎日新聞朝刊『［解説］一気に国際問題へ　台湾「対日批判」強化も』1990年10月22日］.

³⁵² *Asahi Shinbun Chôkan*, 22. Oktober 1990 ［朝日新聞朝刊『聖火の上陸、阻止された　台湾紙一斉報道』1990年10月22日］.

³⁵³ *Renmin Ribao, 23. Oktober 1990* ［人民日报"外交部发言人重申　钓鱼岛是中国固有领土　强烈要求日本政府立即停止侵犯中国主权"1990年10月23日］; *Asahi Shinbun Chôkan, 23. Oktober 1990* ［朝日新聞朝刊『中国外務省、日本を激しく非難　尖閣列島での台湾漁船退去措置』1990年10月23日］.

³⁵⁴ *Asahi Shinbun Yûkan*, 22. Oktober 1990 ［朝日新聞夕刊『沖縄・尖閣列島の台湾漁船退去は「適切」坂本官房長官』1990年10月22日］; *Yomiuri Shinbun Tôkyô Chôkan*, 23. Oktober 1990 ［読売新聞東京朝刊『「領有　権」再燃を注視　尖閣諸島の台湾船侵犯　政府、再発防止要求』1990年10月 23日］.

über das International Peace Cooperation Law debattierte, um zum ersten Mal nach dem Ende des Großostasiatischen Krieges Auslandseinsätze der Self-Defense Forces (SDF) im Rahmen von Peacekeeping-Operationen der UN zu ermöglichen.[355]

Beijing setzte Tokyo jedoch weiterhin unter Druck. Am 27. Oktober berief sich Vizeaußenminister Qi Huaiyuan in einem dringlichen Treffen mit dem japanischen Botschafter in Beijing, Hashimoto Hiroshi, auf die Worte des Vorsitzenden Deng Xiaoping von 1978. Laut Vizeaußenminister Qi sei die Zeit nun gekommen, Verhandlungen über den Status der Inseln und über die gemeinsame Erschließung von Hydrokarbonressourcen zu führen.[356] Nachdem Japan am 22. Oktober wieder die 1972 von seinem Außenministerium artikulierte Position vertreten hatte, wonach kein territorialer Interessenkonflikt um die Senkaku/Diaoyu-Inseln existiere, musste Beijing jedoch bewusst gewesen sein, dass ein Vorschlag dieser Reichweite in Tokyo unannehmbar war.

Gleichzeitig bereiteten die Eliten der KP innenpolitisch bereits die Phase der Deeskalation ein. Nach der versuchten Landung der taiwanesischen Aktivisten wurde ein Rundbrief an lokale Behörden erlassen, um klarzustellen, dass „diese wirtschaftlich und strategisch unbedeutenden Inseln die freundschaftlichen Beziehungen zwischen China und Japan nicht beeinflussen sollten". Überdies wurden Berichte anti-japanischer Demonstrationen in Taiwan, Hong Kong und den USA zensiert, während die Stadtregierung in Beijing ein striktes Verbot gegen Proteste an den Universitäten der Hauptstadt aussprach. Mit diesen Maßnahmen sollte verhindert werden, dass der öffentliche Druck die KP zu weiteren eskalativen Maßnahmen zwingt.[357]

Dennoch konnte die KP nicht verhindern, dass Information bezüglich anti-japanischer Demonstrationen über andere Kanäle (insbesondere über die British Broadcasting Corporation und Voice of America) zu der chinesischen Bevölkerung durchdringen. Studenten in Beijing wollte daraufhin ebenfalls öffentlich ihre Ablehnung gegenüber Japan zum Ausdruck bringen und ver-

---

[355] Strecker Downs & Saunders (1998/1999) "Legitimacy and the Limits of Nationalism", 129.

[356] Sun Dongmin, *Renmin Ribao*, 28. Oktober 1990 [孙东民 "齐怀远紧急约见日本驻华大使　强烈要求日本停止在钓鱼岛单方行动　希望日本政府对向海外派兵慎重行事", 人民日报, 1990年10月28日]; *Yomiuri Shimbun Chôkan*, 28. Oktober 1990 [読売新聞朝刊『尖閣諸島は日中共同開発を中国次官、橋本大使に提案』1990年10月28日].

[357] Strecker Downs & Saunders (1998/1999) "Legitimacy and the Limits of Nationalism", 130-131.

traten die Meinung, dass Demonstrationen legitim seien, da sie „patriotische Empfindungen" und „nationale Würde" widerspiegeln würden. Die KP hielt jedoch alle inneren Restriktionen aufrecht und ließ sich nicht vom eingeschlagenen Kurs abbringen. Durch ihre sanfte Linie geriet die KP nun selbst in den Fokus der öffentlichen Kritik. Wütende Studenten fragten sich: „Gibt es hier denn überhaupt einen nennenswerten Patriotismus, wenn [die KP] nicht einmal das Territorium [will]". Aufgebrachte Demonstranten verteilten Handzettel mit der Aufschrift: „Wir wollen die Diaoyu-Inseln, wir wollen keine Yen".[358] Trotz dieser aufgeheizten Stimmung in der VR China und der demonstrierten Uneinigkeit beider Regierungen versickerte die dritte Krise ohne nennenswerte neue Wendungen in den folgenden Wochen.

III.3.2 INTENSITÄT DER DRITTEN KRISE 1990

Die dritte Krise 1990 war von einem *hohen* Grad der Stabilität gekennzeichnet. Im Gegensatz zu den beiden Krisen der 1970er Jahre, die einen *sehr hohen* Grad der Stabilität aufwiesen, wurde die Deeskalationsphase der Krise nicht mit der Erneuerung des stillschweigenden Abkommens von 1972 und 1978 zwischen den Eliten beendet und daher zog sie Folgen nach sich, die alle weiteren Krisen beeinflussen sollten. Während sich Beijing und Tokyo 1972 und 1978 implizit darauf verständigten, den Interessenkonflikt um die Senkaku/Diaoyu-Inseln *einzufrieren*, stellte Tokyo diesmal auf allen Ebenen öffentlichkeitswirksam in der Eskalationsphase der Krise klar, dass die Inseln inhärentes japanisches Territorium seien, Japan effektive Kontrolle über die Inseln ausübe und dass kein Disput um die Inseln existiere. Daher unternahm Tokyo zum Unmut Beijings auch nichts, um die Kreise der rechtsnationalen *Nihon Seinensha* einzuengen, entsendete die MSA um taiwanesische Aktivisten abzufangen und wies die Forderungen Beijings nach Verhandlungen zurück.

Beijing reagierte zunächst verhalten. Zwischen der Eingabe der MSA am 29. September und der ersten Stellungnahme des chinesischen Außenministeriums am 18. Oktober vergingen fast drei Wochen. Beijing setzte danach zwar auf begrenzte rhetorische Eskalation, aber die Vermeidung öffentlicher Demonstrationen und die Zensur medialer Berichterstattung (zum Beispiel über anti-japanische Proteste in Taiwan) im Inland machte ein überragendes Interesse an Deeskalation deutlich.

---

[358] Han-Ching Chao "We Want Diaoyu Islands; We Do Not Want Japanese Yen", *Cheng Ming*, November 1st, 1990, 7.

Dennoch blieb die dritte Krise nicht folgenlos. Beijing reagierte auf den Zusammenbruch des stillschweigenden Abkommens am 14. Februar 1992. An diesem Tag wurde das Gesetz über das Küstenmeer und die Anschlusszone verabschiedet. In Artikel 2 des Gesetzes beansprucht die VR China Souveränität über die Senkaku/Diaoyu-Inseln: "The land territory of the People's Republic of China includes the mainland of the People's Republic of China and its coastal islands; Taiwan and all islands appertaining thereto including the Diaoyu Islands".[359] Das stillschweigende Abkommen von 1972 und 1978 wurde damit 16 Monate später auch von chinesischer Seite aufgebrochen. Unter diesen Bedingungen war anzunehmen, dass die folgende Krise unter erschwerten Bedingungen bewältigt werden musste.

III.3.3 DIE VIERTE KRISE 1996: EEZ-GESETZGEBUNG UND DIE LEUCHTTURMFRAGE[360]

Während das japanische Parlament über die Verabschiedung der Exclusive Economic Zone (EEZ)-Gesetzgebung debattierte, errichteten Mitglieder der Nihon Seinensha am 14. Juli 1996 einen weiteren Leuchtturm auf Kita Kojima, um den japanischen Anspruch auf die Inseln zu stärken.[361] Am 18. Juli kritisierte der Sprecher des chinesischen Außenministeriums Shen Guofang die Aktivitäten der Nihon Seinensha als eine „schwere Verletzung chinesischer Souveränität" und forderte die japanische Regierung auf, „umgehend geeignete Gegenmaßnahmen zu treffen".[362] Am 20. Juli ratifizierte Japan das Seerechtsübereinkommen der Vereinten Nationen (United Nations Conven-

---

[359] Auszug aus Artikel 2 des "Law of the People's Republic of China on the Territorial Sea and the Contiguous Zone" vom 25. Februar 1992 in Keyuan Zou (2005) *"China's Marine Legal System and the Law of the Sea"*, Leiden: Martinus Nijhoff Publishers, 338.

[360] Andere Zusammenfassungen finden sich wiederum bei Strecker Downs & Saunders (1998/1999) "Legitimacy and the Limits of Nationalism", 133-138; Green (2001) "Japan's Reluctant Realism", 85-88; erneut bei Chung (2004) *"Domestic Politics, International Bargaining and China's Territorial Disputes"*, 43-53; Hagström (2005) "Japan's China Policy", 146-148; und Manicom (2008) "The Interaction of Material and Ideational Factors in the East China Sea Dispute", 375-391.

[361] *Yomiuri Shinbun Chôkan*, 18. Juli 1996 [読売新聞朝刊『「尖閣」に都内団体が灯台　わが国に領有権、合法なら何も問わぬ／梶山官房長官』1996年7月18日].

[362] Zou Chunyi, *Renmin Ribao*, 19. Juli 1996 [邹春义 "外交部发言人答记者问钓鱼岛自古以来就是中国领土" 人民日报，1996年7月19日]； *Yomiuri Shinbun Chôkan*, 19. Juli 1996 [読売新聞朝刊『「尖閣諸島に灯台設置」で中国が非難』1996年7月19日].

tion on the Law of the Sea, UNCLOS) und erhob im grundsätzlichen Einklang mit UNCLOS Anspruch auf eine sich über 200 Seemeilen erstreckende EEZ, die auch die Senkaku/Diaoyu-Inseln umfasste. Auf einer vom japanischen Außenministerium einberufenen Pressekonferenz verneinte Tokyo erneut die Existenz eines territorialen Interessenkonfliktes und wiederholte seinen Standpunkt, wonach die Inseln inhärentes japanisches Territorium seien und sich unter der effektiven Kontrolle Japans befänden.[363]

Nachdem Außenminister Ikeda Yukihiko bei einem Besuch in Hong Kong am 28. August diese Positionen erneut verteidigte, kam es dort bis zum 18. September täglich zu großangelegten anti-japanischen Demonstrationen mit bis zu 20.000 Demonstranten. Ein Leitartikel in *The Standard* unterstützte die Haltung der Demonstranten in Hong Kong über den gesamten Zeitraum vorbehaltlos: "It is significant that we have not lost our nationalist bearing [...]. On the contrary, the shameful memory of the loss of our land is vividly clear in our minds. We cannot allow history to be repeated. We cannot tolerate Japanese militarism raising its ugly head again."[364] In einer bemerkenswerten Abkehr von der zweiten Krise 1978 und der dritten Krise 1990 übten während der vierten Krise auch chinesische Medien innerhalb der Volksrepublik scharfe Kritik an Japan und brachten die Haltung der japanischen Regierung mit dem Militarismus der Vergangenheit in Verbindung. Die Titelseite der *Renmin Ribao* drohte am 30. August: „wer auch immer erwartet, dass 1,2 Milliarden Chinesen auch nur einen Meter chinesisches Territorium aufgeben, ist ein Tagträumer".[365] Durch die Toleranz kritischer Berichterstattung deutete die KP die Bereitschaft zu einem resoluteren Vorgehen und die Inkaufnahme höherer Eskalationsstufen in einer Krise an, die noch lange nicht überwunden war.

Der zweite Akt der vierten Krise entfaltete sich nur wenige Tage später, als die *Nihon Seinensha* am 9. September – neun Tage vor dem Jahrestag der

---

[363] *Asahi Shinbun Chôkan*, 20. Juli 1996 ［朝日新聞朝刊『中韓との水域交渉は難航か　海洋法条約が発効』1996年7月20日］.
[364] *The Standard* "Opinion Chinese Press", September 17th, 1996.
[365] Liu Wenyu, *Renmin Ribao*, 30. August 1996 ［刘文玉 "日在我钓鱼岛制造事端侵犯中国领土人愤慨"人民日报，1996年8月30日］; Zhu Changdu & Chang Baolan, *Renmin Ribao*, 30. August 1996 ［朱昌都，常宝兰 "钓鱼岛是中国的固有领土"，人民日报，1996年8月30日］; *Xinhua* "Japan, Do Not Do Foolish Things", August 30th, 1996; *Asahi Shinbun Chôkan*, 31. August 1996 ［朝日新聞朝刊『人民日報が日本の動きを非難』1996年8月31日］; *People's Daily* "Beware of Militarism", September 6th, 1996; *Central People's Radio Network (Beijing)* "We Will Never Allow Encroachment of Chinese Territory", September 9th, 1996.

japanischen Invasion der Mandschurei – erneut auf Kita Kojima landete, um Reparaturen an dem durch einen Wirbelsturm beschädigten Leuchtturm vorzunehmen. Einen Tag später stellte die *Nihon Seinensha* einen weiteren Antrag auf die offizielle Anerkennung des Leuchtturms als Navigationshilfe.[366] Infolge der Provokationen der *Nihon Seinensha*, den Äußerungen Außenminister Ikedas und den Reaktionen der Bevölkerung in Hong Kong sah sich die chinesische Regierung erneut gezwungen, gegen die Aktivitäten der *Nihon Seinensha* und die Haltung der japanischen Regierung zu protestieren.[367] Sprecher Shen verurteilte Ikedas Äußerungen am 10. September als „unverantwortlich" und wies darauf hin, dass „die Aktivitäten rechtsnationaler Gruppen im Zusammenhang mit der nachgiebigen Haltung der japanischen Regierung stünden". „Wenn die japanische Regierung", so Sprecher Shen weiter, „Aktivitäten von rechtsnationalen Gruppen auf den Diaoyu-Inseln nicht verhindern könne, würde die Situation noch ernster und die Angelegenheit noch komplizierter".[368] Beijing war vor allem darüber verärgert, dass Tokyo die Konstruktion des Leuchtturms zunächst nicht verhinderte und dies im September mit der Aussage begründete, dass die Regierung keinen Einfluss auf die Aktivitäten von Privatpersonen habe. Daran konnte auch die Tatsache nichts ändern, dass sich Tokyo nach der erneuten Landung der *Nihon Seinensha* zum ersten Mal öffentlich von den Aktivitäten der Gruppe distanzierte. Am 13. und 14. September führte die People's Liberation Army Navy (PLAN) vor der Küste der Provinz Liaoning Truppenübungen durch, bei denen die Blockade von und die Landung auf Inseln simuliert wurde. Am 18. September folgte eine umfassende Versorgungsübung der PLAN im Ostchinesischen Meer.[369]

Die Eliten beider Staaten leiteten daraufhin jedoch die Phase der Deeskalation ein. Am 19. und 20. September einigten sich die Außenminister

---

[366] Wie 1990 versickerte der Antrag 1996 in parlamentarischen Prozessen, da die japanische Regierung die Inseln bis zu ihrer Nationalisierung als Privatbesitz japanischer Staatsbürger betrachtete, und auf Privatgrundstücken keine Hoheitsakte vornehmen wollte/konnte; Email-Korrespondenz mit Chung Chien-Peng am 5. September 2014.

[367] *Asahi Shinbun Chôkan*, 10. September 1996 ［朝日新聞朝刊『首相の靖国参拝、中止要請 尖閣諸島問題含め、対日批判強める中国』1996年9月10日］; Todd Crowell "United in Rage", *Asiaweek*, September 20th, 1996.

[368] Gao Xinghua, *Renmin Ribao*, 11. September 1996 ［高兴华 "外交部发言人表示中国强烈抗议日本右翼分子再登钓鱼岛"，人民日报，1996年9月11日］.

[369] Hagström (2005) "Japan's China Policy", 147.

Ikeda Yukihiko und Qian Qichen am Rande des jährlichen Konvents der Generalversammlung der Vereinten Nationen, mit der Angelegenheit „vorsichtig" umzugehen. Außenminister Ikeda beteuerte erneut, dass die japanische Regierung die Aktionen der *Nihon Seinensha* nicht unterstütze und dass Japan die „sehr, sehr" wichtigen Beziehungen zu der VR China nicht belasten wolle. Um eine der Deeskalation förderliche Atmosphäre für die Gespräche in New York zu erschaffen, verzichtete *Renmin Ribao* am 18. September, dem Jahrestag der japanischen Invasion der Mandschurei, bei ihrer üblichen Aufzählung sino-japanischer Interessenkonflikte (Nationalismus in Japan, Schulbücher, 'Trostfrauen', Yasukuni-Schrein, Nanjing-Massaker) auf jegliche Erwähnung der Senkaku/Diaoyu-Inseln.[370]

Die Unterredung zwischen den Außenministern Ikeda und Qian blieb dennoch ein erfolgloser Versuch, die Krise zu beenden. Die anti-japanische Stimmung in der VR China, Hong Kong und Taiwan ließ sich durch das Anstimmen beruhigender Töne nicht besänftigen. Am 22. September segelte eine Gruppe von Aktivisten und Journalisten von Hong Kong zu den Senkaku/Diaoyu-Inseln. Als die MSA das Schiff der Demonstranten in unmittelbarer Nähe zu den Inseln blockierte, verstarb der Reporter David Chan, nachdem er vergeblich versuchte an Land zu schwimmen und nicht mehr wiederbelebt werden konnte.[371] Nach dem tragischen Unglück erhöhte sich in der VR China der Druck der öffentlichen Meinung auf die Eliten der KP. Vizeaußenminister Tang Jiaxuan bestellte den japanischen Botschafter in Beijing zu einer Stellungnahme ein und machte Tokyo für den Tod Chans verantwortlich. Außerdem sah sich Beijing dazu veranlasst, Forderungen nach dem Abbau des Leuchtturms auf Kita-Kojima zu stellen.[372] Bezugnehmend auf die Aktivitäten der *Nihon Seinensha* verurteilte Premierminister Li Peng am 29. September die Verletzung chinesischer Souveränität und warnte Japan erneut davor, die Beschädigung der sino-japanischen Beziehungen durch japanische Rechtsnationalisten zu dulden. Über den diplomatischen Protest hinausgehend, stellte er gegenüber der japanischen Regierung auch die Forderung, ihren

---

[370] *Renmin Ribao*, 18. September 1996 [人民日報"日本面临严重抉择", 1996年9月18日].

[371] Miyamoto Yûji (2011) *"Kore Kara, Chûgoku to Dô Tsukiau Ka"*, Tôkyô: Nihon Keizai Shimbun Shuppansha, 77 [宮本雄二（2011年）『これから、中国とどう付き合うか』東京：日本経済新聞出版社、77].

[372] *Asahi Shinbun Yûkan*, 25. September 1996 [朝日新聞夕刊　中国外相、尖閣・靖国問題で懸念　池田外相、灯台認めぬ意向』1996年9月25日]; *Yomiuri Shinbun Yûkan*, 25. September 1996 [読売新聞夕刊　『中国外相が尖閣灯台撤去求める　日本側、冷静対応を要求／日中外相会談』1996年9月25日].

Anspruch auf die Inseln aufzugeben.[373] Ausgerechnet am Tag der Beerdigung Chans ließ Premierminister Hashimoto Ryûtarô im japanischen Wahlkampf jedoch erneut verlautbaren, dass seine Liberal Democratic Party (LDP) die Ansprüche Japans auf die Inseln vorbehaltlos unterstütze.[374]

Am 29. Oktober reiste Vizeaußenminister Tang nach Tokyo und versuchte Premierminister Hashimoto dazu zu bewegen, den Leuchtturm abbauen zu lassen. Hashimoto erklärte jedoch, dass das nicht möglich sei, da sich der Leuchtturm auf privatem Gelände befände und die Regierung für ihren Abbau über keine legale Grundlage verfüge. Vizeaußenminister Tang musste sich mit der vagen Zusicherung seines japanischen Amtskollegen Yanai Shunji begnügen, wonach Japan offene Angelegenheiten im Kontext der sino-japanischen Beziehungen „behutsam behandeln" werde.[375] Infolge dieser Unterredungen kam auch die vierte Krise 1996, wie bereits die dritte Krise 1990, zu einem für beide Seiten unbefriedigendem Ende.

III.3.4 INTENSITÄT DER VIERTEN KRISE 1996

Die vierte Krise war ebenfalls von einem *hohen* Grad der Stabilität geprägt. Obwohl das stillschweigende Abkommen von 1972 und 1978, den Interessenkonflikt um die Senkaku/Diaoyu-Inseln *einzufrieren*, infolge der dritten Krise 1990 zusammengebrochen war, vermieden es beide Regierungen das Wirken substaatlicher Akteuere zum Anlass einer übermäßigen Eskalation der vierten Krise zu nehmen. Beide Seiten verzichteten auch im gesamten Verlauf der vierten Krise darauf, weitreichende diplomatische, politische, wirtschaftliche oder militärische Zwangsmaßnahmen zu ergreifen.

Aktivisten aus der VR China, Hong Kong, Taiwan und Japan haben die Senkaku/Diaoyu-Inseln 1996 über mehrere Wochen und Monate als Projektionsfläche ihrer nationalistischen Überzeugungen genutzt. Um im jeweiligen innenpolitischen Diskurs keine Schwächen zu offenbaren, ergriffen beide Regierungen begrenzte Schritte der rhetorischen Eskalation. Die japanische Seite distanzierte sich zunächst zwar nur halbherzig von den Aktivitäten der *Nihon Seinensha*, lehnte den Antrag der *Nihon Seinensha* auf die Anerkennung des Leuchtturms auf Kita Kojima als offizielle Navigationshilfe jedoch

---

[373] Charles Hutzler "China to Japan: Back Off Claim", *Associated Press,* September 30th, 1996.
[374] *Yomiuri Shinbun Yûkan,* 1. Oktober 1996 [読売新聞夕刊『「尖閣」の自民公約明記、政府方針とは差／橋本首相』1996年10月1日].
[375] *Yomiuri Shinbun Yûkan,* 30. Oktober 1996 [読売新聞夕刊 『橋本首相が中国次官と会談　尖閣諸島問題は平行線』1996年10月30日].

ab. Die chinesische Seite griff Japan rhetorisch an, setzte es durch die Tolerierung öffentlicher Proteste sowie Medienberichterstattung unter Druck und stellte vorsichtige Forderungen, verlieh diesen aber kaum Nachdruck.

Die vierte Krise blieb jedoch nicht folgenlos. Unter dem Druck der öffentlichen Meinung erodierte der *modus vivendi* aus den 1970er Jahren zunehmend, da die Ergebnisse der dritten Krise bezüglich des Interessenkonfliktes um die Senkaku/Diaoyu-Inseln bestätigt und auf den Interessenkonflikt um die Festlegung der Seegrenze ausgeweitet wurden. Da ein direkter Zusammenhang zwischen Japans EEZ-Gesetzgebung und den Aktivitäten der *Nihon Seinensha* bestand, war somit auch dieser Interessenkonflikt seit der Ratifizierung von UNCLOS mit negativen Vorzeichen versehen. Daher war beiden Regierungen der Verhandlungsspielraum für hypothetische Kompromisse genommen. Um das Wirken substaatlicher Akteure aus der VR China, Hong Kong und Taiwan einzugrenzen verstärkte Japan seit September 1996 seine effektive Kontrolle über die Senkaku/Diaoyu-Inseln. Die MSA wurden zu häufigeren Patrouillenfahrten angewiesen[376] und EC2-Frühwarnflugzeuge wurden zur Überwachung der Inseln aus der Luft eingesetzt.[377]

Die auf Deeskalation fokussierte Haltung der politischen Eliten in Beijing geriet bereits zu Beginn der Krise unter Beschuss der PLA und wurde als „unpatriotisch" abgetan.[378] Solche Erkenntnisse müssen im Kontext nachfolgender Krisen Bedenken hervorrufen, da in der VR China eine konziliante Herangehensweise bezüglich sino-japanischer Krisen auf keinem parteiinternen Konsens zu beruhen schien. Es wurde berichtet, dass eine Gruppe von 35 Generälen in einem Brief an die Parteiführung die Haltung der Regierung kritisierte und gleichzeitig forderte, sich "dem japanischen Militarismus zu widersetzen und die Diaoyu-Inseln einzunehmen".[379] Es ist kaum von der Hand zu weisen, dass die VR China in den folgenden Jahren eine aktivere maritime Politik verfolgte, und die Bewegungen von chinesischen Forschungsschiffen und Schiffen der PLAN auch in denjenigen Meereszonen des Ostchinesischen Meeres schlagartig zunahmen, in denen sich die Ansprüche beider Länder überschneiden.[380] Die Aktivität chinesischer Forschungsschiffe

---

[376] Interview mit einem Offiziellen der MSA in Hagström (2005) *"Japan's China Policy"*, 147.
[377] Chung (1998) "The Diaoyu/Tiaoyutai/Senkaku Islands Dispute".
[378] Hui-wen Jen "Zhongnanhai Points Out Three Aspects Which Should Not Be Ignored in Dealing with Japan and the United States", *Hsin Pao*, September 13th, 1996, 14.
[379] Lo Ping "Jiang Zemin Seen Facing Crisis over Diaoyutai Issue", *Cheng Ming*, October 1st, 1996.
[380] Hiramatsu (2002) *"Chûgoku no Senryakuteki Kaiyô Shinshutsu"* [平松

steigerte sich sogar in dermaßen großen Dimensionen, dass Tokyo im August 2000 den Abschluss eines Prior Notification Agreements (PNA) über marine Forschung mit Beijing forcierte. Die Verhandlungen begannen im September 2000 und wurden im Januar 2001 erfolgreich zu Ende geführt. Allerdings hatte das PNA zahlreiche Schwächen: es spezifizierte keinen genauen geographischen Raum in dem die Entsendung chinesischer oder japanischer Forschungsschiffe der anderen Seite frühzeitig gemeldet werden sollte. Außerdem beruhte die frühzeitige Meldung auf Freiwilligkeit und das PNA sah keinerlei Konsequenzen bei Missachtung ihrer Inhalte vor. Das Abkommen war somit keine Grundlage, auf der die Intensität zukünftiger Krisen verringert werden konnte.[381]

Nachdem nun der jeweils *hohe* Grad der relativen Stabilität während der dritten Krise 1990 und der vierten Krise 1996 deutlich geworden ist, werden im Analyseteil die Hypothesen der vier Theorien der Internationalen Beziehungen getestet, um Ursachen der Stabilität im Kontext der dritten und vierten Krise zu bestimmen.

III.4 ANALYSE DER DRITTEN KRISE 1990 & DER VIERTEN KRISE 1996

III.4.1 DEFENSIVER REALISMUS 1990 & 1996

Im Kontext der Theorie des defensiven Realismus werden erneut materielle Variablen und Informationsvariablen bedacht, um die Intensität des Sicherheitsdilemmas zu bestimmen, mit dem die VR China und Japan während der dritten Krise 1990 und der vierten Krise 1996 konfrontiert waren. Insbesondere stellt sich für Japan die Frage, ob das *ruhende* Sicherheitsdilemma der 1970er Jahre in den 1990er Jahren aktiviert wurde und ob sich für die VR China die *ausgeprägte* oder *moderate* Intensität des Sicherheitsdilemmas der 1970er Jahre in den 1990er Jahren verändert hat.

Die navale Doktrin und die navalen Fähigkeiten Japans basierten in den 1980er Jahren weiterhin auf dem National Defense Program Outline (NDPO) 1976. Aus den Vorgaben des NDPO 1976 entwickelte Japan in den 1980er Jahren eine Strategie, die als *comprehensive security* (*sôgô anzen hoshô* 総合安全保障) bezeichnet werden kann. Die Logik dieser Strategie bestand darin, drei Ebenen, eine militärische, eine ökonomische und eine diplomatische, zu einer einheitlichen Sicherheitspolitik zu integrieren. In Anlehnung

---

(2002年)『中国の戦略的海洋進出』].
[381] Drifte (2008) "Japanese-Chinese Territorial Disputes in the East China Sea: Between Military Confrontation and Economic Cooperation".

an die Yoshida-Doktrin sollte in der Idealvorstellung japanischer Strategen der ökonomischen und diplomatischen Komponente der Vorrang eingeräumt werden. Die aus internationalen Entwicklungen gezogenen Lehren – insbesondere aus der Nachbetrachtung des vietnamesischen Einmarsches in Kambodscha 1978 und der sowjetischen Invasion in Afghanistan 1979 – sowie die relative Ineffektivität bloßer ökonomischer und diplomatischer Instrumente führten jedoch bald zu einem ausgeglicheneren Verhältnis zwischen den drei Ebenen.[382]

So setzte es sich Premierminister Nakasone Yasuhiro 1982 zum Ziel, das Bewusstsein Japans für die Verteidigung (*bôei no ishiki* 防衛の意識) zu stärken. Vor allem die Sicherung der Seewege in einem Umkreis von 1.000 Seemeilen (von der Tokyoter Bucht aus gemessen) rechtfertigten in seinen Augen eine aktivere sicherheitspolitische Ausrichtung. 1985 führte Japan Mid-Term Defense Program (MTDP) genannte Fünfjahrespläne ein, um die in dem NDPO gesteckten doktrinären und materiellen Ziele „beständig und systematisch" zu verwirklichen.[383] Das 1985 verabschiedete MTDP identifizierte drei essentielle Aufgaben für die Self-Defense Forces (SDF): (1) die Verteidigung des Luftraumes über den japanischen Hauptinseln; (2) die Sicherung der Seewege in den Gewässern um Japan; und (3) die Abwehr einer Invasion.[384] Premierminister Nakasone unterstützte die Aneignung neuer Ausrüstung für die Maritime Self-Defense Force (MSDF) und die Air Self-Defense Force (ASDF), sodass das Verteidigungsbudget im Zeitraum von 1982 bis 1987, parallel zur Wirtschaftsleistung, um 36% stieg. Die MSDF erweiterte sein Arsenal um Zerstörer, Unterseeboote und Helikopter. Die ASDF erwarb moderne Kampfflugzeuge. Während Premierminister Nakasones Amtszeit überstieg das Militärbudget 1987 erstmals seit 1966 auch 1% des japanischen Bruttoinlandsproduktes (BIP).[385]

Als Tokyo unter dem Eindruck der sich nach dem Kalten Krieg verändernden regionalen Sicherheitsarchitektur 1995 ein neues NDPO (*shin bôei keikaku no taikô* 新防衛計画の大綱) veröffentlichte, erreichte die navale

---

[382] Tsuneo Akaha (1991) "Japan's Comprehensive Security Policy: A New East Asian Environment", *Asia Survey*, 31: 4, 324-326.

[383] Japan Ministry of Defense (2013) *"Defense of Japan 2013"*, 107.

[384] Japan Defense Agency (1985) *"Mid-Term Defense Plan (FY 1985-1989)"*, September 18th, 1985; Fred Charles Iklé & Terumasa Nakanishi (1990) "Japan's Grand Strategy", *Foreign Affairs*, 69: 3, 83; Euan Graham (2006) *"Japan's Sea Lane Security: 1940-2004: A Matter of Life and Death?"*, London, UK & New York, NY: Nissan Institute/Routledge Japanese Studies Series, 143-147.

[385] Japan Defense Agency (1976) *"Defense of Japan 1976"*, 129; Bush (2010) *"The Perils of Proximity"*, 42.

Doktrin der MSDF eine neue Evolutionsstufe. Das NDPO 1995 bestätigte die Fortführung der amerikanisch-japanischen Allianz und führte aus, dass Tokyo sicherheitspolitische Verantwortung für 'Situationen im regionalen Umfeld Japans' (*Nihon shûhen jitai* 日本周辺事態) übernehmen wolle.[386] Im April 1996 wurde das NDPO 1995 durch Präsident Bill Clinton und Premierminister Hashimoto Ryûtarô im Rahmen der US-Japan Security Declaration bestätigt. Tokyo unterzog die MSDF infolge der Stärkung der Allianz erneut qualitativen und quantitativen Verbesserungen: das MTDP 1996-2000 plante die Anschaffung von weiteren acht Zerstörern, fünf Unterseebooten, 18 Schiffen und 37 Helikoptern.[387] Die defensiven navalen Fähigkeiten der MSDF waren unverändert auf dem neuesten technologischen Entwicklungsstand. Um die Offensiv-Defensiv-Balance (ODB) im Ostchinesischen Meer während dem Auftreten der dritten Krise 1990 und der vierten Krise 1996 im Rahmen der Analyse der materiellen Variablen zu bestimmen, richtet sich der Fokus nun auf die Entwicklung der People's Liberation Army Navy (PLAN).

LIU HUAQING UND DIE NEUE NAVALE DOKTRIN DER PLAN

In der VR China befand sich die PLAN seit Mitte der 1980er Jahre im Umbruch. Die navale Strategie (*haijun zhanlüe* 海军战略) der VR China begann sich an einer grundlegend neuen Doktrin zu orientieren. Während die PLAN über die längste Zeit des Kalten Krieges hinweg die Strategie der *near-coast defense* (*jin'an fangyu* 近岸防御) verfolgte, sollte der Aufgabenbereich der PLAN unter der Strategie der *near-seas active defense* (*jinhai jiji fangyu* 近海积极防御) nachhaltig erweitert werden.[388] Der Übergang zur Strategie der *near-seas active defense* erfolgte offiziell im Dezember 1985 unter der Führung Admiral Liu Huaqings, dem Gründervater der modernen PLAN. Gegenstand dieser Strategie war laut den Memoiren Admiral Lius die Vereinigung mit Taiwan, der Kampf um umstrittene maritime Territorien, der Schutz maritimer Ressourcen sowie die Sicherung der

---

[386] Shinoda Tomohito (2006) *"Reisengo no Nihon Gaikô"*, Tôkyô: Minerva Shobô, 30-31 [信田智人（2006年）『冷戦後の日本外交：安全保障政策の国内過程』東京ミネルヴァ書房、30-31].

[387] Japan Defense Agency (1995) *"Mid-Term Defense Plan (FY 1996-2000)"*, December 7th, 1995; Stephanie Strom *"Japan Beginning to Flex its Military Muscles"*, The New York Times, April 8th, 1999; Michael T. Klare (2001) *"Resource Wars: The New Landscape of Global Conflict"*, New York, NY: Metropolitan Books, 131-132.

[388] Li (2009) "The Evolution of China's Naval Strategy and Capabilities", 145.

Seewege zu Kriegszeiten.[389] Ihr geographischer Rahmen umfasste (1) die erste Inselkette (*diyi daolian*第一岛链) von den Kurilen über das japanische Archipel, Taiwan, den Philippinen bis Borneo und damit vor allem (2) das Gelbe, Ostchinesische, und Südchinesische Meer.[390] Die von Admiral Liu definierten Grenzen reichen weit über eine 200 Seemeilen-EEZ oder den Abmessungen des chinesischen Festlandsockels hinaus.

Die Veränderungen der navalen Doktrin gingen Hand in Hand mit einer Neubewertung der strategischen Situation der VR China. 1985 kamen chinesische Strategen zu dem Schluss, dass eine Invasion durch die Sowjetunion unwahrscheinlich geworden war. Das Szenario einer sowjetischen Invasion konnte zwar nicht vollkommen ausgeschlossen werden, aber die People's Liberation Army (PLA) musste sich auch mit anderen Konfliktszenarien auseinandersetzen. Die PLA nahm grundsätzlich an, dass es sich bei zukünftig auftretenden bewaffneten Konflikten um *local limited wars* handeln würde. Unter den Voraussetzungen derartiger bewaffneter Konflikte lautete das Ziel der PLA: "assert one's own standpoint and will through limited military action".[391] Mit einem Ausbruch derartiger bewaffneter Konflikte rechnete die PLA in der gesamten Peripherie der VR China, vor allem aber auch innerhalb der ersten Inselkette. Auf operativer Ebene legte die PLA den Fokus auf offensive Operationen. Der Idealfall sah ein schnelles Eingreifen gut ausgebildeter und ausgerüsteter *first units* und die Herbeiführung früher Entscheidungen in Konflikten vor. Dabei wurde Wert auf gemeinsame Operationen aller Dienste gelegt, sodass Bodentruppen nicht mehr die alleinige Hauptrolle zugestanden wurde.[392]

Um die Vorgaben dieser offensiven Doktrin umzusetzen, mussten jedoch die notwendigen materiellen Grundlagen geschaffen werden. Bei anhaltendem Wirtschaftswachstum schritt die Modernisierung der PLA mit einem nun klar ausgerichteten Fokus auf die vormals vernachlässigte Marine und Luftwaffe schrittweise voran. Seit Anfang der 1980er Jahre integrierte die

---

[389] Liu Huaqing (2004) *"Liu Huaqing Huiyilu"*, Beijing: Jiefang Junshi Chubanshe, 437-438 [刘华清（2004年）"刘华清回忆录"，北京解放军出版社，437-438].

[390] Liu (2004) *"Liu Huaqing Huiyilu"*, 432, 434, 436-437 [刘 (2004年) "刘华清回忆录"，432, 434, 436－437].

[391] Roger Cliff et al. (2007) *"Entering the Dragon's Lair: Chinese Antiaccess Strategies and Their Implications for the United States"*, Santa Monica, CA: RAND Corporation, 19-20.

[392] Paul Godwin (1999) "The PLA Faces the Twenty-First Century: Reflections on Technology, Doctrine, Strategy, Operations" in James R. Lilley & David Shambough (Hrg.) *"China's Military Faces the Future"*, New York, NY: M.E. Sharpe, 54.

PLAN Unterseeboote der *Ming-* und *Xia-*Klasse und mit Beginn der 1990er Jahre Fregatten der *Jiangwei-*Klasse in seine Flotte.[393] Zudem wurden 1992 26 SU-27 Kampfflugzeuge und S-300 Boden-Luft-Raketen aus Russland importiert. 1993 standen zehn IL-76 Transporter und zwischen 1995-1999 vier Unterseeboote der *Kilo-*Klasse im Mittelpunkt der militärischen Modernisierungsbestrebungen. Der Kauf weiterer 22 SU-27 erfolgte 1996.[394] Die Truppenstärke und die Quantität der Ausrüstung der PLA war zwar immens, aber hinsichtlich der Anschaffungen in dieser Phase konnte es keine Zweifel darüber geben, dass es sich um veraltete Technologien handelte, die modernen westlichen Entwicklungen um etwa 20 Jahre nachstanden.[395] So verfügten die Fregatten der PLAN zu jener Zeit über keine adäquaten Luftverteidigungssysteme. Unterseeboote der *Ming-*Klasse erzeugten einen hohen Fahrtlärm, sodass sie leicht zu orten und anzugreifen waren. Unterseeboote der *Xia-*Klasse erwiesen sich für Operationen fernab der Heimatgewässer als ungeeignet und Testläufe förderten große Mängel an der Zielvorrichtung zutage.[396] Ein Beobachter stellte damals fest: „eine expansionistische navale Politik sei in Anbetracht des gegenwärtigen Zustand der Ausrüstung und der Ausbildung der [chinesischen] Flotte keine Option."[397] Auch Li Nan bemerkt, dass in der VR China seit der Einführung der Strategie der *near-seas active defense* 1985 aufgrund fehlender finanzieller Möglichkeiten und einem mangelhaften technologischen Entwicklungsstand über ein Jahrzehnt hinweg nur geringe Fortschritte erzielt werden konnten, um die Ambitionen der PLAN unter Admiral Liu umzusetzen.[398] Die Strategie der *near-seas active defense* existierte während der dritten Krise 1990 und der vierten Krise 1996 bereits in den Köpfen chinesischer Militärplaner, aber die PLAN verfügte noch nicht über die militärischen Mittel zu ihrer effektiven Umsetzung. Auf-

---

[393] Li (2009) "The Evolution of China's Naval Strategy and Capabilities", 152.

[394] Washington Post, July 20th, 2001 zitiert in Reinhard Drifte (2003) *"Japan's Security Relations with China since 1989: From Balancing to Bandwagoning?"*, London, UK & New York, NY: RoutledgeCurzon, 41.

[395] Michael G. Gallagher (1994) "China's Illusory Threat to the South China Sea", *International Security*, 19: 1, 169-194; David Shambaugh (1996) "China's Military: Real or Paper Tiger?", *Washington Quarterly*, 19: 2, 19-23; Denny Roy (1996) "The 'China Threat' Issue: Major Arguments", *Asian Survey*, 36: 8, 759-764; Avery Goldstein (1997/1998) "Great Expectations: Interpreting China's Arrival", *International Security*, 22: 3, 36-73.

[396] Li (2009) "The Evolution of China's Naval Strategy and Capabilities", 153.

[397] John Moore (1994) *"Jane's Fighting Ships:1993-94"*, Coulsdon, UK: Jane's Information Group, 55.

[398] Li (2009) "The Evolution of China's Naval Strategy and Capabilities", 158.

grund dieser Tatsachen war die ODB im Ostchinesischen Meer weiterhin defensivlastig, wobei die technologisch überlegne MSDF weiterhin relative navale Machtvorteile gegenüber der PLAN besaß. Da nun die materiellen Variablen feststehen, geht die Diskussion auf die Informationsvariablen über, um die Intensität des Sicherheitsdilemmas für die VR China und Japan zu bestimmen.

VERÄNDERTE WAHRNEHMUNG DER VR CHINA IN DEN AUGEN JAPANS

Tsukamoto Katsuichi argumentierte 1990 noch, dass die PLA nicht zu einer offensiven Kampagne fähig sei. Die Gefahr großer Flüchtlingsströme aufgrund eines Regimezusammenbruchs in der VR China sei demnach ein wahrscheinlicheres Bedrohungsszenario als ein chinesischer Militärschlag.[399] Während der dritten Krise 1990 deutete somit sehr wenig darauf hin, dass die PLAN eine Bedrohung für Japan darstellen könnte. Tatsächlich war außerhalb der VR China noch sehr wenig über die ambitionierten Pläne Admiral Lius bekannt.[400] Bis zur vierten Krise 1996 sollte sich die Wahrnehmung der VR China in Japan jedoch grundlegend verändern. Trotz erheblicher materieller Defizite der PLA führten im Zeitraum von 1992-1996 zahlreiche Entwicklungen dazu, dass Tokyo mit einer immer geringer werdenden Gewissheit bestimmen konnte, ob es sich bei der VR China um eine *status quo*-Macht handelte.[401] In Japan und den USA kam eine regelrechte *China threat*-Diskussion auf.[402]

Zunächst hat Beijing 1992 das Gesetz über das Küstenmeer und die Anschlusszone verabschiedet und in Artikel 2 explizit Souveränität über die Senkaku/Diaoyu-Inseln erhoben: "The land territory of the People's Republic of China includes the mainland of the People's Republic of China and its coastal islands; Taiwan and all islands appertaining thereto including the

---

[399] Tsukamoto Katsuichi (1990) "Kyokutô no Gunji Jôsei to Kyôi no Yôsô", *Shin Bôei Ronshû*, 18: 2, 31-40 [塚本勝一（1990年）『極東の軍事情勢と脅威の様相』新防衛論集、18：2、31–40］.

[400] Email-Korrespondenz mit Yoshihara Toshi, 7. Februar 2011.

[401] Neben den hier folgenden traditionellen Sicherheitsbedrohungen führt Reinhard Drifte (2003) *"Japan's Security Relations with China since 1989"*, 70-75 mit Energiesicherheit, transnationaler Umweltverschmutzung, transnationaler Kriminalität, Flüchtlingsproblemen und ökonomischer Rivalität auch nicht-traditionelle Sicherheitsbedrohungen für die sich verändernde Wahrnehmung der VR China in Japan an.

[402] Drifte (2003) *"Japan's Security Relations with China since 1989"*, 80-83; Chikako Kawakatsu Ueki (2006) *"The Rise of 'China Threat' Arguments"*, Phd Dissertation, Cambridge, MA: Massachusetts Institute of Technology.

Diaoyu Islands."[403] Außenminister Kôno Yôhei äußerte in diesem Zusammenhang vor dem japanischen Parlament, dass die aggressive Territorialpolitik der VR China und die militärische Modernisierung der PLA regionale Instabilität verursachen könnten.[404] Michael J. Green schreibt, dass das Gesetz über das Küstenmeer und die Anschlusszone Gewaltanwendung zum Schutz der Senkaku/Diaoyu-Inseln und zur Sicherung von Hydrokarbonressourcen in den umliegenden Gewässern rechtfertigt.[405] Hiramatsu Shigeo fügt hinzu, dass die aggressiven Formulierungen unter dem Druck der PLA in den Gesetzestext eingebracht worden sind.[406] Dies impliziert, dass in den Reihen der PLA im Rahmen der Strategie der *near-seas active defense* Forderungen nach einer dominanteren maritimen Politik laut geworden waren.[407] Das japanische Weissbuch der Verteidigung nimmt daher 1992 zum ersten mal Bezug auf chinesische Ansprüche in den Meeren des Westpazifik:

> "In February 1992, China promulgated and enforced the Territorial Waters Act. It is worth noting that the Act declares as part of the Chinese territory Senkaku Islands, which is an integral part of Japan, and the Spratly and Paracel Islands, which are claimed by other countries."[408]

Chikako Kawakatsu Ueki bemerkt, dass sich Verweise auf maritime Aktivitäten und navale Modernisierungsbestrebungen der VR China in den Weissbüchern der Verteidigung seit 1992 schlagartig vermehrten.[409]

Seit 1992 wurde auch diskutiert, ob die VR China in den Besitz eines ukrainischen Flugzeugträgers gelangen würde. Japan veröffentlichte als Reaktion auf diese Pläne eine offizielle Stellungnahme, in der es zum Ausdruck brachte, dass Schritte dieser Art die Machtbalance in Ostasien negativ beeinflus-

---

[403] Auszug aus Artikel 2 des "Law of the People's Republic of China on the Territorial Sea and the Contiguous Zone" vom 25. Februar 1992 in Zou (2005) *"China's Marine Legal System and the Law of the Sea"*, 338.
[404] Kôno Yôhei zitiert in Green und Self (1996) *"Japan's Changing China Policy"*, 37.
[405] Michael J. Green (2001) *"Japan's Reluctant Realism"*, 85.
[406] Hiramatsu Shigeo (1992) "Chûgoku no Ryôkaihô to Senkaku Shotô Mondai (Chû)", *Kokubô*, 41 : 10 , 42 ［平松茂雄（1992年）『中国の領海法と尖閣諸島問題（中）』国防、41：10、42］; Shimizu (2003) *"Chûgoku ha Naze 'Hannichi' ni Natta no ka"*, 143 ［清水（2003年）『中国はなぜ「反日」になったのか』143］.
[407] Abe Junichi (2006) *"Chûgoku to Higashi Ajia no Anzen Hoshô"*, Tôkyô: Meitokusha, 81 ［阿部純一（2006年）『中国と東アジアの安全保障』 東京明徳社、81］.
[408] Japan Defense Agency *"Defense of Japan 1992"*, 48.
[409] Ueki (2006) *"The Rise of 'China Threat' Arguments"*, 335.

sen würden. Dabei handelte es sich zum ersten Mal um eine öffentliche Stellungnahme, nachdem frühere Kommentare bezüglich chinesischer Sicherheitspolitik im privaten Rahmen geäußert wurden.[410] Seit 1993 forderten zunächst Premierminister Hosokawa Morihiro und Außenminister Hata Tsutomu höhere Transparenz bezüglich der chinesischen Militärausgaben ein.[411] Seit 1994 war auch eine Zunahme der Aktivitäten chinesischer Forschungsschiffe innerhalb der von Japan beanspruchten EEZ und im Umkreis der Senkaku/Diaoyu-Inseln zu verzeichnen. Im selben Jahr veröffentlichte Kayahara Ikuo *Chûgoku Gunjiron* (中国軍事論) und kategorisierte die fehlende Transparenz chinesischer Militärausgaben sowie die immer dominanter werdende maritime Strategie der PLAN als Sicherheitsbedrohung für Japan.[412] Das neue Selbstbewusstsein der PLAN ist 1994 auch im Zusammenhang mit der Besetzung des Mischief Reef, auf das auch die Philippinen Anspruch erheben, im Südchinesischen Meer deutlich geworden.[413] Die Japan Defense Agency (JDA) reagierte auf diese Entwicklungen besorgt, so Lam Peng Er, da Entwicklungen im Südchinesischen Meer Implikationen für die Situation im Ostchinesischen Meer und die Zukunft der Senkaku/Diaoyu-Inseln bereithalten könnten.[414] Daher verweist das Weißbuch der Verteidigung 1995 auf den Zwischenfall: "[The construction on the Mischief Reef is] creating increased concern among the countries involved. [...] Such Chinese movements toward the expansion of the scope of activities at sea need continuous attention."[415] Im selben Jahr bemängelte das Weißbuch der Verteidigung, dass Ausgaben für Forschung und Entwicklung nicht im offiziellen Verteidigungsbudget der VR China erfasst würden. Daher sei es notwendig, konstatierte das Weißbuch seit 1996, zukünftige chinesische Handlungen aufmerksam zu verfolgen

---

[410] Gerald Segal (1993) "The Coming Confrontation between China and Japan", *World Policy Journal*, 10: 2, 30.
[411] Green (2001) *"Japan's Reluctant Realism"*, 78; Siehe bezüglich der strategischen Hintergründe chinesischer Intransparenz in militärischen Angelegenheiten Avery Goldstein (1992) "Robust and Affordable Security: Some Lessons from the Second-Ranking Powers During the Cold War", *Journal of Strategic Studies*, 15: 4, 485-491, 500-503; und Alastair Iain Johnston (1995/1996) "China's New 'Old Thinking': The Concept of Limited Deterrence", *International Security*, 20: 3, 31.
[412] Kayahara Ikuo (1994) *"Chûgoku Gunjiron"*, Tôkyô: Ashishobô [茅原郁生 (1994年)『中国軍事論』東京芦書房].
[413] Fravel (2008) *"Strong Borders, Secure Nation"*, 296.
[414] Peng Er Lam (1996) "Japan and the Spratlys Dispute: Aspirations and Limitations", *Asian Survey*, 36: 10, 999-1001.
[415] Japan Defense Agency (1995) *"Defense of Japan 1995"*, 5.

(*chûmoku shite iku hitsuyô ga aru* 注目していく必要がある).[416]

Für zusätzliche Ungewissheit sorgte ein chinesischer Nuklearwaffentest im Mai 1995. Wenige Tage zuvor bat Premierminister Murayama Tomiichi während eines Staatsbesuchs in Beijing Premierminister Li Peng um ein Moratorium bezüglich Nuklearwaffentests und wies auf die sensiblen Empfindungen der japanischen Bevölkerung in Bezug auf atomare Kampfmittel hin. Ungeachtet breiter japanischer Kritik erfolgten weitere Nuklearwaffentests im August und September 1995.[417] Zur selben Zeit rückte schließlich die Taiwan-Krise in den Vordergrund. Im Zeitraum zwischen Juli 1995 und März 1996 führte die PLA wiederholt Raketentests und Truppenübungen in unmittelbarer Nähe Taiwans und der südlichsten japanischen Inseln durch, um gegen die Erteilung eines Visums für den Besuch der USA des taiwanesischen Präsidentschaftskandidaten Li Teng-Hui zu protestieren und um zu demonstrieren, dass Beijing bereit war, sich im Raum stehenden Unabhängigkeitsbestrebungen Taiwans auch unter Anwendung von Waffengewalt zu widersetzen. Da die Legitimität der KP eng mit der Taiwan-Frage verbunden war, besaß das Säbelrasseln Beijings ein hohes Maß an Glaubwürdigkeit. Um wiederum seine Bündnistreue zu Taiwan und globale Vormachtstellung im navalen Bereich unter Beweis zu stellen, mobilisierte Washington zwei Flugzeugträgergeschwader. US-Admiral Archie Clemins sagte 1999, dass sich die Kampfschiffe zu keinem Zeitpunkt näher als 120 Meilen zu Taiwan befanden,[418] aber ihre regionale Präsenz war ein deutliches Signal an Beijing.[419]

In diesem Zeitraum, so die Beobachtung Thomas J. Christensens, erzeugten Beijings territoriale Forderungen, nationalistische Rhetorik, strategische *para bellum*-Kultur und Modernisierung der PLA ein intensives Sicherheitsdilemma in Ostasien.[420] Die Beschaffenheit der seit 1992 vorliegenden Informationsvariablen lässt tatsächlich eine Veränderung des Sicherheitsdilemmas aus der Sicht Japans vermuten. Aus den Aussagen japanischer politischer Eliten und den Eintragungen in den Weißbüchern war ein hohes Maß an Ungewissheit herauszulesen, aber auf der anderen Seite ist nicht einwandfrei belegbar, ob es sich bei der VR China in den Augen Japans um eine

---

[416] Japan Defense Agency (1996) "*Defense of Japan 1996*".
[417] Green (2001) "*Japan's Reluctant Realism*", 80-82.
[418] Archie Clemins zitiert in James Mann (1999) "*About Face: A History of America's Curious Relationship with China from Nixon to Clinton*", New York, NY: Alfred A. Knopf, 337.
[419] Drifte (2003) "*Japan's Security Relations with China since 1989*", 64-65.
[420] Thomas J. Christensen (1999) "China, the U.S.-Japan Alliance, and the Security Dilemma in East Asia", *International Security*, 23: 4, 49-80.

revisionistische Macht handelte. Japanische Sicherheitsexperten warnten vor der Kategorisierung der VR China als revisionistische Macht. Kokubun Ryôsei vertrat die Sichtweise, dass die neue Diskussion über eine *China threat* auch mit dem Verschwinden des alten sowjetischen Feindbildes im Zusammenhang stünde. Tanaka Akihiko äußerte ebenfalls Zweifel darüber, dass eine mächtigere Volksrepublik gleichzeitig revisionistisch werde.[421]

Eine Einordnung nach Charles L. Glasers Schema ergibt, dass sich Japan während der vierten Krise 1996 einem *schwach ausgeprägten* (unter der Annahme unbestimmbarer chinesischer Motive) oder *moderaten* (unter der Annahme revisionistischer chinesischer Motive) Sicherheitsdilemma ausgesetzt sah. Die höchstens *moderate* Intensität des Sicherheitsdilemmas liegt trotz schwer bestimmbarer Informationsvariablen darin begründet, dass die Analyse der materiellen Variablen weiterhin eine defensivlastige ODB im Ostchinesischen Meer und relative Machtvorteile auf Seiten Japans ergab. Die Pläne der PLAN waren ohne Zweifel ambitioniert, aber ihre veraltete Ausrüstung konnte den hochmodernen MSDF nicht das Wasser reichen.

Für die dritte Krise 1990 lässt sich hingegen ohne die 1992-1996 aufgekommenen Informationsvariablen weiterhin ein *ruhendes* (unter der Annahme wohlwollender chinesischer Absichten) Sicherheitsdilemma annehmen, da es vor dem Auftreten der dritten Krise keine Hinweise auf eine dominante maritime Politik durch die VR China gab. Aus defensiv realistischer Perspektive ist im Kontext eines *ruhenden* Sicherheitsdilemmas fraglich, warum Japan das stillschweigende Abkommen von 1972 und 1978 nicht mehr erneuerte und mit dieser Entscheidung eine Reduzierung des Grades der relativen Stabilität von *sehr hoch* (während der ersten Krise 1970-1972 und der zweiten Krise 1978) auf *hoch* im Kontext der dritten Krise herbeiführte. Damit wich Tokyo in einem entscheidenden Punkt von seiner früheren Zurückhaltung ab und erhöhte aus defensiv realistischer Sicht grundlos die Intensität des Sicherheitsdilemmas für Beijing. Die Aufrechterhaltung der absoluten Stabilität während der dritten Krise steht hingegen im Einklang mit der defensiv realistischen Hypothese. Angesichts einer defensivlastigen ODB und ohne Signale auf revisionistische maritime Absichten der VR China, findet sich im Kontext der dritten Krise auch kein einziger Hinweis darauf, dass Gewaltandrohung oder Gewaltanwendung zur Lösung der Interessenkonflikte für Tokyo in Frage gekommen wäre.

Im Angesicht eines aktivierten Sicherheitsdilemmas während dem Auftreten der vierten Krise 1996 war jedoch verständlich, dass Tokyo seine An-

---

[421] Kokubun Ryôsei und Tanaka Akihiko zitiert in Drifte (2003) *"Japan's Security Relations with China since 1989"*, 82-83.

sprüche im Ostchinesischen Meer gegenüber der VR China über den EEZ-Gesetzgebungsprozess und bei verschiedenen Anlässen rhetorisch verteidigte. Auf der anderen Seite war Tokyo während der vierten Krise bei einem *schwach ausgeprägten* oder *moderaten* Sicherheitsdilemma weder dazu gezwungen, übermäßig eskalierende Maßnahmen zu ergreifen, noch Gewaltandrohung oder Gewaltanwendung in Betracht zu ziehen. Letztlich stimmen sowohl die absolute Stabilität, als auch der *hohe* Grad der relativen Stabilität mit den Hypothesen der Theorie des defensiven Realismus überein. Tatsächlich hat sich Japan in den 1990er Jahren grundsätzlich wie ein defensiv realistischer Staat verhalten.[422] Paul Midford schreibt:

> "Japan has recognized that 'normal' great power behavior could fan a spiral of suspicion by its neighbors, producing counterbalancing and an arms race. Japan has engaged in an iterated series of unilateral and non-contingent conciliatory measures that significantly limit Japan's offensive capabilities, entail risk to Japanese security, and benefit others."[423]

Langfristig gesehen war Japan bei einem *schwach ausgeprägten* oder *moderaten* Sicherheitsdilemma nicht darauf angewiesen, von seiner defensiven Militärdoktrin abzuweichen, um seine Interessen im Ostchinesischen Meer zu wahren. Durch den Verzicht auf offensive Aufrüstung im Rahmen des NDPO 1995 hat Tokyo gleichzeitig auch vermieden, dass die Intensität des Sicherheitsdilemmas für Beijing übermäßig zunimmt.

DIE VERÄNDERTE WAHRNEHMUNG JAPANS IN DEN AUGEN DER VR CHINA

In der VR China begann eine Neubewertung japanischer Absichten bereits vor dem Auftreten der dritten Krise 1990 und setzte sich bis zum Auftreten der vierten Krise 1996 fort. Im Mittelpunkt der Informationsvariablen, die erhöhte Ungewissheit auf Seiten der VR China verursachten, standen bis zur dritten Krise die von Premierminister Nakasone Yasuhiro gestärkte sicherheitspolitische Ebene der Strategie der *comprehensive security* und bis zur vierten Krise die zusammenrückende amerikanisch-japanische Allianz.

---

[422] Christopher C. Twomey (2000) "Japan, a Circumscribed Balancer: Building on Defensive Realism to Make Predictions about East Asian Security", *Security Studies*, 9: 4, 167-205.
[423] Paul Midford (2002) "The Logic of Reassurance and Japan's Grand Strategy", *Security Studies*, 11: 3, 1-43.

Auch wenn Premierminister Nakasone in den 1980er Jahren primär die militärischen Kreise der Sowjetunion einengen und den Verpflichtungen Japans als Allianzpartner der USA stärker nachkommen wollte,[424] sind seine sicherheitspolitischen Bestrebungen in der VR China kritisch verfolgt worden. Nach Analyse zahlreicher chinesischer Fachzeitschriften, die direkt von der PLA und dem chinesischen Außenministerium herausgegeben werden, kommt Sasaki Tomonori zu einem eindeutigen Ergebnis: die Ungewissheit vor den Absichten Japans nahm in der Volksrepublik seit 1987 zu.[425] Stellvertretend für eine Vielzahl von Veröffentlichungen schrieb Botschafter Zhang Wenjin in *Guoji Wenti Yanjiu*:

> "Japans Defensivbudget überstieg kürzlich 1% des japanischen BIP und Japan hat sich verpflichtet, die Seewege im Umkreis seines Territoriums von 1,000 Seemeilen zu verteidigen. Diese Tatsachen reflektieren, dass es in Japan eine Gruppe von Leuten gibt, die von der Wiederbelebung des Militarismus träumen und dies beunruhigt [die VR China] und andere Länder in der Nachbarschaft Japans."[426]

Vorsitzender Deng Xiaoping äußerte im Zusammenhang mit Japans erhöhtem Militärbudget Kritik und warnte, dass die Vergangenheit Japan einholen könnte:

> "Warum war der Bruch (*toppa*突破) [der 1%-Beschränkung] notwendig? Wenn man einen Präzedenzfall schafft, kann es auch ein zweites oder drittes Mal geschehen. Wenn dies passiert, stimmt man mit dem Teil der Bevölkerung überein, der Forderungen nach einem Japan als militärischer Großmacht (*gunji taikoku*軍事大国) laut werden lässt."[427]

Auch die Haltung Beijings gegenüber der regionalen Rolle Washingtons veränderte sich. Die Präsenz der USA in Ostasien und vor allem seine Allianz mit

---

[424] Graham (2006) *"Japan's Sea Lane Security: 1940-2004"*, 122-131.
[425] Tomonori Sasaki (2010) "China Eyes the Japanese Military: China's Threat Perception of Japan since the 1980s", *The China Quarterly*, 203, 568-573; Ge Gengfu (1989) "Riben Fangwu Zhengce he Fangwei Liliang de Fazhan Bianhua", *Guoji Wenti Yanjiu*, 1, 20-25 [戈更夫（1989年）"日本防务政策和防卫力量的发展变化"国际问题研究，1，20－25].
[426] Zhang Wenjin (1987) "Zhenxi he Fazhan Zhongri Liangguo de Youhao Guanxi", *Guoji Wenti Yanjiu*, 3, 3 [章文晋（1987年）"珍惜和发展中日两国的友好关系"，国际问题研究，3，3].
[427] Deng Xiaoping zitiert in Shimizu Yoshikazu (2003) *"Chûgoku ha Naze 'Hannichi' ni Natta no ka"*, Tôkyô: Bunshun Shinsho, 132 [清水美和（2003年）『中国はなぜ「反日」になったのか』東京文春新書、132].

Japan wurden von der VR China lange Zeit als stabilisierende Faktoren gewertet.[428] In den Augen der VR China fungierten die USA während des Kalten Krieges als 'cork in the bottle'.[429] Folgende positive Implikationen ließen sich für Beijing bezüglich der amerikanisch-japanischen Allianz anführen: (1) die Eindämmung japanischer Ambitionen nach regionaler Hegemonie; (2) die Eindämmung japanischer Remilitarisierung; (3) Rückversicherung für andere ostasiatische Staaten, die die wachsende ökonomische, politische und militärische Macht der VR China seit dem Beginn der Reformära mit Ungewissheit verfolgten; und damit (4) die Garantie sicherheitspolitischer Stabilität in Ostasien.[430]

Daher galt die Sorge Beijings unmittelbar nach dem Ende des Kalten Krieges einer Auflösung und nicht etwa der Fortführung der amerikanisch-japanischen Allianz. Der Zusammenbruch der Sowjetunion, so die Befürchtung, würde das Ende der Allianz, den Rückzug der amerikanischen Truppen aus Japan und schließlich eine rapide japanische Remilitarisierung nach sich ziehen.[431] Die chinesische Wahrnehmung der Allianz erfuhr jedoch vor dem Auftreten der vierten Krise 1996 eine radikale Wende. Nachdem unklar blieb, wie Japan seine regionale Rolle im Kontext des NDPO 1995 und der US-Japan Security Declaration 1996 definieren würde, konnte Beijing nicht ausschließen, dass die Kooperation zwischen Washington und Tokyo der Eindämmung chinesischer Interessen diente.

Die Veröffentlichung der NDPO 1995 erfolgte fast zeitgleich mit chinesischen Raketentests in der Taiwan-Strasse im Juli 1995. Dadurch erhielt Tokyos Bereitschaft, für 'Situationen im regionalen Umfeld Japans' Verantwortung übernehmen zu wollen eine besondere Brisanz. Michael J. Green weist zudem auch auf die besonderen Umstände hin, die im April 1996 die US-Japan Security Declaration zwischen Präsident Bill Clinton und Premierminister Hashimoto Ryûtarô begleiteten: Premierminister Hashimoto, der nur wenige Monate zuvor den sozialistischen Premierminister Murayama

---

[428] Christensen (1999) "China, the U.S.-Japan Alliance, and the Security Dilemma in East Asia", 50.
[429] Christopher P. Twomey (2002) "The Dangers of Overreaching: International Relations Theory, the US-Japanese Alliance, and China" in Benjamin L. Self und Jeffrey W. Thompson (Hrg.) *An Alliance for Engagement: Building Cooperation in Security Relations with China*", Washington, DC: Henry L. Stimson Center, 24.
[430] Banning Garrett & Bonnie Glaser (1997) "Chinese Apprehensions about Revitalization of the U.S.-Japan Alliance", *Asian Survey*, 37: 4, 385.
[431] Christensen (1999) "China, the U.S.-Japan Alliance, and the Security Dilemma in East Asia", 60, 62-63.

Tomiichi ablöste, war für sein ausgeprägtes Interesse an sicherheitspolitischen Themen bekannt. Der Kontrast zu Premierminister Murayama, der am 15. August 1995, am 50. Jahrestag der japanischen Kapitulation im Großostasiatischen Krieg, eine Entschuldigung für Japans Rolle im Krieg an die Staaten Ostasiens richtete, konnte kaum grösser sein.[432] Shen Guofang, Sprecher des chinesischen Außenministeriums, brachte die Ungewissheit der Volksrepublik 1996 mit folgenden Worten zum Ausdruck:

> "We hope the bilateral defense arrangement between Japan and the United States will not go beyond its bilateral nature and will not touch on any third party." [...] "Any attempt to have a security arrangement going beyond its bilateral character would certainly be cause for vigilance and concern by other Asian nations."[433]

Die Eliten der VR China konnten nach diesen Entwicklungen nicht mehr mit demselben Maß an Sicherheit behaupten, dass es sich bei Japan unverändert um eine *status quo*-Macht handelte. Viele chinesische Beobachter bezichtigen Japan sogar offen revisionistischer Absichten.[434] Während der dritten Krise 1990 und der vierten Krise 1996 war die ODB im Ostchinesischen Meer aufgrund der defensiven Doktrin und Ausrüstung der MSDF auch aus der Sicht Beijings defensivlastig. Unter Einbezug der Informationsvariablen lässt sich daher während der dritten und vierten Krise für Beijing ein *schwach ausgeprägtes* (unter der Annahme unbestimmbarer japanischer Absichten) oder *moderates* (unter der Annahme revisionistischer japanischer Absichten) Sicherheitsdilemma konstatieren. Die Intensität des Sicherheitsdilemmas steigerte sich jedoch aus der Sicht Beijings, wenn die relativen navalen Machtvorteile der MSDF und die Möglichkeit bedacht wurde, dass die USA auf Seiten Japans im Falle chinesischer Gewaltandrohung oder Gewaltanwendung im Ostchinesischen Meer eingreifen könnten. Nachdem die amerikanisch-japanische Allianz gestärkt wurde und Washington Taipei im Rahmen der Taiwan-Krise zur Hilfe eilte, war dieses Szenario im Kontext der vierten Krise nicht auszuschließen, auch wenn sich die USA im Verlauf der vierten Krise weigerten, eindeutig über ihre Position bezüglich der Senkaku/

---

[432] Green (2001) *"Japan's Reluctant Realism"*, 90-92.
[433] Shen Guofang zitiert in Garrett und Glaser (1997) "Chinese Apprehensions about Revitalization of the U.S.-Japan Alliance", 387.
[434] Eine Zusammenfassung der chinesischen Literatur hierzu findet sich bei David Shambaugh (1999-2000) "China's Military Views the World: Ambivalent Security", *International Security*, 24: 3, 68-69.

Diaoyu-Inseln Stellung zu beziehen.[435] Erneut erschien es als beste Option für Beijing, keine übermäßige Eskalation der vierten Krise herbeizuführen, da dies womöglich unberechenbare Gegenreaktionen hervorgerufen hätte. Das Sicherheitsdilemma blieb für Beijing *schwach ausgeprägt* oder *moderat*, solange es nicht riskierte, dass Tokyo seine relativen Machtvorteile oder seinen Allianzpartner mit in die Gleichung aufnahm. Weiterhin musste für Beijing die Überbrückung der relativen navalen Machtvorteile Tokyos und somit eine langfristige angelegte Strategie Priorität besitzen. Ansonsten bestätigt sich die defensiv realistische Hypothese, wonach bei einem höchstens *moderaten* Sicherheitsdilemma absolute Stabilität und ein *hoher* Grad der relativen Stabilität zu erwarten sind.

Während der dritten Krise 1990 können für Beijing ähnliche materielle Variablen und Informationsvariablen zugrunde gelegt werden wie während der vierten Krise. Somit bestätigt auch die Konstellation während der dritten Krise die defensiv realistische Hypothese bezüglich der absoluten Stabilität und dem *hohen* Grad der relativen Stabilität im Ostchinesischen Meer. Daher ist es auch nicht verwunderlich, dass Beijing im Kontext der dritten und vierten Krise aus einer abwartenden Position heraus agierte und immer nur dann eine Reaktion zeigte, wenn es die Umstände zwingend erforderten. Im Gegensatz zu 1972 und 1978 gelang es der KP 1990 und 1996 jedoch nicht mehr, Japan ein stillschweigendes Abkommen abzutrotzen, was 1990 und 1996 letztlich zu einem geringeren Grad der relativen Stabilität führte als 1972 und 1978.

III.4.2 OFFENSIVER REALISMUS 1990 & 1996

Um die Hypothesen der Theorie des offensiven Realismus bezüglich der absoluten Stabilität und dem *hohen* Grad der relativen Stabilität während der dritten Krise 1990 und der vierten Krise 1996 zu testen, muss die Polarität und die Machtverteilung in den regionalen Subsystemen Nordostasiens und des Ostchinesischen Meeres bestimmt werden. Nach dem Ende der bipolaren Konfrontation und dem sich abzeichnenden Untergang der Sowjetunion existierten in Nordostasien bis zum Auftreten der dritten Krise mit der VR China und Japan zwei Großmächte. Zudem setzten die USA ihr regionales Engagement in der Rolle des *offshore balancers* fort, um das Aufkommen eines regionalen Hegemonen zu verhindern. Somit bildete die regionale Ordnung ein ausbalanciertes (kein potentieller regionaler Hege-

---

[435] Dieser Punkt wird im Abschnitt III.4.2 Offensiver Realismus ausführlicher behandelt.

mon) multipolares (VR China, Japan und USA) System ab. Diese Konstellation gilt zwar im Vergleich zu einem bipolaren System als instabiler, sodass nicht mehr mit einem *sehr hohen* Grad der relativen Stabilität gerechnet werden kann, aber die Existenz eines *offshore balancers*, der *status quo*-Absichten verfolgt, spricht für die unveränderte Aufrechterhaltung der absoluten Stabilität.

Während der ersten Krise 1970-1972 und der zweiten Krise 1978 hielt die Sowjetunion die Rolle eines potentiellen regionalen Hegemonen in Nordostasien inne und zog die Aufmerksamkeit der VR China und Japans auf sich. Bis zur dritten Krise 1990 fiel jedoch eine dem Untergang geweihte Sowjetunion aus der Machtgleichung Nordostasiens heraus. Die Wirtschaft des aus den Trümmern der Sowjetunion hervorgegangenen Russlands sah sich massiven Problemen ausgesetzt, die Militärausgaben wurden umfangreichen Kürzungen unterzogen und bestehende Waffensysteme in großen Mengen an die VR China und andere internationale Akteure abgesetzt.[436] Neben den nicht mehr existierenden materiellen Grundlagen hatte auch die staatstragende Ideologie des Kommunismus ihre Legitimität verloren. In diesem Zustand konnte Moskau seine hegemonialen Ambitionen in Nordostasien nicht mehr verwirklichen.

Die USA waren hingegen als mächtigster Staat auf der Welt aus dem Kalten Krieg hervorgegangen und dies führte dazu, dass die Struktur des internationalen Systems (parallel zur ausbalancierten multipolaren Ordnung Nordostasiens) einer unipolaren Ordnung unterlag.[437] Während in Europa aufgrund der angesprochenen Schwäche Russlands und der institutionellen Beschränkungen durch die Europäische Union und der North Atlantic Treaty Organization auf das wiedervereinigte Deutschland kein potentieller Hegemon existierte, blieb in Nordostasien abzuwarten, ob die VR China oder Japan eine hegemoniale Position anstreben würden.[438]

---

[436] Robert S. Ross (1999) "The Geography of Peace: East Asia in the Twenty-first Century", *International Security*, 23: 4, 87-90; *The Economist* "Russia's Armed Forces: The Threat That Was", August 28th, 1993.

[437] Charles Krauthammer (1990/19991) "The Unipolar Moment", *Foreign Affairs*, 70: 1, 23-33; Siehe zur Unterscheidung zwischen Weltmächten und Regionalmächten William T. R. Fox (1944) *"The Superpowers: The United States, Britain, and the Soviet Union – Their Responsibilities for Peace"*, New York, NY: Harcourt Brace, 20-21.

[438] Christopher Layne (1993) "The Unipolar Illusion: Why New Great Powers Will Rise", *International Security*, 17: 4, 5-51; Roy (1994) "Hegemon on the Horizon?", 150-156; Kent Calder (1992) "The United States-Japan Relationship", *The Pacific Review*, 5: 3, 125-134; Bill Emmott (1992) "Japan's Global Reach after the Sunset", *The Pacific Review*, 5: 3, 232-240; Gerald Segal (1993) "The Coming Confrontation between China

Ein internes Planungspapier des Pentagon offenbarte indessen 1992 nach dem Untergang der Sowjetunion, dass die USA keine weitere Großmacht neben sich dulden werde. In der wichtigsten Passage hieß es:

> "Our first objective is to prevent the reemergence of a new rival [...] that poses a threat on the order of that posed formerly by the Soviet Union [...] our strategy must now refocus on precluding the emergence of any potential future global competitor".[439]

Dieses dem Planungspapier entnommene strategische Ziel bezog sich insbesondere auf Nordostasien. Um zu verhindern, dass die VR China und Japan regionale Hegemonie anstrebten und weil die Korea- und Taiwan-Frage genauso wie die Interessenkonflikte im Ostchinesischen Meer ungelöst blieben, hielten die USA an ihrer regionalen Strategie der bilateralen Allianzen und der *forward deployed defense* mit einer Truppenstärke von ungefähr 100,000 Mann fest.[440]

Da in Nordostasien neben den USA als *offshore balancer* die VR China und Japan als Machtpole verblieben, bildete die regionale Ordnung eine multipolare Struktur ab, die nach offensiv realistischer Definition ausbalanciert war, da weder die kontinentale Macht VR China noch die navale Macht Japan als potentieller regionaler Hegemon eingestuft werden konnte. Eine spezifische Analyse der navalen Machtverteilung, die im Zusammenhang mit den Krisen im Ostchinesischen Meer entscheidender ist, ergibt hingegen, dass das navale Potential der VR China (A) während des gesamten Zeitraums schwächer war, als jenes Japans (B) oder der USA (C).[441] Bernard D. Cole bezeichnete die MSDF nach dem Ende des Kalten Krieges als die stärkste asiatische navale Macht.[442] Die USA waren Japan im navalen Bereich um ein

---

and Japan", *World Policy Journal*, 10: 2, 30-31.

[439] *The New York Times*, "Prevent the Re-Emergence of a New Rival", March 8th, 1992.

[440] Joseph S. Nye, Jr. (1995) "The Case for Deep Engagement", *Foreign Affairs*, 74: 4, 90-102; Mearsheimer (2001) *"The Tragedy of Great Power Politics"*, 278-282.

[441] Allen S. Whiting (1996) "The PLA and China's Threat Perceptions", *The China Quarterly*, 146, 611; Geoffrey Till (1996) "Maritime Disputes in the Western Pacific", *Geopolitics and International Boundaries*, 1: 3, 337; Robert S. Ross (1997) "China II: Beijing as a Conservative Power", *Foreign Affairs*, 76: 2, 33-44; Bates Gill & Michael O'Hanlon (1999) "China's Hollow Military", *The National Interest*, 56, 55-62; Gerald Segal (1999) "Does China Matter?", *Foreign Affairs*, 78: 5, 24-36; Xinbo Wu (2000) "The Security Dimension of Sino-Japanese Relations: Warily Watching One Another", *Asian Survey*, 40: 2, 298; Shigeo Hiramatsu (2001) "China's Advances in the South China Sea: Strategies and Objectives", *Asia-Pacific Review*, 8: 1, 40-42.

[442] Bernard D. Cole (2008) *"Sea Lanes and Pipelines: Energy Security in Asia"*,

Vielfaches überlegen, aber da Washington seine navale Macht über den Pazifik transportieren musste, sie nicht ausschließlich auf das Ostchinesische Meer konzentrieren konnte und auf japanische Basen angewiesen war, wirkte der *loss of strength gradient* - wonach die militärische Macht eines Staates mit zunehmender geographischer Entfernung des Einsatzgebietes von seinem eigenen Territorium abnimmt[443] - und es galt B = C oder B ≈ C. Aufgrund der regionalen Präsenz des amerikanischen *offshore balancers* war Japan somit auch im navalen Bereich kein potentieller regionaler Hegemon. Dabei unternahm Tokyo keine Anstrengungen, um sich dieser Konstellation zu entziehen. Die Aufkündigung der Allianz und die Verdrängung Washingtons aus dem maritimen Nordostasien wäre für Tokyo mit immensen Kosten verbunden gewesen, die es unter keinen Umständen schultern konnte. Japan war auf den Zugang zu amerikanischen Märkten, auf den Schutz des amerikanischen Nuklearschirms und auf die Sicherung kritischer Seewege für seine Rohstoffzufuhr durch die USA angewiesen.[444] Um regionale Hegemonie, wenn auch nur im navalen Bereich, anzustreben, hätte ein massives Programm der Aufrüstung, das mit den bekannten Risiken aus den 1940er Jahren verbunden gewesen wäre, in Gang gesetzt werden müssen. Da dies nicht geschah, muss ein ausbalanciertes multipolares System im Kontext der absoluten Stabilität und dem *hohen* Grad der relativen Stabilität während der dritten Krise 1990 und der vierten Krise 1996 diskutiert werden.

Gegenüber dem rigiden bipolaren System, das während der ersten beiden Krisen die Interaktion zwischen der VR China und Japan im Ostchinesischen Meer bestimmte, ist das ausbalancierte multipolare System, das während der dritten und vierten Krise existierte, mit höherer Instabilität verbunden, weist jedoch nicht die im höchsten Maße destabilisierenden Effekte eines unausbalancierten multipolaren Systems auf. Unter den Vorzeichen der Bipolarität waren die VR China und Japan im Kontext der ersten beiden Krisen als Bestandteile desselben Machtblockes gezwungen, ihr strategisches Verhalten an die Erfordernisse der Machtbalance in Nordostasien anzupassen und die Interessenkonflikte im Ostchinesischen Meer *einzufrieren*. Aber im Kontext der dritten Krise richteten beide Staaten ihre Konzentration verstärkt auf das Ostchinesische Meer und hielten das stillschweigende Abkommen von 1972 und 1978, das damals übermäßigen Sicherheitswettbewerb im Kontext

---

Westport, CN: Praeger Security International, 133.
[443] Kenneth E. Boulding (1962) *"Conflict and Defense: A General Theory"*, New York, NY: Harper and Brothers, 79, 230-232.
[444] Michael M. May (1993-1994) "Correspondence: Japan as a Superpower?", *International Security*, 18: 3, 182-187.

der Interessenkonflikte ausschloss, nicht mehr aufrecht. Da Japan im navalen Bereich relative Machtvorteile gegenüber Beijing genoss, war zu erwarten, dass der Impuls zu erhöhtem Sicherheitswettbewerb von Tokyo ausging. Tatsächlich ließ Tokyo im Kontext der dritten Krise verlautbaren, dass es effektive Kontrolle über die Senkaku/Diaoyu-Inseln ausübe und verneinte zum Missfallen der VR China die bloße Existenz eines territorialen Interessenkonfliktes. Beide Staaten bestätigten ihre entgegengesetzten Positionen im Zuge der vierten Krise.

Die USA konnten als *offshore balancer* dieses geringe Maß an Sicherheitswettbewerb zwar nicht eingrenzen, stabilisierten die Situation im Ostchinesischen Meer jedoch durch ihre demonstrierte Zurückhaltung. Auf diese Weise ist es zu erklären, dass Washington während der vierten Krise nicht eindeutig Stellung zu seiner Position bezüglich der Senkaku/Diaoyu-Inseln bezogen hat. *The New York Times* zitierte den amerikanischen Botschafter Walter Mondale am 16. September mit den Worten: "the United States takes no position on who owns the islands [...] American forces would not be compelled by the treaty to intervene in a dispute over them".[445] Eine eindeutige Positionierung auf der Seite Japans hätte die militärisch überlegene Seite (Tokyo) zu stark bevorteilt und die militärisch unterlegene Seite (Beijing) noch weiter in die Enge getrieben. Nach demselben Prinzip ergriffen die USA während der Taiwan-Krise wenige Monate zuvor Partei für das schwächere Taipei gegenüber dem in diesem Fall stärkeren Beijing. Erst im November 1996, einige Wochen nachdem die vierte Krise beigelegt wurde, erhielt das auf eine unmissverständliche Klärung der Frage drängende Japan eine definitive Antwort auf die Position der USA bezüglich des Ostchinesischen Meeres. Nachdem ein Kongressbericht die Verpflichtungen der USA bezüglich der Senkaku/Diaoyu-Inseln und der umliegenden Gewässer offenlegte,[446] erklärte Kurt Campbell, Unterstaatssekretär für Ostasien und den Pazifischen Raum, auf der Titelseite von *Yomiuri Shinbun*, dass die Inseln vom amerikanisch-japanischen Sicherheitsvertrag abgedeckt würden.[447]

---

[445] Walter Mondale zitiert in Nicholas D. Kristof "An Asian Mini-Tempest Over Mini-Island Group", *The New York Times*, September 16th, 1996.

[446] Larry A. Niksch (1996) "Senkaku (Diaoyu) Islands Dispute: The U.S. Legal Relationship and Obligations", *CRS Report for Congress*, September 30th, 1996.

[447] *Yomiuri Shinbun Yûkan*, 28. November 1996 ［読売新聞東京夕刊『「尖閣」米次官補代理発言　同盟堅持を重視「領土」判断には言及せず（解説）』、『尖閣諸島は安保条約の適用対象　有事には防衛義務　米国防次官補代が見 解』1996年11月28日］.

Das ausbalancierte multipolare System brachte somit 1990 und 1996 höhere Krisenintensitäten hervor als 1970-1972 und 1978, aber die absolute Stabilität im Ostchinesischen Meer sollte dennoch erhalten bleiben. Diese Diskussion kann in Randall C. Schwellers Schema tripolarer Machtstrukturen eingebettet werden.

DIE VR CHINA ALS AUSGELIEFERTER DRITTER?

Wenn Schwellers Überlegungen zur Polarisierung und Allianzformierung in einem tripolaren System bedacht werden, erscheint die zögerliche Haltung der USA bezüglich der Senkaku/Diaoyu-Frage während der vierten Krise verwunderlich. Zunächst steht fest, dass sich Tokyo und Washington nicht als Konkurrenten um militärische Macht betrachteten. Die amerikanisch-japanische Allianz wurde nach dem Ende des Kalten Krieges fortgeführt und anschließend gestärkt. Das amerikanische Verteidigungsministerium stellte 1995 unmissverständlich fest:

> "[T]here is no more important bilateral relationship than the one we have with Japan. It is fundamental to both our pacific security policy and our global security objectives. Our security alliance with Japan is the linchpin of United States security policy in Asia".[448]

Es war die VR China, die sich nach dem Zusammenbruch der Sowjetunion von den USA und Japan entfernte und somit war zu erwarten, dass die tripolare Struktur der regionalen Subsysteme Nordostasiens und des Ostchinesischen Meeres während dem Auftreten von Krisen, in denen die Interessen der VR China (A) und Japans (B) kollidierten und die USA (C) zur Unterstützung Tokyos kommen sollte, dem Modell des ausgelieferten Dritten, A < B = C entsprach. Wie oben beschrieben, nahm Washington jedoch eine neutrale Position während der vierten Krise ein, da die Aufrechterhaltung der absoluten Stabilität bei einer tripolaren Konstellation, in der ein ausgelieferter Dritter existiert, nur dann garantiert werden kann, wenn die überlegenen Pole *status quo*-Absichten verfolgen. Als *offshore balancer* waren die USA weiterhin nicht an territorialer Expansion interessiert, sondern nutzten ihr offensives Potential zur Abschreckung und Eindämmung jeglicher hegemonialer Ambitionen in Nordostasien. Washington war folglich unverändert darauf bedacht, regionale Konflikte zu verhindern.[449]

---

[448] U.S. Department of Defense (1995) "United States Security Strategy for the East Asia Pacific Region".

[449] Michael Mastanduno (1997) "Preserving the Unipolar Moment: Realist Theories and U.S. Grand Strategy after the Cold War", *International Security*, 21: 4, 49-88;

Als ausgelieferter Dritter war die VR China ihrerseits nicht imstande, aggressive Politik gegenüber Japan und den USA zu betreiben. Beijing konnte sich jedoch in relativer Sicherheit wähnen, solange es die regionalen navalen Großmächte nicht herausforderte. Dies zeigte sich während der dritten und vierten Krise sehr deutlich, als Beijing über weite Strecken beider Krisen um Deeskalation bemüht war. Die Rolle der USA als *offshore balancer* war somit der Aufrechterhaltung der absoluten Stabilität, auch wenn sich die Polarität und Polarisierung in den regionalen Subsystemen Nordostasiens und des Ostchinesischen Meeres im Gegensatz zur ersten und zweiten Krise verändert hat, äußerst förderlich. Lediglich der Grad der relativen Stabilität sank von *sehr hoch* auf *hoch*, da eine multipolare oder tripolare Ordnung die Rigidität einer bipolaren Ordnung vermissen ließ und insbesondere weil die VR China und Japan nicht mehr derselben Blockformation angehörten und ihren maritimen Interessen nach dem Untergang des potentiellen regionalen Hegemonen in Nordostasien eine bedeutendere Position auf ihrer jeweiligen nationalen Agenda einräumen konnten.

III.4.3 STRUKTURELLER LIBERALISMUS 1990 & 1996

Nachdem sich die sino-japanischen Handelsbeziehungen seit der zweiten Krise 1978 stetig weiterentwickelt hatten,[450] existierten sowohl vor dem Auftreten der dritten Krise 1990 als auch vor dem Auftreten der vierten Krise 1996 positive Handelserwartungen. Die absolute Stabilität und der *hohe* Grad der relativen Stabilität während der dritten und vierten Krise stützen die Hypothese der Theorie der Handelserwartungen weitestgehend, wonach positive Handelserwartungen konziliante Handlungsweisen nach sich ziehen.

Nach dem Abschluss des Friedens- und Freundschaftsvertrages 1978 hat sich das bilaterale Handelsvolumen zwischen der VR China und Japan bis zum Auftreten der dritten Krise 1990 mehr als verzehnfacht. 1989 erreichte es ein historisches Hoch von $19,6 Milliarden.[451] Der Vizeminister des MITI, Konaga Keiichi, äußerte drei Jahre vor dem Auftreten der dritten Krise, dass Japan angesichts ökonomischer Spannungen mit den USA seinen Fokus stärker auf Asien ausrichten müsse. Eine enge ökonomische Zusammenarbeit

---

William C. Wohlforth (1999) "The Stability of a Unipolar World", *International Security*, 24: 1, 5-41.

[450] Whiting (1989) *"China Eyes Japan"*, 93-106 eröffnet, dass dieser Prozess keinesfalls linear und problemlos verlief, aber mittelfristige Trends erwiesen sich als positiv.

[451] Wang (1993) "Recent Japanese Economic Diplomacy in China", 625-641.

zwischen Tokyo und Beijing, so Vizeminister Konaga, könne dieser Diversifikationsstrategie sehr förderlich sein.[452] Um unsicheren Investitionsbedingungen für japanische Firmen in der VR China nach 1978 entgegenzuwirken, verhandelten Beijing und Tokyo 1981-1988 ein Japan-China Bilateral Investment Treaty (JCBIT).[453] Nachdem die komplizierten Verhandlungen zum Abschluss gebracht wurden, bezeichnete Premierminister Takeshita Noboru den Vertrag als „geschichtsträchtig" (*kakkiteki* 画期的) und zeigte sich zuversichtlich, dass japanische Firmen höhere Direktinvestitionen (*foreign direct investment*, FDI) in der VR China tätigen würden.[454] Während sich Japan bis zum Ende der 1980er, auch aufgrund des JCBIT, zum größten Direktinvestor in der VR China entwickelte, arbeitete das MITI Konzepte aus, um die Zusammenarbeit mit der VR China in einer von Japan geführten regionalen Produktionsordnung zu koordinieren. Als Beijing Ende der 1980er Jahre neue ökonomische Reformen in die Wege geleitet hatte, erhöhte sich die Komplementarität beider Volkswirtschaften zunehmend. Im März 1990, wenige Monate vor dem Auftreten der dritten Krise, wurde das Institute for Promoting Japanese Investment in China von der japanischen Regierung und der japanischen Geschäftswelt etabliert, um den Fluss von FDI weiter zu beschleunigen.[455]

Japans besondere Rolle für die chinesische Ökonomie wurde auch im Zusammenhang mit dem Massaker auf dem Platz des Himmlischen Friedens (Tiananmen 天安门) im Juni 1989 deutlich. Tokyo wollte im Anschluss an die tragischen Ereignisse vermeiden, dass Beijing trotz eklatanter Menschenrechtsverletzungen international isoliert wird und lockerte als erster Group of (G) 7-Staat gegen die VR China verhängte Sanktionen.[456] Premierminister Kaifu Toshiki sprach auf dem G7-Gipfeltreffen in Houston im Juli 1990 von einer „besonderen Beziehung", die zwischen der VR China und Japan bestehe und konnte das prinzipielle Einverständnis der anderen Regierungschefs für die Wiederaufnahme japanischer *official development assistance* (ODA) an die VR China sichern.[457]

---

[452] Konaga Keiichi zitiert in Nitchû Keizai Kyôkai (1987) *"Nitchû Keizai Kyôkai Kaihô"*, November 1987, 10-11 [日中経済協会（1987年）『日中経済協会会報』1987年11月、10–11].

[453] Hagström (2005) *"Japan's China Policy"*, 78-95; Der Vertrag trat am 14. April 1989 in Kraft.

[454] Takeshita Noboru zitiert in Hagström (2005) *"Japan's China Policy"*, 88.

[455] Wang (1993) "Recent Japanese Economic Diplomacy in China", 627-631; Hughes (2009) "Japan's Response to China's Rise", 840.

[456] Segal (1993) "The Coming Confrontation between China and Japan", 28-29, 30.

[457] Akaha (1991) "Japan's Comprehensive Security Policy", 334-335.

Zum Zeitpunkt des Auftretens der dritten Krise waren die Ergebnisse des G7-Gipfeltreffens in Beijing bekannt, aber es stand noch nicht fest, wann Japan die nächste ODA-Zahlung an die VR China leisten würde. Die KP war darüber hinaus aufgrund der Folgen einer Austeritätspolitik 1990 in eine schwere Legitimitätskrise geraten. Damit liegt auf der Hand, dass Beijing keine übermäßige Eskalation der dritten Krise bewirken durfte, um das wachsende bilaterale Handelsvolumen, den Fluss japanischer FDI und die Wiederaufnahme japanischer ODA nicht zu gefährden.[458] Aus diesem Grund reagierte die VR China sehr spät auf die Vorgänge im Ostchinesischen Meer und tolerierte weder anti-japanische Proteste, noch kritische Medienberichterstattung. Wahrzunehmen waren lediglich begrenzte Schritte der Eskalation, die als reaktive Maßnahmen auf die Aufkündigung des stillschweigenden Abkommens von 1972 und 1978 durch Japan zu verstehen sind.

Ebenso zeigte sich nach dem Tiananmen-Massaker, dass eine Isolation der VR China nicht im Interesse Japans stand. Tokyo wollte Maßnahmen ergreifen, um Beijing in die regionale Wirtschaftsordnung zu integrieren, sodass auch Tokyo die Aufrechterhaltung der absoluten Stabilität als vorrangiges Ziel sah. Tokyo setzte den Gesetzgebungsprozess bezüglich des von der *Nihon Seinensha* konstruierten Leuchtturms aus und minimierte die Rolle der MSA. Im Oktober 1990, nachdem die Deeskalationsphase der dritten Krise erreicht war, beschloss Tokyo schließlich ODA in Höhe von $270 Millionen an Beijing zu leisten. Die absolute Stabilität während der dritten Krise reflektierte somit die positiven Handelserwartungen beider Staaten.

Dennoch bleibt die Frage offen, warum die dritte Krise einen geringeren Grad der Stabilität (*hoch*) aufwies als die zweite Krise (*sehr hoch*), obwohl vor dem Auftreten beider Krisen positive Handelserwartungen existierten. 1978 konnten sich beide Seiten darüber verständigen, den Interessenkonflikt um die Senkaku/Diaoyu-Inseln *einzufrieren*, aber 1990 weigerte sich Japan dieses stillschweigende Abkommen zu bestätigen, indem es die Existenz eines territorialen Interessenkonfliktes verneinte und verlautbaren ließ, effektive Kontrolle über die Inseln auszuüben. Bei den sino-japanischen Handelsbeziehungen handelte es sich um ein Verhältnis der asymmetrischen Interdependenz in dem die VR China in größerem Maße von Japan abhängig war, aber Tokyo nutzte diesen Vorteil 1978 im Gegensatz zu 1990 nicht aus. Die Theorie der Handelserwartungen kann daher nicht erklären, warum die Krisenintensität während der dritten Krise im Vergleich zur zweiten Krise um eine Stufe zunahm.

---

[458] Hagström (2005) "*Japan's China Policy*", 155.

DIE INTEGRATION DER VR CHINA IN EINE LIBERALE WELTORDNUNG

Nach dem Ende des Kalten Krieges wuchs in Japan die Hoffnung, dass wachsende wirtschaftliche Interdependenz friedliche und stabile Beziehungen zu der VR China festigen könnte. Funabashi Yôichi notierte: "[...] with the growing interdependence among nations, economic and technological factors have come to play a more important role than ever before in international society, and military power's significance has dwindled". Unter diesen Vorzeichen war es für den Frieden und die Stabilität in Ostasien wichtig, die robusten Beziehungen zwischen Japan und der VR China aufrechtzuerhalten und weiterzuentwickeln.[459] In Japan war die Ansicht weit verbreitet, dass das rapide Wirtschaftswachstum der VR China auf eine starke Bindung an die Weltmärkte beruhte. Beijing würde somit weiterhin auf japanische Investitionen und den japanischen Markt angewiesen sein. Es wurde sogar die Möglichkeit in Betracht gezogen, dass Japan und die VR China kooperativ in den Wettbewerb mit einem rivalisierenden europäischen oder amerikanischen Handelsblock einsteigen könnten. In dieses Umfeld eingebettet würde Beijing auf Gewaltandrohung, Gewaltanwendung und territoriale Expansion verzichten, seine Militärausgaben nicht in höherem Maße als Tokyo erhöhen, Rüstungskontrollmechanismen zustimmen und sich aktiv an multilateralen Sicherheitsinstitutionen beteiligen.[460]

Im Geiste der nicht-konfrontativen Strategie der *comprehensive security* schienen in Japan Rahmenbedingungen zu existieren, unter denen Tokyo nicht nur seine eigene Sicherheit, sondern auch die Sicherheit der VR China durch ökonomische und diplomatische Initiativen stärken konnte.[461] In der Vision Japans sollte die VR China demnach ein integraler Bestandteil einer regionalen Ordnung des Friedens und der Prosperität werden.[462] Diese Gedanken waren komplementär zur wirtschaftlichen Strategie der VR China. Paul A. Papayoanou analysiert, dass das Interesse in Beijing an der fortschreitenden Internationalisierung der chinesischen Wirtschaft groß war, da primär die internationale Verflechtung das Wachstum vorantrieb. Der erfolg-

---

[459] Yoichi Funabashi (1991-1992) "Japan in the New World Oder", *Foreign Affairs*, 70: 5, 58-74.

[460] Yoichi Funabashi (1993) "The Asianization of Asia", *Foreign Affairs*, 72: 5, 84.

[461] Akaha (1991) "Japan's Comprehensive Security Policy", 328-333, 339-340; Ming Wan (2001) "*Japan between Asia and the West: Economic Power and Strategic Balance*", Armonk, NY: M. E. Sharpe; Sô Sunwon (2004) "*Nihon no Keizai Gaikô to Chûgoku*", Keiô Gijuku Daigaku Shuppankai [徐承元（2004年）『日本の経済外交と中国』 慶應義塾大学出版会].

[462] Toshiki Kaifu (1990) "Japan's Vision", *Foreign Policy*, 80, 28-35.

reiche Weg der ökonomischen Reformen stärkte jene Kräfte in der obersten Parteispitze, die diesen Prozess weiter vorantreiben wollten. In diesem Kontext verdeutlichte der Vorsitzende Deng Xiaoping die Notwendigkeit weiterer ökonomischer Reformen auf seiner berühmten Reise durch Südchina.[463]

POSITIVE HANDELSERWARTUNGEN IN DEN 1990er JAHREN

Die Zahlen bestätigen, dass die Vision Japans und der ungebrochene chinesische Reformwille in die Realität umgesetzt werden konnten. In den 1990er Jahren war die VR China bereits ein wichtiger Bestandteil der Weltwirtschaft. 1997 tauschte Beijing Waren in Wert von $325 Milliarden aus, was einem Anteil von 2,9% am Welthandel entsprach. 1980 machte der Außenhandel 15% am chinesischen BIP aus, 1996 stieg dieser Wert auf 41%. In der Periode 1990-1995 haben sich die japanischen Exporte in die VR China von jährlich $6,1 Milliarden auf $21,9 Milliarden mehr als verdreifacht. Auch die Importe aus der VR China verdreifachten sich nahezu von jährlich $12,1 Milliarden auf $35,9 Milliarden. Es gab bis zum Auftreten der vierten Krise keine Anzeichen einer Eintrübung dieser mit enormer Geschwindigkeit wachsenden Zahlen und eine Eintrübung materialisierte sich auch nach der vierten Krise nicht.[464]

Somit existierten vor dem Auftreten der vierten Krise überragende positive Handelserwartungen, deren stabilitätsfördernde Wirkung in der Literatur bereits hervorgehoben wurde. Unter dem Eindruck der vierten Krise zog Chung Chien-Peng den Schluss: "the absence this time of any armed fishing boats from China means that, compared to 18 years ago, capital, technology transfer, trade and investment from Japan have a demonstrably higher priority to the Chinese government than any unrestrained contest over sovereignty of a cluster of barren and uninhabited rocks."[465] Erica Strecker Downs und

---

[463] Paul A. Papayoanou & Scott L. Kastner (1999) "Sleeping with the (Potential) Enemy: Assesing the U.S. Policy of Engagement with China", *Security Studies*, 9: 1-2, 172-183.
[464] International Monetary Fund (1998) "*Direction of Trade Statistics: Yearbook 1998*", Washington, DC: International Monetray Fund.
[465] Chung (1998) "The Diaoyu/Tiaoyutai/Senkaku Islands Dispute", 135-164; Chung impliziert mit dieser Aussage, dass die vierte Krise eine geringere Krisenintensität hatte, als die zweite Krise (da 1996 im Gegensatz zu 1978 keine bewaffneten chinesischen vor den Senkaku/Diaoyu-Inseln auftauchten, aber die vorliegende Arbeit sieht umgekehrt während der vierten Krise eine höhere Krisenintensität, da im Gegensatz zur zweiten Krise das stillschweigende Abkommen nicht erneuert wurde. Trotzdem sind sich sowohl Chung als die vorliegende Arbeit darin einig, dass positive Handels-

Phillip C. Saunders teilten diese Meinung:

> "The Chinese government proved willing to incur significant damage to its nationalist credentials by following restrained policies and cooperating with the Japanese government to prevent the territorial disputes drom harming bilateral relations. When forced to choose, Chinese leaders pursued economic development at the expense of nationalist goals."[466]

Ehemalige japanische Diplomaten waren sich sicher, dass die VR China aufgrund seiner ökonomischen Kooperation mit Japan nicht fähig war, den *status quo* im Ostchinesischen Meer zu verändern.[467] Beijing und Tokyo sahen die Entwicklung des sino-japanischen Handelsvolumens nach der dritten Krise 1990 als Bestätigung ihrer erfolgreichen Außenwirtschaftspolitik und daher legten die Regierungen während der vierten Krise 1996 ein ähnliches Verhalten an den Tag, wie sechs Jahre zuvor.

Lediglich auf die Frage, warum ein *sehr hoher* Grad der Stabilität während der zweiten Krise 1978 zu einem *hohen* Grad der Stabilität während der dritten und vierten Krise abnahm, obwohl stets positive Handelserwartungen existierten, bleibt die Theorie der Handelserwartungen eine Antwort schuldig. Nachdem Japan 1990 und anschließend die VR China 1992 das stillschweigende Abkommen von 1972 und 1978 aufgebrochen hatten, hätten überragende positive Handelserwartungen vor und während der vierten Krise beide Seiten zu einem neuen Konsens veranlassen können. Dies trat jedoch nicht ein, sodass die erhöhte Intensität der dritten und vierten Krise nur durch andere Theorien erklärt werden kann.

MULTILATERALE SICHERHEITSINSTITUTIONEN

Multilaterale Sicherheitsinstitutionen spielten, wie bereits während der ersten beiden Krisen, im Kontext der dritten Krise 1990 keine Rolle. Mit dem 1990 absehbaren Zusammenbruch der Sowjetunion war letztlich auch das implizite sino-japanische Bündnis aufgebrochen, das während der ersten Krise 1972 Gestalt annahm und während der zweiten Krise 1978 bestätigt wurde. Auf eine minimale Institutionalisierung der sino-japanischen Sicher-

---

erwartungen im Kontext der vierten Krise der Aufrechterhaltung der absoluten Stabilität förderlich waren.

[466] Strecker Downs & Saunders (1998/1999) "Legitimacy and the Limits of Nationalism", 134.

[467] Interviews mit ehemaligen japanischen Diplomaten in Hagström (2005) *"Japan's China Policy"*, London, 144.

heitsbeziehungen 1972 und 1978 folgte somit 1990 eine nicht existente Institutionalisierung. Aber mit der Gründung des Association of Southeast Asian Nations (ASEAN) Regional Forum (ARF) 1994 materialisierte sich die berechtigte Hoffnung, dass eine institutionelle Ordnung eine stabilisierende Wirkung auf regionale Krisen entfalten könnte. Dieser Hoffnung geht der folgende Abschnitt nach.

Japan brachte nach dem Ende des Kalten Krieges multilateralen Sicherheitsinstitutionen ein hohes Maß an Enthusiasmus entgegen. Mit der Nakayama-Initiative im Juli 1991 beabsichtigte Japan, sicherheitspolitische Prozesse im asiatisch-pazifischen Raum in einen institutionellen Rahmen einzubetten. Diese Initiative führte im Juli 1994 zu der Gründung des ARF. Das ARF wurde somit unter wesentlicher Beteiligung Tokyos zur ersten multilateralen Sicherheitsinstitution im asiatisch-pazifischen Raum.[468] Japans Vorstoß beruhte auf zwei wesentlichen Gedankengängen. Zum einen wollte Tokyo, im Einklang mit der oben erwähnten Strategie der *comprehensive security*, im sicherheitspolitischen Bereich an Einfluss gewinnen, um auf dem internationalen Parkett nicht mehr ausschließlich als wirtschaftlich-technologische und diplomatische Macht wahrgenommen zu werden. Eine regionale multilaterale Sicherheitsinstitution sollte in diesem Kontext als ein Rückversicherungsmechanismus fungieren, der den regionalen Akteuren die sicherheitspolitischen Absichten Tokyos, wie zum Beispiel Auslandseinsätze der SDF im Rahmen von UN-Missionen, näherbringt.[469] Zudem symbolisierten multilaterale Sicherheitsinstitutionen eine neue Herangehensweise an sicherheitspolitische Fragen, die nach dem Ende des Kalten Krieges tief im liberalen und institutionalistischen Denken der westlichen Welt verwurzelt war. Das ARF kontrastierte dahingehend auch das bilaterale Allianzsystem der USA in Ostasien und war womöglich besser geeignet, um regionalpolitische Ziele – wie die Förderung ökonomischer Kooperation, Bewältigung von Interessenkonflikten und gegenseitige Rückversicherung – zu verwirklichen. Zudem glaubte Japan, dass Sinn und Zweck der Fortführung ebendieser Allianzen, insbesondere der amerikanisch-japanischen Allianz, durch die Erschaffung des ARF außenstehenden Staaten leichter zu kommunizieren waren.[470]

---

[468] Paul Midford (2000) "Japan's Leadership Role in East Asian Security Multilateralism: the Nakayama Proposal and the Logic of Reassurance", *The Pacific Review*, 13: 3, 367-397; Takeshi Yuzawa (2005) "Japan's Changing Conception of the ASEAN Regional Forum: From an Optimistic Liberal to a Pessimistic Realist Perspective", *The Pacific Review*, 18: 4, 465-470.
[469] Midford (2000) "Japan's leadership role in East Asian Security multilateralism", 367-397.
[470] Yoshihide Soeya (1994) "The Evolution of Japanese Thinking and Politics on

Alaistair Iain Johnston bemerkt, dass nach dem Ende des Kalten Krieges unter allen Staaten in Ostasien eine beträchtliche Ungewissheit im Hinblick auf die regionale Sicherheitsstruktur herrschte. Da aber realpolitische Maßnahmen - wie Abschreckung durch Aufrüstung und Allianzbildung – vor dem Hintergrund wirtschaftlicher Wachstumsinteressen als zu kostspielig erachtet wurden, erschien die Erschaffung einer multilateralen Sicherheitsinstitution als veritable Option, um die Zukunft des asiatisch-pazifischen Raumes vorhersehbarer zu gestalten. Vor allem die rapide ökonomische Entwicklung und militärische Modernisierung der VR China wurden von regionalen Akteuren mit großem Misstrauen verfolgt. Über die Institution des ARF versprachen sich Japan und die Staaten der ASEAN jedoch (1) Informationen über gegenwärtige und zukünftige chinesische Absichten zu gewinnen; (2) die Verknüpfung chinesischer sicherheitspolitischer Interessen mit regionalen wirtschaftlichen Interessen sicherzustellen; und (3) chinesische Präferenzen durch das soziale Gefüge der Institution zu verändern.[471]

Zhang Yunlings und Tang Shipings Charakterisierung der sich während dieser Zeit herausbildenden regionalen Strategie Beijings – aktive Partizipation, demonstrierte Zurückhaltung, gelebte Rückversicherung, offene Märkte, Förderung von Interdependenzen, Erschaffung gemeinsamer Interessen und die Vermeidung bewaffneter Konflikte – erfüllt alle Forderungen an eine Regionalmacht, die sich liberalen Werten verschreibt und ließ vermuten, dass die Integration der VR China in eine liberale Weltordnung auch von den Eliten der KP mit wachsender Zuversicht vorangetrieben wurde.[472] David Shambaugh attestierte der VR China das Bemühen (1) strategische Partnerschaften einzugehen und über regionale Organisationen mit seinen Nachbarstaaten zu interagieren; (2) bilaterale politische und ökonomische Kooperation zu vertiefen; und dadurch (3) Angst und Ungewissheit abzubauen.[473] Beijing zielte mit diesem neuen Sicherheitskonzept darauf ab, seine Nachbar-

---

Cooperative Security in the 1980s and 1990s", *Australian Journal of International Affairs*, 48: 1, 87-95; Yukio Satoh (1995) "Emerging Trends in Asia-Pacific Security: The Role of Japan", *The Pacific Review*, 8: 2, 267-281; Tsuyoshi Kawasaki (1997) "Between Realism and Idealism in Japanese Security Policy: the Case of the ASEAN Regional Forum", *The Pacific Review*, 10: 4, 480-503.

[471] Johnston (1999) "The Myth of the ASEAN Way?" in Haftendorn, Keohane & Wallander (1999) *"Imperfect Unions"*, 289-292.

[472] Yunling Zhang & Shiping Tang (2006) "China's Regional Strategy" in David Shambaugh (Hrg.) *"Power Shift: China and Asia's New Dynamics"*, Berkeley & Los Angeles, CA: University of California Press, 54-56.

[473] David Shambaugh (2006) "Return to the Middle Kongdom?: China and Asia in the Early Twenty-First Century" in Shambaugh (Hrg.) *"Power Shift"*, 29-41.

staaten von der Eindämmung einer stetig mächtigeren Volksrepublik abzuhalten und den Eindruck eines *peaceful rise* (*heping jueqi* 和平崛起) zu erwecken.[474] In diesem Kontext diente ein multilateraler Ansatz aus der Perspektive der VR China als Gegenentwurf zu dem die Region dominierenden bilateralen Allianzsystem der USA, das wiederum von Beijing mit besonderem Misstrauen beäugt wurde.

DIE VR CHINA UND JAPAN IM ARF

Aufgrund ungewisser chinesischer Absichten erachtete Japan die Partizipation der VR China im ARF und die Ergreifung vertrauensbildender Maßnahmen (*confidence building measures*, CBM) als unverzichtbar. Nur durch erhöhte sicherheitspolitische Transparenz, so das Denken in Tokyo, konnten Gewaltandrohung und Gewaltanwendung als politische Instrumente delegitimiert werden.[475] Gleichzeitig war sich Tokyo auch des Umstands bewusst, dass CBMs schwer zu realisieren sein würden, da sie während des Kalten Krieges im asiatisch-pazifischen Raum fast nie implementiert wurden. Tatsächlich zeigte sich insbesondere die VR China gegenüber CBMs sehr verhalten. Beijing befürchtete, dass erhöhte Transparenz lediglich militärische Schwachpunkte aufdecken und Strategien der Abschreckung ihrer Effizienz berauben würde. Die fehlende Transparenz innenpolitischer Entscheidungsprozesse, vor allem bezüglich sicherheitspolitisch relevanter Angelegenheiten, blieb ein bestimmendes Merkmal chinesischer Regionalpolitik.[476] Daher nahm die VR China seit der Inauguration des ARF 1994 eine destruktive Rolle ein, sodass bis zur vierten Krise 1996 lediglich CBMs ausgehandelt wurden, an denen sich die Mitgliedstaaten auf freiwilliger Basis beteiligen konnten.[477]

Damit waren die zwei wichtigsten Elemente einer effektiven Sicherheitsinstitution – gemeinsame Erwartungen bezüglich angemessener Verhaltenswiesen und die Ausbildung spezifischer Normen – im Kontext des ARF nicht gegeben. Aus der Sicht Japans bewahrheitete sich bis Mitte der 1990er

---

[474] Zheng Bijian (2005) "China's 'Peaceful Rise' to Great-Power Status", *Foreign Affairs,* 84: 5, 18-24.

[475] Morimoto Satoshi (1993) "Ajia Taiheiyô no Anzen Hoshô to Sono Wakugumi", *Gaikô Jiho,* 1302, 9-10 ［森本敏（1993年）『アジア・太平洋の安全保障とその枠組み』外交時報、1302, 9-10］.

[476] Christensen (1999) "China, the U.S.-Alliance, and the Security Dilemma in East Asia", 71.

[477] Yuzawa (2005) "Japan's changing conception of the ASEAN Regional Forum", 470-471.

Jahre, dass Beijings neue regionale Strategie nichts weiter als ein rhetorisches Feuerwerk war, das den Interessen Beijings dienen sollte und kaum auf irgendeine Weise auf die Ungewissheit Tokyos einging. Daher gelang es auch nicht, eine veritable Alternative zum amerikanischen Allianzsystem aus der Taufe zu heben. Vielmehr trat trat das Gegenteil ein, die amerikanisch-japanische Allianz rückte näher zusammen.[478] Benjamin L. Self und Michael J. Green haben treffend eine Transition von einem kommerziellen Liberalismus zu einem widerwilligen Realismus in Tokyos sicherheitspolitischem Denken im Kontext der sino-japanischen Beziehungen erkannt.[479] Das ARF zeitigte damit keine messbare Wirkung auf die vierte Krise 1996 und war auch sonst ungeeignet, um gegenseitiges Misstrauen und Sicherheitsbedenken in Beijing und Tokyo zu reduzieren. So erkannte Japan im Vorfeld der vierten Krise, dass Prozesse innerhalb des ARF keine chinesische Zurückhaltung im Kontext der angesprochenen Nuklearwaffentests 1995-1996 bewirken konnten. Außerdem scheiterte im Mai 1996 die japanische Initiative, die Taiwan-Krise auf die Agenda der ARF-Sitzung in Jakarta zu setzen an Vorbehalten der VR China und der ASEAN-Staaten. Auf der anderen Seite gelang es Japan im Rahmen derselben ARF-Sitzung nicht, chinesische Bedenken bezüglich der gestärkten amerikanisch-japanischen Allianz auszuräumen.[480]

Es kann jedoch keine Rede davon sein, dass sich Tokyo nach diesen ersten Rückschlägen von seiner Einbindungspolitik entfernte. Das japanische Außenministerium veröffentlichte 1999 einen Bericht in dem es als „wichtig" herausgestellt wurde, die VR China als „konstruktiven Partner für die internationale Gemeinschaft" zu gewinnen, um Stabilität und Wohlstand im asiatisch-pazifischen Raum aufrechtzuerhalten. Daher befürwortete Japan eine frühe Aufnahme der VR China in die Welthandelsorganisation (World Trade Organization, WTO) und die unveränderte Stärkung multilateraler Sicherheitsinstitutionen, wie dem ARF.[481] Eine weitere Studie formulierte folglich die Ziele,

---

[478] Avery Goldstein (2001) "The Diplomatic Face of China's Grand Strategy: A Rising Power's Emerging Choice", *The China Quarterly*, 168, 835-864; Michael Yahuda (2003) "Chinese Dilemmas in Thinking about Regional Security Architecture", *The Pacific Review*, 16: 2, 189-206; selbstverständlich lässt sich darüber streiten, ob die amerikanisch-japanische Allianz näher zusammenrückte, weil sich Tokyos Erwartungen bezüglich des ARF nicht erfüllten oder ob sich die Erwartungen Tokyos bezüglich des ARF nicht erfüllten, weil die amerikanisch-japanische Allianz näher zusammenrückte.
[479] Green & Self (1996) "Japan's Changing China Policy", 35-58.
[480] Yuzawa (2007) *"Japan's Security Policy and the ASEAN Regional Forum"*, 114-115.
[481] Ministry of Foreign Affairs of Japan *"Recent Developments in China and Japan-China Relations"*, January 1999.

die VR China in die internationale Gemeinschaft aufzunehmen (*kokusai shakai no ichiin* 国際社会の一員) und in die Weltwirtschaft zu integrieren (*sekai keizai to no ittaika* 世界経済との一体化).[482] In Japan bestand somit die zuversichtliche Haltung fort, dass sich nicht nur wirtschaftliche Interdependenz, sondern auch multilaterale Sicherheitsinstitutionen positiv auf die absolute Stabilität und den Grad der relativen Stabilität im Ostchinesischen Meer auswirken würden.

III.4.4 STRUKTURELLER KONSTRUKTIVISMUS 1990 & 1996

Im Zeitraum zwischen der zweiten Krise 1978 und der dritten Krise 1990 sowie der vierten Krise 1996 folgte die Logik der Anarchie, in der sich die sino-japanischen Interaktion abspielte, der Kultur der Rivalität. Eine Versöhnung zwischen beiden Staaten, die den Weg zu einer Kultur der Freundschaft hätte ebnen können, erwies sich infolge von Geschichtskontroversen nach der zweiten Krise und zunehmend divergierender nationaler Identitäten nach der dritten Krise als illusorische Hoffnung. Während vor dem Auftreten der dritten Krise die *konzilianten* Elemente der Kultur der Rivalität prägend waren, wurden sie vor dem Auftreten der vierten Krise von den *konfliktuellen* Elementen der Kultur der Rivalität abgelöst. Da beide Krisen trotz dieses Unterschiedes denselben Grad der relativen Stabilität aufwiesen, muss die Erklärungskraft der strukturell konstruktivistischen Theorie bezüglich der sino-japanischen Krisen erneut kritisch hinterfragt werden.

Die Eliten beider Staaten unternahmen nach dem Abschluss des Friedens- und Freundschaftsvertrages 1978 vorsichtige Versuche, um die in den 1970er Jahren internalisierte Kultur der Rivalität in eine Kultur der Freundschaft zu transformieren. Premierminister Zhao Ziyang nannte während eines Staatsbesuches in Japan im Mai 1982 drei Prinzipien, (1) Frieden und Freundschaft, (2) Gleichheit und gemeinsamer Nutzen sowie (3) langfristige Stabilität, auf denen die sino-japanischen Beziehungen in der Zukunft beruhen sollten. Generalsekretär Hu Yaobang und Premierminister Nakasone fügten das Prinzip des (4) gegenseitigen Vertrauens 1983 hinzu.[483] Es zeigte sich jedoch, dass diese auf Elitenebene vorgegebenen Werte der Freundschaft insbesondere von der chinesischen Bevölkerung nicht nachempfunden werden konnten. Vielmehr offenbarten Geschichtskontroversen, dass die kollektive

---

[482] Gaimushô (2000) "*21 Seiki ni Muketa Tai Chû Keizai Kyôryoku no Arikata ni Kan Suru Kondankai*" ［外務省（2000年）『21世紀に向けた対中経済協力のあり方に関する懇談会』］.
[483] Wan (2006) "*Sino-Japanese Relations*", 22-23.

Amnesie bezüglich der japanischen Kriegsverantwortung in der VR China einer ausgelebten nationalen Erinnerungskultur wich.

Im Mittelpunkt der sino-japanischen Interaktion, in der sich die Kultur der Rivalität bestätigte, standen die Schulbuchdebatte 1982 und anti-japanische Studentenproteste 1985. Die Schulbuchdebatte begann am 26. Juni 1982, als japanische Zeitungen berichteten, dass der Ausdruck 'Invasion' (*shinryaku* 侵略) der Mandschurei in japanischen Schulbüchern auf Anweisung des Bildungsministeriums in 'Vorstoß' (*shinkô* 侵攻) in die Mandschurei abgeschwächt und die Passage über das Nanjing-Massaker relativiert werden sollte.[484] Die chinesischen Medien nahmen die Berichte zum Anlass, den Umgang Japans bezüglich seiner Kriegsverantwortung und eine wahrgenommene Tendenz der Wiederbelebung des japanischen Militarismus scharf zu kritisieren. Um chinesische Bedenken zu zerstreuen und die bilateralen Beziehungen nicht zu gefährden, nahm Japan während dieser Zeit eine Haltung gegenüber der VR China ein, die Reinhard Drifte als zurückhaltend und ehrerbietig bezeichnet.[485] So versicherte Kabinettsekretär Miyazawa Kiichi der chinesischen Seite, dass die japanische Regierung die Kritik ernst nehmen werde.[486]

Drei Jahre später sollte Premierminister Nakasone Yasuhiro jedoch den Yasukuni-Schrein (*Yasukuni Jinja* 靖国神社) am 15. August 1985, dem 40. Jahrestag der japanischen Kapitulation, besuchen. Der Yasukuni-Schrein im Herzen Tokyos ist seit dem 19. Jahrhundert eine Gedenkstätte für die Seelen der japanischen Kriegsopfer. Seit Oktober 1978 sind dort auch die Seelen von 14 japanischen Individuen eingeschreint, die im Rahmen der Tokyoter Prozesse zu Kriegsverbrechern der Klasse A verurteilt worden sind. Während Besuche japanischer Premierminister 1978 (Fukuda Takeo), 1981, 1982 (Suzuki Zenkô) und 1984 (Nakasone) keine ausländischen Proteststürme hervorriefen, änderte sich dies 1985. Obwohl die Eliten der KP den Vorfall herunterspielten, brachen im September, ausgelöst durch die Berichterstattung in chinesischen Medien,[487] wütende Studentenproteste aus, die am 18. des

---

[484] *Asahi Shinbun Chôkan,* 26. Juni 1982 [朝日新聞朝刊『教科書さらに「戦前復権へ　文部省　高校社中心に検定強化「侵略」表現薄める』1982年6月26日].

[485] Reinhard Drifte (2003) "*Japan's Security Relations with China since 1989: From Balancing to Bandwagoning*", London, UK & New York, NY: RoutledgeCurzon, 6-7, 18-19.

[486] Whiting (1989) "*China Eyes Japan*", 55; Reilly (2012) "*Strong Society, Smart State*", 64-65.

[487] Sun Dongmin, *Renmin Ribao,* 15. August 1985 [孙东民　"日宣布中曾根首相正式参拜靖国神社"　人民日报，1985年8月15日]; Chen Fengxiong, *Renmin Ribao,* 4.

Monats in einem Marsch von der Bibliothek der Beijing-Universität zum Platz des Himmlischen Friedens gipfelten. Im Zuge dieser Demonstrationen brachten die Studenten ihre anti-japanische Haltung offen zum Ausdruck. In den folgenden Wochen griffen die Demonstrationen auf andere chinesische Städte über.[488] Die landesweiten Studentenproteste 1985 stärkten das konservative Lager innerhalb der KP. Generalsekretär Hu Yaobang und Premierminister Zhao Ziyang, die für einen liberalen Kurs einstanden, der auf freundschaftliche Beziehungen und eine enge ökonomische Bindung zu Japan abzielte, verloren an Einfluss.[489]

Die Reaktionen chinesischer Studenten zeigten den Eliten der KP 1982 und 1985 auf, dass eine anti-japanische Grundhaltung der chinesischen Bevölkerung an die Oberfläche treten und die pragmatischen Beziehungen zwischen den Eliten beider Staaten sabotieren konnte. Chinesische Medien und die chinesische Bevölkerung stemmten sich gegen das Vergessen japanischer Kriegsverbrechen und diese Tatsache verdeutlichte, dass eine Überwindung der Kultur der Rivalität ohne einen sino-japanischen Versöhnungsprozess unmöglich war. Tokyos ehrerbietige Haltung und Beijings Bemühungen, anti-japanischen Protesten Einhalt zu gebieten, deuteten jedoch auf die Dominanz der *konzilianten* Elemente der Kultur der Rivalität hin.

Als die KP nach dem Tiananmen-Massaker im Juni 1989 internationale Ächtung erfuhr und auf die Freundschaft zu Japan angewiesen war, bestätigte sich der Eindruck einer *konzilianten* Rivalität. Nachdem Beijing von den führenden Industrienationen international isoliert wurde und dringend finanzielle und moralische Unterstützung benötigte, verhielt sich Japan mit äußerstem Wohlwollen gegenüber der VR China.[490] Vorsitzender Deng Xiaoping wurde im Dezember 1989 beim Empfang einer japanischen Delegation mit den Worten zitiert: "We should not only talk about the history of

---

September 1985 [陈封雄 "日本的细菌战罪行不容抹煞", 人民日报, 1985年9月4日]; *Renmin Ribao*, 5. September 1985 [人民日报 "全国各地连日来举行各种活动 隆重纪念抗日战争和世界反法西斯战争胜利四十周年" 1985年9月5日]; Xin Junshi, *Renmin Ribao*, 16. September 1985 [辛军石 "抗日战争中的牺盟会和山西新军（上）", 人民日报, 1985年9月15日].

[488] Whiting (1989) *"China Eyes Japan"*, 7, 67-70; Reilly (2012) *"Strong Society, Smart State"*, 67-71; James Reilly (2014) "A Wave to Worry About? Public Opinion, Foreign Policy and China's anti-Japan Protests", *Journal of Contemporary China*, 23: 86, 201-203.

[489] He (2009) *"The Search for Reconciliation"*, 230.

[490] K. V. Kesavan (1990) "Japan and the Tiananmen Incident: Aspects of the Bilateral Relationship", *Asian Survey*, 30: 7, 669-681; Reilly (2012) *"Strong Society, Smart State"*, 75-77.

Japanese invasion but also talk about the history of the Japanese people and numerous Japanese friends struggling for Sino-Japanese friendship".[491]

Die Analyse der strategischen Umwelt legt somit nahe, dass die sino-japanischen Beziehungen vor dem Auftreten der dritten Krise 1990 von einer Kultur der *konzilianten* Rivalität dominiert wurden. In diesem Fall sagt die Theorie des strukturellen Konstruktivismus die Aufrechterhaltung der absoluten Stabilität bei einem *hohen* Grad der relativen Stabilität voraus. Die sino-japanische Kriseninteraktion während der dritten Krise 1990 bestätigt diese Hypothesen zunächst. Die KP nahm mit der Unterdrückung patriotischer Proteste und medialer Berichterstattung hohe Kosten in Kauf und tolerierte weder studentische Unruhen, noch kritische Zeitungsartikel. Auch Japan hielt sich in der Eskalationsphase der Krise zurück, sodass die dritte Krise viele Parallelen zu den ersten beiden Krisen aufweist. Dennoch war die dritte Krise nicht mehr von einem *sehr hohen* Grad, sondern nur noch von einem *hohen* Grad der Stabilität geprägt, da die VR China und Japan den Interessenkonflikt um die Senkaku/Diaoyu-Inseln nicht erneut *einfrieren* konnten. Japan beanspruchte nun öffentlich die Souveränität über die Inseln und merkte an, dass es effektive Kontrolle über die Inseln ausübe und dass kein territorialer Interessenkonflikt existiere. Unter den Bedingungen der *konzilianten* Rivalität wäre jedoch zu erwarten gewesen, dass Japan die souveränen Ansprüche der VR China zumindest respektiert und das stillschweigende Abkommen von 1972 und 1978 aufrechterhält. Die Theorie des strukturellen Konstruktivismus sagt daher den *hohen* Grad der relativen Stabilität aus den falschen Gründen korrekt voraus. Gemäß der Theorie wäre zunächst eine intensivere Kriseninteraktion und anschließend die Erneuerung des stillschweigenden Abkommens logisch gewesen.

Der Aufbruch des stillschweigenden Abkommens wäre hingegen unter den Bedingungen der *konfliktuellen* Rivalität zu erwarten gewesen, da Staaten unter diesem Rollenverständnis die eigenen souveränen Ansprüche gegenüber ihren Rivalen durchsetzen wollen. Tokyo hat aber im Verlauf der 1980er Jahre wiederholt gezeigt, dass es Beijing aus dem Rollenverständnis der *konzilianten* Rivalität heraus betrachtet. Die strategische Umwelt aus der Sicht des strukturellen Konstruktivismus kann daher nicht erklären, warum Japan im Kontext der dritten Krise 1990 nicht mehr gewillt war, den Interessenkonflikt um die Senkaku/Diaoyu-Inseln *einzufrieren*. Diese Frage müssen andere Theorien beantworten.

---

[491] Deng Xiaoping zitiert in Yong Deng (1997) "Chinese Relations with Japan: Implications for Asia-Pacific Regionalism", *Pacific Affairs*, 70: 3, 381.

DIE SICH VERÄDERNDE IDENTITÄT DER VR CHINA

Die vierte Krise 1996 war indessen von einer sino-japanischen Interaktion geprägt, die sich vor dem Hintergrund der Kultur der *konfliktuellen* Rivalität abspielte. In beiden Staaten zeichnete sich in den 1990er Jahren ein Identitätswandel ab, der bis zur vierten Krise auch auf Elitenebene divergierende nationale Identitäten erzeugte.

In der VR China nahmen zwischen dem Ende der 1980er Jahre und dem Anfang der 1990er Jahre eine Reihe von Entwicklungen ihren Lauf, die den Übergang von einer marxistisch-leninistischen Staatsideologie zu einer nationalistischen Staatsideologie direkt beeinflussten oder zumindest begünstigten.[492] Zunächst erkannte die KP zwischen 1989 und 1991, dass die auf marxistisch-leninistischen Dogmen beruhende kommunistische Ideologie mit der Auflösung des Warschauer Paktes und dem Zusammenbruch der Sowjetunion Konkurs angemeldet hatte. Die Tiananmen-Proteste, die letztlich blutig niedergeschlagen wurden, verstärkten diesen Eindruck im innenpolitischen Diskurs. Auf das harte Durchgreifen der KP folgten die Sanktionen der G7-Staaten, durch die die VR China vorübergehend in die ökonomische und diplomatische Isolation getrieben wurde. Die Aufhebung der Sanktionen und eine Erholung der ökonomischen Situation erhöhten den chinesischen Nationalstolz doch die G7-Staaten wurden weiterhin mit einem großen Maß an Misstrauen betrachtet. Bemerkbar machte sich das vor allem an der abgelehnten Bewerbung Beijings für die Austragung der Olympischen Sommerspiele 2000 und den damals noch nicht abgeschlossenen Verhandlungen über eine Aufnahme der VR China in die WTO. Eine hohe Inflationsrate und steigende Arbeitslosigkeit bedrohten darüber hinaus 1993 die soziale Stabilität in der VR China.

Vor dem Hintergrund dieser Ereignisse ist die Einführung einer Bildungspolitik nach patriotischen Gesichtspunkten zu sehen. Kern dieser Bildungspolitik war die explizite Darstellung der chinesischen Geschichte unter dem Joch des westlichen und japanischen Imperialismus im 'Jahrhundert der Demütigung'. Überdies initiierten die chinesischen Eliten verstärkt seit 1992 anti-japanische Propagandakampagnen, stellten japanische Kriegsverbrechen in Ausstellungen graphisch und schriftlich dar und erinnerten an Jahrestagen japanischer Aggression an die Schrecken der Vergangenheit.[493] Während überschäumender Nationalismus unter der Ära der Vorsitzenden Mao Zedong und Deng Xiaoping noch abgelehnt wurde, durchdrang er nun

---

[492] He (2009) *"The Search for Reconciliation"*, 243-252.
[493] Strecker Downs & Saunders (1998/1999) "Legitimacy and the Limits of Nationalism", 119.

unter der Führung des Vorsitzenden Jiang Zemin die Gesellschaft und nahm bald eine xenophobe Ausprägung an.[494] Jiang Zemin bezeichnete „Patriotismus und den eigenverantwortlichen Geist" im September 1989, damals in der Funktion des Generalsekretärs des Zentralkomitees der KP, als die fundamentalen Quellen der Stärke der Nation und sagte, dass „Patriotismus und Sozialismus im Grunde genommen vereint" seien.[495]

Dabei war es abzusehen, dass sich der neuentfachte chinesische Nationalismus vor allem gegen Japan richten würde. Der japanische Imperialismus, so behauptet Zhu Jianrong, habe für die Ausprägung des chinesischen Nationalismus *die* tragende Rolle gespielt. Der ungleiche Vertrag von Shimonoseki 1895, die Abtretung der Shandong-Halbinsel 1919, die japanische Invasion der Mandschurei 1931 und der Zweite Sino-Japanische Krieg von 1937-1945 sind in diesem Kontext emotional aufgeladene und tragische Ereignisse, die die chinesische Wahrnehmung Japans bis in die Gegenwart negativ beeinflussen.[496] Laut James Reilly ist es letztlich auf tief verwurzelte anti-japanische Gefühle der chinesischen Bevölkerung zurückzuführen, dass die staatliche Propagandakampagne in einem *bottom-up*-Prozess gestärkt, ausgeweitet und in ihrer vermuteten Wirkungskraft übertroffen wurde.[497] Mehrere Beobachter sprachen im Angesicht dieser Entwicklung davon, dass die Interaktion zwischen Beijings zunehmender relativer Macht und überbordendem Nationalstolz destabilisierende Folgen nach sich ziehen würde.[498]

---

[494] Shimizu (2003) *"Chûgoku ha Naze 'Hannichi' ni Natta no ka"*, 156-159 [清水 (2003年)『中国はなぜ「反日」になったのか』156-159]; Michael Heazle (2007) "Nationalism, Security, and Prosperity: The Three Dimensions of Sino-Japan relations" in Michael Heazle und Nick Knight (Hrg.) *"China-Japan Relations in the Twenty-first Century: Creating a Future Past?"*, Cheltenham, UK: Edward Elgar, 181; Jianrong Zhu (2008) "Japan's Role in the Rise of Chinese Nationalism: History and Prospects" in Tsuyoshi Hasegawa und Kazuhiko Togo (Hrg.) *"East Asia's Haunted Present: Historical Memories and the Resurgence of Nationalism"*, Westport, CN: Praeger Security International, 183-184; Michael Yahuda (2013) *"Sino-Japanese Relations after the Cold War: Two Tigers Sharing a Mountain"*, New York, NY: Routledge 24-30.

[495] Jiang Zemin zitiert in He (2009) *"The Search for Reconciliation"*, 244.

[496] Zhu (2008) "Japan's Role in the Rise of Chinese Nationalism", 180-182.

[497] Reilly (2012) *"Strong Society, Smart State"*, 105-113.

[498] Friedberg (1993-1994) "Ripe for Rivalry", 5-33; Allen S. Whiting (1995) "Chinese Nationalism and Foreign Policy after Deng", *The China Quarterly*, 142, 316; David Shambough (1996) "Containment or Engagement of China? Calculating Beijing's Responses", *International Security*, 21: 2, 204-209; He (2009) *"The Search for Reconciliation"*, 252-255.

DIE SICH VERÄNDERNDE IDENTITÄT JAPANS

Auch in Japan vollzog sich nahezu zeitgleich zu den Ereignissen in der VR China eine veränderte Wahrnehmung der innenpolitischen und internationalen Umwelt, in deren Folge konservative Eliten Diskurse über die Kriegsverantwortung Japans ablehnten, um den Nationalstolz und das Selbstvertrauen der japanischen Bevölkerung zu stärken. Durch diesen Prozess bildete sich vornehmlich unter konservativen Kreisen eine nationalistische japanische Identität aus.[499] Zunächst wurden mit dem Ende des Kalten Kriegs und unter dem Eindruck des Golfkrieges – als Tokyos finanzielle Unterstützung keine internationale Anerkennung erfuhr – innerhalb führender konservativer Kreise Forderungen nach einem größeren internationalen Beitrag (*kokusai kôken* 国際貢献) Japans und nach einer Reinterpretation oder sogar Revision der japanischen Friedensverfassung laut. In seinem 1993 veröffentlichten Buch *Nihon Kaizô Keikaku* (日本改造計画) machte sich Ozawa Ichirô dafür stark, dass Japan den sicherheitspolitischen Verpflichtungen eines *normalen* Staates (*futsû no kuni* 普通の国) innerhalb der internationalen Gemeinschaft nachkommen solle.[500] Ein *normaler* Staat musste in den Augen konservativer Kräfte die Fähigkeit zur aktiven Beteiligung an Maßnahmen kollektiver Sicherheit besitzen. Diese Rhetorik verteidigte das ein Jahr zuvor verabschiedete International Peace Cooperation Law, das die Entsendung der Self-Defense Forces (SDF) in das Ausland im Rahmen von Peacekeeping Operations der UN ermöglichte. Durch diese strategischen Anpassungsmaßnahmen versprach sich Tokyo auch, seinen Status innerhalb der amerikanisch-japanischen Allianz zu erhöhen.[501]

Neben politischen Faktoren gaben ökonomische und soziale Faktoren Anlass zu einem konservativen Ruck. Nach dem Platzen der *bubble economy* setzten wirtschaftliche Stagnation und deflationäre Tendenzen zeitgleich mit einer zunehmenden Überalterung der Bevölkerung ein. Zusätzlich wurde Japan 1995 vom Hanshin-Erdbeben und den Gasattacken durch die Sekte *Aum Shinrikyô* erschüttert. Insgesamt senkte das Auftreten von zuvor nicht gekannten sozialen Problemen die nationale Moral und die Identifikation mit dem Staat, sodass der Nationalstolz und das Selbstvertrauen der japanischen Bevölkerung in den Augen konservativer Eliten revitalisiert werden mussten.[502]

---

[499] He (2009) *"The Search for Reconciliation"*, 237-243.
[500] Ozawa Ichirô (1993) *"Nihon Kaizô Keikaku"*, Tôkyô: Kôdansha, 102-105 ［小沢一郎（1993年）『日本改造計画』東京講談社、102-105］.
[501] Samuels *"Securing Japan"*, 127-131.
[502] Mindy L. Kotler, Naotaka Sugawara & Tetsuya Yamada (2007), "Chinese and

Im Kontext einer konservativen Agenda, die Antworten auf diese innen- und außenpolitischen Herausforderungen suchte, war der in Japan tief verwurzelte anti-Militarismus und Pazifismus[503] ein Hindernis. Um über den Mechanismus der Relativierung der Kriegsverantwortung die öffentliche Zustimmung für ihre politischen Ziele sicherzustellen, griffen führende konservative Eliten zum Instrument der nationalen Mythenbildung.[504]

JAPANISCHE ENTSCHULDIGUNGSPOLITIK IM ZEITALTER NATIONALER MYTHENBILDUNG

Mit dem Einsetzen einer patriotischen Bildungspolitik und nationaler Mythenbildung wurden historische Ereignisse in beiden Staaten selektiv herangezogen und beschönigend interpretiert, um politischen Zielen gerecht zu werden. Während die VR China Mitte der 1990er Jahre ein neues Bewusstsein für seine historische Opferrolle unter dem Joch des Imperialen Japans ausgeprägt hat, waren in Japan solche Kräfte stärker in den Mittelpunkt gerückt, die die Fesseln der Vergangenheit endgültig zu lösen versuchten.[505] Die VR China sah in Japan einen reuelosen Täter, der für die territoriale Zerrissenheit Chinas bezüglich Taiwans und den Senkaku/Diaoyu-Inseln verantwortlich war. Japan hingegen betrachtete die VR China mit zunehmender Frustration als arroganten Akteur, der mit ewigen Anschuldigungen diplomatischen Druck auf Japan ausüben möchte.[506] Unter diesen Umständen blieb die Tür zur Transformation der Kultur der Rivalität zu einer Kultur der Freundschaft weiterhin verschlossen.

Im Zusammenhang mit der Frage der Kriegsverantwortung sendete Japan schwache und widersprüchliche Signale an die VR China. Eine wichtige Rolle spielte dabei, in welcher Tragweite sich Japan für Kriegsverbrechen entschuldigte. So brachte im August 1993 Premierminister Hosokawa Morihiro seine Reue über die japanische Kriegsgeschichte durch eine bemerkenswerte Entschuldigung zum Ausdruck und verwendete dabei den Ausdruck „Aggressionskrieg", um zu signalisieren, dass sich Japan der Schwere seiner Schuld bewusst war. Unter dem Druck konservativer Eliten, veränderte er seine

---

Japanese Public Opinion: Searching for Moral Security", *Asian Perspective,* 31: 1, 93-125; He (2009) *"The Search for Reconciliation",* 238.

[503] Thomas U. Berger (1998) *"Cultures of Antimilitarism: National Security in Germany and Japan",* Baltimore, MA: John Hopkins University Press.

[504] He (2009) *"The Search for Reconciliation",* 238.

[505] Rose (2005) *"Sino-Japanese Relations",* 51-54.

[506] He (2009) *"The Search for Reconciliation",* 264-265, 276-287.

Wortwahl bei späteren Anlässen allerdings zu „aggressiven Handlungen".[507] Schließlich richtete Premierminister Murayama Tomiichi am 15. August 1995, am 50. Jahrestag der japanischen Kapitulation, eine im innenpolitischen Diskurs heftig umkämpfte Entschuldigung für die japanische Kriegsgeschichte an die Völker Asiens:[508]

> "During a certain period in the not-too-distant past, Japan, following a mistaken national policy, advanced along the road to war, only to ensnare the Japanese people in fateful crisis, and, through its colonial rule and aggression, caused tremendous damage and suffering to the people of many countries, particularly to those of Asian nations. In the hope that no such mistake be made in the future, I regard, in a spirit of humility, these irrefutable facts of history, and express here once again my feelings of deep remorse (*tsûsetsu na hansei* 痛切な反省) and state my heartfelt apology (*kokoro kara no owabi* 心からのお詫び)."[509]

Eine große Anzahl von Unterhausabgeordneten versagte Premierminister Murayama jedoch die Unterstützung. Im August 1993 formierte sich aus Ablehnung gegenüber Premierminister Murayamas Entschuldigungspolitik innerhalb der LDP zudem auch das Committee on History Screening (*rekishi kentô iinkai* 歴史検討委員会). Ihre einflussreichsten Mitglieder waren die späteren Premierminister Hashimoto Ryûtarô (1996-1998) und Mori Yoshirô (2000-2001). Die im Buch *Daitôa Sensô no Sôkatsu* (大東亜戦争の総括) – veröffentlicht am Tag der von Premierminister Murayama ausgesprochenen Entschuldigung – zusammengefassten Ergebnisse des Komitees dienten der Schönfärbung und Verharmlosung der japanischen Rolle im Großostasiatischen Krieg: (1) der Großostasiatische Krieg diente der Selbstverteidigung und der Befreiung (Asiens vom westlichen Imperialismus); (2) das Nanjing-Massaker und das System der Zwangsprostitution sind bloße Erfindungen; (3) eine neue Schulbuchdebatte ist notwendig, um eine Abkehr von Darstellungen japanischer Invasion einzuleiten; und (4) eine nationale Bewegung ist

---

[507] Yoshibumi Wakamiya (1998) "*The Postwar Conservative View of Asia: How the Political Right Delayed Japan's Coming to Terms with Its History of Aggression in Asia*", Tokyo: LTCB International Library Foundation, 179-180.

[508] John W. Dower (1995) "Japan Addresses Its War Responsibility", *The Journal of the International Institute*, 3: 1.

[509] Ministry of Foreign Affairs of Japan "Statement by Prime Minister Tomiichi Murayama 'On the Occasion of the 50th Anniversary of the War's End' (15 August 1995)".

notwendig, um die in (1) und (2) formulierten Ergebnisse zu bestätigen.[510] Zu Beginn der 1990er Jahre drang auch Japans systematische Ausbeutung von Zwangsprostituierten, sogenannten 'Trostfrauen' (*ianfu* 慰安婦), an die breite Öffentlichkeit. Premierminister Murayama etablierte 1995 den Asian Women's Fund um ehemalige Trostfrauen im Namen des japanischen Volkes (nicht im Namen der japanischen Regierung) zu entschädigen. Da die japanische Regierung mit diesen Schritten die Verantwortung an nicht-staatliche Organisationen weitergab, weigerten sich viele der früheren Opfer die Entschädigung anzunehmen.[511]

Es darf keinesfalls der Eindruck entstehen, dass in einer pluralistischen Demokratie wie Japan keine Gegenströmungen existierten, die gegen die Linie der konservativen Kräfte ankämpften. Progressive Strömungen setzten sich mit Nachdruck für einen offenen, bewussten und selbst-reflektierten Umgang mit der japanischen Kriegsverantwortung ein.[512] Ihre Entschuldigungen für japanische Kriegsverbrechen sind jedoch regelmäßig von konservativen Kräften scharf kritisiert und öffentlich abgelehnt worden. Jennifer Lind bezeichnet dieses Phänomen als *domestic backlash*.[513] Im Ausland, insbesondere in den Staaten, die unter japanischer Aggression litten, erfahren stets jene Stimmen aus nachvollziehbaren Gründen die größere Aufmerksamkeit, die nach Revisionismus schreien und der Konfrontation mit den ehemaligen Opferstaaten nicht aus dem Weg gehen. Zudem kann nicht von der Hand gewiesen werden, dass nach dem Ende des Kalten Krieges konservative Kräfte den Diskurs über Japans internationale Rolle dominierten und es somit bedeutende politische Eliten waren, die zum Instrument der nationalen Mythenbildung griffen.[514]

Wie oben dargestellt wurde, haben die VR China und Japan anhand zahlreicher Informationsvariablen eine gegenseitige Neubewertung ihrer Absichten vorgenommen. Hätte diese Neubewertung, die im Kontext der Taiwan-Krise, amerikanisch-japanischer Allianzpolitik, einer dominanteren mariti-

---

[510] Tawara Yoshifumi (2001) "*Tettei Kenshô: Abunai Kyôkasho*", Tôkyô: Gakushû no Yûsha, 50-51 ［俵義文 (2001年)『徹底検証：あぶない教科書』東京学習の友社、50-51］.

[511] Ônuma Yasuaki, Shitamura Mitsuko & Wada Haruki (Hrg., 1998) "*'Ianfu' Mondai to Ajia Josei Kikin*", Tôkyô: Tôshindô ［大沼保昭、下村満子、和田春樹 (編集、1998年)『「慰安婦」問題とアジア女性基金』東京東信堂］.

[512] Rose (2005) "*Sino-Japanese Relations*", 53-56, 58, 61-63.

[513] Jennifer Lind (2008) "*Sorry States: Apologies in International Relations*", Ithaca, NY: Cornell University Press, 70; Jennifer Lind (2009) "Apologies in International Politics", *Security Studies*, 18: 3, 548

[514] Samuels "*Securing Japan*", 124-127.

men Politik Beijings und chinesischen Nuklearwaffentests betrachtet werden muss, zu denselben Ergebnisses geführt, wenn die VR China keine patriotische Bildungspolitik und Japan keine nationale Mythenbildung betrieben hätten? Diese Frage lässt sich nur sehr schwer beantworten, aber es kann nicht von der Hand gewiesen werden, dass im Gegensatz zu den 1970er Jahren, als beide Staaten über die implizite Ablehnung potentieller sowjetischer Hegemonie für ihre gegenseitige Sicherheit einstanden und im Kontrast zu 1990, als Japan gegen die internationale Isolation der VR China ankämpfte, sich beide Staaten infolge divergierender nationaler Identitäten vor der vierten Krise 1996 nicht mehr für die Sicherheit und das Wohlergehen des Anderen verantwortlich zeigten. Damit rückten die *konzilianten* Elemente der Kultur der Rivalität in den Hintergrund und wurden von ihren *konfliktuellen* Elementen abgelöst.

KULTUR DER KONFLIKTUELLEN RIVALITÄT WÄHREND DER VIERTEN KRISE 1996

Die Kultur der *konfliktuellen* Rivalität dominierte in den Jahren vor dem Auftreten der vierten Krise 1996 die Interaktion beider Staaten. Die Theorie des strukturellen Konstruktivismus sagt unter diesen Voraussetzungen einen geringeren Grad der relativen Stabilität voraus als unter der Kultur der *konzilianten* Rivalität (*mittel* anstatt *hoch*) und schließt nicht aus, dass die absolute Stabilität zusammenbricht. Eine strikte Auslegung strukturell konstruktivistischer Theorie legt somit nahe, dass Gewaltandrohung und Gewaltanwendung zur Lösung von Interessenkonflikten denkbar, aber nicht zwingend sind. Da der strukturelle Konstruktivismus bezüglich der absoluten Stabilität somit keine eindeutige Vorhersage trifft, fokussiert sich die Diskussion auf den Grad der relativen Stabilität.

Unter der Kultur der *konfliktuellen* Rivalität leitet die Verteidigung der eigenen Souveränität die Interaktion der Staaten. Die VR China und Japan haben während der vierten Krise erneut deutlich gemacht, dass sie Souveränität über die Senkaku/Diaoyu-Inseln beanspruchen und Tokyo hat überdies eine EEZ deklariert, die Beijing als zu weitreichend betrachtete. Diese Verhaltensweisen bestätigen die Hypothese der strukturell konstruktivistischen Theorie unter dem Zustand der Kultur der *konfliktuellen* Rivalität. Der insgesamt *hohe* Grad der relativen Stabilität der vierten Krise weicht jedoch von der strukturell konstruktivistischen Vorhersage eines *mittleren* Grades der relativen Stabilität ab. Die VR China stellte zwar Forderungen an Japan, leitete aber keine direkten Maßnahmen ein, um Tokyo unter Druck zu setzen. Tokyo verhinderte weder die erneute Landung der *Nihon Seinensha* auf den Senkaku/Diaoyu-Inseln, noch beeilte es sich, seine Position bezüglich des

Leuchtturms klarzustellen. So kam auch Thomas J. Christensen zu einem Ergebnis, das von der strukturell konstruktivistischen Hypothese abweicht: "Intense anti-Japanese feelings in Chinese society [...] have not yet affected the practical, day-to-day management of Sino-Japanese relations. On the contrary, since the 1980s the Chinese government has acted to contain anti-Japanese sentiment [...] to avoid damaging bilateral relations [...]."[515]

Auf der anderen Seite tolerierte Tokyo zwar das Vorgehen der *Nihon Seinensha*, nahm aber von eigenen provokativen Schritten Abstand und leitete unmittelbar auch keine (über rhetorische Bekenntnisse hinausgehende) Schritte ein, um seinen territorialen Ansprüchen in irgendeiner Form Nachdruck zu verleihen. Im vorliegenden Fall müssen andere Theorien begründen, welche Faktoren konflikthemmend auf beide Seiten wirkten.

III.4.5 STABILITÄT IM OSTCHINESISCHEN MEER 1990 & 1996

Die Aufrechterhaltung der absoluten Stabilität während der dritten Krise 1990 und der vierten Krise 1996 bestätigt die Hypothesen des offensiven Realismus, des defensiven Realismus und der Theorie der Handelserwartungen. Der offensive Realismus sieht ein ausbalanciertes multipolares System in dem definitionsgemäß kein potentieller regionaler Hegemon, aber mit den USA ein *offshore balancer* existierte. Obwohl Japan der Allianzpartner der USA war, erhielt es während der dritten und vierten Krise keine rhetorische Unterstützung aus Washington, da es gegenüber Beijing navale Überlegenheit besaß und die USA als *offshore balancer* der überlegenen Seite kein Gelegenheitsfenster zur Destabilisierung des regionalen Subsystems öffnen wollten.

Der defensive Realismus zeichnet hingegen eine defensivlastige Offensiv-Defensiv-Balance (ODB) im Ostchinesischen Meer, sodass offensive navale Operationen trotz widersprüchlicher Informationsvariablen in Beijing und Tokyo als *nicht* erfolgversprechend erschienen. Überdies brachte ein stetig wachsendes bilaterales Handelsvolumen positive Handelserwartungen hervor und gab der VR China und Japan einen weiteren äußerst wichtigen Anlass, von Gewaltandrohung und Gewaltanwendung Abstand zu nehmen. Nur der strukturelle Konstruktivismus erachtet die Aufrechterhaltung der absoluten Stabilität *nicht* als selbstverständlich, da beide Staaten nicht mehr von ihren souveränen Ansprüchen abrücken wollten.

---

[515] Christensen (1999) "China, the U.S.-Japan Alliance, and the Security Dilemma in East Asia", 54.

Der *hohe* Grad der relativen Stabilität stellt während der dritten Krise für drei Theorien und während der vierten Krise für zwei Theorien ein Rätsel dar. Der defensive Realismus kann nicht erklären, warum Japan trotz eines *ruhenden* Sicherheitsdilemmas nicht mehr dazu bereit war, den stillschweigenden Konsens von 1972 und 1978 zu erneuern. Der strukturelle Konstruktivismus steht vor demselben Problem, da vor dem Auftreten der dritten Krise die *konzilianten* Elemente der Kultur der Rivalität die sino-japanischen Beziehungen dominierten. Dieselbe Abweichung ergibt sich für die Theorie der Handelserwartungen: bei ungebrochen positiven Handelserwartungen wäre weiterhin ein *sehr hoher* Grad der relativen Stabilität zu erwarten gewesen. Lediglich der offensive Realismus sagt bei der Transition von einem bipolaren zu einem multipolaren, oder in diesem Fall tripolaren System korrekterweise erhöhten Sicherheitswettbewerb voraus.

Die offensiv realistische Hypothese bezüglich des *hohen* Grades der relativen Stabilität bestätigt sich auch im Kontext der vierten Krise. In diesem Fall kann auch der defensive Realismus wichtige Rückschlüsse zum genauen Verlauf der Krisen beitragen: nachdem die VR China und Japan die Absichten der jeweils anderen Seite negativer wahrnahmen, war abzusehen, dass eine Verständigung auf ein stillschweigendes Abkommen nicht mehr möglich sein würde. Dies sagt in Anbetracht der vierten Krise auch der strukturelle Konstruktivismus vorher, aber weiterhin bleibt ungeklärt, wieso Beijing und Tokyo im Angesicht einer Kultur der *konfliktuellen* Rivalität keine höheren Krisenintensitäten riskierten. Während strukturelle Konstruktivisten einen zu hohen Grad der relativen Stabilität feststellten, notiert die Theorie der Handelserwartungen erneut einen zu niedrigen Grad der relativen Stabilität. Ungebrochene positive Handelserwartungen hätten auch während der vierten Krise einen *sehr hohen* Grad der relativen Stabilität erwarten lassen.

Da nun alle Fragen bezüglich der dritten und vierte Krise aus der Perspektive der vier Theorien geklärt sind, widmet sich der nächste Teil der vorliegenden Arbeit der fünften, sechsten und siebten Krise im Ostchinesischen Meer.

III.5 DIE FÜNFTE KRISE 2004-2008, DIE SECHSTE KRISE 2010 & DIE SIEBTE KRISE 2012

II.5.1 DIE FÜNFTE KRISE 2004-2008: WIEDERHOLTE LANDUNGSVERSUCHE UND HYDROKARBONRESSOURCEN[516]

Im Verlauf der fünften Krise 2004-2008 geriet sowohl der Interessenkonflikt um die Senkaku/Diaoyu-Inseln, als auch der Interessenkonflikt um die Erschliessung von Hydrokarbonressourcen in zwei unabhängigen Handlungssträngen in den Mittelpunkt der sino-japanischen Kriseninteraktion. Aus Protest gegen die Zurückhaltung der chinesischen Regierung während der dritten Krise 1990 und der vierten Krise 1996, brachen chinesische Aktivisten der 'China Federation for Defending the Diaoyu Islands' (*Zhongguo minjian baowei Diaoyutai lianhehui* 中国民间保卫钓鱼台联合会; *Baodiao* 保钓) im Zeitraum zwischen 2003-2004 zu wiederholen Landungsversuchen auf, um die Eliten der KP zu einem stärkeren Durchgreifen gegenüber Japan zu bewegen. Im Fokus des zweiten Handlungsstranges der Krise stand das Chunxiao/Shirakaba-Feld, auf dem die VR China in unmittelbarer Nähe zur japanischen Äquidistanzlinie seit 2004 Hydrokarbonressourcen förderte. Da Japan befürchtete, dass auf diesem Öl- und Gasfeld auch Hydrokarbonressourcen auf der japanischen Seite der Äquidistanzlinie angezapft werden könnten, entbrannte erneut eine intensive Kriseninteraktion zwischen beiden Seiten.

WIEDERHOLTE LANDUNGSVERSUCHE

Am 4. Januar 2003 berichteten japanische Zeitungen, dass die Regierung in Tokyo drei der Senkaku/Diaoyu-Inseln, Uotsuri-Shima, Kita-Kojima und Minami-Kojima, von ihrem privaten Besitzer gepachtet hat,[517] um die effektive Kontrolle Japans über die Inseln zu stärken.[518] Die VR China tat in den folgenden Tagen diplomatische Proteste sowohl über das Außenministerium als auch durch Äußerungen von Vizeaußenminister Wang Yi kund. Nach altem Muster bekräftigte Außenminister Takeuchi Yukio, dass Japan die Souveränität über die Inseln ausübe und forderte zu einem bedachten Umgang mit der Angelegenheit auf.[519]

---

[516] Andere Zusammenfassungen des ersten Handlungsstranges der fünften Krise finden sich bei Reilly (2012) "*Strong Society, Smart State*", 145-148; und Yew Meng Lai (2013) "*Nationalism and Power Politics in Japan's Relations with China: A Neoclassical Realist Interpretation*", London, UK & New York, NY: Routledge, 161-166.

[517] *Asahi Shinbun Chôkan*, 4. Januar 2003 [朝日新聞朝刊『沖縄・尖閣3島を借り上げ　政府、一元管理徹底図る』2003年1月4日].

[518] Hagström (2005) "*Japan's China Policy*", 151.

[519] *Asahi Shinbun Chôkan*, 6. Januar 2003 [朝日新聞朝刊『中国外務次官も日本

In den folgenden Monaten und Jahren definierte sich die Krise über wiederholte Landungsversuche chinesischer und japanischer Aktivisten auf den Senkaku/Diaoyu-Inseln. Der erste dieser Landungsversuche erfolgte am 22. Juni 2003, aber das Boot der Aktivisten, die aus der VR China und Hong Kong stammten, wurde von der Japan Coast Guard (JCG) abgefangen. Japanischen Aktivisten gelang es hingegen am 25. August zu den Inseln zu segeln, wodurch sich Beijing wiederum zu heftigen Protesten veranlasst sah.[520] Ein zweiter erfolgloser chinesischer Versuch wurde im Oktober unternommen. Am 15. Januar 2004 kam es bereits zu dem dritten chinesischen Landungsversuch, als sich 20 Aktivisten in zwei Booten zu den Inseln aufmachten, um erneut von der JCG abgefangen zu werden. Chinesische Zeitungen meldeten überdies, dass zur Abwehr der beiden Boote Wasserwerfer eingesetzt wurden und ein Aktivist dabei Verletzungen erlitt.[521]

Während die ersten drei Landungsversuche wenig Interaktion zwischen beiden Regierungen provozierten, änderte sich dies mit dem vierten, erfolgreichen Landungsversuch, in dessen Verlauf sieben *Baodiao*-Aktivisten am 24. März auf der größten Senkaku/Diaoyu-Insel, Uotsuri-Shima/Diaoyu-Dao, landeten.[522] Einer der Aktivisten berichtete später in einem Interview: "We kept the trip secret, so the Chinese government couldn't stop us. After landing on the rocks, we were quickly picked up by the Japanese Coast Guard. We demanded to sail our boats back to China, but the Japanese Coast Guard refused, saying it was too dangerous. We began a hunger strike in protest, and they soon took us to a holding station in Japan".[523] Bevor sie von der japanischen Polizei in Gewahrsam genommen werden konnten, brachten die Aktivisten eine chinesische Flagge an und führten medienwirksame Telefoninterviews mit chinesischen Journalisten.[524]

大使に抗議 尖閣3島借り上げ』2003年1月6日］; *Asahi Shinbun Chôkan*, 7. Januar 2003 ［朝日新聞朝刊『尖閣借り上げ問題で中国抗議』2003年1月7日].

[520] *Renmin Ribao*, 26. August 2003 ［人民日报 "外交部发言人发表谈话 强烈抗议日本右翼团体成员登上钓鱼岛"，2003年8月26日].

[521] Lai (2013) *"Nationalism and Power Politics in Japan's Relations with China:"*, 162-163.

[522] *Asahi Shinbun Yûkan*, 24. März 2004 ［朝日新聞夕刊『中国の活動家が尖閣諸島に上陸』2004年3月24日].

[523] Interview mit einem *Baodiao*-Aktivisten in Beijing 2008 in Reilly (2012) *"Strong Society, Smart Nation"*, 145.

[524] *Asahi Shinbun Chôkan*, 25. März 2004 ［朝日新聞朝刊『尖閣上陸の中国人逮捕 活動家7人、不法入国容疑で』 2004年3月25日].

Mit der Verhaftung der Aktivisten eskalierte die fünfte Krise. Das japanische Kabinett hatte 1996 aus Erwägungen hinsichtlich 'Japans internationaler Beziehungen und japanischer Bürger im Ausland' beschlossen, entgegen dem konventionellen Umgang mit 'illegalen Immigranten', chinesische Senkaku/Diaoyu-Aktivisten nicht festzunehmen.[525] Nachdem dies nun dennoch geschehen war, forderte Vizeaußenminister Zhang Yesui die japanische Seite zum Schutz der persönlichen Rechte der Aktivisten und zu ihrer sofortigen Freilassung auf. Andernfalls, so Vizeaußenminister Zhang, würde sich die Situation verschärfen und die Wut der chinesischen Bürger hervorrufen. Zhang betonte zudem, dass die Inseln „seit jeher inhärentes chinesisches Territorium" seien und bezeichnete die Verhaftung chinesischer Staatsbürger als „illegal" und „inakzeptabel".[526] Die japanische Regierung legte hingegen Protest gegen die illegalen Handlungen chinesischer Staatsbürger ein. Das Außenministerium in Washington bestätigte indessen, dass die Verteidigung der Senkaku/Diaoyu-Inseln vom amerikanisch-japanischen Sicherheitsvertrag abgedeckt werde.[527]

In der Zwischenzeit versammelten sich chinesische Aktivisten vor der japanischen Botschaft in Beijing, um für die Freilassung ihrer Landsleute zu demonstrieren. Um ihrer unnachgiebigen Haltung Nachdruck zu verleihen, verbrannten die Aktivisten japanische Flaggen. Die chinesische Regierung duldete die wütenden Demonstrationen vor der japanischen Botschaft in Beijing und rechtfertigte dies mit der Bemerkung, dass chinesische Bürger das konstitutionelle Recht auf freie Meinungsäußerung hätten. Gleichzeitig gab die Propagandaabteilung der KP jedoch die strikte Anweisung an chinesische Zeitungen aus, *nicht* über die Proteste vor der japanischen Botschaft zu berichten. Am 25. März forderte der chinesische Botschafter in Tokyo, Wu Dawei, das japanische Außenministerium zur sofortigen Freilassung der Aktivisten auf und verwies ebenfalls darauf, dass die anti-japanische Stimmung in der VR China eskalieren könnte.[528] Die chinesische Eskalationsstrategie erwies sich als erfolgreich, denn der erste Teil der fünften Krise ging danach unmittelbar in die Deeskalationsphase über.

---

[525] Interview mit einem Offiziellen der MSA in Hagström (2005) *"Japan's China Policy"*, 151.
[526] *Renmin Ribao*, 26. März 2004 ［人民日报 "我外交部向日方提出严正交涉对日方非法阻拦中国公民登钓鱼岛并强行将中方登岛人员扣留表示强烈抗议", 2004年3月26日］.
[527] *Asahi Shinbun Yûkan*, 25. März 2004 ［朝日新聞夕刊『「日米安保は尖閣諸島に適用」米国務省のエアリー副報道官』2004年3月25日］.
[528] Reilly (2012) *"Strong Society, Smart State"*, 146.

Im weiteren Verlauf des 25. März beschloss das japanische Außenministerium auf Geheiß von Premierminister Koizumi Junichirô, die Anklage gegen die Aktivisten fallenzulassen und sie am folgenden Tag freizulassen. *Asahi Shinbun* bezeichnete ihre Freilassung daraufhin als von der VR China „erzwungen" (*kyôsei sôkan*強制送還).[529] Außenminister Li Zhaoxing dankte daraufhin seiner japanischen Amtskollegin Kawaguchi Yoriko für die schnelle Freilassung der Aktivisten und unterstrich die hohe Bedeutung guter sinojapanischer Beziehungen. Außenministerin Kawaguchi wiederholte am 3. April bei einem Staatsbesuch in Beijing im Gespräch mit Premierminister Wen Jiabao, dass die Landung der chinesischen Aktivisten äußerst „bedauerlich" sei (*ikan da*遺憾だ) und forderte die chinesische Seite nachdrücklich auf, „erneute Landungen zu verhindern" (*saihatsu bôshi wo tsuyoku motometai*再発防止を強く求めたい). Premierminister Wen entgegnete jedoch, dass die Senkaku/Diaoyu-Inseln, wie bereits „unzählige Male erklärt, chinesisches Territorium seien" (*Chûgoku no ryôdo de aru to nando mo seimei wo dashite iru*中国の領土であると何度も声明を出している).[530] Mit dieser Unterredung schien die fünfte Krise, wenngleich ohne Konsens auf höchster Ebene, beigelegt worden zu sein. Indessen schrieben Ereignisse um ein chinesisches Öl- und Gasfeld im Ostchinesischen Meer die fünfte Krise bezüglich des Interessenkonfliktes um Hydrokarbonressourcen fort.

DER DISPUT UM POTENTIELLE HYDROKARBONRESSOURCEN 2004-2008[531]

Im August 2003 schloss die staatliche chinesische Energiefirma Chinese National Offshore Oil Company (CNOOC) einen Vertrag mit den internationalen Energiefirmen Royal Dutch Shell und Union Oil Company of California zur Erschließung von Hydrokarbonressourcen im Xihu-Graben ab. Japan protestierte zum ersten Mal gegen das chinesische Vorgehen im Mai 2004,

---

[529] *Asahi Shinbun Chôkan,* 27. März 2004 [朝日新聞朝刊『尖閣上陸の7人を強制送還　法務当局の見解受けて、県警が送検せず』2004年3月27日].
[530] *Asahi Shinbun Yûkan,* 27. März 2004 [朝日新聞夕刊『「尖閣諸島上陸の再発防止を」川口外相、中国側に』2004年3月27日].
[531] Andere Zusammenfassungen des zweiten Handlungsstrangs der fünften Krise finden sich bei Liao (2008) "Sino-Japanese Energy Security and Regional Stability", 57-78; Drifte (2008) "Japanese-Chinese Territorial Disputes in the East China Sea", 24; Drifte (2008) "From 'Sea of Confrontation' to 'Sea of Peace, Cooperation and Friendship?'", 3; Manicom (2008) "Sino-Japanese Cooperation in the East China Sea", 455-478.

nachdem Berichte über eine chinesische Produktionsfazilität am Shirakaba/ Chunxiao-Feld an die Öffentlichkeit drangen.[532]

Tokyo forderte Beijing auf, die Förderung von Hydrokarbonressourcen einzustellen und seismische Daten herauszugeben, die Beijing über Öl- und Gasfelder in unmittelbarer Nähe der japanischen Äquidistanzlinie erhoben hatte. Außenminister Li Zhaoxing unterbreitete seiner Amtskollegin Kawaguchi Yoriko im Juni 2004 den Vorschlag, Hydrokarbonressourcen im Ostchinesischen Meer gemeinsam zu erschließen, aber Tokyo wollte auf solche Avancen nicht eingehen, solange es nicht im Besitz der seismischen Daten war.[533] Da Beijing nicht zur Herausgabe der Daten bereit war, beauftragte Japan das norwegische Forschungsschiff *Ramform Victory*, seismische Untersuchungen ostwärts der Äquidistanzlinie vorzunehmen. Im Mittelpunkt der Nachforschungen stand dabei die Frage, ob vom Chunxiao/Shirakaba-Feld unterirdische Reserven angezapft werden konnten, die sich bis auf die japanische Seite der Äquidistanzlinie erstreckten.[534]

Vizeaußenminister Wang Yi bezeichnete Japans Vorstoß als „provokativ und untragbar",[535] aber im Oktober 2004 konnten sich beide Seiten dennoch dazu durchringen, im Rahmen eines Konsultationsmechanismus über die gemeinsame Erschließung von Hydrokarbonressourcen zu verhandeln. Die ersten Verhandlungen brachten jedoch keine nennenswerten Fortschritte im Sinne einer dauerhaften Deeskalation hervor. Am 19. Februar 2005 wurden schließlich die Ergebnisse der *Ramform Victory* bezüglich der seismischen Untersuchungen veröffentlicht. Die Daten legten nahe, dass sich die geomorphologischen Eigenschaften des Chunxiao/Shirakaba-Feldes mit hoher Wahrscheinlichkeit bis auf die japanische Seite der Äquidistanzlinie erstreckten.[536] Unter dem Eindruck dieser Ergebnisse forderte Japan die VR China erneut auf, alle Aktivitäten auf dem Chunxiao/Shirakaba-Feld einzustellen

---

[532] *Asahi Shinbun Chôkan*, 20. Mai 2004 [朝日新聞朝刊『中国メジャー、投資活発　油・ガス田開発、製油所も増強』2004年5月20日].
[533] *Asahi Shinbun Chôkan*, 22. Juni 2004 [朝日新聞朝刊『川口外相がガス田掘削の詳報迫る　中国側は共同開発提案』2004年6月22日].
[534] *Asahi Shinbun Yûkan*, 29. Juni 2004 [朝日新聞夕刊『日本EEZ、来月にも調査　東シナ海ガス田』2004年6月29日]; *Asahi Shinbun Yûkan*, 7. Juli 2004 [朝日新聞夕刊『海底資源の調査始まる　日中の境界近く』2004年7月7日].
[535] *Asahi Shinbun Chôkan*, 1. Juli 2004 [朝日新聞朝刊『日本の調査に中国が不満表明　東シナ海ガス田』2004年7月1日]; *Asahi Shinbun Chôkan*, 8. Juli 2004 [朝日新聞朝刊『日本の調査に中国側が抗議　海底資源問題』2004年7月8日].
[536] *Asahi Shinbun Chôkan*, 19. Februar 2005 [朝日新聞朝刊『「日本側まで及ぶ可能性」経産省、試掘検討　東シナ海の中国ガス田』2005年2月19日].

und Tokyo die seismischen Daten zugänglich zu machen.[537] Gleichzeitig ergriff Tokyo mit der geplanten Erteilung von Konzessionen an inländische Energiefirmen und der Vorbereitung eigener Testbohrungen auf der japanischen Seite der Äquidistanzlinie weitere unilaterale Schritte.[538] Die VR China verurteilte Japans Vorgehen auf das Schärfste, bezeichnete die Entscheidungen als provokativ und behielt sich das Recht vor, Gegenmaßnahmen einzuleiten, da es die japanische Äquidistanzlinie nicht anerkannte. Im Juli 2005 erteilte Tokyo der Energiefirma Teikoku Oil dennoch Konzessionen zu Grabungen im Ostchinesischen Meer.[539] Der Sprecher des chinesischen Außenministeriums, Qin Gang, sprach nun die Warnung aus, dass diese Handlung Konflikt „unausweichlich" mache.[540]

Die VR China schien tatsächlich zu Gewaltanwendung bereit zu sein, um seine Interessen zu verteidigen und Japan von seinem Kurs abzubringen. Mit der Entsendung von fünf People's Liberation Army Navy (PLAN)-Schiffen, darunter einem Zerstörer der *Sovremenny*-Klasse, in das Gebiet der strittigen Seegrenze im September 2005 erreichte die fünfte Krise ihren Höhepunkt. Es wurde berichtet, dass der chinesische Zerstörer dabei ein japanisches P-3C-Aufklärungsflugzeug in das Visier nahm. Außerdem trat an das Licht, dass auch die *Ramform Victory* während ihrer Untersuchungen zweimal von PLAN-Schiffen beschattet wurde. Beijing sah sein Vorgehen hingegen als gerechtfertigt an. Der Sprecher des chinesischen Botschafters in Tokyo sagte, dass japanische Bohrungen „eine Invasion chinesischen Territoriums darstellten und als eine höchst provokative Handlung betrachtet würden".[541] In den folgenden Tagen wurden öffentlich Maßnahmen gegen die anhaltenden

---

[537] *Asahi Shinbun Chôkan*, 24. Februar 2005 ［朝日新聞朝刊『東シナ海ガス田の開発中止を要請　外務省から中国に』2005年2月24日］; *Asahi Shinbun Chôkan*, 29. März 2005 ［朝日新聞朝刊『データ提供と開発中止を中国に要請　日中ガス田問題協議』2005年3月29日］.

[538] *Asahi Shinbun Chôkan*, 19. März 2005 ［朝日新聞朝刊『民間の鉱業権認可へ　経産省、中国の開発牽制　東シナ海ガス田』2005年3月19日］.

[539] *Asahi Shinbun Chôkan*, 9. Juli 2005 ［朝日新聞朝刊『ガス田試掘、来週にも付与　経産省、帝国石油に』2005年7月9日］; *Asahi Shinbun Chôkan*, 15. Juli 2005　［朝日新聞朝刊『帝国に試掘権許可　東シナ海ガス田、中国に対抗』2005年7月15日］.

[540] *Renmin Ribao*, 16. Juli 2005 ［人民日报 "外交部抗议日方侵犯我东海　主权权益" 2005年7月16日］; *Asahi Shinbun Chôkan*, 16. Juli 2005　［朝日新聞朝刊『試掘権許可に中国が抗議　東シナ海ガス田』2005年7月16日］.

[541] *Asahi Shinbun Chôkan*, 10. September 2005 ［朝日新聞朝刊『「春暁」ガス田で中国軍艦を確認　日中中間線は超えず』2005年9月10日］.

maritimen Aktivitäten der VR China diskutiert. Darunter fiel auch die im Sicherheits- und Verteidigungsplan der Ground Self-Defense Force (GSDF) behandelte Frage, wie Japan potentiellen Angriffen auf japanische Schiffe militärisch begegnen sollte.[542] Nach diesen expliziten und impliziten Machtdemonstrationen ging die fünfte Krise in die Phase der Deeskalation über.

PRINZIPIELLE EINIGUNG ÜBER DIE GEMEINSAME ERSCHLIESSUNG DER GASFELDER

Trotz dieser eskalativen Maßnahmen wurden die Verhandlungen über die gemeinsame Erschließung von Hydrokarbonressourcen zwischen März 2006 und Juni 2008 fortgesetzt. Mit zunehmender Verhandlungsdauer gelang es beiden Seiten von einer weiteren Eskalation der fünften Krise Abstand zu nehmen, konkrete Vereinbarungen zu treffen und die Deeskalationsphase einzuleiten.[543]

Am Ende dieses Prozesses erfolgte eine prinzipielle Einigung über die gemeinsame Erschließung von Hydrokarbonressourcen, die aus drei Teilen bestand. Der (1) erste Teil brachte zum Ausdruck, dass beide Parteien ein Meer des Friedens, der Kooperation und der Freundschaft erschaffen wollen.[544] Der (2) zweite Teil bildete die Grundlage für die Einrichtung einer Joint Development Zone (JDZ), die durch sieben Koordinaten begrenzt wird, *auf* der japanischen Äquidistanzlinie liegt und eine Fläche von 2.700 Quadratkilometern einnimmt. Die JDZ soll von beiden Staaten unter dem Prinzip des gegenseitigen Nutzens erschlossen werden.[545] Der (3) dritte Teil berührt den umstrittensten Punkt, das Chunxiao/Shirakaba-Feld. Wie bereits erläutert, ist dieses Öl- und Gasfeld nur wenige Seemeilen von der japanischen Äquidistanzlinie entfernt. Im Kontext der prinzipiellen Einigung waren japanische Firmen nun willkommen (*kangei* 歓迎), sich nach geltendem chinesischen Recht an der Erschließung des Chunxiao/Shirakaba-Feldes zu beteiligen.[546]

---

[542] *Asahi Shinbun Chôkan*, 26. September 2005 [朝日新聞朝刊『「中国の侵攻」も想定　北方重視から転換　陸自の防衛計画判明』2005年9月26日].
[543] Manicom (2008) "Sino-Japanese Cooperation in the East China Sea", 463-464.
[544] Gaimushô (2008) "*Higashi Shinakai ni Okeru Nitchûkan Kyôryoku ni Tsuite (Nitchû Kyôdô Puresu Happyô)*", 18. Juni 2008 [外務省『東シナ海における日中間協力について（日中共同プレス発表）』2008年6月18日].
[545] Gaimushô (2008) "*Nitchûkan no Higashi Shinakai ni Okeru Kyôdô Kaihatsu ni Tsuite no Ryôkai*", 18. Juni 2008 [外務省『日中間の東シナ海における共同開発についての了解』2008年6月18日].
[546] Gaimushô (2008) "*Shirakaba (Chûgokumei: 'Chunxiao') Yu Gasu Den Kaihatsu no*

Mit der prinzipiellen Einigung 2008 fand die bislang längste sino-japanische Krise ein einvernehmliches Ende. Allerdings darf die prinzipielle Einigung 2008 in ihrer Tragweite nicht überbewertet werden. So war weder der Interessenkonflikt um die Senkaku/Diaoyu-Inseln, noch der Interessenkonflikt um die Festlegung der Seegrenze Gegenstand der prinzipiellen Einigung 2008. Auch der Interessenkonflikt um die Erschließung von Hydrokarbonressourcen wurde nicht gelöst, da lediglich eine JDZ mit eng definierten geographischen Grenzen etabliert wurde.[547] Es war jedoch bemerkenswert, dass die Eliten beider Staaten ihren festen Willen bekundeten, das Ostchinesische Meer in ein Meer des Friedens, der Kooperation und der Freundschaft zu transformieren.

III.5.2 INTENSITÄT DER FÜNFTEN KRISE

Die fünfte Krise 2004-2008 besaß trotz ihrer versöhnlichen Beilegung nur noch einen *mittleren* Grad der Stabilität. Nachdem das stillschweigende Abkommen von 1972 und 1978, den Interessenkonflikt um die Senkaku/ Diaoyu-Inseln *einzufrieren*, in den 1990er Jahren zusammengebrochen war, erweckte die prinzipielle Einigung 2008 den Eindruck eines neuen Konsens auf Elitenebene. Sie beendete die fünfte Krise einvernehmlich, aber ihre Inhalte wurden bis zur sechsten Krise 2010 nicht umgesetzt und bis zur siebten Krise 2012 nicht mehr aufgegriffen. Zudem traf die prinzipielle Einigung weder Bestimmungen über die Senkaku/Diaoyu-Inseln, noch über die Festlegung der Seegrenze. Schließlich existieren im Bereich der Äquidistanzlinie viele weitere Öl- und Gasfelder, die ebenfalls nicht Gegenstand der prinzipiellen Einigung waren. Im innenpolitischen Diskurs der VR China erfuhr die prinzipielle Einigung heftige Kritik. Obwohl sie keine bahnbrechenden Inhalte enthielt, wurde sie auf Internet bulletin boards förmlich zerrissen und in politischen Kreisen aufgrund von „zu weitreichenden und zu schnellen Zugeständnissen" kritisiert.[548]

Nachdem die Krisen der 1990er Jahre von substaatlichen Akteuren aus Japan ausgelöst worden sind, war es zunächst die japanische Regierung (im Falle der wiederholten Landungsversuche) und anschließend die chinesische

---

Ryôkai", 18. Juni 2008 ［外務省『白樺（中国名：「春暁」）油ガス田開発の了解』2008年6月18日］．

[547] Manicom (2008) "Sino-Japanese Cooperation in the East China Sea", 466-469.

[548] *BBC Worldwide Monitoring* "China Defends 'Interim' Japan Gas Deal amid Online Criticism", June 19th, 2008; *The Nikkei Weekly* "Gas Field Deal Signals China's PR Challenge", July 7th, 2008.

Regierung (im Falle des Chunxiao/Shirakaba-Gasfeldes), die sich für den Ausbruch der zwei Handlungsstränge der fünften Krise verantwortlich zeichneten. Zunächst nahmen beide Staaten die Auslösung von Krisen in Kauf und leiteten daraufhin bemerkenswert viele unilaterale Schritte der Eskalation ein, die zu den ersten vier Krisen in einem deutlichen Kontrast stehen. Die Festnahme chinesischer Aktivisten und die anti-japanischen Demonstrationen vor der japanischen Botschaft in Beijing zwangen die VR China und Japan zu unmittelbaren Reaktionen und die Aktivitäten Beijings auf dem Chunxiao/Shirakaba-Feld lösten später eine Kette von Ereignissen aus. Insbesondere aufgrund gezielter unilateraler Machtdemonstrationen zur Einschüchterung oder Provokation der Gegenseite erreichte der Grad der Stabilität der fünften Krise (*mittel*) den bislang niedrigsten Wert aller sino-japanischen Krisen im Ostchinesischen Meer.

III.5.3 DIE SECHSTE KRISE 2010: DIE BOOTSKOLLISIONEN[549]

Im Gegensatz zur fünften Krise 2004-2008, die über mehrere Jahre schwelte, handelte es sich bei der sechsten Krise 2010 um eine scharfe, kurze Auseinandersetzung in deren Verlauf die VR China mit konfliktuellen Maßnahmen auf die Verhaftung eines chinesischen Kapitäns und seiner Crew in den Territorialgewässern der Senkaku/Diaoyu-Inseln durch Japan reagierte. Die sechste Krise führte allen Beobachtern vor Augen, dass die prinzipielle Einigung 2008 nahezu wertlos war und dass beide Seiten, wie im Falle der fünften Krise, erneut bereit waren, höhere Krisenintensitäten in Kauf zu nehmen, als es im Kontext der ersten vier Krisen 1970-1996 der Fall war.

Die sechste Krise im Ostchinesischen Meer begann am 7. September 2010. Das chinesische Fischerboot *Minjinyu 5179* betrat das Küstenmeer der Senkaku/Diaoyu-Inseln und wurde von zwei Schiffen der Japan Coast Guard (JCG) wiederholt aufgefordert, zu wenden. Der Kapitän der *Minjinyu 5179*, Zhan Qixiong, widersetzte sich diesen Befehlen, begab sich auf Kollisionskurs und rammte beide JCG-Schiffe. Nachdem es den JCG-Schiffen gelang, das Fischerboot zum Halten zu bringen, wurde die gesamte 15-köpfige Besatzung

---

[549] Andere Zusammenfassungen der sechsten Krise finden sich bei Sheila A. Smith (2012) "Japan and the East China Sea Dispute", *Orbis*, 56: 3, 374-377; Linus Hagström (2012) "'Power Shift' in East Asia? A Critical Reappraisal of Narratives on the Diaoyu/Senkaku Islands Incident in 2010", *The Chinese Journal of International Politics*, 5: 3, 272-275; Reinhard Drifte (2013) "The Senkaku/Diaoyu Islands Territorial Dispute Between Japan and China: Between the Materialization of the 'China Threat' and Japan 'Reversing the Outcome of World War II'?", *UNISCI Discussion Papers*, 32, 30-35.

wegen 'Behinderung der Ausübung von Amtspflichten' (*kômu shikkô bôgai* 公務執行妨害) und illegaler Fischerei zu weiteren Befragungen festgenommen. Zudem wurde das Fischerboot von der JCG konfisziert.[550]

Auf diesen Vorfall folgte eine intensive Eskalationsphase. Zunächst sah sich Beijing zu heftigen Protesten veranlasst. Der japanische Botschafter in Beijing, Niwa Uichirô, wurde zwischen dem 8. und 19. September, teilweise zu unzumutbaren Uhrzeiten, sechsmal zum Rapport einbestellt. Beijing forderte dabei die unverzügliche Freilassung der gesamten Crew und die Herausgabe des Fischerbootes.[551] Der Maßnahmenkatalog der VR China war jedoch noch nicht ausgeschöpft. Am 11. September meldete *Asahi Shinbun*, dass Beijing die Fortsetzung der Gespräche zur gemeinsamen Erschließung von Hydrokarbonressourcen im Ostchinesischen Meer auf unbestimmte Zeit ausgesetzt hat.[552] Die Besatzung des Fischerbootes wurde zwar am 13. September entlassen, aber Japan behielt es sich vor, Kapitän Zhan weiter festzuhalten, um die Untersuchungen fortzuführen.[553] Seine Untersuchungshaft wurde am 19. September schließlich um neun weitere Tage, vom 20. bis zum 29. September, verlängert.[554]

Diese Entscheidung schien Beijing dazu bewogen zu haben, weitere Eskalationsschritte in die Wege zu leiten. Beijing tolerierte anti-japanische Demonstrationen, schränkte den Reiseverkehr nach Japan ein, sagte sinojapanische Treffen aus Ministerialebene ab und verschob kurzfristig den geplanten Besuch 1,000 japanischer Jugendlicher auf der Weltausstellung in Shanghai.[555] Am 20. September wurden schließlich vier Mitarbeiter der Fujita

---

[550] *Asahi Shinbun Yûkan*, 8. September 2010 ［朝日新聞夕刊『中国漁船の船長逮捕 に衝突、公務執行妨害容疑』2010年9月8日］.

[551] *Asahi Shinbun Chôkan*, 11. September 2010 ［朝日新聞朝刊『中国政府、3度目の抗議 丹羽大使呼び 尖閣沖衝突』2010年9月11日］; *Asahi Shinbun Yûkan*, 13. September 2010 ［朝日新聞夕刊『丹羽・駐中大使、呼び出し5度 尖閣沖衝突』2010年9月13日］; *Asahi Shinbun Chôkan*, 14. September 2010 ［中国強硬、異例の抗議深夜の大使呼び出し、仙谷氏「遺憾」漁船衝突事件、漁長逮捕』2010年9月14日］.

[552] *Asahi Shinbun Chôkan*, 11. September 2010 ［朝日新聞夕刊『中国、ガス田交渉延期 尖閣沖衝突の船長逮捕に対抗』2010年9月11日］.

[553] *Asahi Shinbun Yûkan*, 13. September 2010 ［朝日新聞夕刊『中国漁船員14人帰国へ 捜査終了、漁船も返還 尖閣沖衝突』2010年9月13日］.

[554] *Asahi Shinbun Chôkan*, 20. September 2010 ［朝日新聞朝刊『中国「 閣僚級交流を停止」大使には電話で抗議 尖閣・漁船衝突、船長の勾留延長 』2010年9月20日］.

[555] *Asahi Shinbun Chôkan*, 18. September 2010 ［朝日新聞朝刊『国内業界は

Corporation in der Provinz Hebei festgenommen. Ihnen wurde vorgeworfen, sich unerlaubt in einer Militärzone aufgehalten und dort Videoaufnahmen militärischer Einrichtungen gemacht zu haben.[556] Anschließend verhängte Beijing für den Zeitraum vom 23. September bis zum 19. November einen Exportstop über Seltenerdmetalle nach Japan.[557] Auf dem jährlichen Konvent der Generalversammlung der Vereinten Nationen versagte Premierminister Wen Jiabao seinem Amtskollegen Kan Naoto eine Unterredung und kontrastierte mit dieser Entscheidung die sino-japanische Praxis während der vierten Krise 1996, als am Rande der Generalversammlung sino-japanische Gespräche über die Deeskalation der vierten Krise geführt wurden. 2010 nutze Premierminister Wen seine Reise in die USA hingegen, um am 21. September die unverzügliche und bedingungslose Freilassung (*liji wutiaojian shifang* 立即无条件释放) Kapitäns Zhans bei einer von internationalen Medien aufmerksam verfolgten Rede vor der in New York lebenden chinesischen Gemeinschaft einzufordern.[558]

Außenminister Maehara Seiji erklärte indessen am selben Tag, dass es nie eine Einigung über das *Einfrieren* des Interessenkonfliktes um die Senkaku/Diaoyu-Inseln gegeben habe und Tokyos Vorgehen im Kontext der Bootskollisionen rechtmäßig sei. Überdies bestätigte Außenministerin Hillary Clinton bei einem Treffen mit ihrem Amtskollegen Maehara am 23. September die bereits 2004 geäußerte Position der USA, wonach die Senkaku/Diaoyu-Inseln vom amerikanisch-japanischen Sicherheitsvertrag abgedeckt seien. Am selben Tag versicherten Verteidigungsminister Robert Gates und der Vorsitzende der Joint Chiefs of Staff, Admiral Michael Mullen, Japan die Unterstützung der USA.[559]

拡大懸念　中国1万人訪日キャンセル』2010年9月18日]; *Asahi Shinbun Yûkan*, 18. September 2010 [朝日新聞夕刊『日本大使館周辺反日デモ　柳条湖事件から79年、中国当局は拡大警戒』2010年9月18日]; *Asahi Shinbun Chôkan*, 21. September 2010 [朝日新聞朝刊『中国、1000人招待延期　日本に通知、出発の2日前』2010年9月21日].

[556] *Yomiuri Shinbun Yûkan*, 24. September 2010 [読売新聞夕刊『船長拘置延長の翌日拘束　フジタ4社員　中国の報復との見方』2010年9月24日].

[557] *Yomiuri Shinbun Yûkan*, 24. September 2010 [読売新聞夕刊『レアアース対日輸出停止を確認　経済相「WTO規定に違反」』2010年9月24日].

[558] Ding Gang, Xilai Wang & Wu Yun, *Renmin Ribao*, 23. September 2010 [丁刚、席来旺、吴云"温家宝敦促日方立即无条件释放中国船长"人民日报, 2010年9月23日].

[559] *Yomiuri Shinbun Chôkan*, 24. September 2010 [読売新聞朝刊『尖閣に日米安保適用　外相会談　米国務長官が明言』2010年9月24日].

Die Kumulativität aller chinesischen Gegenmaßnahmen brachte Tokyo dennoch zum Einlenken.[560] Kapitän Zhan wurde am 24. September vorzeitig an die Behörden in die VR China überführt,[561] um die diplomatischen Beziehungen, so die Argumentation der Behörden auf Ishigaki, wo Kapitän Zhan festgehalten wurde, nicht weiter zu gefährden. Beijing und Tokyo lieferten sich jedoch weitere rhetorische Schusswechsel. Am Tag nach der Freilassung Kapitän Zhans forderte das chinesische Außenministerium eine „Entschuldigung und Kompensation für die illegale Verhaftung des Kapitäns und die entstandenen Schäden am Fischerboot".[562] Das japanische Außenministerium bezeichnete die Forderungen daraufhin als „haltlos und völlig inakzeptabel" (*konkyo ga naku, mattaku ukeirerarenai*根拠が無く、全く受け入れら れない). Am 27. September stellte Tokyo seinerseits Gegenforderungen für die entstandenen Schäden an den JCG-Schiffen, die sich auf ¥14,3 Millionen beliefen.[563]

Eine Phase der Deeskalation war während der sechsten Krise zum ersten Mal nicht erkennbar. Die Eskalationsphase flaute letztlich deswegen ab, weil Beijing mit der Freilassung Kapitän Zhans sein unmittelbares Ziel erreicht hatte. Danach definierte sich die Phase der Deeskalation durch die Unterlassung weiterer eskalativer Schritte. Beiden Regierungen war wohl bewusst, dass die Suche nach einem neuen Konsens zur Verhinderung weiterer Krisen inmitten der aufgeheizten Atmosphäre vergeblich sein würde. Vielmehr wurden die Voraussetzungen für weitere Krisen geschaffen. Am 17. Dezember 2010 erließ die Stadtregierung auf Ishigaki eine Order, um fortan am 14. Januar der Inkorporation der Senkaku/Diaoyu-Inseln 1895 (*Senkaku no hi* 尖閣の日) zu gedenken.[564] Diese Maßnahme wurde vom Außenministerium

---

[560] Hagström (2012) "'Power Shift' in East Asia?", 5: 3, 281-283 ist hingegen der Meinung, dass kein zwingender Zusammenhang zwischen der Verhaftung vier japanischer Fujita-Mitarbeiter, dem Exportstop über Seltenerdmetalle nach Japan und der Freilassung Kapitän Zhans hergestellt werden kann.

[561] *The Japan Times* "China Spurns Demand to Pay for Senkaku Ship Collisions", February 13th, 2011 zeigt jedoch, dass die Vorwürfe gegen Kapitän Zhan mit seiner Freilassung nicht fallengelassen wurden. Der Fall wurde erst im Januar 2011 zu den Akten gelegt und Zhan wurde im Februar 2011 von der JCG aufgefordert, für die entstandenen Schäden zu zahlen.

[562] *Renmin Ribao*, 26. September 2010 [人民日报 "就日方非法抓扣我渔民和渔船 中国外交部发表声明全面阐述严正立场" 2010年9月26日].

[563] Hagström (2012) "'Power Shift' in East Asia?", 5: 3, 273.

[564] *Asahi Shinbun Chôkan*, 18. Dezember 2010 [朝日新聞朝刊『「尖閣の日」条例案、石垣市議会が可決　日本領編入の1月14日』2010年12月18日].

der VR China umgehend als „ungültig" bezeichnet.[565] In der Zwischenzeit wies Beijing seine maritimen Verwaltungsbehörden an, die Senkaku/Diaoyu-Inseln regelmäßig zu patrouillieren, um die effektive Kontrolle Japans über die Inseln anzufechten und der internationalen Gemeinschaft die Existenz eines territorialen Interessenkonfliktes physisch vor Augen zu führen.[566]

III.5.4 INTENSITÄT DER SESCHSTEN KRISE 2010

Die sechste Krise 2010 war, wie bereits die fünfte Krise 2004-2008, von einem *mittleren* Grad der Stabilität geprägt. Als unmittelbarer Auslöser der Krise müssen zwar die unberechenbaren Handlungen eines betrunkenen chinesischen Kapitäns angeführt werden, aber die Art und Weise wie die japanische Regierung mit dem Vorfall in Anbetracht des sensiblen Interessenkonfliktes um die Senkaku/Diaoyu-Inseln umging, muss kritisch beurteilt werden. Nachdem die Verhaftung der *Baodiao*-Aktivisten 2004 zu der fünften Krise führte, musste der japanischen Regierung klar gewesen sein, dass es durch die Verhaftung Kapitän Zhans und seiner Crew zu einer erneuten Krise kommen würde. Daher ist anzunehmen, dass Tokyo bewusst eine Krise in Kauf nahm, um seine Souveränität und die Ausübung effektiver Kontrolle über die Inseln zu demonstrieren. Beijing schreckte daraufhin nicht davor zurück, Stufe um Stufe auf der Eskalationsleiter zu erklimmen, um seine Forderung nach der Freilassung Kapitän Zhans durchzusetzen. Gleichzeitig versuchte Beijing der Weltöffentlichkeit vor Augen zu führen, dass Japan keine effektive Kontrolle über die Inseln ausübt und dass chinesische Staatsbürger, die in den Territorialgewässern der Inseln verhaftet werden, nicht der japanischen Rechtsprechung unterliegen können. In diesem Kontext ergriff Beijing politische, diplomatische und ökonomische Maßnahmen in einem zuvor unvorstellbaren Umfang.

Tokyo entgegnete diesen Maßnahmen lediglich rhetorischen Widerstand, vermied es mit den Eskalationsschritten Beijings Schritt zu halten und beendete die Eskalationsphase durch die Freilassung Kapitän Zhans. Für einen *mittleren* Grad der Stabilität sprechen letztlich die zurückhaltenden Reaktionen Tokyos auf die chinesischen Zwangsmaßnahmen und der Verzicht Beijings auf die Anwendung jeglicher militärpolitischer Instrumente in der Eskalationsphase. Auf die Freilassung Kapitän Zhans folgte allerdings keine

---

[565] *Asahi Shinbun Chôkan*, 19. Dezember 2010 ［朝日新聞朝刊『石垣市「尖閣の日」に中国反発』『中国、尖閣に常時監視船権益確保、態勢拡充へ』2010年12月19日］.

[566] *Yomiuri Shinbun Chôkan*, 8. September 2011 ［読売新聞朝刊『中国の尖閣監視常態化　漁船衝突1年「実行支配」へ着々』2011年9月8日］.

nachvollziehbare Phase der Deeskalation, da beide Seiten von Annäherung und Rückversicherung Abstand nahmen. Die Folgen der sechsten Krise 2010 machten sich durch die weitere Stärkung der eigenen Ansprüche auf beiden Seiten bemerkbar und es war davon auszugehen, dass diese Maßnahmen den Grad der Stabilität der folgenden Krise negativ beeinflussen würden.

III.5.5 DIE SIEBTE KRISE 2012: DIE NATIONALISERUNG DER INSELN[567]

Die siebte Krise 2012 bestätigte, dass die VR China und Japan seit der fünften Krise 2004-2008 bereit waren, höhere Krisenintensitäten in Kauf zu nehmen als während der ersten vier Krisen 1970-1996. Im Verlauf der siebten Krise ignorierte Japan Signale aus der VR China, wonach Beijing die geplante Nationalisierung von drei der insgesamt acht Senkaku/Diaoyu-Inseln durch die japanische Regierung nicht tolerieren würde. Nachdem die Nationalisierung der Inseln im September 2012 durch Japan vollzogen wurde, ergriff die VR China zahlreiche Maßnahmen, um die effektive Kontrolle Japans über die Senkaku/Diaoyu-Inseln anzufechten und seinen eigenen Anspruch auf die Inseln zu stärken.

Am 17. April 2012 meldeten japanische Zeitungen, dass der Gouverneur Tokyos, Ishihara Shintarô, während einer Rede in Washington die Absicht der ihm unterstehenden Tokyoter Stadtregierung erklärte, drei der Senkaku/Diaoyu-Inseln von ihrem privaten japanischen Besitzern zu erwerben (*Senkaku kônyû* 尖閣購入). Gouverneur Ishihara führte aus, dass sein Plan auch als bewusste Kritik an der japanischen Regierung zu verstehen sei, da diese aus Angst vor einer Gegenreaktion der VR China von einem Kauf der Inseln absehe und dadurch die souveränen Interessen Japans auf das Spiel setze.[568] Das chinesische Außenministerium kritisierte am 17. April die Äußerungen Gouverneur Ishiharas und warnte, dass die Beziehungen zwischen beiden Staaten Schaden nehmen könnten, falls derartige Pläne umgesetzt würden. Ohnehin, so das chinesische Außenministerium weiter, seien „alle unilateralen Maßnahmen Japans ungültig und könnten nichts an der Tatsache verändern, dass die Diaoyu-Inseln zur VR China gehören".[569] Tokyo war

---

[567] Andere Zusammenfassungen der siebten Krise finden sich bei Drifte (2013) "The Senkaku/Diaoyu Islands Territorial Dispute Between Japan and China", 35-55; und Kung-wing Au (2013) "Japan's Purchase of Disputed Islands: Fallout and Misperception", *East Asia: An International Quarterly*, 30: 3, 183-198.

[568] *Asahi Shinbun Yûkan*, 17. April 2012 [朝日新聞夕刊『尖閣諸島、都が購入方針 石原知事「所有者側も同意」』、『日中間に新たな火種「尖閣購入」発言に閣僚ら不快感示す』2012年4月17日].

[569] Yu Qing, *Renmin Ribao*, 18. April 2012 [于青"日本东京都知事称都政府将

somit bewusst, dass die sino-japanischen Beziehungen bei einem Kauf der drei Inseln durch den als rechtsnational bekannten Gouverneur Ishihara eine unvorhersehbare Entwicklung nehmen könnten. Tatsächlich plante Gouverneur Ishihara Einrichtungen auf den Inseln zu errichten, um die Ansprüche Japans zu stärken. Premierminister Noda Yoshihiko sah sich zum Handeln genötigt und verkündete am selben Tag vor dem japanischen Parlament, dass die Nationalisierung (*kokuyûka*国有化) der drei Inseln, damit meinte Premierminister Noda ihren Kauf durch die japanische Regierung, eine Option sei.[570] Scheinbar war die japanische Regierung gewillt, die Umsetzung der Pläne Gouverneur Ishiharas zu verhindern, um Schaden von den sino-japanischen Beziehungen abzuwenden.

Diese Wahrnehmung der Situation lehnte die VR China entschieden ab. Falls die japanische Regierung, so das Denken in Beijing, in den Besitz von drei der Senkaku/Diaoyu-Inseln gelangte, würde sich nicht mehr ein einzelner rechtsnationaler Lokalpolitiker für Maßnahmen verantwortlich zeichnen, die die Souveränität der VR China verletzten, sondern der gesamte japanische Staat.[571] Zum ersten Mal nachdem Gouverneur Ishihara seine Pläne in Washington kundgetan hatte, drangen am 11. Juli drei Schiffe der chinesischen Fisheries and Law Enforcement Command (FLEC) in die Territorialgewässer der Senkaku/Diaoyu-Inseln ein und am Tag darauf durchquerte ein weiteres Schiff die Anschlusszone der Inseln.[572] Am selben Tag unternahm Außenminister Genba Kôichirô im Gespräch mit seinem Amtskollegen Yang Jiechi den erfolglosen Versuch, die chinesische Seite von den wohlwollenden Absichten Japans zu überzeugen. Die Argumentation Genbas, Tokyo wolle den Plänen Gouverneur Ishiharas zuvorkommen, um größeres Übel abzuwenden, stieß in Beijing jedoch auf taube Ohren.[573]

购买钓鱼岛我外交部发言人表示，日方任何单方举措都不能改变钓鱼岛及其附属岛屿属于中国的事实" 2012年4月18日]; *Asahi Shinbun Chôkan*, 19. April 2012 ［朝日新聞朝刊『石原氏の尖閣発言、中国外務省が批判「両国関係損なう」』2012年4月19日］.

[570] *Asahi Shinbun Yûkan*, 18. April 2012 ［朝日新聞夕刊『国有化も含め「あらゆる検討」石原都知事「購入」発言で野田首相』2012年4月18日］.

[571] Drifte (2013) "The Senkaku/Diaoyu Islands Territorial Dispute Between Japan and China", 38-39.

[572] *Yomiuri Shinbun Yûkan*, 11. Juli 2012 ［読売新聞夕刊『尖閣領海に中国監視船　国有化方針、けん制か　政府抗議』2012年7月11日］; *Yomiuri Shinbun Chôkan*, 12. Juli 2012 ［読売新聞朝刊『「中国の海」誇示　尖閣領海に監視船　秋に指導部交代　日中安定模索も』2012年7月12日］.

[573] *Yomiuri Shinbun Chôkan*, 12. Juli 2012 ［読売新聞朝刊『日中外相「尖閣」平行線　玄葉氏、国有化方針説明　楊氏「中国固有の領土」』2012年7月12日］.

Gouverneur Ishihara setzte seine Bemühungen hingegen fort und sammelte bis September ¥1,46 Milliarden an privaten Spendengeldern für den Kauf der drei Inseln. Am 27. Juli schaltete die Tokyoter Stadtregierung eine Anzeige in *The Wall Street Journal*, um auch in den USA für die Akzeptanz ihrer Pläne zu werben.[574] Der Besitzer der Inseln, Kurihara Kunioki, gab schließlich trotz seiner engen Beziehungen zu Gouverneur Ishihara der japanischen Regierung den Vorzug und veräußerte drei der Senkaku/Diaoyu-Inseln am 11. September für ¥2,05 Milliarden.[575] Tokyo behauptete weiterhin im Sinne der sino-japanischen Beziehungen gehandelt zu haben, da es Gouverneur Ishihara zuvorgekommen war, aber im Anschluss an die Nationalisierung der drei Inseln beschleunigte sich die Eskalationsphase der siebten Krise.[576]

Am 11. September brachen zunächst anti-japanische Proteste in 85 chinesischen Städten aus, die in ihren Ausmaßen alle japanischen Befürchtungen übertrafen.[577] Inmitten der Proteste wurden japanische Geschäfte und Industrieanlagen beschädigt und chinesische Konsumenten setzten zu einem monatelangen Boykott japanischer Produkte, insbesondere japanischer Automobile, an. Zudem gingen auch Besuche chinesischer und japanischer Touristen im jeweils anderen Land stark zurück.[578]

CHINESISCHE SCHIFFE

Die nachhaltigste Folge der siebten Krise und das zentrale Instrument der Delegitimierung des japanischen Anspruches auf die Senkaku/Diaoyu-Inseln durch die VR China war jedoch die zunehmende Aktivität chinesischer Schiffe in der Anschlusszone und im Küstenmeer der Inseln. Zwischen dem 11. September 2012 und dem 7. Juli 2013 sah Japan die Verletzung seiner territorialen Souveränität durch eindringende Schiffe chinesischer Regierungsbehör-

---

[574] *Yomiuri Shinbun Chôkan,* 28. Juli 2012［読売新聞朝刊『尖閣購入の意見広告 東京都が米紙に掲載』2012年7月28日］.

[575] *Asahi Shinbun Yûkan,* 11. September 2012［朝日新聞夕刊『尖閣購入費を閣議決定　20.5億円、地権者と売買契約』2012年9月11日］.

[576] Eine Diskussion, ob die japanische Regierung das Auftreten einer Krise antizipieren konnte, findet sich bei Drifte (2013) "The Senkaku/Diaoyu Islands Territorial Dispute Between Japan and China", 39-42; und Au (2013) "Japan's Purchase of Disputed Islands", 183-198.

[577] *Asahi Shinbun Chôkan,* 17 September 2012［朝日新聞朝刊『反日デモ激化、想定以上　中国、恐れる弱腰批判』2012年9月17日］.

[578] Drifte (2013) "The Senkaku/Diaoyu Islands Territorial Dispute Between Japan and China", 45-48; Au (2013) "Japan's Purchase of Disputed Islands", 186-190.

den an 51 Tagen als gegeben an.⁵⁷⁹ Andrew Chubb berichtet, dass im September 2012 ein von Präsident Xi Jinping persönlich geleitetes Komitee eingerichtet wurde, das Maßnahmen zur gezielten Schwächung des japanischen Anspruchs ergreifen sollte. Der Weltöffentlichkeit sollte konkret vor Augen geführt werden, dass Tokyo keine effektive Kontrolle mehr über die Inseln ausübt.⁵⁸⁰

Am 17. September befand sich eine bis dahin nie gezählte Höchstzahl von 17 Schiffen des chinesischen Fisheries and Law Enforcement Command (FLEC) und der China Marine Surveillance (CMS) innerhalb der Anschlusszone der Inseln. Bemerkenswert war überdies die Entsendung eines früheren People's Liberation Army Navy (PLAN)-Helikopterträgers durch das FLEC im Dezember 2012. In der Regel werden in die Territorialgewässer der Senkaku/Diaoyu-Inseln eindringende chinesische Schiffe von der JCG beschattet und über Lautsprecher aufgefordert, die Verletzung japanischer Souveränitätsrechte zu unterlassen und die Territorialgewässer unverzüglich zu verlassen. Die Schiffe des FLEC und der CMS begannen nun im Kontext der siebten Krise ihrerseits über Radiokommunikation oder elektronische Displays zu erklären, dass sie chinesisches Territorium patrouillieren und bezichtigen die JCG illegaler Aktivitäten. Die Zeitdauer, die chinesische Schiffe im Küstenmeer und der Anschlusszone der Inseln verbringen, ist indessen zu einer zusätzlichen Maßeinheit zur Bestimmung der Schärfe des chinesischen Protestes geworden.⁵⁸¹ Anlass zur berechtigten Sorge gaben anschließend zwei von routinemäßigen Aufeinandertreffen abweichende Vorfälle im Januar 2013. Japanische Zeitungen berichteten intensiv über eine chinesische Fregatte, die am 19. Januar ihre Zielvorrichtung auf einem Helikopter der MSDF fixierte. Am 29. Januar wiederholte sich der Vorfall, diesmal wurde ein Zerstörer der MSDF von einer chinesischen Fregatte in das Visier genommen.⁵⁸²

Im Mai 2013 wurden schließlich vier der fünf maritimen Verwaltungsbehörden unter der Leitung der State Oceanic Administration (SOA) zur China Coast Guard (CCG) zusammengelegt. Staatsratssekretär General Ma Kai begründete diesen Schritt mit den Worten: "[The institutional reform was made] to solve problems related to inefficient maritime law enforcement, improving the protection and utilization of oceanic resources and better

---

⁵⁷⁹ Au (2013) "Japan's Purchase of Disputed Islands", 184-186.
⁵⁸⁰ Andrew Chubb (2013) "Radar Incident Obscures Beijing's Conciliatory Turn Toward Japan", *China Brief,* 13: 4.
⁵⁸¹ Drifte (2013) "The Senkaku/Diaoyu Islands Territorial Dispute Between Japan and China", 50-51.
⁵⁸² Japan Ministry of Defense (2013) *"Defense of Japan 2013",* 39.

safeguarding the country's maritime rights and interests".[583] Im Zuge dieser institutionellen Neuordnung wurden die Aktivitäten chinesischer CCG-Schiffe in den Territorialgewässern der Senkaku/Diaoyu-Inseln im Rahmen von Routinepatrouillen gezielter koordiniert, um Japans effektive Kontrolle zunehmend zu schwächen.[584]

DIE AUSEINANDERSETZUNG ZUR LUFT

Nach der Nationalisierung der Inseln durch Tokyo erweiterte Beijing sein Repertoire an Gegenmaßnahmen um eine neue Dimension. Zahlreiche Überflüge über den Luftraum der Senkaku/Diaoyu-Inseln von Flugzeugen der People's Liberation Army Air Force (PLAAF) und chinesischer Verwaltungsbehörden stellten Japan vor neue Herausforderungen. Zunächst flog ein Turboprop-Luftfahrzeug des Typs *Harbin*-Y12 der CMS am 13. Dezember 2012 über Uotsuri-Shima/Diaoyu-Dao. Damit war zum ersten Mal in der Geschichte der japanischen Luftraumüberwachung ein chinesisches Flugzeug in den territorialen Luftraum Japans eingedrungen. Aus der Sicht Japans erschien es bedenklich, dass die Radarstation der Air Self-Defense Force (ASDF) auf Miyakojima die *Harbin*-Y12 nicht orten konnte. Der Überflug konnte lediglich von Schiffen der JCG aufgezeichnet werden. *Asahi Shinbun* bezeichnete den Überflug als einen höchst provokativen Akt, der zu einem bewaffneten Konflikt zwischen beiden Seiten hätte führen können.[585]

Die Auseinandersetzung zur Luft spitzte sich unerwartet zu, als Beijing am 23. November 2013 verkündete, mit sofortiger Wirkung eine Air Defense Identification Zone (ADIZ; *bôkûshikibetsuken*防空識別圏) über dem Ostchinesischen Meer einzurichten.[586] Gemäß den Richtlinien, die das chinesische Verteidigungsministerium erließ, müssen zivile und militärische Luftfahrzeuge folgende Maßnahmen zu ihrer Identifikation ergreifen, wenn sie sich innerhalb der Koordinaten der chinesischen ADIZ befinden: (1) Bereitstellung von Flugplänen; (2) Aufrechterhaltung der Radiokommunikation; (3) Aktivierung des Transponders; und (4) Sichtbarmachung der Nationalität

---

[583] Lyle Morris (2013) "Taming the Five Dragons? China Consolidates its Maritime Law Enoforcement Agencies", *China Brief*, 13: 7.

[584] Shannon Tiezzi "Japanese Military Drill, Chinese Coast Guard Patrol Both Aim At Disputed Islands", *thediplomat.com*, January 14th, 2014.

[585] *Asahi Shinbun Chôkan*, 14. Dezember 2012 ［朝日新聞朝刊『中国機、初の領空侵犯　尖閣、空自が緊急発進』、『領空侵犯、常態化懸念、尖閣に中国機、日本「極めて遺憾」レーダーで補捉できず』2012年12月14日］.

[586] *Asahi Shinbun Chôkan*, 24. November 2013 ［朝日新聞朝刊『中国、尖閣に防空識別圏　上空飛行、届け出義務付け』2013年11月24日］.

durch entsprechende Logos. Die VR China behielt sich in ihrer Erklärung bei Missachtung dieser Regeln vor, 'defensive Notfallmaßnahmen' durch die People's Liberation Army (PLA) einzuleiten.[587] Die Einrichtung einer ADIZ ist in der internationalen Staatenpraxis ein durchaus üblicher Rechtsakt, aber die Tatsache, dass sich die chinesische ADIZ weiträumig mit der japanischen (und teilweise auch mit der südkoreanischen) überschnitt und daher auch die Senkaku/Diaoyu-Inseln umfasste, rief in Tokyo Protest hervor. Premierminister Abe Shinzô erklärte, dass die ADIZ der VR China von Japan nicht anerkannt wird und forderte Beijing gleichzeitig zur Rücknahme (*tekkai* 撤回) der ADIZ auf.[588] Die japanischen nationalen Fluggesellschaften wurden überdies zur Nichteinhaltung der von Beijing geforderten Richtlinien aufgefordert, nachdem sie ihre Flugpläne in den ersten Tagen an die VR China meldeten.[589] Aus Washington wurde mit den Worten des Verteidigungsministers Chuck Hagel vermeldet, dass die mit der ADIZ losgetretene Entwicklung ein destabilisierender Versuch sei, den *status quo* in der Region zu verändern. Professor Shi Yinhong von der renommierten Renmin-Universität sagte, dass die Wahrscheinlichkeit einer militärischen Konfrontation durch die sich nun überschneidenden ADIZs beider Länder gestiegen sei.[590] Die Reaktionen aus Japan und den USA zeigten jedoch, dass keine Seite bereit war, auf die Maßnahmen der VR China einzugehen. Die USA entsandten demonstrativ zwei B-52-Langstreckenbomber in die chinesische ADIZ – ohne die von Beijing definierten Richtlinien in irgendeiner Form zu beachten.[591]

Bislang hat die VR China die nicht-Anerkennung ihrer ADIZ durch Japan und die USA hingenommen, ohne weitere Maßnahmen zu ergreifen. Die siebte Krise verschärfte sich durch ihre Etablierung dennoch, da nun mit den sich überschneidenden ADIZs beider Staaten Lufträume über dem Ostchinesischen Meer existieren, die dem Auftreten von Missverständnissen und unbeabsichtigten Zwischenfällen Vorschub leisten können.

---

[587] news.xinhuanet.com "Announcement of the Aircraft Identification Rules for the East China Sea Air Defense Identification Zone of the P.R.C.", 23. November 2013.

[588] *Asahi Shinbun Yûkan*, 25. November 2013 ［朝日新聞夕刊『首相、中国に防空識別圏撤回求める「領土・領空守り抜く」』2013年11月25日］.

[589] *Asahi Shinbun Chôkan*, 27. November 2013 ［朝日新聞朝刊『国内各社、飛行計画提出を中止　中国・防空圏問題』2013年11月27日］.

[590] Ben McLannahan "Abe Urges China to Withdraw Air Zone Plan", *ft.com*, November 25th, 2013; *Asahi Shinbun Yûkan*, 26. November 2013 ［朝日新聞夕刊『「挑発的だ」米、再び非難　中国・防空識別圏問題』2013年11月26日］.

[591] *Asahi Shinbun Yûkan*, 27. November 2013 ［朝日新聞夕刊『米軍、中国防空圏を飛行　爆撃機２機、事前告せず』2013年11月27日］.

DIE VERGEBLICHE SUCHE NACH EINEM NEUEN STATUS QUO

Die VR China wird voraussichtlich solange Maßnahmen ergreifen, um den Anspruch Japans auf die Senkaku/Diaoyu-Inseln zu schwächen, bis Japan vor der Weltgemeinschaft eingesteht, dass ein territorialer Interessenkonflikt um die Inseln existiert. Dieses Eingeständnis würde die Souveränität und die effektive Kontrolle Japans über die Inseln in Zweifel ziehen, und der VR China die Tür öffnen, den chinesischen Anspruch weiter zu forcieren. Daher ist es nicht verwunderlich, dass Japan auf seiner Position beharrt und die Existenz eines territorialen Disputs weiterhin verneint. Währenddessen kann die Situation im Ostchinesischen Meer durch unvorhergesehene Ereignisse, wie der Etablierung einer chinesischen ADIZ, plötzlichen Veränderungen unterliegen. Auch ein bilaterales Gipfeltreffen auf Regierungsebene scheint unter den gegenwärtigen Voraussetzungen mit Ausnahme von kurzen Unterredungen am Rande von multilateralen Konferenzen[592] nicht realisierbar zu sein. Reinhard Drifte erklärt, dass die chinesische Regierung häufig die Erfüllung von Vorbedingungen voraussetzt, bevor sie sich zur Ergreifung von vertrauensbildenden Maßnahmen mit ihren Gesprächspartnern bereiterklärt. Im vorliegenden Fall forderte Beijing von Tokyo wiederholt eine 'bessere Atmosphäre zu erschaffen', bevor es zu Gesprächen auf Regierungsebene kommen kann.[593]

III.5.6 INTENSITÄT DER SIEBTEN KRISE 2012

In ihrer Gesamtbetrachtung besaß auch die siebte Krise 2012 einen *mittleren* Grad der Stabilität. Allerdings deuten verschiedene Elemente der siebten Krise im stärkeren Maße als bei allen anderen Krisen zuvor auf einen *niedrigen* Grad der Stabilität hin. Bereits vor der sechsten Krise 2010 war Tokyo gezwungen, auf unvorhergesehene Entwicklungen zu reagieren, um seinen Anspruch auf die Senkaku/Diaoyu-Inseln geltend zu machen. Während damals die Verhaftung Kapitän Zhans unmittelbar zum Höhepunkt der Eskalationsphase führte, lagen nun zwischen den provokativen Äußerungen Gouverneur Ishiharas und der folgenschweren Entscheidung Tokyos, die Inseln zu nationalisieren, mehrere Monate. In dieser Periode missachtete Japan die Signale Beijings, wonach es für die VR China keine Rolle spielte, ob die japanische Regierung oder die Tokyoter Stadtregierung eine Veränderung

---

[592] *japantimes.co.jp* "As G-20 leaders gather for summit, all eyes on Abe and Xi", September 4th, 2016.
[593] Drifte (2013) "The Senkaku/Diaoyu Islands Territorial Dispute Between Japan and China", 53.

des *status quo* im Ostchinesischen Meer vornehmen. Somit hatte für Japan die Verteidigung seiner territorialen Ansprüche Priorität vor der Vermeidung einer weiteren internationalen Krise. Premierminister Abe Shinzô verteidigte das Vorgehen Japans im folgenden Jahr am 13. Juli 2013, am Tag des Meeres (*umi no hi* 海の日):

> "The peace and prosperity of Japan as a maritime nation have their origins in free, open, and peaceful seas. Based on a shift in thinking from 'a country protected by the sea' to 'a country that protects the sea', Japan is determined to maintain stable sea lanes and defend our maritime interests within our territorial waters and EEZ while also upholding the order of free and open seas on the basis of the rule of law, opposing changes to the status quo predicated by force."[594]

In einem weiteren Unterschied zur sechsten Krise war Tokyo nun auch nicht mehr gewillt, Beijings Forderungen, wie am Beispiel der kontroversen chinesischen ADIZ ersichtlich, nachzugeben. Anders als in den 1990er Jahren war die VR China wiederum auch nicht mehr widerwillig, neue Eskalationsschritte einzuleiten. Beijing griff verstärkt auch zu militärischen Mitteln, um die Überwachung von Territorien sicherzustellen, auf das es souveräne Ansprüche erhob. Dies erklärt sich auf den ersten Blick auch dadurch, dass die VR China nicht mehr begrenzte Ziele verfolgte, wie 2004 und 2010 mit der Freilassung seiner Staatsangehörigen, sondern mit seinen Handlungen direkt die Substanz des Interessenkonfliktes um die Senkaku/Diaoyu-Inseln berühren wollte.

Eine Phase der Deeskalation war im Kontext der siebten Krise wiederum nicht nachvollziehbar. Erst nachdem sich die Aufregung um die Etablierung der chinesischen ADIZ im Verlauf des Jahres 2014 gelegt hatte, flaute die siebte Krise aus Ermangelung neuer eskalativer Schritte ab. Auch die Folgen der Krise waren bemerkenswert. Es erfolgten ein plötzlicher Rückgang ziviler Kontakte mit stark abnehmenden gegenseitigen touristischen Besuchen und der Abbruch jeglicher offizieller Kontakte auf höchster politischer Ebene. Zudem entstand ein immenser wirtschaftlicher Schaden. Japanische Firmen musste ihre Fabriken in der VR China vorübergehend schließen und das sino-japanische Handelsvolumen war 2012 zum ersten Mal nach der globalen Wirtschafts- und Finanzkrise rückläufig.[595] Zudem hat sich Japan mit den Philippinen und Vietnam Staaten angenähert, die im Südchinesischen Meer ebenfalls territoriale Interessenkonflikte mit der VR China austragen.[596]

---

[594] *japan.kantei.go.jp* "Message from Prime Minister Shinzo Abe on the Occassion of 'Marine Day'", July 12th, 2013.

[595] Au (2013) "Japan's Purchase of Disputed Islands", 186-190.

[596] Corey J. Wallace (2013) "Japan's Strategic Pivot South: Diversifying the Dual

Tabelle III: Sieben sino-japanische Krisen im Ostchinesischen Meer

	Auslösung	Eskalation	Deeskalation	Folgen
Krise I 1970-1972	(1) Trilaterale Gespräche über die Erschließung von Hydrokarbonressourcen unter Ausschluss der VR China (2) Verhandlungen über den Okinawa Reversion Treaty	(1) Artikel in der Renmin Ribao (2) Erklärung des chinesischen Außenministeriums (3) Erklärung des japanischen Außenministeriums	(1) Verhandlungen im Rahmen der Normalisierung der sino-japanischen Beziehungen	(1) Etablierung eines status quo durch implizites Einfrieren des Interessenkonfliktes
Krise II 1978	(1) Forderungen japanischer Parlamentarier die Frage der Souveränität über die Senkaku/Diaoyu-Inseln zu klären (2) Entsendung von mehr als 100 chinesischen Fischerbooten zu den Inseln	(1) chinesische Fischerboote verbleiben vor ihrem Abzug zwei Wochen in den Territorialgewässern der Senkaku/Diaoyu-Inseln	(1) Signale der Rückversicherung in beiden Staaten (2) Verhandlungen im Rahmen des Friedens- und Freundschaftsvertrages 1978	(1) Festigung des status quo durch das erneute Einfrieren des Interessenkonfliktes
Krise III 1990	(1) Anhänger der rechtsnationalen Nihon Seinensha fordern die staatliche Anerkennung eines Leuchtturms auf Kita Kojima	(1) Ablehnung der Vorgänge in Japan von Seiten Taiwans (2) Protest von Seiten der VR China	(1) die VR China unterbindet Proteste wütender Studenten	(1) Abkehr vom status quo durch Japan 1990 (2) Verabschiedung des Gesetzes in der VR China 1992
Krise IV 1996	(1) Anhänger der rechtsnationalen Nihon Seinensha fordern erneut die staatliche Anerkennung eines Leuchtturms auf Kita Kojima im Rahmen der japanischen EEZ-Gesetzgebung	(1) wochenlange anti-japanische Proteste in Hong Kong (2) Rückkehr der Nihon Seinensha zu den Inseln (3) chinesische Militärübungen im Ostchinesischen Meer	(1) Signale der Rückversicherung zwischen den Außenministern am Rande des Konvents der UN-Generalversammlung	(1) Japan verstärkt die Überwachung der Senkaku/Diaoyu-Inseln (2) die VR China dringt immer öfter in die von Japan beanspruchte EEZ ein

	Auslösung	Eskalation	Deeskalation	Folgen
Krise V 2003-2008	(1) wiederholte Landungsversuche chinesischer Baodiao-Aktivisten auf den Senkaku/Diaoyu-Inseln (2) Verhaftung von Baodiao-Aktivisten durch die japanische Küstenwache (3) chinesische Aktivitäten auf dem Chunxiao/Shirakaba-Feld	(1) die VR China spricht die Drohung aus, dass sich die öffentliche Meinung gegen Japan wenden wird, falls die acht Baodiao-Aktivisten nicht freigelassen werden (2) Japan leitet unilaterale Schritte zur Förderung von Hydrokarbonressourcen ein (3) die VR China entsendet fünf Schiffe in die Nähe des umstrittenen Shirakaba/Chunxiao-Feldes	(1) Freilassung der acht Baodiao-Aktivisten (2) prinzipielle Einigung über die gemeinsame Erschließung von Hydrokarbonressourcen im Juni 2008	(1) feste Willensbekundung beider Seiten, das Ostchinesische Meer in ein Meer des Friedens, der Kooperation und der Freundschaft zu verwandeln
Krise VI 2010	(1) Kollision eines chinesischen Fischerbootes mit zwei Schiffen der japanischen Küstenwache nahe der Senkaku/Diaoyu-Inseln	(1) wiederholte Einbestellung des japanischen Botschafters in Beijing, Niwa Uichiro (2) Verlängerung der Untersuchungshaft Kapitän Zhans (3) Festnahme von Fujita-Mitarbeitern in der VR China (4) Reduzierung von Seltenerdmetallexporten nach Japan	(1) Entlassung Kapitän Zhans aus der Haft	(1) politische Entfremdung der Eliten (2) kurzfristige negative ökonomische Folgen
Krise VII 2012	(1) Ankündigung von Tokyos Gouverneur Ishihara Shintaro, drei der Senkaku/Diaoyu-Inseln zu nationalisieren (2) Nationalisierung von drei der Senkaku/Diaoyu-Inseln durch die japanische Regierung am 11. September 2012	(1) Warnung der VR China bezüglich den Äußerungen Ishiharas (2) anti-japanische Proteste in chinesischen Städten (3) regelmäßige Entsendung von chinesischen Schiffen in die Territorialgewässer der Senkaku/Diaoyu-Inseln (4) Erklärung einer ADIZ über dem Ostchinesischen Meer durch die VR China	(1) lediglich non-events	(1) zunehmende politische Entfremdung der Eliten (2) VR China möchte demonstrieren, dass Japan keine effektive Kontrolle über die Senkaku/Diaoyu-Inseln ausübt

III.6 ANALYSE DER FÜNFTEN KRISE 2004-2008, DER SECHSTEN KRISE 2010 & DER SIEBTEN KRISE 2012

III.6.1 STRUKTURELLER KONSTRUKTIVISMUS 2004-2008, 2010 & 2012

Zwischen der ersten Krise 1970-1972 und der vierten Krise 1996 hat sich im Kontext der sino-japanischen Interaktion gezeigt, dass die Kultur der Rivalität nicht in eine Kultur der Freundschaft transformiert werden konnte. In der VR China fand insbesondere nach der zweiten Krise 1978 und verstärkt nach der dritten Krise 1990, im Zuge der patriotischen Bildungspolitik, eine Rückbesinnung auf jene Zeit statt, in der die Kultur der Feindschaft die Interaktion beider Staaten prägte. In Japan waren nach der zweiten Krise und insbesondere nach der dritten Krise konservative Kreise im Zuge nationaler Mythenbildung bemüht, die Zeit der Kultur der Feindschaft und die problematische japanische Rolle darin endgültig in Vergessenheit geraten zu lassen. Unterschiedliche Auffassungen über den Umgang mit der gemeinsamen Kriegsgeschichte führten dabei zu divergierenden sino-japanischen Identitäten und der wechselnden Hervorhebung zwischen den *konzilianten* und *konfliktuellen* Elementen der Kultur der Rivalität.

Diese Tendenzen verstärkten sich bis zur fünften Krise 2004-2008, sechsten Krise 2010 und siebten Krise 2012. Alle drei Krisen spielten sich somit unter der Kultur der Rivalität ab, wobei nur vor dem Auftreten der sechsten Krise die *konzilianten* Elemente innerhalb der Kultur der Rivalität auf der Elitenebene gestärkt wurden. Da alle drei Krisen einen *mittleren* Grad der Stabilität aufwiesen, muss die Frage erörtert werden, ob die strukturell konstruktivistische Theorie exakte Aussagen über die Ursachen der Stabilität im Ostchinesischen Meer treffen kann.

FEHLENDE REUE IN DER JAPANISCHEN ERINNERUNGSKULTUR

Japanische Erinnerungskultur war nach dem Auftreten der vierten Krise 1996 weiterhin ein vielfältiges Phänomen. Die Inhalte von Schulbüchern konnten genauso variieren wie die Denkweise von Politikern oder die grundlegende Botschaft von Monumenten und Museen.[597] In wichtigen Sphären, wie in den höchsten Ebenen der Regierungspolitik, waren der japanischen Erinnerungskultur Reue und die Akzeptanz der Kriegsverantwortung jedoch weiterhin fremd. So befand ein von Premierminister Koizumi Junichirô einberufenes Komitee im November 2002, dass es für die VR China und Japan nun an der

---

[597] Roger B. Jeans (2005) "Victims or Victimizers? Museums, Textbooks, and the War Debate in Contemporary Japan", *The Journal of Military History*, 69: 1, 149-195.

Zeit wäre, die Vergangenheit hinter sich zu lassen und eine zukunftsgerichtete Beziehung einzugehen.[598] So war es auch Premierminister Koizumi, der den Yasukuni-Schrein zwischen April 2002 und August 2006 jährlich besuchte, um den Seelen der japanischen Kriegstoten, unter ihnen 14 im Rahmen der Tokyoter Prozesse zu Kriegsverbrechern der Klasse A verurteilte Individuen, zu gedenken. Bevor Koizumi das Amt des Premierministers im September 2006 an Abe Shinzô abtrat, wurde er von einem japanischen Reporter gefragt, ob er seine jährlichen Besuche im Yasukuni-Schrein im Angesicht von Protesten aus der VR China und Südkorea sowie stark beschädigten bilateralen Beziehungen bereue. Koizumi antwortete: „Nein".[599]

Gedenkstätten sind oft Zeugnis des *japanischen* Leidens und gehen, wie im Falle des Yasukuni-Museums *Yûshûkan* (遊就館) nicht auf die japanische Kriegsverantwortung ein.[600] Laut Ian Buruma glorifizieren die Waffen und Objekte, die im *Yûshûkan* ausgestellt sind, den Krieg und das Tennô-System, das alle Japaner zu gehorsamen Untertanen des Kaisers machte.[601] Ausgestellte Geschenke von Burmas Premierminister und Präsident Ne Win und Indonesiens Präsident Sukarno implizieren, dass der Großostasiatische Krieg in den Hallen des *Yûshûkan* als ein Krieg zur Befreiung der Völker Asiens vom westlichen Kolonialismus und Imperialismus dargestellt wird.[602]

Dennoch wäre es falsch anzunehmen, dass in Japan lediglich eine monolithische Erinnerungskultur existiert. Insbesondere außerhalb von Tokyo wurden in den 1990er Jahren private 'Friedensmuseen' eröffnet, die sich zu Japans Rolle als Aggressor im Großostasiatischen Krieg bekennen und den brutalen Umgang Japans mit den Völkern Asiens darstellen.[603] Museen, die in diesen Bereich fallen sind zum Beispiel das Hiroshima Peace Memorial Museum, das Nagasaki Atomic Bomb Museum, das Osaka International Peace Center und das Kyoto Museum for World Peace.[604]

---

[598] *kantei.go.jp* "21 Seiki Nihon Gaikô no Kihon Senryaku: Arata na Jidai, Arata na Bijon, Arata na Gaikô", 28. November 2002 [『21世紀日本外交の基本戦略：新たな時代、あらたなビジョン、新たな外交』2002年11月28日].

[599] James J. Przystup (2006) "Japan-China Relations: Searching for a Summit", *Comparative Connections*, 8: 3.

[600] Howard W. French "At a Military Museum, the Losers Write History", *The New York Times*, 30th October, 2002.

[601] Ian Buruma (1995) *"The Wages of Guilt: Memories of War in Japan and Germany"*, New York, NY: Farrar, Strauss & Giroux, 219-222.

[602] Jeans (2005) "Victims or Victimizers?", 153.

[603] T. R. Reid "Japan's WWII Self-Image Conflict", *The Washington Post*, August 6th, 1995.

[604] Eine kritische Darstellung dieser Museen findet sich bei Jeans (2005) "Victims or

Es kann jedoch ausgeschlossen werden, dass die chinesische Bevölkerung jene Elemente innerhalb der japanischen Erinnerungskultur priorisiert betrachtete, die die japanische Kriegsschuld akzeptieren. Vielmehr zeigte sich in der Phase zwischen der vierten Krise 1996 und der fünften Krise 2004-2008, als die Eliten der KP die Institutionalisierung der patriotischen Bildungspolitik unverändert befürworteten, dass die Ablehnung gegen die in Japan praktizierte nationale Mythenbildung in der VR China zunehmend gewachsen war.

INTERNET BULLETIN BOARDS, NEW THINKING UND MASSENDEMONSTRATIONEN

So setzten sich die negativen Auswirkungen der patriotischen Bildungspolitik in der VR China und der nationalen Mythenbildung in Japan zunächst bis 2006 fort. Infolge der digitalen Revolution brachte die chinesische Bevölkerung seit den 2000er Jahren ihre anti-japanische Haltung verstärkt über Internet bulletin boards, wie dem Strong Nation Forum (*qiangguo luntan* 强国论谈) der *Renmin Ribao* und dem China Diplomacy Forum (*Zhongguo waijiao luntan* 中国外交论谈) des Außenministeriums, zum Ausdruck.[605] Radikale Patrioten, wie He Yinan die aktivsten anti-japanischen Microblogger bezeichnet, sind in der VR China in der Minderheit, aber die Tatsache, dass sie im Gegensatz zu moderaten Microbloggern ein ausgesprochenes Interesse an der Artikulierung ihrer extremen Meinungen haben und mit dem Internet über ein Medium verfügen, das ihnen die Verbreitung ihrer Meinungen erleichtert, macht sie zu überaus einflussreichen Akteuren. Nachdem Ma Licheng 2002 einen Aufsehen erregenden Artikel mit dem Titel 'Neues Denken über die Beziehungen zu Japan' (*dui Ri guanxi xin siwei* 对日关系新思维) veröffentlicht hatte,[606] entbrannte in der VR China ein sich bis 2004 erstreckender öffentlicher Diskurs über den Zustand der chinesischen Japan-Politik. Ma kritisierte die virulente anti-japanische Gesinnung in den Köpfen vieler seiner Landsleute, erklärte die Frage bezüglich der japanischen Entschuldigungspolitik für gelöst und schlug ein höheres Maß an Großzügigkeit im Umgang mit Japan vor. Sein Aufsatz wurde jedoch von anderen Wissenschaftlern und von radikalen Patrioten auf Internet

---

Victimizers?", 168-182.
[605] He (2008) "Ripe for Cooperation or Rivalry?", 180; He (2009) *"The Search for Reconciliation"*, 279-280; Reilly (2012) *"Strong Society, Smart Nation"*, 111-112.
[606] Ma Licheng (2002) "Dui Ri Guanxi Xin Siwei", *Zhanlüe Yu Guanli,* 10: 6, 41-47 [马立诚（2002年）"对日关系新思维"，战略与管理，10: 6, 41—47].

bulletin boards scharf kritisiert, sodass sich im Verlauf dieser Auseinandersetzung jene Kräfte im öffentlichen Diskurs durchsetzten, die eine kompromisslose Politik der chinesischen Regierung bezüglich Japans einforderten.[607] Peter Hays Gries urteilte daher, dass eine auf Japan projizierte chinesische Animosität zu Beginn der 2000er Jahre außer Kontrolle geraten war.[608]

Dies bestätigte sich 2005, als UN-Generalsekretär Kofi Annan am 21. März andeutete, dass die Reform des Sicherheitsrates der UN und Japans Ambitionen auf einen ständigen Sitz in diesem wichtigsten Organ der UN realisiert werden könnten.[609] Außerhalb der Volksrepublik lebende Chinesen riefen daraufhin im Internet zu einer weltweiten Unterschriftenaktion gegen Japans Aufnahme als ständiges Mitglied des Sicherheitsrates auf. Die Unterschriften sollten später UN-Generalsekretär Annan vorgelegt werden. Die Kampagne ergriff umgehend auch die VR China und innerhalb einer Woche wurden 2,5 Millionen Unterschriften gesammelt. Ab dem 2. April fanden landesweit großangelegte anti-japanische Demonstrationen mit bis zu 20,000 Teilnehmern in der gesamten VR China statt. Indessen wurden in Japan am 5. April Schulbücher, die in den Augen der VR China die Kriegsgeschichte verzerrt wiedergaben,[610] vom japanischen Bildungsministerium für die Benutzung in japanischen Schulen genehmigt und befeuerten die Wut der chinesischen Demonstranten.[611]

---

[607] Peter Hays Gries (2005) "China's 'New Thinking' on Japan", *The China Quarterly*, 184, 831-850; He (2009) *"The Search for Reconciliation"*, 281-282.

[608] Gries (2005) "China's 'New Thinking' on Japan", 847-848.

[609] Die Reform des Sicherheitsrates wurde jedoch nicht vollzogen. Weiterhin besitzen nur fünf Staaten einen ständigen Satz, darunter die VR China.

[610] Daniel Sneider (2013) "Textbooks and Patriotic Education: Wartime Memory Formation in China and Japan", *Asia-Pacific Review*, 20: 1, 39-41; und Peter Cave (2013) "Japanese Colonialism and the Asia-Pacific War in Japan's History Textbooks: Changing Representations and Their Causes", *Modern Asian Studies*, 47: 2, 542-580 stellen zwar fest, dass viele japanische Schulbücher in den letzten Jahrzehnten japanische Kriegsverbrechen tatsächlich nur unzureichend behandeln, aber weit davon entfernt sind, ungezügelten Patriotismus in den Köpfen japanischer Schüler zu verankern. Schulbücher bestimmter Verlage gehen überdies auch detaillierter auf japanische Kriegsverbrechen ein.

[611] Reilly (2012) "Strong Society, Smart Nation", 151-152.

RÜCKBESINNUNG AUF KONZILIANTE ELEMENTE INNERHALB DER KULTUR DER RIVALITÄT 2006-2010

Nachdem die anti-japanischen Proteste in der VR China ihren Höhepunkt erreicht hatten, bemühten sich die Eliten der KP der öffentlichen Massenmobilisierung Einhalt zu gebieten. Zu groß erschienen die Bedenken, dass anti-japanischer Nationalismus einem pragmatischen Umgang mit den sino-japanischen Beziehungen auf Elitenebene im Wege stehen würde.[612] Präsident Hu Jintao und Premierminister Wen Jiabao suchten 2006 die Annäherung an Abe Shinzô, kurz bevor dieser zum Premierminister gewählt wurde und obwohl Abe als sicherheitspolitischer Falke galt. Als Premierminister Abe im September 2006 in Beijing empfangen wurde, verzichtete sein Amtskollege Wen darauf, die Geschichtsfrage anzusprechen, stellte ein Fünf-Punkte-Programm zur Verbesserung der bilateralen Beziehungen vor und einigte sich mit Premierminister Abe auf die Etablierung eines Joint History Research Committee.[613] Bei seinem Gegenbesuch im April 2007 verkündete Premierminister Wen vor dem japanischen Parlament, dass er „wegen Freundschaft und Kooperation gekommen" sei. Außerdem bestätigte er die traditionelle Sichtweise der KP, wonach Militaristen für den japanischen Aggressionskrieg verantwortlich gewesen wären, sprach seine Anerkennung für Japans wiederholte Entschuldigungen aus und bedankte sich für die finanzielle Unterstützung Japans während der Reformära.[614] Im Einklang mit diesen Schritten bekundeten beide Staaten während Präsident Hu Jintaos Besuch in Tokyo im Mai 2008 ihren Willen, eine 'strategische Partnerschaft zum beiderseitigen Nutzen' (*senryakuteki gokei kankei* 戦略的互恵関係) zu etablieren.[615]

Um die Strategie der Eliten zu unterstützen, veröffentlichten parteinahe und kommerzielle Medien in der VR China seit 2007 eine höhere Anzahl von Artikeln die kulturelle japanische Güter (Fuji-San, Kirschblüten, Teezeremonie, Superstars, Anime und Manga), positive Aspekte der bilateralen Beziehungen (kultureller Austausch und sino-japanische Freundschaft) und positi-

---

[612] Reilly (2012) "*Strong Society, Smart Nation*", 181-185.
[613] Kitaoka Shinichi (2007) "Japan-China Joint History Research Gets under Way", *Gaiko Forum*, 7: 2, 3-13; Hughes (2009) "Japan's Response to China's Rise", *International Affairs*, 843.
[614] James J. Przystup (2007) "Japan-China Relations: Wen in Japan: Ice Melting But...", *Comparative Conncetions*, 9: 2.
[615] Gaimushô (2008) "'Senryakuteki Gokei Kankei' no Hôkatsuteki Suishin ni Kan Suru Nitchû Kyôdo Semei", 7. Mai 2008 ［外務省『「戦略的互恵関係」の包括的推進に関する日中共同声明』2008年5月7日］.

ve chinesische Slogans bezüglich Japan (strategische Partnerschaft zum beiderseitigen Nutzen, Präsident Hus Frühlingsbesuch) in den Mittelpunkt stellten. Gleichzeitig wurde die negative Berichterstattung hinsichtlich offener Geschichtsfragen (Yasukuni-Schrein, Nanjing-Massaker, japanische Invasion und 'Trostfrauen'), der japanischen politischen Situation (Nationalismus, Militarismus, Chauvinismus, Stärke des rechten Flügels) und sicherheitspolitisch relevanter Themen (Raketenabwehr, Revision der Verfassung, amerikanisch-japanische Allianz) in den parteinahen Medien seit 2007 und in den kommerziellen Medien seit 2008 wesentlich zurückgefahren.[616]

Bis diese Kehrtwende vollzogen wurde, dominierten noch zu Beginn der fünften Krise die *konfliktuellen* Elemente der Kultur der Rivalität die sino-japanischen Beziehungen. Diese wurden jedoch, wie oben dargestellt, seit September 2006 graduell von den *konzilianten* Elementen der Kultur der Rivalität abgelöst, sodass die Deeskalationsphase der fünften Krise unter verbesserten atmosphärische Bedingungen erfolgte. In diesem Kontext stellt sich die Frage, ob die Hypothesen des strukturellen Konstruktivismus die absolute Stabilität und den *mittleren* Grad der relativen Stabilität im Ostchinesischen Meer während der fünften Krise 2004-2008 begründen können.

KONFLIKTUELLE RIVALITÄT ZU BEGINN DER FÜNFTEN KRISE

Bis September 2006 dominierten die *konfliktuellen* Elemente der Kultur der Rivalität die sino-japanische Interaktion. In diesem Zustand erwartet der strukturelle Konstruktivismus, dass Staaten ihre souveränen Ansprüche in den Vordergrund stellen und Maßnahmen zur Verteidigung ihrer Souveränität ergreifen, sodass in einem idealtypischen Fall ein *mittlerer* Grad der Stabilität zu erwarten ist. Außerdem können Gewaltandrohung und Gewaltanwendung zur Lösung von territorialen Interessenkonflikten nicht ausgeschlossen werden. Auch wenn der strukturelle Konstruktivismus keine falsifizierbare Aussage über die absolute Stabilität trifft, bestätigen beide Handlungsstränge der fünften Krise die Hypothesen bezüglich des *mittleren* Grades der relativen Stabilität.

Im ersten Handlungsstrang der fünften Krise verhaftete Japan die *Baodiao*-Aktivisten, woraufhin die VR China wütende anti-japanische Proteste tolerierte, um ihre Freilassung, wie es *Asahi Shinbun* formulierte, zu erzwingen. Im zweiten Handlungsstrang provozierte die unilaterale Förderung von Hydrokarbonressourcen durch die VR China Gegenmaßnahmen Japans, die wiederum zu Maßnahmen der Einschüchterung durch Beijing führten. Die

---

[616] Reilly (2012) *"Strong Society, Smart Nation"*, 189-195.

VR China entsendete fünf PLAN-Schiffe, woraufhin Japan Einsatzpläne zur Rückeroberung von Inseln im Sicherheits- und Verteidigungsplan der Ground Self-Defense Force (GSDF) veröffentlichte. All diese Maßnahmen setzten sich zu einem *mittleren* Grad der Stabilität zusammen.

Die Deeskalationsphase der fünften Krise setzte ein, nachdem die *konzilianten* Elemente der Kultur der Rivalität zum Tragen kamen. Beide Staaten deuteten an, dass sie die Themenfelder, die in der Vergangenheit divergierende nationale Identitäten erzeugt hatten (Yasukuni-Schrein, Schulbücher, japanische Kriegsschuld), in den Hintergrund treten lassen wollten, um eine pragmatische Außenpolitik zu betreiben, die auch Sensibilität für die souveränen territorialen Ansprüche des Gegenübers aufwies. Aus diesem Grund bekundeten die Eliten beider Staaten im Oktober 2006 ihren festen Willen, das Ostchinesische Meer in eine Meer des Friedens, der Kooperation und der Freundschaft zu transformieren (*heiwa・kyôryoku・yûai・no umi* 平和・協力・友愛の海)[617] und einigten sich im Juni 2008 prinzipiell über die gemeinsame Erschließung von Hydrokarbonressourcen. Die Erzielung von Fortschritten im Ostchinesischen Meer stand dabei auch im Mittelpunkt der sino-japanischen Bemühungen, eine 'strategische Partnerschaft zum gemeinsamen Nutzen' zu etablieren.[618]

Nachdem die Kultur der *konzilianten* Rivalität die Bewältigung der fünften Krise ermöglichte und diese Kultur bis zum Auftreten der sechsten Krise weiterhin fortbestand, war im Kontext der sechsten Krise ein höherer Grad der Stabilität zu erwarten.

KONZILIANTE RIVALITÄT UND ILLUSORISCHE ANNAHMEN VOR DER SECHSTEN KRISE

Der *mittlere* Grad der relativen Stabilität während der sechsten Krise stellt jedoch ein unerklärliches Rätsel für den strukturellen Konstruktivismus dar. Die Bemühungen der Eliten um Annäherung auf ganzheitlicher Ebene und um Verständigung bezüglich des Ostchinesischen Meeres im Vorfeld der sechsten Krise hätten einen höheren Grad der relativen Stabilität unter der Kultur der *konzilianten* Rivalität erwarten lassen als während der fünften Krise. Daher war es verwunderlich, dass Tokyo im Kontext der sechsten Krise keine andere Lösung außer der Verhaftung der gesamten Crew und der Beschlagnahmung ihres Fischerbootes fand, nachdem diese Vorgehensweise bereits

---

[617] Gaimushô (2006) *"Nitchû Kyôdô Puresu Happyô"*, 8. Oktober 2006 ［外務省『日中共同プレス発表』平成18年10月8日］.
[618] Hughes (2009) "Japan's Response to China's Rise", 843-844.

im Fall der fünften Krise wütende Reaktionen in Beijing hervorgerufen hatte. Während der sechsten Krise fielen die Gegenmaßnahmen Beijings nun noch intensiver aus als dies während der fünften Krise der Fall gewesen war und auch dies erschien aus der Perspektive des strukturellen Konstruktivismus überraschend. Die VR China und Japan verhielten sich während der sechsten Krise als ob die *konfliktuellen* Elemente der Kultur der Rivalität vorgeherrscht hätten und daher weicht der *mittlere* Grad der Stabilität von der strukturell konstruktivistischen Vorhersage eines *hohen* Grades der Stabilität ab.

KONFLIKTUELLE RIVALITÄT WÄHREND DER SIEBTEN KRISE

Die sechste Krise verursachte eine Entfremdung der sino-japanischen Beziehungen, die zu einer erneuten Internalisierung der *konfliktuellen* Elemente der Kultur der Rivalität führte. Unter diesen Voraussetzungen stellte sich die Transformation des Ostchinesischen Meeres in ein Meer des Friedens, der Kooperation und der Freundschaft als Illusion heraus. Bei einem 35-minütigen Gipfeltreffen am Rande eines Konvents der Asia-Pacific Economic Community zwischen Präsident Hu Jintao und Premierminister Noda Yoshihiko im November 2011 bestätigten beide Seiten, dass sie nach wie vor an der Kreation eines Meeres des Friedens, der Freundschaft und der Kooperation interessiert waren,[619] aber zur gleichen Zeit patrouillierten Schiffe chinesischer maritimer Verwaltungsbehörden regelmäßig die Senkaku/Diaoyu-Inseln. Weitere Irritationen kamen im Dezember 2011 auf, als Premierminister Nodas geplanter Staatsbesuch in der VR China auf Wunsch Beijings unvorhergesehen verschoben (*chokuzen ni enchô* 直前に延長) wurde. Der Staatsbesuch wäre ursprünglich auf den 74. Jahrestag des Nanjing-Massakers gefallen.[620]

Am 16. Januar 2012 verkündete Kabinettsekretär Fujimura Osamu, dass die japanische Regierung 39 unbewohnte und unbenannte Inseln, darunter vier in der Senkaku/Diaoyu-Gruppe, benennen wolle. Diese Maßnahme zielte darauf ab, die EEZ-Ansprüche Japans zu stärken. Daraufhin bezeichnete *Renmin Ribao* am 17. Januar die Senkaku/Diaoyu-Inseln zum ersten Mal als eine 'Kerninteresse' der VR China. Der Begriff des 'Kerninteresses' ist in der VR China politisch aufgeladen und wird ansonsten nur im Zusammenhang mit Taiwan, Tibet und Xinjiang gebraucht. Am 20. Januar berichteten schließlich Medien in Hong Kong, dass die SOA beschlossen habe, die

---

[619] Ministry of Foreign Affairs of Japan *"Japan-China Summit Meeting (Overview)"*, November 13th, 2011.

[620] *Asahi Shinbun Chôkan*, 14. Dezember 2011 [朝日新聞朝刊『野田首相訪中、25・26日』2011年12月14日].

Senkaku/Diaoyu-Inseln wöchentlich zu patrouillieren. Außerdem bestätigte der Sprecher des chinesischen Außenministeriums, Liu Weimin, erneut die bekannte Position Beijings, wonach die Senkaku/Diaoyu-Inseln seit ewigen Zeiten chinesisches Territorium seien.[621] Aus diesen Gründen konnte es keine Zweifel darüber geben, dass die Logik der Anarchie innerhalb der sino-japanischen Beziehungen vor dem Auftreten der siebten Krise von einer *konfliktuellen* Rivalität geprägt war, in der beide Staaten die Institution der Souveränität ausschließlich aus der eigenen Perspektive heraus betrachteten.

Die Hypothese des strukturellen Konstruktivismus kann unter diesen Umständen Gewaltandrohung und Gewaltanwendung und somit den Zusammenbruch der absoluten Stabilität nicht ausschließen. Da die Aufrechterhaltung der absoluten Stabilität jedoch auch während der siebten Krise 2012 gegeben war, muss in dieser Frage erneut die Erklärungskraft anderer Theorien herangezogen werden. Bezüglich des Grades der relativen Stabilität ist im idealtypischen Fall ein *mittlerer* Grad der relativen Stabilität zu erwarten, wobei Staaten die territorialen Ansprüche ihres Gegenübers geringschätzen werden und Maßnahmen zur gezielten Schwächung dieser Ansprüche ergreifen werden. Unter diesen Voraussetzungen ähnelte die siebte Krise aus strukturell konstruktivistischer Perspektive der fünften Krise. Die empirischen Befunde bestätigen letztlich die strukturell konstruktivistische Hypothese bezüglich des mittleren Grades der Stabilitaet im Kontext der siebten Krise. Im Gegensatz zur relativ vorsichtigen Haltung beider Regierungen während der vierten Krise 1996, als ebenfalls die Kultur der *konfliktuellen* Rivalität die sino-japanischen Beziehungen dominierte, schritten sowohl Japan mit der Nationalisierung der Inseln als auch die VR China mit der Tolerierung ausgedehnter anti-japanischer Proteste, regelmäßigen Patrouillenfahrten zu den Senkaku/ Diaoyu-Inseln und der Erklärung einer ADIZ zur Tat. Diese Maßnahmen spiegelten die schwer überbrückbaren Differenzen wieder, die Staaten unter dem Zustand der Kultur der *konfliktuellen* Rivalität vorfinden.

III.6.2 DEFENSIVER REALISMUS 2004-2008, 2010 & 2012

Hat sich die Intensität des Sicherheitsdilemmas von der Zeit zwischen der dritten Krise 1990 und der vierten Krise 1996 bis zu den drei Krisen 2004-2008, 2010 und 2012 verändert? Um diese Frage im Kontext der Theorie des

---

[621] Verschiedene Zeitungsberichte zusammengefasst in James J. Przystup (2012) "Japan-China Relations: Happy 40th Anniversary...?", *Comparative Connections*, 14: 1.

defensiven Realismus zu beantworten ist eine erneute Analyse der materiellen Variablen und Informationsvariablen notwendig. Zunächst werden die materiellen Variablen aufgezeigt, um die Offensiv-Defensiv-Balance (ODB) im Ostchinesischen Meer zu bestimmen. Peter A. Dutton formuliert dabei treffend: "[Northeast Asia is a system] in that projection of power (or the preparation for it) is driven by advancements in the ability to maneuver *sea, air, space, and cyber technologies* to a regional decisive point as required."[622] Deswegen konzentriert sich die Analyse auf die von Dutton genannten vier Sphären militärischer Technologien. Anschließend wird die Analyse mit den Informationsvariablen angereichert, um die Intensität des Sicherheitsdilemmas und die defensiv realistischen Hypothesen über die absolute Stabilität und den Grad der relativen Stabilität zu testen.

DIE NAVALEN MACHTPROJEKTIONSMITTEL DER VR CHINA

Bis zu den drei Krisen 2004-2008, 2010 und 2012 war das militärische Modernisierungsprogramm der People's Liberation Army (PLA) seit der vierten Krise 1996 mit ungeahnter Geschwindigkeit fortgeschritten. Um Admiral Liu Huaqings Strategie der *near-seas active defense* umzusetzen und die maritimen Interessen der VR China innerhalb der ersten Inselkette zu wahren, wurden die People's Liberation Army Navy (PLAN) und die People's Liberation Army Air Force (PLAAF) mit zeitgemäßen Schiffen, Unterseebooten, Kampfflugzeugen, ballistischen Raketen und Marschflugkörpern verschiedener Klassen ausgerüstet. Beträchtliche Fortschritte gelangen der VR China auch im Bereich von *command-, control-, communications-, computers-, intelligence-, surveillance-* und *reconnaissance-* (C^{4}ISR-)Netzwerken, die im Rahmen der globalen Revolution in militärischen Angelegenheiten für eine Kriegsführung moderner Prägung unerlässlich geworden sind und zu militärischen Operationen im Weltraum und im Cyberspace befähigen.

Seit der vierten Krise erwarb Beijing vier russische Zerstörer (DDG) der *Sovremenny*-Klasse. Mit zwei Schiffen der indigenen *Luyang I*-Klasse und zwei weiteren der *Luyang II*-Klasse wurden weitere DDGs in Betrieb genommen. Die Fertigstellung von zwei indigenen Schiffen der *Luzhou*-Klasse komplettierte das Aufgebot an DDGs. Die neuen Schiffsklassen besitzen eine höhere Ausdauer und können somit in weiter von der chinesischen Küste entfernten Meereszonen operieren. Sie verfügen zudem über moderne Kommunikationssysteme und können so von Land aus mit Informationen zur

---

[622] Peter A. Dutton (2014) "China's Maritime Disputes in the East and South China Seas", *Naval War College Review*, 67: 3, 9; Hervorhebung hinzugefügt.

simultanen Erfassung zahlreicher Angriffsziele versorgt werden. Außerdem sind sie mit Hubschraubern und Raketen ausgerüstet, die sie zur Unterseebootjagd (*anti-submarine warfare,* ASW) befähigen.[623] Mit diesen neuen navalen Plattformen hat die PLAN in Kategorien wie *intelligence, surveillance* und *reconnaissance* (ISR), Reichweite und Tödlichkeit sowie Panzerung und Verteidigung enorm aufgeholt. So sind die *Sovremenny*-DDGs mit Antischiff-Marschflugkörpern (*anti-ship cruise missile,* ASCM)[624] ausgerüstet, die eine Reichweite von 160 und 240 Kilometern besitzen. Die ASCMs der *Luyangs* und *Luzhous* erreichen Ziele in einer Entfernung von 150 und 280 Kilometern. Die neuen Modelle sind auch weitaus besser getarnt als ihre Vorgänger und besitzen Bordsysteme auf einem fortgeschritteneren technologischen Entwicklungsstand. Der wohl größte Unterschied zu früheren Modellen besteht jedoch in den Luftverteidigungsfähigkeiten der neuen Schiffe.[625]

Seit Mitte der 1990er Jahre war auch die Modernisierung der Unterseebootflotte eines der Hauptanliegen der VR China.[626] Der Großteil der Unterseebootflotte der PLAN besteht aus Einheiten mit Dieselantrieb. Acht der insgesamt zwölf Einheiten der *Kilo*-Klasse sind mit ASCMs ausgerüstet, die über eine Reichweite von 100 Seemeilen verfügen. Unterseeboote der indigenen *Song*- und *Yuan*-Klasse können ebenfalls mit ASCMs ausgerüstet werden, wenngleich die Reichweite dieser ASCMs beträchtlich geringer ist.[627] Die PLAN besaß bis 2006 auch zwei nuklearangetriebene Unterseeboote zweiter Generation der *Shang*-Klasse (*nuclear-powered attack submarines,* SSN). Mit ihrer Geschwindigkeit, Reichweite und Ausdauer eignen sie sich hervor-

---

[623] Li (2009) "The Evolution of China's Naval Strategy and Capabilities", 152-154.

[624] Andrew S. Erickson & David D. Yang (2009) "Using the Land to Control the Sea: Chinese Analsysts Consider the Antiship Ballistic Missile", *Naval War College Review,* 62: 4, 55; Andrew S. Erickson & Jingdong Yuan (2011) "Antiaccess and China's Air-Launched Cruise Missiles" in Andrew S. Erickson & Lyle J. Goldstein (Hrg.) *"Chinese Aerospace Power: Evolving Maritime Roles",* Annapolis, MD: Naval Institute Press, 278-281.

[625] Eine detaillierte Beschreibung dieser Fähigkeiten findet sich bei Li (2009) "The Evolution of China's Naval Strategy and Capabilities", 153-154.

[626] William S. Murray (2007) "An Overview of the PLAN Submarine Force" in Andrew S. Erickson et al. (Hrg.) *"China's Future Nuclear Submarine Force",* Annapolis, MD: Naval Institute Press, 59-76; Bernard D. Cole (2010) *"Great Wall at Sea: China's Navy in the 21st Century",* Annapolis, MD: Naval Institute Press, 95-97; Ronald O'Rourke (2011) "PLAN Force Structure: Submarines, Ships, and Aircraft" in Phillip C. Saunders et al. (Hrg.) *"The Chinese Navy: Expanding Capabilities, Evolving Roles",* Washington, DC: National Defense University Press, 141-173.

[627] Jesse Karotkin "Trends in China's Naval Modernization", Testimony to the U.S.-China Economic and Security Review Commission, January 30th, 2014, 8.

ragend zur Informationsbeschaffung in Gewässern weitab der Heimat, sind jedoch aufgrund ihrer Lautstärke leicht zu orten.[628] Die Unterseebootflotte der PLAN ist allerdings nur nahe der Heimatgewässer vor den viel gerühmten ASW-Fähigkeiten Japans sicher. In den seichten Gewässern nahe des chinesischen Festlandes können landgestützte Luftverteidigungseinheiten (*land-based aircraft and air defense*) der PLA gegnerische ASW-Operation erheblich behindern.[629]

Die VR China besitzt darüber hinaus das weltweit aktivste und diversifizierteste ballistische Raketenprogramm.[630] Die PLA hat seit den frühen 1990er Jahren ein Arsenal von mehr als 1.100 ballistischen Kurzstreckenraketen (*short-range ballistic missiles*, SRBM) aufgebaut. 700-750 SRBMs des Typs DF-11 (CSS-7) können Taiwan erreichen, aber 350-400 SRBMs des moderneren Typs DF-15 (CSS-6) stellen auch für Ziele in der Entfernung der Senkaku/Diaoyu-Inseln und Okinawas eine Bedrohung dar. Die PLA verfügt zudem über mehr als 100 ballistische Mittelstreckenraketen (*medium-range ballistic missiles*, MRBM) des Typs DF-21 (CSS-5), die ebenfalls allesamt Ziele in der Entfernung der Senkaku/Diaoyu-Inseln und Okinawas erfassen können. Ein besonderes Merkmal der SRBMs und MRBMs ist ihre hohe Zielgenauigkeit: ihr *circular error probable* beträgt weniger als 50 Meter, einige SRBMs sollen ihr Ziel sogar mit einer mittleren Abweichung von lediglich 5-10 Metern treffen.[631]

Auch die Modernisierung der Luftwaffe wurde seit 1996 weiter vorangetrieben. Inmitten dieses Prozesses orientierte sich Beijing weiterhin am Konzept der gemeinsamen Operationen aller Dienste und fördert eine PLAAF, der

---

[628] Owen R. Coté Jr. (2012) "Assessing the Undersea Balance between the United States and China", in Thomas G. Mahnken (Hrg.) *"Competitve Strategies for the 21st Century: Theory, History, and Practice"*, Stanford, CA: Stanford University Press, 186.

[629] Owen R. Coté Jr. (2011) "Assessing the Undersea Balance between the U.S. and China", *MIT Security Studies Program Working Paper*, 8-9.

[630] National Air and Space Intelligence Center (2013) *"Ballistic and Cruise Missile Threat"*, Wright-Patterson Air Force Base, OH: National Air and Space Intelligence Center Public Affairs Office, 3.

[631] Office of the Secretary of Defense (2010) *"Annual Report to Congress: Military and Security Developments Involving the People's Republic of China 2010"*, Washington, DC: Department of Defense, 66; Office of the Secretary of Defense (2012) *"Annual Report to Congress: Military and Security Developments Involving the People's Republic of China 2012"*, Washington, DC: Department of Defense, 29; Office of the Secretary of Defense (2013) *"Annual Report to Congress: Military and Security Developments Involving the People's Republic of China 2013"*, Washington, DC: Department of Defense, 5, 42.

spezifische navale Rollen zukommen. Mittlerweile verfügt die PLAAF über 2,000 Kampfflugzeuge von denen ungefähr 500 den Anforderungen moderner Kampfflugzeuge der vierten Generation entsprechen. Darüber hinaus befinden sich zwei verschiedene Prototypen von Kampfflugzeugen der fünften Generation in Planung. Viele dieser Einheiten können mit unterschiedlichen Raketen und Bomben ausgerüstet werden, um Ziele zu Luft und zu Boden aus kurzer Entfernung oder über lange Distanzen hinweg anzugreifen.[632]

Ob die Generäle der PLA die Durchführung offensiver militärischer Operationen in entfernteren Gewässern als erfolgversprechend erachten, steht zudem in einem engen Zusammenhang mit dem Zustand und der Sicherheit chinesischer C⁴ISR-Netzwerke. Weltraumgestützte C⁴ISR-Netzwerke sind im 21. Jahrhundert zur Erfassung gegnerischer Ziele von essentieller Bedeutung. Der *Quadrennial Defense Review Report* des Pentagon 2010 verdeutlicht: "Modern armed forces simply cannot conduct high-tempo, effective operations without resilient, reliable information and communication networks and assured access to cyberspace".[633] Beijing ist sich darüber im Klaren, dass C⁴ISR-Netzwerke eine tragende Säule amerikanisch-japanischer Militärmacht darstellen. Gleichzeitig ist die Anfälligkeit dieser Netzwerke ein offenes Geheimnis.[634] So besitzt die PLA laut einem Bericht des amerikanischen Verteidigungsministeriums "a multi-dimensional program to limit or prevent the use of space-based assets by adversaries". Das Repertoire reicht dabei von der Störung von Satelliten (*soft kill*) bis zu ihrer Zerstörung (*hard kill*).[635]

Aus dieser Analyse geht hervor, dass die VR China seit der vierten Krise 1996 beträchtliche Anstrengungen unternommen hat, um die relativen navalen Machtvorteile Japans auszugleichen. Die navale Doktrin der *near-seas active defense* war ihrer Bezeichnung nach weiterhin auf die Verteidigung chinesischer maritimer Interessen ausgelegt, aber die Analyse der materiellen Variablen lässt auch die Existenz offensiver navaler Machtprojektionsmittel erkennen.[636] Ob die aus dem chinesischen Modernisierungsprogramm

---

[632] Erickson & Goldstein (Hrg., 2011) *"Chinese Aerospace Power";* Office of the Secretary of Defense (2013) *"Annual Report to Congress"*, 66-67.
[633] U.S. Department of Defense (2010) *"Quadrennial Defense Review Report"*, Washington, DC: Department of Defense, 37.
[634] Cliff et al. (2007) *"Entering the Dragon's Lair"*, 45; Christensen (2006) "Posing Problems without Catching Up", 31-33; Dean Cheng (2012) "China's Military Role in Space", *Strategic Studies Quarterly*, 6: 1, 55-77.
[635] Office of the Secretary of Defense (2012) "Military and Security Developments Involving the People's Republic of China 2012", 8-9.
[636] Evan Braden Montgomery (2014) "Contested Primacy in the Western Pacific: China's Rise and the Future of U.S. Power Projection", *International Security*, 38: 4,

hervorgegangenen Machtprojektionsmittel der PLA zudem auch die bis 1996 defensivlastige ODB im Ostchinesischen Meer zu einer offensivlastigen ODB transformierten, hängt letztlich von den Eigenschaften und der Qualität der defensiven militärischen Mittel Japans ab. Aus diesem Grund beschäftigt sich der folgende Absatz mit der Entwicklung der Self-Defense Forces (SDF) und der Japan Coast Guard (JCG) seit 1996.

SELF-DEFENSE FORCES & JAPAN COAST GUARD

Parallel zu den 1990er Jahren hat Japan auch in den 2000er Jahren sein sicherheitspolitisches Profil geschärft und seine Allianz zu den USA gestärkt. Durch die Identifizierung regionaler und globaler Ziele amerikanisch-japanischer Sicherheitskooperation konkretisierte die Defense Policy Review Initiative (DPRI) 2004-2006 den funktionalen und geographischen Rahmen der Allianz. Die (1) friedliche Resolution der Taiwan-Frage, (2) die Nutzung japanischer Militärbasen durch die USA zur regionalen und globalen Machtprojektion, (3) die Integration der amerikanischen Streitkräfte mit den SDF auf operativer Ebene und (4) die Fortführung der gemeinsamen Entwicklung eines Abwehrsystems gegen ballistische Raketen (*ballistic missile defense*, BMD) standen im Mittelpunkt der DPRI. Im Kontext der DPRI ersetzten die National Defense Program Guidelines (NDPG) 2004 auch das National Defense Program Outline (NDPO) 1995 und die NDPG 1997.[637]

Im Rahmen des Mid-Term Defense Plan (MTDP) 1995 und des Mid-Term Plan (MTP) 2000 hat Japan seine defensiven militärischen Fähigkeiten seit 1996 insbesondere qualitativ erweitert.[638] Bis 2003 wurden sechs DDGs der *Kongo-* und *Atago*-Klassen in Betrieb genommen. Diese DDG-Klassen können mit dem BMD-System *Aegis* ausgerüstet werden, sodass feindliche ballistische Raketen bereits in der Luft vernichtet und neutralisiert werden können. Tokyo beteiligte sich seit 1999 an der amerikanischen Entwicklung effektiver BMD und hat 2003 die Beschaffung dieser Technologie beschlossen.[639] Außerdem plante die Maritime Self-Defense Force (MSDF) die Anschaffung

---

130-139.
[637] Christopher W. Hughes (2009) *"Japan's Remilitarisation"*, New York, NY: Routledge, 35-52; Hughes (2009) "Japan's Response to China's Rise", 844-845.
[638] Japan Defense Agency (1995) *"Mid-Term Defense Plan (FY 1996-2000)"*, December 7th, 1995; Japan Defense Agency *(2000)"Mid-Term Plan"*, December 15th, 2000.
[639] Japan Defense Agency (2003) *"On Introduction of Ballistic Missile Defense System and Other Measures"*, December 19th, 2003.

von vier DDGs der *Hyûga*-Klasse, die in ihrer erweiterten Funktion als Hubschrauberträger (DDH) unverzichtbare Aufgaben im Bereich der ASW übernehmen.[640] Die ersten beiden DDGs der *Hyûga*-Klasse wurden 2009 und 2011 in Betrieb genommen.[641]

Angesichts schwach ausgeprägter ASW-Fähigkeiten auf Seiten der PLAN spielen Unterseeboote beim Schutz japanischer Interessen im Ostchinesischen Meer eine überragende Rolle. 2010 hat Japan entschieden, seine konventionell angetriebene Unterseebootflotte von 16 auf 22 Einheiten zu erweitern.[642] Die Unterseebootflotte der MSDF, so sind sich alle navalen Experten einig, ist derjenigen der PLAN, insbesondere in den Kategorien Lärmreduzierung und der Erfahrung des Personals, überlegen. Im Bereich der Senkaku/Diaoyu-Inseln und umstrittener Meereszonen, das japanische Verteidigungsministerium spricht von Punkten strategischer Bedeutung im Ostchinesischen Meer, begeben sich japanische Unterseeboote auf ISR-Missionen.[643]

Tokyo hat auch die Rolle der Japan Coast Guard (JCG) nachhaltig aufgewertet. Die JCG unterstützt die MSDF bei der Sicherung maritimer Interessen: im Rahmen von Polizeimissionen verhindert sie das unbefugte Eindringen fremder Schiffe in das japanische Küstenmeer und stärkt mit ihrer navalen Präsenz die Ansprüche Japans auf umstrittene Inseln und Meereszonen.[644] Infolge der Revision des JCG-Gesetzes 2001 wurde die JCG erstmalig zum Einsatz von Waffengewalt autorisiert, um unbefugte Schiffe innerhalb des japanischen Küstenmeeres anzuhalten.[645] Unmittelbar nach dem Höhepunkt der fünften Krise 2005 wurde verlautbart, dass eine Modernisierung der JCG unter Aufwendung umfangreicher finanzieller Mittel geplant sei. Seit den 1970er Jahren hat sich das Budget der JCG verzehnfacht. Richard J. Samuels verdeutlichte, dass die JCG mit ihren erweiterten

---

[640] Linus Hagström & Jon Williamsson (2009) "'Remilitarization,' Really? Assessing Change in Japanese Foreign Security Policy", *Asian Security*, 5: 3, 250-251.
[641] *jeffhead.com/worldwideaircraftcarriers* "Hyuga Class", abgerufen am 7. September 2014; Kôda Yôji (2009) "'Hyûga' he no Michi Kaiji Herikoputâ Unyôkan no Ayumi", *Sekai no Kansen*, 710, 92-99 [香田洋二『「ひゅうが」への道　海自ヘリコプター運用艦の歩み』世界の艦船、710、92-99].
[642] Kyle Mizokami "Five Japanese Weapons of War China Should Fear", *nationalinterest.org*, June 14th, 2014.
[643] Japan Ministry of Defense (2007) "*Defense of Japan 2007*"; Patalano (2008) "Shielding the 'Hot Gates'", 886; Bush (2010) "*The Perils of Proximity*", 45-46.
[644] Richard J. Samuels (2007-2008) "'New Fighting Power!' Japan's Growing Maritime Capabilities and East Asian Security", *International Security*, 32: 3, 85.
[645] Samuels (2007-2008) "'New Fighting Power!'", 95.

Einsatzmöglichkeiten und verbesserten Ausrüstung zu einer Art paramilitärischer Institution umgestaltet wurde und sprach ihr die Bedeutung der "fourth branch of the Japanese military" zu.[646]

ERSTSCHLAGFÄHIGKEIT DER ASDF?

Die Air Self-Defense Force (ASDF) besitzt ungefähr 160 F-15J- und 45 F-15DJ-Kampfflugzeuge, die nach dem Vorbild des amerikanischen F-15 im Rahmen eines Lizenzvertrags von Mitsubishi Heavy Industries produziert werden. Die erste F-15J wurde bereits 1981 ausgeliefert, aber die Besonderheit dieser Kampfflugzeuge lag nach 1996 in ihrer Ausrüstung mit modernen Waffentechnologien begründet, die sie gegenüber den meisten chinesischen Kampfflugzeugen überlegen machen. Hierbei handelt es sich um *active-array radar*-Raketen, die in den Kategorien Reichweite und Zielgenauigkeit hervorragende Werte erzielen.[647]

2002 hat Japan zudem die Beschaffung von vier Boeing KC-767 Tankflugzeugen beschlossen, die zwischen 2008 und 2010 ausgeliefert wurden.[648] 2003 führten japanische F-15J/DJ-Piloten Luftbetankungen im Rahmen von Truppenübungen mit der US Air Force (USAF) durch. Mit diesen Schritten hat sich die Reichweite, in der die japanischen F-15-Modelle Macht projizieren können, beträchtlich erweitert. Während dieser Zeit wurde in Tokyo eine Debatte angestoßen, ob Japan zum Zweck der Selbstverteidigung die Fähigkeit besitzen sollte, spezifische militärische Ziele durch Präemptivschläge anzugreifen.[649] Die Ausstattung japanischer Kampfflugzeuge mit präzisionsgerichteter Munition war in diesem Zusammenhang die letzte Komponente, die für hypothetische Präemptivschläge benötigt wurde. Tokyo entschied sich 2004, seine Kampfflugzeuge mit dieser Art von Munition auszustatten und führte 2007 erneut Truppenübungen mit der USAF durch.[650]

Japan hat auch im Bereich von C⁴ISR-Netzwerken zukunftsgerichtete Schritte in die Wege geleitet. Durch einen Parlamentsbeschluss hat sich Tokyo zur friedlichen Nutzung des Weltraums verpflichtet, aber der Begriff

---

[646] Samuels (2007-2008) "'New Fighting Power!'", 102.

[647] Bush (2010) *"The Perils of Proximity"*, 47-49; Mizokami "Five Japanese Weapons of War China Should Fear"; *globalsecurity.org* "F-15J", abgerufen am 25. Juni 2014.

[648] *boeing.com* "KC-767 Global Tanker: Japan KC-767", abgerufen am 27. Juni 2014.

[649] *CNN.com* "Japan Raises First-Strike Question", October 1st, 2004.

[650] Ashleigh Bryant "F-2 Makes Live Bomb Debut During Exercise", *Air Force News Agency*, June 15th, 2007; Hagström & Williamsson (2009) "'Remilitarization,' Really?", 252-253.

'friedliche Nutzung' wurde im Basic Space Law 2008 zu 'nicht-aggressiver Nutzung' abgewandelt und hob das zuvor geltende anti-militärische Prinzip in Japans Weltraumpolitik auf. Tokyo stellte nach der fünften Krise 2005 finanzielle Mittel für die Entwicklung einer neuen Radarstation auf Okinoerabu bereit und plante diese mit den Systemen weiterer Radarstationen auf Miyakojima und Takahatayama zu einem effektiven Gesamtsystem zur Überwachung aller Bewegungen auf und über dem Ostchinesischen Meer zu integrieren.[651]

DIE ODB IM OSTCHINESISCHEN MEER 2004-2008, 2010 & 2012

Zwischen der ersten Krise 1970-1972 und der vierten Krise 1996 war die ODB im Ostchinesischen Meer aufgrund relativer navaler Machtvorteile Japans gegenüber der VR China und der defensiven Doktrin und Ausrüstung der MSDF defensivlastig. Die Verteidigung maritimer Territorien und Meereszonen war einfacher als ihre Eroberung und die dauerhafte Neutralisierung gegnerischer Einheiten. Seit der vierten Krise 1996 konnte die VR China jedoch die relativen navalen Machtvorteile Japans durch die oben beschriebene Aneignung navaler Machtprojektionsmittel überbrücken. Deswegen muss in diesem Abschnitt die Frage beantwortet werden, ob die ODB im Ostchinesischen Meer während der fünften Krise 2004-2008, der sechsten Krise 2010 und der siebten Krise 2012 weiterhin defensivlastig oder nun offensivlastig war.

Zunächst gibt es keine Anzeichen dafür, dass sich die ODB bis zum Höhepunkt der fünften Krise zugunsten der Offensive verschoben hat. Die Ausgabe von *Die Wissenschaft von Kampagnen* (*Zhan Yi Xue* 战役学) 2006, einem strategischen Handbuch der PLA, enthält ein Kapitel zu dem Themenkomplex 'Angriffe auf Koralleninseln und Riffe' (*dui shanhu daojiao jingong zhanyi* 对珊瑚岛礁进攻战役). Der Bericht legt den Fokus jedoch auf die Hindernisse und Herausforderungen mit denen sich die PLAN im Falle offensiver militärischer Operationen auseinandersetzen müsste. Dazu zählen eine große räumliche Distanz zum Festland, die daraus resultierenden logistischen Probleme sowie die Gefahr durchbrochener Befehlsketten. Ausserdem wurden auch Naturgewalten wie Wirbelstürme als die Offensive erschwerende Faktoren genannt.[652] In Japan kam Kayahara Ikuo, bekannt als ein Ver-

---

[651] Hughes (2009) *"Japan's Remilitarisation"*, 48-50; Hagström & Williamsson (2009) *"'Remilitarization,' Really?"*, 252-253; Jeffrey W. Hornung (2014) "Japan's Growing Hedge Against China", *Asian Security*, 10: 2, 105.
[652] Zhang Yuliang (2006) *"Zhan Yi Xue"*, Beijing: Guofang Daxue Chubanshe [张玉良（2006年）"战役学"，北京国防大学出版社].

fechter der *China threat*-Theorie, 2005 zu dem Ergebnis, dass es der „PLA an Machtprojektionsmitteln fehle, die Waffen der PLA von unzureichender Qualität seien und dass das alle Dienste der PLA umfassende Kampfpotential gering sei".[653] Zu einer ähnlichen Konklusion gelangte auch M. Taylor Fravel, als er 2008 resümierte: "China has only begun to acquire forces for maritime denial and regional force projection". Die PLA, so Fravel, war damals nicht fähig, offensive Operation zu Luft und zu Wasser weitab der Heimatgewässer durchzuführen.[654]

Die defensiven Fähigkeiten der MSDF wurden unter diesen Szenarien noch gar nicht in die Gleichung miteinbezogen. Tokyo begann bereits mit der Veröffentlichung der NDPG 2004 seine defensiven Fähigkeiten an die chinesischen Modernisierungsbemühungen anzupassen.[655] Seit 2005 nahmen die GSDF auch an der Militärübung *Iron Fist* der USA teil, um ihre amphibischen Fähigkeiten im Kontext der Rückeroberung von Inseln zu stählen.[656] In Reaktion auf die sechste Krise sahen die NDPG 2010 eine auf die VR China abzielende Neuausrichtung der Truppenstruktur vom Nordosten Japans auf die Inseln im Südwesten vor, um Beijing vor militärischen Abenteuern abzuschrecken und im Ernstfall dynamisch auf Operationen der PLAN reagieren zu können. Auch dieser Schritt wurde im November 2011 von großangelegten Truppenübungen begleitet.[657] Unabhängig von bestehenden offensiven Unzulänglichkeiten der PLAN und im Einklang mit der navalen Doktrin der SDF dient Okinawa als defensive Barriere Japans gegen einen potenziellen Angriff der VR China auf die Senkaku/Diaoyu-Inseln oder auf japanische Einheiten im Ostchinesischen Meer. Da Japan von Okinawa und weiteren Inseln der Okinawa-Inselkette operieren kann, besitzt die VR China keine geographischen Vorteile in einem hypothetischen Konfliktszenario.[658]

---

[653] Kayahara Ikuo (2005) "Chûgoku no Kokubô Kindaika to Ajia no Kinchô", *Chûô Kôron,* 120: 5, 204-215 [茅原郁夫（2005年）『中国の国防近代化とアジアの緊張』中央公論、120：5、204-215].

[654] M. Taylor Fravel (2008) "China's Search for Military Power", *The Washington Quarterly,* 31: 3, 134-135.

[655] Japan Defense Agency (2004)"*National Defense Program Guidelines for FY 2005 and Beyond*", December 10th, 2004.

[656] Trefor Moss "Japan's New (Defensive) Attack Force", *thediplomat.com*, November 3rd, 2013.

[657] Japan Ministry of Defense (2010) "*National Defense Program Guidelines for FY 2011 and Beyond*", December 17th, 2010, 10; James R. Kendall (2010) "Deterrence by Presence to Effective Response: Japan's Shift Southward", *Orbis,* 54: 4, 603-614; National Institute for Defense Studies (2012) "*Japan: Toward the Establishment of a Dynamic Defense Force*", Tokyo: East Asian Strategic Review, 253-256.

[658] Eric Sayers (2013) "The 'Consequent Interest' of Japan's Southwestern Islands",

Im Gegensatz zu den zurückhaltenden Einschätzungen einiger navaler Experten während der fünften Krise 2005 bezüglich dem Zustand der PLA wurden die militärischen Fähigkeiten Beijings in den Jahren während der sechsten Krise 2010 und der siebten Krise 2012 positiver bewertet.[659] Dennoch ist nicht von der Hand zu weisen, dass Tokyo beeindruckende Maßnahmen ergriffen hat, um Beijing die Unberechenbarkeit offensiver Operationen im Ostchinesischen Meer zu demonstrieren. Dem Prinzip der *mutual assured destruction*[660] folgend, umgibt die Anwendung offensiver militärischer Mittel eine Aura der Unberechenbarkeit, sodass Beijing der Illusion leichter Beute nicht erliegen kann. Insbesondere wird aus der vorhergehenden Analyse deutlich, dass es für beide Staaten aufgrund der ausgeprägten Qualität ihrer Luftwaffen mit enormen Schwierigkeiten verbunden wäre, die Lufthoheit über dem Ostchinesischen Meer zu erringen. Im Bereich asymmetrischer Fähigkeiten muss das chinesische Raketenarsenal auf Japan trotz moderner Raketenabwehrtechnologien zwar äußerst beeindruckend wirken, aber mangelnde ASW-Fähigkeiten auf Seiten der PLAN erheben die Unterseebootflotte der MSDF zu einem wirksamen Element der Abschreckung.

Auch die Rolle der USA als *offshore balancer* trägt zu einer defensivlastigen ODB bei. Falls die VR China Gewaltandrohung oder Gewaltanwendung im Ostchinesischen Meer in Betracht zieht, muss sie sich mit der Möglichkeit auseinandersetzen, dass die USA, wie Washington seit der vierten Krise wiederholt erklärt hat, zum Schutz der Senkaku/Diaoyu-Inseln und ihrer umliegenden Gewässer ihren Allianzverpflichtungen an der Seite Japans nachkommen würden. In Tokyo muss indessen als selbstverständlich erachtet werden, dass es sich um eine defensive Allianz handelt, die nicht für offensive militärische Abenteuer konzipiert wurde. Aus diesem Grund muss sich auch Tokyo in Zurückhaltung üben, denn es kann auf die Unterstützung aus Washington, wie im Allianzvertrag dargelegt, nur dann vertrauen, wenn es um die Verrteidigung der betreffenden Territorien geht. Offensive militärische Opeartionen würden die USA unter keinen Umständen unterstützen. Da die USA während der fünften, sechsten und siebten Krise in Ostasien engagiert blieben, trug ihre Präsenz nachhaltig zu einer defensivlastigen ODB im Ostchinesischen Meer bei.

Naval War College Review, 66: 2, 45-61.
[659] Cliff et al. (2007) *"Entering the Dragon's Lair"*, 18-23; Montgomery (2014) "Contested Primacy in the Western Pacific", 130-139.
[660] Henry A. Kissinger (1979) "The Future of NATO", *The Washington Quarterly*, 2: 4, 3-17; der Begriff *assured destruction* stammt ursprünglich von Verteidigungsminister Robert McNamara 1962 und wurde 1964 zu *mutual assured destruction* erweitert.

Durch die Beteiligung der anerkannten Nuklearmächte VR China und USA haben auch Nuklearwaffen eine konfliktthemmende Wirkung auf das Ostchinesische Meer.[661] Infolge der nuklearen Revolution hat sich die ODB des internationalen Systems deutlich zugunsten der Defensive verschoben.[662] Zumindest kann Beijing die Eskalationsleiter unter keinen Umständen in einem Maße hochklettern, in dem ein Einsatz amerikanischer Nuklearwaffen zum Schutze Japans auch nur ansatzweise in Frage kommen würde. Dies schränkt die strategischen Optionen Beijings stark ein, falls es Gewaltanwendung zur Lösung der Interessenkonflikte in Betracht ziehen sollte. Limitierte konventionelle Seegefechte können im Ostchinesischen Meer *allein* unter Einbezug von Nuklearwaffen nicht ausgeschlossen werden, aber die komplette Eliminierung der VR China oder Japans als navale Machtpole infolge eines bewaffneten Konfliktes kann ohne Zweifel ausgeschlossen werden. Falls Gewaltanwendung beide Staaten ihrer Fähigkeit, maritime Interessen zu vertreten, nicht vollständig berauben kann, wird sie im Menü außenpolitischer Handlungsmöglichkeiten nicht an oberster Stelle stehen. Deswegen kommt Charles L. Glaser auch zu dem Schluss: "[the] combination of clear alliance commitments, forward deployed conventional forces, and large survivable nuclear forces should enable the United States to deter a Chinese attack on [...] Japan [...]".[663]

Zahlreiche Faktoren sprechen dafür, dass die ODB im Ostchinesischen Meer im Zeitraum der drei Krisen 2004-2008, 2010 und 2012 defensivlastig war. Bedeutend ist in diesem Zusammenhang vor allem auch, dass die beteiligten Akteure die ODB auch *subjektiv* als defensivlastig wahrgenommen haben. Zumindest gibt es keinerlei Anzeichen dafür, dass innerhalb der Kreise der PLA oder der SDF ein bewaffneter Konflikt im Ostchinesischen Meer als leicht gewinnbar erachtet wird. Nachdem die materiellen Variablen nun analysiert sind, müssen im weiteren Verlauf der Diskussion die Informationsvariablen bestimmt werden, um Aussagen über die Intensität des Sicherheitsdilemmas für die VR China und Japan während der fünften, sechsten und siebten Krise zu treffen.

---

[661] John J. Mearsheimer kommt jedoch zu einer gegenteiligen Konklusion. Er argumentiert, dass die Anwendung nuklearer Waffen in Seegefechten sehr unwahrscheinlich ist, die abschreckende Wirkung nuklearer Waffen abnimmt und deswegen ein bewaffneter Konflikt im Ostchinesischen Meer *wahrscheinlicher* ist als zum Beispiel im Zentrum Europas während des Kalten Krieges.

[662] McGeorge Bundy (1988) "*Danger and Survival: Choices about the Bomb in the First Fifty Years*", New York, NY: Random House; Robert Jervis (1989) "The Meaning of the Nuclear Revolution: Statecraft and the Prospect of Armageddon", Ithaca, NY: Cornell University Press.

[663] Charles L. Glaser (2011) "Will China's Rise lead to War?", *Foreign Affairs*, 90: 2, 84.

DIE UNGEWISSHEIT JAPANS

Das Modernisierungsprogramms der PLA hat die relativen navalen Machtvorteile der SDF seit der vierten Krise 1996 zunichte gemacht und Japan dazu gezwungen, trotz einer weiterhin defensivlastigen ODB, von der VR China ausgehende Informationsvariablen mit erhöhter Aufmerksamkeit in sein strategisches Kalkül einzubeziehen. Tokyo ist dabei bis zum Auftreten der fünften Krise 2004-2008, sechsten Krise 2010 und siebten Krise 2012 zu der Erkenntnis gelangt, dass die Absichten Beijings nicht abschließend zu bestimmen sind und dass die VR China eine langfristige sicherheitspolitische Herausforderung für Japan darstellt. Dies impliziert, dass Tokyo dazu neigte, Beijing als eine revisionistische Macht und nicht als eine *status quo*-Macht einzuordnen.

Zunächst sind die NDPG 2004 explizit auf die Entwicklung der PLAN im navalen Bereich eingegangen: "China [...] continues to modernize [...] its naval and air forces. China is also expanding its area of operation at sea. We will have to remain attentive to its future actions." Die NDPG 2004 forderten daher *inter alia*, die Verteidigung vorgelagerter Inseln sowie den Schutz der Territorialgewässer und des territorialen Luftraumes sicherzustellen.[664] Das Außenministerium äußerte 2005 im diplomatischen Blaubuch unter dem Abschnitt 'maritime Ungewissheit' (*kaiyô wo meguru kenan*海洋をめぐる懸案) zum ersten Mal „ernsthafte Befürchtungen" (*jûdai na kenen*重大な懸念) über die navalen Ambitionen der VR China. Das diplomatische Blaubuch notierte für dieses Jahr, dass Japan die VR China wiederholt aufgefordert hat, wichtige seismologische Daten im geographischen Raum des umstrittenen Shirakaba/Chunxiao-Feldes zur Verfügung zu stellen. Dieser Bitte sei die VR China jedoch nicht gerecht geworden. Außerdem erwähnte das Blaubuch nicht autorisierte hydrographische Aufzeichnungen chinesischer Forschungsschiffe in Japans EEZ und das völkerrechtswidrige Eindringen eines chinesischen Unterseebootes der *Han*-Klasse in japanisches Küstenmeer nahe der Sakishima-Inseln im November 2004.[665] Die Ground Self-Defense Force (GSDF) identifizierte die VR China im Verteidigungs- und Überwachungsplan Plan 2005 (*bôei keibi keikaku*防衛警備計画) zum ersten

---

[664] Japan Ministry of Defense "*National Defense Program Guidelines, FY 2005 and Beyond*", December 10th, 2004.
[665] Gaimushô (2005) "*Heisei 17 Nenban Gaikô Seisho*" ［外務省『平成17年版外交青書』］; Peter A. Dutton (2006) "International Law and the November 2004 '*Han* Incident'", *Asian Security*, 2: 2, 87-101; die Aktivitäten des chinesischen Unterseebootes waren deswegen völkerrechtswidrig, weil es tauchend und nicht an der Überfläche schwimmend in das Küstenmeer eindrang.

Mal als Bedrohung und entwarfen ein Einsatzszenario für den Fall einer chinesischen Invasion der Senkaku/Diaoyu-Inseln.[666] Außenminister Asô Tarô bestätigte während der fünften Krise, dass die Aufrüstung der VR China eine Bedrohung für Japans Sicherheit darstelle.[667]

In Anbetracht dieser Entwicklungen war es nicht verwunderlich, dass das diplomatische Blaubuch des Außenministeriums im folgenden Jahr 2006 unter dem Abschnitt 'Chûgoku jôsei' (中国情勢) zum ersten Mal die Aufmerksamkeit auf die überproportional steigenden Militärausgaben der VR China lenkte. Ungewissheit bereite vor allem die Tatsache, dass die Transparenz einiger Maßnahmen nicht gegeben sei (*futômei na bubun ga aru koto*不透明な部分があること).[668] Auch das Verteidigungsamt notiert im Weißbuch der Verteidigung 2006, dass die VR China im Gebiet der Äquidistanzlinie militärische Präsenz zeigt und Forschungsaktivitäten betreibt, um seine Ansprüche auf Hydrokarbonressourcen durchzusetzen.[669] James Manicom stellt in zahlreichen Interviews fest, dass auch japanische Analysten die Entwicklung der PLAN mit Ungewissheit verfolgten. Dies lag ebenfalls an undurchsichtigen Militärausgaben, nicht autorisierten Forschungsaktivitäten in japanischen Gewässern und der ungelösten Frage nach der (gemeinsamen) Erschließung von Hydrokarbonressourcen.[670] Auch in akademischen Krisen wurde den Absichten der VR China ein überragendes Interesse eingeräumt. So zeichneten Ueda Naruhiko, Takayama Masaji und Sugiyama Katsumi 2006 in ihrem Buch *Higashi Shinakai ga Abunai!* (東シナ海が危ない！) alle Facetten des Modernisierungsplans der PLA auf und schlossen dabei die Gefahr chinesischer Gewaltanwendung nicht aus.[671]

In den Jahren bis zum Auftreten der sechsten Krise 2010 und der siebten Krise 2012 wiederholten japanische Blaubücher und Weißbücher die im

---

[666] *Asahi Shinbun Chôkan*, 26. September 2005 ［朝日新聞朝刊『「中国の侵攻」も想定　北方重視から転換　陸自の防衛計画判明』2005年9月26日］.

[667] Asô Tarô zitiert in Kanaka Takahara "China Posing a Threat: Aso", *The Japan Times*, December 23rd, 2005.

[668] Gaimushô (2006) "Heisei 18 Nenban Gaikô Seisho" ［外務省『平成18年版外交青書』］.

[669] Bôeishô (2006) "Heisei 18 Nenban Bôei Hakusho", 46 ［防衛省『平成18年版防衛白書』46］.

[670] James Manicom (2010) "Japan's Ocean Policy: Still the Reactive State?", *Pacific Affairs*, 83: 2, 320.

[671] Ueda Naruhiko, Takayama Masaji und Sugiyama Katsumi (2006) "Higashi Shinakai ga Abunai!", Tôkyô: Kôjinsha ［上田愛彦、高山雅司、杉山徹宗（2006年）『東シナ海が危ない！』東京光人社］.

Zeitraum 2004-2006 getroffenen Beobachtungen. Unverändert wurde vor allem die unzureichende Transparenz des Modernisierungsprogramms der PLA bemängelt und die maritimen Aktivitäten der PLAN im Ostchinesischen Meer aufmerksam verfolgt. Seit 2006 neu aufgegriffene Aspekte betreffen eine einseitige Kolumne über die engen Verbindungen zwischen dem chinesischen Luft- und Raumfahrt-Programm und der militärischen Ebene im Weißbuch der Verteidigung 2007 (das Weißbuch der Verteidigung 2006 widmet diesem Themenkomplex lediglich einen Absatz) und ein Hinweis auf chinesische Fähigkeiten im Bereich des Cyberkriegs im Weißbuch der Verteidigung 2008.[672]

Die Analyse von Blaubüchern, Weißbüchern, offiziellen Regierungsdokumenten und wissenschaftlichen Publikationen zeigt, dass Japan im Zeitraum der fünften, sechsten und siebten Krise nicht mit Gewissheit bestimmen konnte, ob es sich bei der VR China um einen revisionistischen Staat handelte. Unter Einbezug der defensivlastigen ODB ergibt sich aus der Sicht Japans ein *schwach ausgeprägtes* (unter der Annahme unbestimmbarer chinesischer Absichten) oder ein *moderates* (unter der Annahme revisionistischer chinesischer Absichten) Sicherheitsdilemma. Die Intensität des Sicherheitsdilemmas veränderte sich somit seit der vierten Krise 1996 nicht. Nicht zu unterschätzen ist jedoch die Tatsache, dass die MSDF ihre relativen navalen Machtvorteile gegenüber der PLAN eingebüßt hatte, sodass die Annahme eines *moderaten* oder *schwach ausgeprägten* Sicherheitsdilemmas während der vierten Krise abgeschwächt werden musste. Nun sah sich Japan zum ersten Mal dem Lehrbuchbeispiel eines *moderaten* oder *schwach ausgeprägten* Sicherheitsdilemmas ausgesetzt.

Die Aufrechterhaltung der absoluten Stabilität im Untersuchungszeitraum 2004-2012 erscheint aufgrund einer defensivlastigen ODB folgerichtig. Japan hielt weiterhin an einer defensiven navalen Doktrin und an einer defensiven Allianz mit den USA fest. Gewaltandrohung und Gewaltanwendung zur Lösung der Interessenkonflikte im Ostchinesischen Meer waren unter diesen Umständen keine veritablen Optionen. Der *mittlere* Grad der Stabilität würde hingegen nur bei einem *moderaten* aber nicht bei einem *schwach ausgeprägten* Sicherheitsdilemma folgerichtig erscheinen, da Japan nur bei einem *moderaten* Sicherheitsdilemma nachvollziehbare Gründe gehabt hätte, begrenzte Schritte der Eskalation im Kontext sino-japanischer Krisen einzuleiten (die Verhaftung der *Baodiao*-Aktivisten 2004, unilaterale Vorstöße im Ostchinesischen Meer 2005, die Verhaftung Kapitän Zhans 2010 und die

---

[672] Japan Ministry of Defense (2007) *"Defense of Japan 2007"*, 62-63; Japan Ministry of Defense (2008) *"Defense of Japan 2008"*, 54.

Nationalisierung der Inseln 2012), um seine maritimen Interessen gegenüber einer als revisionistisch wahrgenommenen VR China zu verteidigen.

Der *mittlere* Grad der Stabilität während der fünften, sechsten und siebten Krise legt somit entweder nahe, dass die Formulierungen in den Blaubüchern und Weißbüchern zu vorsichtig waren und japanische Eliten im privaten Rahmen revisionistische Absichten auf Seiten der VR China zugrunde legten,[673] oder dass die Krisenintensität verschärfenden Handlungsweisen Japans im Angesicht eines *schwach ausgeprägten* Sicherheitsdilemmas übertrieben waren und von der defensiv realistischen Hypothese abweichen.

DIE UNGEWISSHEIT DER VR CHINA

Die VR China nahm die wachsende sicherheitspolitische Zusammenarbeit zwischen Japan und den USA auch vor dem Auftreten der fünften Krise 2004-2008, der sechsten Krise 2010 und der siebten Krise 2012 zu einem Anlass zur Sorge. Beijing konnte nicht ausschließen, dass die Sicherheitskooperation zwischen der dominierenden Allianz in Ostasien in einem starken Kontrast zu seinen regionalen Interessen stehen und seinen militärischen, politischen und ökonomischen Aufstieg eindämmen könnte.

Nach der vierten Krise 1996 ist die Transformation der amerikanisch-japanischen Allianz mit der Veröffentlichung der NDPG 1997 in den Augen Beijings von einem defensiven Instrument der Stabilität zu einem offensiven Instrument der Einmischung in regionale (chinesische) Angelegenheiten abgeschlossen worden.[674] Die Ungewissheit der VR China konnte vorübergehend durch die Bemühungen Präsident Bill Clintons, 1997-2001 eine konstruktive strategische Partnerschaft zwischen Washington und Beijing zu entwickeln, abgeschwächt werden. Unter Präsident George W. Bush ist diese Initiative im neuen Jahrtausend jedoch nicht weiter verfolgt worden. Der unter Präsident Bush in Auftrag gegebene Armitage-Bericht stellte 2000 fest: "[The NDPG 1997] should be regarded as the floor - not the ceiling – for an expanded Japanese role in the transpacific alliance." Der Armitage-Bericht, der die Grundlagen für die stetige Evolution der amerikanisch-japanischen

---

[673] Der analytische Fehler, von der abhängigen Variablen auf die unabhängige Variable zu schließen, sei aus pragmatischen Gesichtspunkten verziehen; Die Sichtweise, dass Japan die VR China als revisionistischen Staat wahrnimmt, bestätigte sich zumindest stichprobenartig in Interviews des Autors mit einem japanischen Regierungsvertreter am 8. April 2013 in Tokyo und einem japanischen Diplomaten am 5. Juni 2014 in München.

[674] Xinbo Wu (2005/2006) "The End of the Silver Lining: A Chinese View of the U.S.-Japanese Alliance", *The Washington Quarterly*, 29: 1, 120-122.

Allianz bildete, erachtete es auch als wünschenswert, dass die japanische Verfassung einer Revision unterzogen wird, sodass Japan das Recht auf die Teilnahme am System der kollektiven Sicherheit wahrnehmen kann.[675] Mit großer Ungewissheit verfolgte Beijing in diesem Zusammenhang seit 2001 auch den neokonservativen Trend in Japan unter Premierminister Koizumi Junichirô. Die VR China setzte den japanischen Neokonservatismus, so Wu Xinbo, mit der Absicht gleich, sich der Kriegsverantwortung zu entziehen und zu einem *normalen* Staat zu werden, der in seinem sicherheitspolitischen Wirken keinen Einschränkungen unterliegt.[676] Aus diesem Grund wurde in der VR China seit 2002 verstärkt diskutiert, ob Auslandseinsätze der SDF zur neuen Norm und die den SDF in Artikel 9 der japanischen Verfassung auferlegten Beschränkungen ihre Gültigkeit einbüßen würden.[677]

Unmittelbar vor dem Höhepunkt der fünften Krise erklärte Tokyo im Rahmen des US-Japan Security Consultative Committee (amerikanisch-japanisches Konsultativkomitee) im Februar 2005, dass die Situation Taiwans ein gemeinsames strategisches Interesse der Allianz darstellt. Das NDPO 1995 hatte ein Jahrzehnt zuvor noch vage konstatiert, dass Tokyo sicherheitspolitische Verantwortung für 'Situationen im regionalen Umfeld Japans' übernehmen wolle. Mit der Konkretisierung seines sicherheitspolitischen Parameters hat Tokyo Terrain beschritten, das mit Taiwan ein nationales Kerninteresse der VR China berührte.[678] Ein Analyst der PLA kommentierte daraufhin: "In February [2005], the US and Japanese governments issued a joint declaration, overtly including the Taiwan question in their 'common strategic objective'. This indicates that Japan is deliberately challenging China's sovereign interests by making its 'implicit' strategy of intervention on the Taiwan issue 'explicit'."[679]

Diese Informationsvariablen bezüglich japanischer und amerikanischer Absichten schlugen sich in offiziellen Regierungsdokumenten der VR China nieder. Das Verteidigungsministerium kommt in seinem Weißbuch der Verteidigung 2004 zu dem Ergebnis: "factors of uncertainty, instability and insecurity are on the increase. [Until] a fair and rational new international political and economic order [takes shape] struggles for strategic points, strategic resources and strategic dominance [will] crop up from time to

---

[675] Institute for National Strategic Studies, National Defense University "The United States and Japan: Advancing Toward a Mature Partnership", *INSS Special Report*, October 11th, 2000.
[676] Wu (2005/2006) "The End of the Silver Lining", 122-123.
[677] Sasaki (2010) "China Eyes the Japanese Military", 576-577.
[678] Wu (2005/2006) "The End of the Silver Lining", 125-126.
[679] Jin Youguo ziziert in Sasaki (2010) "China Eyes the Japanese Military", 576.

time".⁶⁸⁰ In dieser Bewertung zeichnete das Weißbuch der Verteidigung ein Szenario, in dem wachsende Ungewissheit inmitten einer strategisch komplexen Situation ein gewisses Maß an Sicherheitswettbewerb im Kontext territorialer Interessenkonflikte nach sich ziehen würde. 2006 bezog sich das Weißbuch der Verteidigung kritisch auf die USA und Japan, vermutlich infolge der expliziten Bezugnahme auf Taiwan durch das amerikanisch-japanische Konsultativkomitee, um keine Zweifel mehr an den Verursachern der oben erwänten strategisch komplexen Situation zuzulassen:

> "There are growing complexities in the Asia-Pacific security environment [...]. The United States and Japan are strengthening their military alliance in pursuit of operational integration. Japan seeks to revise its constitution and exercise collective self-defense. Its military posture is becoming more external-oriented."⁶⁸¹

Auch das China Institute for Contemporary International Relations (CICIR) veröffentlicht jährlich seine Einschätzung über die japanische Sicherheitspolitik. Die Berichte des CICIR entsprechen in ihrer Funktion den Blaubüchern des japanischen Außenministeriums und verfügen somit über einen hohen autoritativen Charakter. Richard C. Bush notiert, dass die Berichte 2005 und 2006, zeitlich parallel zur fünften Krise, die Entwicklungen in Japan mit großer Ungewissheit verfolgten. Besonders hohe Aufmerksamkeit erweckten in diesem Zeitraum die neuen NDPG 2004, in denen die VR China als Sicherheitsbedrohung identifiziert wurde.⁶⁸² Der CICIR-Bericht 2006 behauptete sogar, dass Japan im Angesicht des hohen chinesischen Wirtschaftswachstum die VR China als einen strategischen Rivalen betrachte und ihren Aufstieg bremsen wolle:

> "East Asia for the first time manifested the strategic configuration of Japan and China both standing up and competing at the same time. China's economic rise created a challenge for Japan and fostered psychological defensiveness. It sought to restrain China's rise and maintain Japan's strategic leading right. The China-Japan contradiction grew and Japan regards China as its principal strategic adversary."⁶⁸³

---

⁶⁸⁰ The People's Republic of China Ministry of National Defense (2005) *"China's National Defense in 2004"*.

⁶⁸¹ The People's Republic of China Ministry of National Defense (2007) *"China's National Defense in 2006"*.

⁶⁸² Bush (2009) "China-Japan Tensions, 1995-2006", 7-8.

⁶⁸³ Zhongguo Xiandai Guoji Guanxi Yanjiuyuan (2006) *"Guoji Zhanlue Yu Anquan*

Die VR China war offensichtlich zu der Überzeugung gelangt, dass strategischer Sicherheitswettbewerb gegen Japan und nicht etwa Kooperation mit Japan eine Lösung der territorialen Interessenkonflikte zu seinen Gunsten herbeiführen würde. Bis zur sechsten Krise 2010 und der siebten Krise 2012 revidierte die VR China diese Einschätzungen *nicht*. Im Weißbuch der Verteidigung 2010 hieß es:

> "The international security situation has become more complex. International strategic competition centering on international order, comprehensive national strength and geopolitics has intesified. Contradictions continue to surface between developed and developing countries and between traditional and emerging powers, while local conflicts and regional flashpoints are a recurrent theme."[684]

Diese Einschätzungen deuten darauf hin, dass die Intensität des Sicherheitsdilemmas für die VR China während der fünften Krise 2005, der sechsten Krise 2010 und der siebten Krise 2012 *moderat* (unter der Annahme revisionistischer japanischer Absichten) oder *schwach ausgeprägt* (unter der Annahme unbestimmbarer japanischer Absichten) war. Die Dokumente stellen zwar an keiner Stelle explizit fest, dass es sich bei Japan um einen revisionistischen Staat handelte, aber die chinesische Darstellung führt dem Beobachter viel deutlicher als die japanische Seite vor Augen, dass die Ungewissheit vor den Absichten der Gegenseite und die Wahrung des nationalen Interesses in bedeutenden Angelegenheiten Sicherheitswettbewerb erzeugen wird. Für Beijing sollte aus diesem Grund ein *moderates* Sicherheitsdilemma angenommen werden. Die Wahrnehmung Japans als revisionistischer Akteur bezieht sich dabei auf Tokyos erweiterte sicherheitspolitische Rollen, um dem legitimen Aufstieg der VR China und der damit einhergehenden Neugestaltung der internationalen Ordnung, so zumindest das Denken in Beijing, Einhalt zu gebieten. Ein *moderates* Sicherheitsdilemma erklärt den *mittleren* Grad der Stabilität während der fünften, sechsten und siebten Krise aus der Perspektive Beijings. Um im strategischen Wettbewerb um maritime Interessen unter den Bedingungen eines *moderaten* Sicherheitsdilemmas nicht in das Hintertreffen zu geraten, war es für die VR China angebracht, antijapanische Proteste 2005 zu tolerieren, um eine umgehende Freilassung der *Baodiao*-Aktivisten herbeizuführen, das Chunxiao/Shirakaba-Feld 2004 in

---

Xingshi Pinggu", Beijing: Shishi Chubanshe [中国现代国际关系研究院（2006年）"国际战略与安全形势评估" 北京时事出版社]

[684] The People's Republic of China Ministry of National Defense (2011) *"China's National Defense in 2010"*.

Betrieb zu nehmen, 2005 fünf PLAN-Schiffe zu entsenden und mit diplomatischen, ökonomischen, politischen und militärpolitischen Manövern gegen die Verhaftung Kapitän Zhans 2010 sowie der Nationalisierung der Senkaku/Diaoyu-Inseln 2012 vorzugehen. Vor allem konnte die PLA bis zu dieser Zeit die relativen navalen Machtvorteile der MSDF ausgleichen und musste nicht mehr auf Zeit spielen, um seine maritimen Interessen wahrzunehmen.

Unter den Voraussetzungen eines *moderaten* Sicherheitsdilemmas begründeten aus der Sicht Beijings während der fünften, sechsten und siebten Krise die Informationsvariablen den *mittleren* Grad der relativen Stabilität. Die materiellen Variablen begrenzten indessen das Ausmaß des Sicherheitswettbewerbs durch eine defensivlastige ODB und sprachen für die Aufrechterhaltung der absoluten Stabilität im Ostchinesischen Meer. Demnach erschienen Gewaltandrohung und Gewaltanwendung als ungeeignete Strategien, um maritime Interessen durchzusetzen. Einige Beobachter sprachen davon, dass die VR China eine Strategie der *tailored coercion* anwandte, um eine Resolution maritimer Interessenkonflikte im Ostchinesischen und Südchinesischen Meer in seinem Sinne herbeizuführen. Diese Strategie zielt auf implizite Gewaltandrohung und kaum wahrnehmbare Maßnahmen der Gewaltanwendung in einem mikroskopisch kleinen Rahmen ab, die sich über Monate und Jahre hinweg zu einem substantiellen Erfolg zusammenfügen.[685]

Die Strategie der *tailored coercion* stellt ein analytisches Problem für die vorliegende Arbeit dar, da kaum noch überzeugend dargelegt werden kann, ab welchem Zeitpunkt die rote Linie der Gewaltandrohung und Gewaltanwendung überschritten wird. Ob die Strategie der *tailored coercion* im Ostchinesischen Meer zu substanziellen Erfolgen für Beijing führen wird, wird sich erst im Kontext potentieller zukünftiger Krisen im Ostchinesischen Meer herausstellen. Dass die VR China zu dieser strategischen Maßnahme greift und von Gewaltandrohung und Gewaltanwendung im eigentlichen Sinne Abstand nimmt, kann zudem auch auf die defensivlastige ODB zurückgeführt werden, auf der wiederum die absolute Stabilität im Ostchinesischen Meer während der fünften, sechsten und siebten Krise beruhte. Aus diesem Grund kann die Diskussion über die Intensität des Sicherheitsdilemmas und ihren Folgen für die Stabilität im Ostchinesischen Meer an dieser Stelle zu einem zufrieden stellenden Abschluss kommen.

---

[685] Patrick M. Cronin (2014) "The Challenge of Responding to Maritime Coercion", *Center for a New American Security: Maritime Security Series,* September 2014.

III.6.3 OFFENSIVER REALISMUS 2004-2008, 2010 & 2012

Sowohl das regionale Subsystem Nordostasiens als auch das regionale Subsystem des Ostchinesischen Meeres glichen in der Phase der fünften Krise 2004-2008, der sechsten Krise 2010 und der siebten Krise 2012 einem ausbalancierten multipolaren System. In den beiden angesprochenen regionalen Subsystemen existierten mit der VR China, Japan und den USA weiterhin drei Großmächte (multipolar), wobei keine dieser Großmächte als potentieller regionaler Hegemon eingestuft werden konnte (ausbalanciert). Damit war nach offensiv realistischer Logik mit der Aufrechterhaltung der absoluten Stabilität im Ostchinesischen Meer und einem gewissen Maß an Sicherheitswettbewerb zu rechnen, was letztlich, keineswegs im Widerspruch zur offensiv realistischen Hypothese, zu einem *mittleren* Grad der relativen Stabilität während aller drei Krisen führte.

Das aus der Sowjetunion hervorgegangene Russland konnte zunächst in der Phase der fünften, sechsten und siebten Krise militärische und geopolitische Macht hinzugewinnen. Während Moskau in den 1990er Jahren keine Machtprojektion betreiben konnte, änderte sich dies folglich in den 2000er Jahren und manifestierte sich in Auseinandersetzungen gegen Georgien 2008 und die Ukraine 2014. In Nordostasien war Moskau hingegen im Kontext seiner Beziehungen zu Beijing und Tokyo um Ausgleich, Zurückhaltung und die Stärkung kooperativer Elemente bemüht.[686] Um den während der Sowjetzeit begangenen Fehler der geostrategischen Überdehnung nicht zu wiederholen, vermied es Russland bis zur siebten Krise nach Westen *und* Osten Macht zu projizieren. Aus diesem Grund konnte Russland *nicht* als Machtpol im Subsystem Nordostasiens bestimmt werden und hatte demnach keinen messbaren Einfluss auf die sino-japanischen Krisen im Ostchinesischen Meer.

Als Machtpole in einem ausbalancierten multipolaren System kamen aus diesem Grund nur die USA, Japan und die VR China in Frage. Während dieser

---

[686] Gilbert Rozman (2002) "A Chance for a Breakthrough in Russo-Japanese Relations: Will the Logic of Great Power Relations Prevail?", *The Pacific Review*, 15: 3, 325-357; James C. Hsiung (2004) "The Strategic Triangle: Dynamics between China, Russia, and the United States", *Harvard International Review*, 26: 1; Leszek Buszynski (2006) "Oil and Territory in Putin's Relations with China and Japan", *The Pacific Review*, 19: 3, 287-303; Kyrre Elvenes Braekhus & Indra Overland (2007) "A Match Made in Heaven? Strategic Convergence between China and Russia", *China and Eurasia Forum Qurterly*, 5: 2, 41-61; Nicola P. Contessi (2010) "China, Russia and the Leadership of the SCO: a Tacit Deal Scenario", *China and Eurasia Forum Quarterly*, 8: 4, 101-123.

Zeit konnte die VR China weiterhin ein nahezu ungebrochen hohes Wirtschaftswachstum verzeichnen und seine militärischen Mittel inmitten eines rapiden Modernisierungsprozesses wesentlich erweitern, sodass es der People's Liberation Army Navy (PLAN) gelang, relative navale Machtungleichgewichte gegenüber der Maritime Self-Defense Force (MSDF) und der in Nordostasien stationierten United States Navy (USN) zu überbrücken. Beijings navaler Vorstoß[687] gab Grund zur Annahme, dass die Transition Nordostasiens (und gleichzeitig des Ostchinesischen Meeres) durch das Aufkommen eines potentiellen regionalen Hegemonen zu einem unausbalancierten multipolaren System im Gange war.[688] Dieses hypothetische Szenario, das bei einem weiterhin hohen Wirtschaftswachstum in der VR China in der Zukunft eintreten könnte, sollte jedoch nicht darüber hinwegtäuschen, dass Beijing während der fünften, sechsten und siebten Krise (noch) kein potentieller regionaler Hegemon war und damit gilt über die Eigenschaften der regionalen Subsysteme das oben Gesagte.[689]

Während der dritten Krise 1990 und der vierten Krise 1996 vermied es Japan seine relativen navalen Machtvorteile gegenüber der VR China in einer übermäßig destabilisierenden Weise auszunutzen und verzichtete zwischen der fünften und siebten Krise darauf, diese Überlegenheit zu konservieren. Erneut handelte Tokyo im Sinne eines defensiv realistischen Staates und priorisierte die Maximierung seiner Sicherheit vor der Maximierung seiner Macht.[690] Die Theorie des offensiven Realismus betrachtet das Verhalten Japans in dieser Phase zwar als Anomalie, aber auf der Systemebene können dennoch Aussagen über das ausbalancierte multipolare System getroffen werden, das aufgrund der Entscheidung Tokyos, die Rolle des potentiellen regionalen Hegemonen im navalen Bereich abzulehnen, existierte.

---

[687] James R. Holmes & Toshi Yoshihara (2008) *"Chinese Naval Strategy in the 21st Century: The Turn to Mahan"*, London, UK & New York, NY: Routledge; Toshi Yoshihara & James R. Holmes (2010) *"Red Star over the Pacific: China's Rise and the Challenge to U.S. Maritime Strategy"*, Annapolis, MD: Naval Institute Press.
[688] John J. Mearsheimer (2010) "The Gathering Storm: China's Challenge to US Power in Asia", *The Chinese Journal of International Politics"*, 3: 4, 381-396; Xuetong Yan (2011) *"Ancient Chinese Political Thought, Modern Chinese Power"*, Princeton, NJ: Princeton University Press; Aaron L. Friedberg (2011) *"A Contest for Supremacy: China, America, and the Struggle for Mastery in Asia"*, New York, NY: W. W. Norton.
[689] John J. Mearsheimer "Can China Rise Peacefully?", nationalinterest.org, April 8th, 2014.
[690] Alessio Patalano (2014) "Japan as a Seapower: Strategy, Doctrine, and Capabilities under Three Defence Reviews, 1995-2010", *Journal of Strategic Studies*, 37: 3, 403-441.

Die USA stärkten 2005 ihre Allianz zu Japan, hielten weiterhin an ihrer Strategie der *forward deployed defense* unter Nutzung japanischer Militärbasen fest und bestätigten während der fünften, sechsten und siebten Krise, dass die Verteidigung der Senkaku/Diaoyu-Inseln und ihrer Territorialgewässer vom amerikanisch-japanischen Sicherheitsvertrag abgedeckt wird. Es gibt dennoch unzählige Hinweise darauf, dass Washington in dieser Phase seine Rolle als *offshore balancer* in Nordostasien mit weniger Entschlossenheit ausgefüllt hat als während der dritten Krisen 1990 und der vierten Krise 1996. Die USA führten in den 2000er und 2010er Jahren lange und kostspielige Kriege in Afghanistan und im Irak, bekämpften weltweit den Terrorismus und standen im Mittelpunkt einer internationalen Wirtschafts- und Finanzkrise. Wenn das globale Engagement der USA zugrunde gelegt wird, ist die Stärkung der Allianz zu Japan 2005 auch mit dem wichtigen Aspekt verbunden, dass Washington mehr Verantwortung für die Sicherheit Nordostasiens in die Hände Tokyos legen wollte.

Die USA waren jedoch keinesfalls gewillt, ihren Fokus dauerhaft von Ostasien abzuwenden. Außenministerin Hillary Clinton beschrieb 2011 in einem einflussreichen *Foreign Policy*-Artikel, dass die Zukunft des internationalen Systems nicht in Afghanistan oder im Irak, sondern in Ostasien entschieden werde. Die USA befände sich in einem Pazifischen Jahrhundert (*America's Pacific century*) und eine *pivot to Asia*, eine Strategie die integrierte ökonomische, militärische und diplomatische Komponenten auf Nordostasien und Südostasien konzentrieren sollte, sei nach den Abenteuern im Mittleren Osten und in Südasien notwendig, um die Zukunft Ostasiens entscheidend zu beeinflussen.[691]

Da die *pivot to Asia* als die Festsetzung eines Dreh- und Angelpunktes amerikanischer Außenpolitik in Ostasien begriffen werden kann, glich ihre Erklärung dem Eingeständnis, dass dieser Fixpunkt zuvor in einer anderen Region lag und Ostasien seit dem Beginn des globalen Krieges gegen den Terrorismus 2001 nicht die primäre Aufmerksamkeit entgegengebracht wurde. Aber die Tatsache, dass während dem Auftreten der fünften, sechsten und siebten Krise kein potentieller Hegemon in Nordostasien und im Ostchinesischen Meer existierte, erlaubte es Washington, sich diesen Aufgaben zu widmen, ohne das Risiko einer übermäßigen Destabilisierung im Kontext der sino-japanischen Krisen einzugehen. Die amerikanische *pivot to Asia* wurde schließlich zu einer Zeit artikuliert, als nicht mehr ausgeschlossen werden konnte, dass die VR China in der Zukunft die Subsysteme Nordostasiens sowie des Ost- und Südchinesischen Meeres als potentieller regio-

---

[691] Hillary Clinton (2011) "America's Pacific Century", *Foreign Policy*, 189.

naler Hegemon dominieren würde. Ob Washingtons *pivot to Asia* und die damit verbundene vollständige Wiederherstellung der amerikanischen Rolle als *offshore balancer* von Erfolg gekrönt sein würde, war bis zum Auftreten der siebten Krise jedoch noch nicht absehbar.[692]

EIN AUSBALANCIERTES MULTIPOLARES ODER EIN EQUILATERALES TRIPOLARES SYSTEM

Bei drei Machtpolen (VR China, Japan, USA) ohne potentiellen regionalen Hegemon bildeten die regionalen Subsysteme Nordostasiens und des Ostchinesischen Meeres im Kontext der fünften, sechsten und siebten Krise, wie bereits während dem Auftreten der dritten und vierten Krise, ein ausbalanciertes multipolares System ab. Der große Unterschied zwischen beiden Phasen lag, wie oben ausgeführt, in der veränderten Wahrnehmung der Rolle der USA als *offshore balancer*. Strukturelle Veränderungen werden auch dann deutlich, wenn Randall L. Schwellers Schema tripolarer Machtstrukturen herangezogen wird. Erneut lohnt sich die Auseinandersetzung mit dem potentiell instabilsten multipolaren System der Tripolarität, da die Subsysteme Nordostasiens und des Ostchinesischen Meeres nach der dritten und vierten Krise auch während der fünften, sechsten und siebten Krise eine tripolare Struktur abbildeten. Während die VR China in der Phase zwischen der dritten und vierten Krise noch die Position des ausgelieferten Dritten bekleidete (A < B = C), gelang es ihr anschließend die Lücke an militärischen Mitteln weitgehend zu schließen, sodass sich ein equilaterales tripolares System (A = B = C) formierte.

Die Definition des Ostchinesischen Meeres als ausbalanciertes multipolares System sagt ein gewisses Maß an Sicherheitswettbewerb, aber nicht die Instabilität eines unausbalancierten multipolaren Systems voraus. Die Beob-

---

[692] Barry R. Posen & Andrew L. Ross (1996/1997) "Competing Visions for Grand Strategy", *International Security*, 21: 3, 5-53; Eugene Gholz, Daryl G. Press & Harvey M. Sapolsky (1997) "Come Home, America: The Strategy of Restraint in the Face of Temptation", *International Security*, 21: 4, 4-48; Christopher Layne (1997) "From Preponderance to Offshore Balancing: America's Future Grand Strategy", *International Security*, 22: 1, 86-124; Robert J. Art (1998/1999) "Geopolitics Updated: The Strategy of Selective Engagement", *International Security*, 23: 3, 79-113; Stephen G. Brooks, G. John Ikenberry & William C. Wohlforth (2012/2013) "Don't Come Home, America: The Case against Retrenchment", *International Security*, 37: 3, 7-51; Christopher A. Preble "About that Pivot to Asia", *nationalinterest.org*, June 11th, 2012; Hayley Channer "How Japan Can Support America's Pivot: TPP and a Strong Economy", *nationalinterest.org*, May 19th, 2014; James Jay Carafano "How to Halt the Slide towards a Hollow U.S. Military", *nationalinterest.org*, October 2nd, 2014.

achtung der absoluten Stabilität und eines *mittleren* Grades der relativen Stabilität bestätigt die offensiv realistische Hypothese im Kontext der fünften, sechsten und siebten Krise. Die Konstellation eines equilateralen tripolaren Systems verursacht lediglich dann Instabilität, wenn sich zwei Machtpole mit revisionistischen Absichten gegen den dritten Machtpol verbünden. Eine Polarisierung der Machtpole war nach wie vor eindeutig, da die amerikanisch-japanische Allianz in einem äußerst robusten Zustand verblieb. Allerdings verfolgten sowohl die USA als auch Japan *status quo*-Interessen, die sich darin manifestierten, dass Japan seine Sicherheit maximierte und die USA sich auf dem Höhepunkt der fünften, sechsten und siebten Krise zur Verteidigung der Senkaku/Diaoyu-Inseln bekannten, um den Ausbruch eines regionalen bewaffneten Konfliktes einzudämmen.

Unter der Annahme eines ausbalancierten multipolaren Systems betrachtet auch John J. Mearsheimer die Möglichkeit eines regionalen bewaffneten Konfliktes als äußerst unwahrscheinlich. Dies werde erst dann ein denkbares Szenario, wenn die VR China in der Zukunft die Rolle eines potentiellen regionalen Hegemonen im navalen Bereich einnehmen sollte. Bis dahin sei nach offensiv realistischer Theorie lediglich zu erwarten, dass die VR China ihre navale Machtbasis weiterhin stärke und potentielle aggressive Absichten verdeckt halte, um das Misstrauen Japans und der USA nicht zu erhöhen.[693]

Die Ursachen der Aufrechterhaltung der absoluten Stabilität waren weiterhin ersichtlich, aber es stellt sich die Frage, wieso der Grad der relativen Stabilität nicht mehr *hoch* war, wie im Kontext der dritten Krise 1990 und der vierten Krise 1996, als ebenfalls ein ausbalanciertes multipolares System in den regionalen Subsystemen Nordostasiens und des Ostchinesischen Meeres existierte. Insbesondere zwei Faktoren haben sich bis zur fünften, sechsten und siebten Krise nachhaltig verändert. Ein Faktor ergibt sich aus Mearsheimers Schema, der andere Faktor ergibt sich aus Schwellers Schema. Zum einen mussten Beijing und Tokyo annehmen, dass das Engagement des *offshore balancers* Washington im Kontext der fünften, sechsten und siebten Krise zurückgefahren wurde. Zum anderen konnte Beijing die relativen navalen Machtungleichgewichte zu Tokyo und Washington überbrücken und war nicht mehr der ausgelieferte Dritte. Die Tatsache, dass die USA ihrer Rolle als *offshore balancer* mit weniger Entschlossenheit nachgekommen waren, hatte zwar keine unmittelbare Wirkung auf die Aufrechterhaltung der absoluten Stabilität, beeinflusste jedoch den Grad der relativen Stabilität. In dieser Situation sah sich Beijing in die Lage versetzt, höhere Krisenintensitäten in Kauf zu nehmen, auch um zu testen, wie die USA auf das Verhalten der VR

---

[693] Mearsheimer (2010) "The Gathering Storm", 381-396.

China reagieren würden.[694] Japan musste hingegen selbst eine aktivere Haltung zum Schutz seiner maritimen Interessen einnehmen, da sich Tokyo nicht mehr so stark wie früher auf die Unterstützung der USA verlassen konnte und die VR China mit größerem Selbstbewusstsein auftrat.

Durch die Inkaufnahme höherer Krisenintensitäten, die zu einem *mittleren* Grad der relativen Stabilität führten, konnte Beijing auch Erkenntnisse darüber gewinnen, wie es seine navale Macht unter den Bedingungen der neugewonnenen Ebenbürtigkeit, ohne den Rückgriff auf Gewaltandrohung und Gewaltanwendung, aber verstärkt im Rahmen der oben erwähnten Strategie der *tailored coercion*, zur Anwendung bringen konnte.[695] Infolge der fünften, sechsten und siebten Krise erlangte Beijing dabei die Informationen, dass es zur Durchsetzung seiner maritimen Interessen die Position des regionalen Hegemonen anstreben müsse, da Tokyo seine Sicherheit maximieren und die USA als *offshore balancer* engagiert bleiben würden. Tokyo sah sich hingegen in ebendiesem Prozess der Sicherheitsmaximierung dazu genötigt, höhere Krisenintensitäten als notwendiges Übel zu betrachten.

Viele Analysten befürchteten die Möglichkeit eines bewaffneten Konfliktes im Kontext der fünften Krise 2004-2008 und insbesondere im Kontext der sechsten Krise 2010 und der siebten Krise 2012. Es gab jedoch keine Hinweise darauf, dass die VR China und Japan dieses Risiko eingegangen wären. Aus offensiv realistischer Sicht sprachen sowohl die Hypothesen über ein ausbalanciertes multipolares System als auch über ein equilaterales tripolares System in jeder Hinsicht gegen den Ausbruch eines bewaffneten Konfliktes und für die Aufrechterhaltung der absoluten Stabilität. Erhöhter Sicherheitswettbewerb, der jeweils zu einem *mittleren* Grad der relativen Stabilität führte, kann unter den genannten Systemen ebenfalls als logisch nachvollziehbar erachtet werden.

---

[694] Andrew Scobell & Scott W. Harold (2013) "An 'Assertive' China? Insights from Interviews", *Asian Security*, 9: 2, 111-131; Andrew S. Erickson (2014) "Rising Tide, Dispersing Waves: Opportunities and Challenges for Chinese Seapower Development", *Journal of Strategic Studies*, 37: 3, 372-402.

[695] Siehe ähnliche Argumente bei Shinichi Kitaoka (2011) "A New Asian Order and the Role of Japan", *Asia-Pacific Review*, 18: 2, 1-13; Mitsuru Kitano (2011) "China's Foreign Strategy", *Asia-Pacific Review*, 18: 2, 37-59; und Kazuhiko Noguchi (2011) "Bringing Realism Back In: Explaining China's Strategic Behavior in the Asia-Pacific", *Asia-Pacific Review*, 18: 2, 60-85.

III.6.4 STRUKTURELLER LIBERALISMUS 2004-2008, 2010 & 2012

Zwischen positiven Handelserwartungen und der Aufrechterhaltung der absoluten Stabilität im Ostchinesischen Meer während der zweiten Krise 1978, der dritten Krise 1990 und der vierten Krise 1996 bestand ein starker kausaler Zusammenhang. Auch vor dem Auftreten der fünften Krise 2004-2008, der sechsten Krise 2010 und der siebten Krise 2012 existierten positive Handelserwartungen, aber sie waren im Abnehmen begriffen und erlaubten, im Einklang mit der Hypothese der Theorie der Handelserwartungen, höhere Krisenintensitäten.

In der Phase zwischen der vierten Krise 1996 und der siebten Krise 2012 bestimmte Kontinuität gleichermaßen wie Diskontinuität den sino-japanischen Handelsaustausch. Auf der einen Seite überholte die VR China Japan 2010 als zweitgrößte Wirtschaftsmacht auf der Welt. Die Rollenverteilung änderte sich auch innerhalb des Verhältnisses der ökonomischen Interdependenz. Die VR China war während der Krisen 1990 und 1996 stärker von Japan abhängig, aber bis zu den Krisen 2004-2008, 2010 und 2012 hatten sich die Vorzeichen geändert und Japan war nun stärker von der VR China abhängig. Die geringste Asymmetrie in den sino-japanischen Handelsbeziehungen lässt sich für das Jahr 2003 feststellen. In diesem Jahr betrug sowohl der Anteil Japans am chinesischen Gesamthandelsvolumen als auch der Anteil der VR China am japanischen Gesamthandelsvolumen 15,6%. 1990-2002 war der Anteil Japans am chinesischen Gesamthandelsvolumen stets größer als oder genau so groß wie 2003 (15,6-21,4%) und wurde danach bis 2012 immer geringer (10,9%-14,6%). Gleichzeitig nahm die VR China bezüglich des japanischen Gesamthandelsvolumens ein immer größeres Gewicht ein. 1990-2002 machte der Handel mit der VR China zwischen 3,5-13,5% am japanischen Gesamthandelsvolumen aus, 2003, im Jahr der perfekten Symmetrie, 15,6% und bis 2012 schließlich 16,5-17,7%. Seit 2004 war die VR China Japans wichtigster Handelspartner, aber Japan fiel in diesem Jahr in der Rangliste der wichtigsten chinesischen Handelspartner knapp hinter die Europäische Union und die USA zurück.[696]

Auf der anderen Seite stieg das bilaterale Handelsvolumen in absoluten Zahlen stetig an. Zwischen der vierten Krise 1996 und dem Höhepunkt der fünften Krise 2005 vermehrten sich japanische Exporte in die VR China von $21,8 Milliarden auf $80 Milliarden. Bis zur sechsten Krise 2010 erreichten die Zahlen $149,1 Milliarden und gingen anschließend bis zur siebten Krise 2012

---

[696] *jetro.go.jp* "Japanese Trade and Investment Statistics", abgerufen am 31. Juli 2014; He (2008) "Ripe for Cooperation or Rivalry?", 164.

auf $144,7 Milliarden leicht zurück. Auch die Zahlen für die Importe aus der VR China sind beeindruckend. Ausgehend von $40,4 Milliarden (1996) stiegen sie auf $108,4 Milliarden (2005), $152,8 Milliarden (2010) und $189,9 Milliarden (2012). Positive Handelserwartungen lassen sich im Vorlauf aller drei Krisen feststellen. Eine Eintrübung der Zahlen war weder vor 2004-2008, 2010 noch vor 2012 zu erwarten. So erholte sich das Handelsvolumen 2010 nachhaltig, nachdem es 2009 aufgrund der globalen Wirtschafts- und Finanzkrise rückläufig war. Auch 2011 und bis zum Auftreten der siebten Krise 2012 zeigten sich die Zahlen trotz dem Auftreten der sechsten Krise 2010 im Aufwind. Funabashi Yôichi erläuterte, dass die japanische Geschäftswelt die Dreifachkatastrophe im März 2011 zum Anlass nahm, die Handelsbeziehungen zur VR China zu stärken.[697] Gemäß der Theorie der Handelserwartungen ist somit für den gesamten Zeitraum die Aufrechterhaltung der absoluten Stabilität zu erwarten. Tatsächlich sagt die Theorie die Abwesenheit von Gewaltandrohung und Gewaltanwendung im Ostchinesischen Meer und die friedliche Beilegung aller drei Krisen korrekt voraus.

Richard Katz war in diesem Zusammenhang der Meinung, dass die ökonomische Interdependenz, Katz nennt das Prinzip *mutual assured production*, zwischen der VR China und Japan im selben Maße Abschreckung vor Gewaltandrohung und Gewaltanwendung generierte, wie Nuklearwaffen während dem Kalten Krieg. Katz beschreibt, dass das exportorientierte Wachstumsmodell der VR China zu einem großen Teil von Importen von Technologien, Maschinen und anderen hochwertigen Teilen aus Japan abhing. Auf diese Warentypen konnte Beijing, im Gegensatz zu substituierbaren japanischen Konsumgütern, nicht verzichten. Und ohne den Import dieser hochwertigen Produkte aus Japan konnte die VR China kein Exportwachstum generieren. Somit existierten wirtschaftliche Schlüsselbereiche, in denen die VR China immer noch in einem Verhältnis der asymmetrischen Interdependenz zu Japan stand.[698] Während der Krisen 2004-2008, 2010 und 2012 zeigte sich wiederholt, dass Japan empfindlich auf diplomatischen, politischen und ökonomischen Druck reagierte und auf chinesische Forderungen einging, um die absolute Stabilität im Ostchinesischen Meer nicht zu gefährden. Die VR China sah seine maritimen Interessen im Angesicht unilateraler japanischer Maßnahmen ebenfalls als bedroht an, schreckte jedoch ebenfalls vor Gewaltandrohung und Gewaltanwendung zur Durchsetzung seiner unmittelbaren Ziele im Ostchinesischen Meer zurück.

---

[697] Yoichi Funabashi "Japan Locks into China", *eastasiaforum.org*, July 19th, 2011.
[698] Richard Katz (2013) "Mutual Assured Production", *Foreign Affairs*, 92: 4, 18-24.

DIE ERHÖHTE SORGE UM RELATIVE GEWINNE

Aber wie lässt sich der *mittlere* Grad der relativen Stabilität während dem Auftreten der Krisen 2004-2008, 2010 und 2012 im Kontext der Hypothesen der Theorie der Handelserwartungen begründen? Es gibt durchaus Indikatoren, die auf abnehmende positive Handelserwartungen hinweisen. Nachdem sich das bilaterale Handelsvolumen zwischen der zweiten Krise 1978 und der dritten Krise 1990 verzehnfachte und zwischen der vierten Krise 1996 und der fünften Krise 2004 noch um mehr als das dreifache wuchs, begann diese rapide Entwicklung an ihre Grenzen zu stoßen und die Sorge um relative Gewinne gleichzeitig zu steigen.

In Japan rückten zwischen der vierten und fünften Krise die Risiken ökonomischer Kooperation verstärkt in den Vordergrund. Okazaki Hisahiko und Komori Yoshihisa warnten, dass Eisenbahnlinien, Flughäfen und Schnellstraßen, die mithilfe japanischer *official development assistance* (ODA) gebaut wurden, auch militärische Zwecke erfüllen könnten.[699] Hiramatsu Shigeo argumentierte auf derselben Linie und vertrat die Meinung, dass einige der Projekte, die die japanische Regierung in der VR China unterstützte, einen dualen militärisch-zivilen Nutzen hätten und dass Beijing in entlegenen Gebieten mit japanischen Geldern geförderte Bodenschätze für militärische Zwecke verwendete.[700] Diese Episoden zeigen, dass die Sorge um relative Gewinne zunahm und gemeinsame absolute Gewinne nicht mehr unkritisch betrachtet wurden. Aus diesem Grund überdachte Tokyo im neuen Jahrtausend seine ODA-Politik bezüglich der VR China. Japanische Parlamentarier, die zu diesem Thema Stellung bezogen, brachten wiederholt sicherheitspolitische Beweggründe vor, um eine Kürzung der Zahlungen zu rechtfertigen. Zwischen 2000 und 2004 halbierte sich schließlich die Summe der japanischen ODA an die VR China. Darüber hinaus entschied Tokyo 2005, das Darlehensprogramm an Beijing im Rahmen der ODA-Politik nur noch bis 2008 fortzusetzen.[701]

---

[699] Okazaki Hisahiko & Komori Yoshihisa (1999) "'No' to Ieru Nitchû Kankei ni Mukete: Saraba 'Kôtô・Shazai Gaikô'", *Shokun!*, 31: 8, 64-75 [岡崎久彦、古森 義久（1999年）『「ノー」と言える日中関係に向けて：さらば「叩頭・謝罪外交」』諸君！、31：8、64-75].

[700] Hiramatsu Shigeo (2000) "Chûgokugun o Tsuyoku Suru ODA", *Seiron*, November 2000, 152-160 [平松茂雄『中国軍を強くするODA』正論、2000年11月、152-160].

[701] Reinhard Drifte (2006) "The Ending of Japan's ODA Loan Programmes to China: All's Well that Ends Well?", *Asia-Pacific Review*, 13: 1, 94-117; He (2009) *"The Search for Reconciliation"*, 275.

Die Sorge Japans um relative Gewinne und eine einseitige Abhängigkeit gegenüber der VR China trat auch in Südostasien an das Tageslicht. So reagierte Japan auf den wachsenden chinesischen Einfluss im ASEAN-Raum mit dem Abschluss von bilateralen und multilateralen Abkommen. Economic Partnership Agreements (EPA) wurden mit individuellen ASEAN-Staaten abgeschlossen. Im April 2008 einigte sich Japan darüber hinaus mit einem Block von ASEAN-Staaten auf ein Comprehensive Economic Partnership Agreement (CEPA), das seit 2004 verhandelt wurde und bis November 2009 in Brunei, Malaysia, Thailand und Kambodscha in Kraft trat.[702] Es gibt auch Hinweise darauf, dass Japans Interesse und Verhandlungsbereitschaft zum interkontinentalen Freihandelsabkommen Trans-Pacific Partnership (TPP) in einem engen Zusammenhang mit seiner wachsenden Ablehnung gegenüber der VR China stand.[703] Unter Ausschluss der VR China verhandelte Arrangements waren somit ein weiteres Zeichen für abnehmende positive Handelserwartungen zwischen Beijing und Tokyo.

In der VR China waren Experten 2006 davon überzeugt, dass die sino-japanischen Handelsbeziehungen nicht mehr 'heiß' waren und bei anhaltender politischer Entfremdung weiter abkühlen würden. Zudem sprachen Beobachter in der VR China auch offen aus, dass Japan mittlerweile in größerem Maße wirtschaftlich von der VR China abhängig war und somit nun selbst in der Verantwortung stand, ein besseres politischen Klimas zu erschaffen.[704] Premierminister Koizumi Junichirô bestand allerdings zwischen 2001 und 2006 auf Besuche im Yasukuni-Schrein, blockierte Gespräche über ein sino-japanisches Freihandelsabkommen und veranlasste die Beendigung des Darlehensprogramms an Beijing im Rahmen der ODA-Politik. Tokyo war in dieser Phase nicht zu solchen politischen Signalen der Rückversicherung bereit, wie sie Beijing im Rahmen der Verhandlungen über den Friedens- und Freundschaftsvertrag vor der zweiten Krise ergriffen hatte. Zudem kann auch nicht ausgeschlossen werden, dass die globale Wirtschafts- und Finanzkrise 2008-2009 Beijing die Mängel der Wachstumsmodelle der westlichen Industrienationen vor Augen führte. Das chinesische Weißbuch der Verteidigung 2008 stellte in diesem Zusammenhang fest: "The impact of the financial crisis [...] is snowballing. [...] Economic risks are manifesting a

---

[702] Ministry of Foreign Affairs of Japan "ASEAN-Japan Comprehensive Economic Partnership Agreement", *mofa.go.jp*, abgerufen am 1. August 2014.

[703] Interviews mit Kitagami Keiro und Yachi Shotaro in Hornung (2014) "Japan's Growing Hard Hedge Against China", 112.

[704] Interviews mit chinesischen Regierungsmitarbeitern, Diplomaten und Wissenschaftlern im Mai 2006 in He (2008) "Ripe for Cooperation or Rivalry?", 165.

more interconnected, systematic and global nature."[705] Japan verzeichnete nach den 1990er Jahren auch in den 2000er Jahren ein kraftloses Wachstum und die chinesische Wirtschaft musste sich Ende der 2000er Jahre ebenfalls von zweistelligen Wachstumszahlen verabschieden.

Die ökonomische Interdependenz zwischen Japan und der VR China hat sich seit 2010 spürbar abgeschwächt. Der Policy Council des Japan Forum on International Relations, eine der führenden japanischen Denkfabriken, empfahl im Angesicht des chinesischen Aufstiegs, die „exzessive ökonomische Abhängigkeit" Japans von seinem Nachbarn zu reduzieren.[706] Die bilateralen Handelsbeziehungen blieben weiterhin robust, aber Japans Exporte in die VR China fielen zwischen 2010 und 2012 von 19,4% auf 18,1% des japanischen Gesamtexportvolumens. In der gleichen Zeit erhöhte sich der Anteil der ASEAN-Staaten am japanischen Gesamtexportvolumen von 14,6% auf 16,2%. Auch am Beispiel der Seltenerdmetalle wird der nachlassende ökonomische Austausch deutlich. Nach der sechsten Krise 2010 begegnete Japan seiner einseitigen Abhängigkeit von der VR China durch erhöhte Diversifizierung. Während Japan vor der sechsten Krise 2010 mehr als 85% seiner Importe an Seltenerdmetallen aus der VR China bezog, fiel der Anteil 2011 auf 66% und 2012 auf nurmehr 56 % zurück. Seit November 2010 begann Japan mit Vietnam, Kasachstan, Australien und Indien Vereinbarungen über den Export von Seltenerdmetallen nach Japan zu treffen und prüfte anschließend Beschaffungsmöglichkeiten in Myanmar, der Mongolei, Kanada, Brasilien und Serbien.[707] Seit 2010 ist auch ein Rückgang an Japans Direktinvestitionen (*foreign direct investment*, FDI) in der VR China zu verspüren. Auch in diesem Bereich läuft der ASEAN-Raum der VR China den Rang ab und ist nun hinter der Europäischen Union der zweitgrößte Empfänger japanischer FDI.[708]

Gemäß der Theorie der Handelserwartungen verhalten sich abnehmende positive Handelserwartungen proportional zu einem abnehmenden Grad der Stabilität. Zudem war Japan im Zeitraum 2004-2012, wie oben erwähnt, das stetig schwächer werdende Glied innerhalb einer Beziehung der asymmetrischen Interdependenz, sodass sich die VR China in die Lage versetzt sah, größere Krisenintensitäten als 1978, 1990 und 1996 in Kauf zu nehmen. Die Abhängigkeit der VR China von gewissen japanischen Schlüsselprodukten lässt jedoch dieselbe Risikobereitschaft auf Seiten Tokyos erkennen, als es

---

[705] The People's Republic of China Ministry of National Defense (2009) "*China's National Defense in 2008*".

[706] The Policy Council: The Japan Forum on International Relations (2012) "*Expansion of China and Japan's Response*", January 2012.

[707] Hornung (2014) "Japan's Growing Hard Hedge Against China", 111-112.

[708] Hornung (2014) "Japan's Growing Hard Hedge Against China", 111.

eskalative Schritte ergriff und auf Maßnahmen der Deeskalation verzichtete. Aus diesem Grund war zu erwarten, dass der Grad der relativen Stabilität im Kontext der fünften, sechsten und siebten Krise im Vergleich zur dritten und vierten Krise sinken würde. Dies trat zwar ein, da nun lediglich ein *mittlerer* und nicht mehr *hoher* Grad der relativen Stabilität zu verzeichnen war, aber wie bereits während der dritten und vierten Krise war die Krisenintensität auch während der fünften, sechsten und siebten Krise höher, als es die Theorie der Handelserwartungen erwarten ließ. Aus diesem Grund lässt sich festhalten, dass die im Rahmen der offensiv realistischen (fünfte, sechste und siebte Krise) und strukturell konstruktivistischen Analyse (fünfte und siebte Krise) genannten Faktoren die sino-japanische Interaktion in eine konfrontativere Richtung lenkten.

DER SINO-JAPANISCHE KONTRAST IM ARF

Die Entstehung des Association of Southeast Asian Nations (ASEAN) Regional Forum (ARF), der ersten multilateralen Sicherheitsinstitution im asiatisch-pazifischen Raum, war bereits in der Phase 1994-1996 von sino-japanischen Kontrasten gekennzeichnet. Während die VR China seit der Gründung des ARF unsicher war, ob es im Rahmen multilateraler Sicherheitsinstitutionen seine Interessen durchsetzen könnte, gelangte nach der vierten Krise 1996 auch Japan von einer optimistisch liberalen zu einer pessimistisch realistischen Betrachtungsweise des ARF.[709]

Bereits in den ausgehenden 1990er Jahren zeichnete sich ab, dass die Umsetzung von vertrauensbildenden Maßnahmen (*confidence building measures,* CBM) bezüglich der Erhöhung militärischer Transparenz nur schleppend vorankam. Japan betrachtete dabei die Veröffentlichung von aussagekräftigen Weißbüchern der Verteidigung als einen Mindeststandard, den die VR China nicht erfüllen wollte. Beijing veröffentlichte seit 1998 Weißbücher der Verteidigung, aber die darin enthaltenen Informationen wurden von ausländischen Beobachtern als unzureichend eingestuft.[710] Gleichzeitig verlagerte sich der Fokus innerhalb des ARF von traditionellen Sicherheitsbedrohungen auf nicht-traditionelle Sicherheitsbedrohungen ökologischer und ökonomischer Natur. Japan betrachtete diese Transition mit einem hohen Maß an Skepsis, da nun sicherheits- und militärpolitischen Angelegenheiten zu wenig Platz auf der Agenda zugestanden wurde.[711]

---

[709] Yuzawa (2005) "Japan's changing conception of the ASEAN Regional Forum",

[710] Michael Yahuda (2003) "Chinese Dilemmas in Thinking about Regional Security Architecture", *The Pacific Review,* 16: 2, 199.

[711] Yuzawa (2005) "Japan's changing conception of the ASEAN Regional Forum", 470-475.

Um traditionellen Sicherheitsbedrohungen dennoch begegnen zu können, setzte Japan große Hoffnungen in das Konzept der präventiven Diplomatie,[712] das im Rahmen des ARF die Eskalation von regionalen Krisen zu bewaffneten Konflikten verhindern sollte.[713] Japans weit gefasste Vorstellungen bezüglich präventiver Diplomatie reichten von Frühwarnmechanismen über Untersuchungskommissionen, *ad hoc*-Zusammenkünften, der Entsendung Hoher Repräsentanten bis hin zu einer erweiterten Rolle für den Vorsitzenden des ARF. Eine weit gefasste Auslegung des Konzeptes sah Tokyo als notwenig an, um flexibel und effizient auf regionale Krisen reagieren zu können. Japans aktive Haltung bezüglich konkreter Maßnahmen der präventiven Diplomatie wurde jedoch seit dem Ende der 1990er Jahre durch die ausgesprochene Zurückhaltung der VR China konterkariert. In den Augen der VR China sollten weiterhin CBMs von einer für *alle* Mitgliedstaaten akzeptablen Tragweite und kein weitgefasster Begriff der präventiven Diplomatie die Interaktion der ARF-Staaten bestimmen. Beijing machte diese Präferenz 2003 deutlich, kurz bevor die fünfte Krise ausbrach.[714] Aufgrund der Ablehnung eines weit gefassten Begriffs der präventiven Diplomatie durch die VR China und anderer Staaten durften Dringlichkeitssitzungen während dem Auftreten regionaler Krisen letztlich nur einstimmig, daher auch nur mit dem Einverständnis der Konfliktparteien, einberufen werden.[715]

Im institutionellen Gefüge des ARF erlangte zunehmend *the ASEAN way*, die Prinzipien der souveränen Gleichheit der Staaten und der nicht-Einmischung in innere Belange anderer Staaten, Dominanz. Daher wurde auch am Grundsatz nichts geändert, dass die von den ARF-Staaten verabschiedeten Resolutionen *keine* bindende Wirkung im völkerrechtlichen Sinne haben sollten.[716] Ralf Emmers und See Seng Tan sprechen von der Institutionalisierung inflexibler Handlungsweisen, die das ARF zu einem 'talking shop' verkommen ließen, sodass die effektive Ausübung präventiver Diplomatie utopisch war. In diesem Zusammenhang bezeichnete Rodolfo Severino,

---

[712] Boutros Boutros-Ghali (1992) *"An Agenda for Peace: Preventive Diplomacy, Peacemaking, and Peace-Keeping"*, New York, NY: United Nations, 11.

[713] ASEAN Regional Forum "ASEAN Regional Forum: Concept and Principles of PD", The Eighth Meeting of the ASEAN Regional Forum, 25th July, 2001, 1-3.

[714] Takeshi Yuzawa (2006) "The Evolution of Preventive Diplomacy in the ASEAN Regional Forum: Problems and Prospects", *Asian Survey*, 46: 5, 789-791.

[715] ASEAN Regional Forum "Enhanced Role of the ARF Chair, Annex B to Chairman Statement", The Eighth Meeting of the ASEAN Regional Forum, 25th July, 2001.

[716] Yuzawa (2005) "Japan's changing conception of the ASEAN Regional Forum", 474; Sheldon W. Simon (2007) *"ASEAN and Its Security Offspring: Facing New Challenges"*, Carlisle, PA: Strategic Studies Institute, U.S. Army War College.

Generalsekretär des ARF 1998-2002, multilaterale Interessenkonflikte auf der Koreanischen Halbinsel, im Südchinesischen Meer oder in der Taiwan-Straße als "non-starters" für das ARF.[717]

Ausgeprägte Gemeinsamkeit und Spezifität als unentbehrliche Kennzeichen einer effektiven multilateralen Sicherheitsinstitution waren im Zeitraum der fünften, sechsten und siebten Krise weiterhin keine Merkmale des ARF. Erneut muss konstatiert werden, dass das ARF keine messbare Wirkung auf die absolute Stabilität und den Grad der relativen Stabilität im Ostchinesischen Meer entfalten konnte.

III.6.5 STABILITÄT IM OSTCHINESISCHEN MEER 2004-2008, 2010 & 2012

Im Kontext der fünften Krise 2004-2008, der sechsten Krise 2010 und der siebten Krise 2012 galten weiter dieselben Ursachen der Aufrechterhaltung der absoluten Stabilität wie während der dritten Krise 1990 und der vierten Krise 1996. Offensive Realisten fanden weiterhin keinen potentiellen regionalen Hegemonen in den regionalen Subsystemen Nordostasiens und des Ostchinesischen Meeres vor und stellten demnach ein ausbalanciertes multipolares System fest, in dem der Ausbruch bewaffneter Konflikte unwahrscheinlich erschien. Defensive Realisten beobachteten erneut eine defensivlastige Offensiv-Defensiv-Balance (ODB) und liberale Theoretiker stellten weiterhin positive Handelserwartungen fest.

Allerdings führten subtile Veränderungen der unabhängigen Variablen zu einer entsprechenden Varianz des Grades der relativen Stabilität. Das Engagement des amerikanischen *offshore balancers* in Nordostasien musste im Kontext der fünften, sechsten und siebten Krise in Beijing und Tokyo angesichts Washingtons Verpflichtungen in Afghanistan, im Irak und später durch die globale Wirtschafts- und Finanzkrise angezweifelt werden. Gleichzeitig modernisierte die VR China ihr navales Potential. Beijing war 2004-2008, 2010 und 2012 zwar noch kein potentieller regionaler Hegemon, aber auch nicht mehr der ausgelieferte Dritte wie 1990 und 1996. Da die VR China die relativen navalen Machtvorteile Japans ausgleichen konnte, so würden defensive Realisten argumentieren, verschwand auch das Paradoxon für Beijing, trotz eines *moderaten* Sicherheitsdilemmas keine unmittelbaren kompetitiven Maßnahmen ergreifen zu können. Die People's Liberation Army Navy (PLAN) durfte während der fünften, sechsten und siebten Krise nicht mehr unterschätzt werden und Beijing sah sich hierdurch imstande, höhere Krisenintensitäten zu riskieren.

---

[717] Rodolfo Severino zitiert in Ralf Emmers & See Seng Tan (2011) "The ASEAN Regional Forum and Preventive Diplomacy: Built to Fail?", *Asian Security*, 7: 1, 49.

Auch die Theorie der Handelserwartungen stellt Veränderungen fest. Im Vergleich zu positiven Handelserwartungen vor dem Auftreten der zweiten, dritten und vierten Krise, waren positive Handelserwartungen nun im Abnehmen begriffen. An eine Verzehnfachung (zweite Krise 1978 bis zur dritten Krise 1990) oder Verdreifachung (vierte Krise 1996 bis zur fünften Krise 2004) des bilateralen Handelsvolumens war nun nicht mehr zu denken. Darüberhinaus begann auch die strukturell konstruktivistische Hypothese der *konfliktuellen* Kultur der Rivalität bezüglich des Grades der relativen Stabilität zuzutreffen. Es erschien, als ob materielle Faktoren während der ersten vier Krisen bestimmte Krisenintensitäten, die der strukturelle Konstruktivismus erwartet hatte, verhinderten. Im Kontext der fünften, sechsten und siebten Krise stellte sich jedoch ein materielle Umwelt ein, in der divergierende sino-japanische Identitäten vollständig zum Tragen kamen.

ERGEBNISSE & AUSBLICK

ERGEBNISSE

Die Ursachen für die Aufrechterhaltung der absoluten Stabilität und die Varianz des Grades der relativen Stabilität im Verlauf von sieben sino-japanischen Krisen im Ostchinesischen Meer 1970-2012 sind vielfältig. Die sino-japanische Interaktion bestätigte in zahlreichen Fällen die Hypothesen von vier Theorien der Internationalen Beziehungen bezüglich dem Phänomen der Stabilität in einem regionalen Subsystem, aber letztlich zeichnet nur die Theorie des offensiven Realismus ein vollständiges Bild der Ereignisse. Nachfolgend werden die Ergebnisse der vier Theorien zusammengefasst, um anschließend einen qualifizierten Ausblick über die Zukunft des Ostchinesischen Meeres als Sphäre sino-japanischer Interaktion zu geben.

OFFENSIVER REALISMUS

Die Hypothesen des offensiven Realismus haben sich im Kontext der sino-japanischen Krisen im Ostchinesischen Meer 1970-2012 durchgehend bestätigt. Dies mag auf den ersten Blick widersprüchlich erscheinen, da der offensive Realismus als eine Theorie gilt, die die Ursachen von Instabilität und bewaffneten Konflikten erklärt, wohingegen das Ostchinesische Meer im Untersuchungszeitraum der vorliegenden Arbeit als Meer der Stabilität gesehen werden kann. Allerdings kann die Aufrechterhaltung der absoluten Stabilität gemäß dem offensiven Realismus unter den Bedingungen der Bipolarität (erste Krise 1970-1972 und zweite Krise 1978) und der ausbalancierten Multipolarität (von der dritten Krise 1990 bis zur siebten Krise 2012) sehr oft garantiert werden. Die Abwesenheit eines potentiellen regionalen Hegemonen im regionalen Subsystem des Ostchinesischen Meeres und die Anwesenheit der USA als *offshore balancer* waren über den gesamten Untersuchungszeitraum wichtige Elemente bezüglich der Aufrechterhaltung der absoluten Stabilität.

Auch der stetig abnehmende Grad der relativen Stabilität kann durch den offensiven Realismus umfassend erklärt werden. Unter den Vorzeichen der Bipolarität konnte während dem Auftreten der ersten und zweiten Krise ein *sehr hoher* Grad der relativen Stabilität verzeichnet werden, da die VR China und Japan als wichtige Bestandteile eines von den USA angeführten antisowjetischen Machtblocks ihre eigenen Interessenkonflikte durch ein stillschweigendes Abkommen in den Hintergrund treten ließen. Nachdem die gemeinsame Bedrohung in der Form der Sowjetunion nicht mehr existierte, wurde dieses stillschweigende Abkommen im Kontext der dritten Krise 1990 und der vierten Krise 1996 nicht mehr erneuert. Allerdings fungierten die USA weiterhin als *offshore balancer*, der trotz seiner robusten Allianz zu Japan während dem Auftreten der dritten und vierten Krise Abstand davon nahm, die VR China als schwächere navale Macht durch offene Bekenntnisse bezüglich der Verteidigung der Senkaku/Diaoyu-Inseln weiter zu verunsichern. Diese Konstellation resultierte folgerichtig in einem *hohen* Grad der relativen Stabilität. Die fünfte Krise 2004-2008, die sechste Krise 2010 und die siebte Krise 2012 wurden schließlich durch die Stärkung der navalen Macht der VR China und das verminderte Engagement der USA als *offshore balancer* geprägt. Washington bestätigte zwar während aller drei Krisen seine Verpflichtungen gegenüber dem Schutz der Senkaku/Diaoyu-Inseln, aber globale Aufgaben verhinderten eine einseitige Fokussierung auf Nordostasien und das Ostchinesische Meer. Gleichzeitig konnte Beijing dieses Gelegenheitsfenster nutzen, um im Bewusstsein größerer navaler Stärke die Reaktion Washingtons zu testen. Tokyo war indessen gezwungen, die Initiative zum Schutz seiner maritimen Interessen zu ergreifen. Diese Konstellation führte zu einem *mittleren* Grad der relativen Stabilität.

DEFENSIVER REALISMUS

Die Aufrechterhaltung der absoluten Stabilität im Ostchinesischen Meer bestätigt die defensiv realistische Hypothese, wonach eine defensivlastige Offensiv-Defensiv-Balance (ODB) selbst bei widersprüchlichen Informationsvariablen über die Absichten des Gegenübers die Intensität des Sicherheitsdilemmas beschränkt und damit die Wahrscheinlichkeit bewaffneter Konflikte reduziert. Die Analyse der materiellen Variablen ergab über alle sieben Krisen hinweg formidable (defensive) navale Fähigkeiten auf Seiten der Maritime Self-Defense Force (MSDF) und beachtliche navale Fähigkeiten auf Seiten der People's Liberation Army Navy (PLAN) seit der fünften Krise 2004-2008. Diese materiellen Variablen resultierten stets in einer defensivlastigen ODB im Ostchinesischen Meer und geben wichtige Rückschlüsse bezüglich der Frage, warum offensive navale Operationen im Zeitraum sieben sino-japanischer Krisen 1970-2012 von beiden Staaten zu keinem Zeitpunkt ernsthaft in Betracht gezogen wurden.

Die Intensität des Sicherheitsdilemmas und folglich auch der Grad der relativen Stabilität variierten aufgrund von sich verändernden Informationsvariablen für beide Staaten. Von der ersten Krise 1970-1972 bis zur dritten Krise 1990 nahm Japan keine revisionistischen maritimen Absichten in Beijing wahr. Eine rationale maritime Politik nach defensiv realistischen Maßgaben hätte daher zwingend die Erneuerung des stillschweigenden Abkommens im Kontext der dritten Krise vorgesehen, um die Intensität des Sicherheitsdilemmas in Beijing zu beschränken und womöglich gemäßigteren Kräften innerhalb der PLAN in der Startphase des chinesischen navalen Modernisierungsprogramms Auftrieb zu verleihen. Von der vierten Krise 1996 bis zur siebten Krise 2012 ließ sich nicht eindeutig feststellen, ob Japan die VR China als einen revisionistischen Akteur wahrnahm. Unter den Bedingungen einer defensivlastigen ODB und der Möglichkeit, dass es sich bei Beijing *nicht* um einen revisionistischen Akteur handelte, wären im Kontext einiger sino-japanischer Krisen kooperativere japanische Verhaltensweisen angebracht gewesen. Dass Tokyo dennoch kompetitiveren Verhaltensweisen den Vorzug einräumte, lässt sich letztlich nur mit offensiv realistischen und strukturell konstruktivistischen Argumenten begründen.

In Beijing sahen sich die Eliten der KP seit der ersten Krise einem aktivierten Sicherheitsdilemma mit variierenden Intensitätsstufen ausgesetzt. Beijing befand sich zunächst in der paradoxen Situation, dass es trotz eines aktivierten Sicherheitsdilemmas keine unmittelbaren kompetitiven Maßnahmen ergreifen konnte, da hierfür die materiellen Grundlagen fehlten. Erst im Kontext der fünften, sechsten und siebten Krise konnte Beijing proaktiver, das heisst *mindestens* im Einklang mit der Intensität des Sicherheitsdilemmas, das es verspürte, agieren: die Eliten der KP betrachteten den Wettbewerb um maritime Interessen als akut, nahmen Tokyo im maritimen Bereich tendenziell als revisionistisch wahr und sahen die materiellen Fähigkeiten der PLAN immer stärker auf Augenhöhe mit den materiellen Fähigkeiten der MSDF.

STRUKTURELLER LIBERALISMUS

Im Kontext des strukturellen Liberalismus hat die vorliegende Arbeit die Theorie der Handelserwartungen und den neoliberalen Institutionalismus getestet. Sofern positive Handelserwartungen im Kontext der sino-japanischen Handelsbeziehungen existierten, bestand auch ein kausaler Zusammenhang zwischen der Friedenshypothese der Theorie der Handelserwartungen und der Aufrechterhaltung der absoluten Stabilität im Ostchinesischen Meer. Vor dem Auftreten der zweiten Krise 1978, der dritten Krise 1990 und der vierten Krise 1996 gab es zahlreiche Hinweise darauf, dass die VR China im Zuge seiner ökonomischen Modernisierungsbestrebungen auf die Unterstützung Japans angewiesen war. Im Kontext der fünften Krise 2004-2008, der sechsten Krise 2010 und der siebten Krise 2012 hatte sich das Wesen der sino-japanischen Interdependenz zugunsten der VR China verschoben, aber das von Richard Katz beschriebene Prinzip der *mutual assured production* garantierte weiterhin die Aufrechterhaltung der absoluten Stabilität.

Vor dem Auftreten der zweiten Krise 1978 erkannten die VR China und Japan außerordentliche Wachstumspotentiale bezüglich ihres bilateralen Handelsvolumens. Diese existierten auch vor dem Auftreten der dritten und vierten Krise, sodass die Theorie der Handelserwartungen nicht erklären kann, warum der Grad der relativen Stabilität von *sehr hoch* (zweite Krise) auf *hoch* (dritte und vierte Krise) sank. Die Theorie der Handelserwartungen eröffnet jedoch, aus welchem Grund die fünfte, sechste und siebte Krise einen geringeren Grad der relativen Stabilität (*mittel*) aufwies als die dritte und vierte Krise (*hoch*). Das Wachstum des bilateralen Handelsvolumens begann zu stagnieren, Japan erfuhr den Zustand der asymmetrischen Interdependenz als Element der Verwundbarkeit und beide Staaten ergründeten überregionale Wachstumspotentiale. Im Kontext der fünften, sechsten und siebten Krise wäre zwar ein höherer Grad der Stabilität zu erwarten gewesen (*hoch*), aber da dieser Befund bereits für die dritte und vierte Krise galt, blieb zumindest die Abweichung des Grades der relativen Stabilität um eine Stufe seit der dritten Krise konstant.

Die Analyse multilateraler Sicherheitsinstitutionen förderte hingegen keine Ergebnisse zu Tage, die mit der Stabilität im Ostchinesischen Meer in Korrelation gebracht werden können. Es ist wohl kein Zufall, dass eine institutionalisierte Welt in Ostasien, Nordostasien oder dem Ostchinesischen Meer in Anbetracht der hervorragenden Erklärungskraft offensiv und defensiv realistischer Argumente über keine Tragweite verfügt. Die strukturell konstruktivistische Kultur der (*konfliktuellen*) Rivalität zwischen der VR China und Japan erklärt darüber hinaus, warum selbst die Wurzeln solch einer institutionalisierten Welt in den angesprochenen regionalen Subsystemen keinen Halt finden.

STRUKTURELLER KONSTRUKTIVISMUS

Eine auf den strukturellen Konstruktivismus beruhende strategische Umwelt der sino-japanischen Beziehungen wies im Zeitraum der sieben Krisen im Ostchinesischen Meer ein hohes Maß an Beständigkeit auf. Nachdem die VR China und Japan während dem Verlauf der ersten Krise 1970-1972 eine Kultur der Rivalität internalisierten, war die Interaktion beider Staaten vor dem Auftreten jeder weiteren sino-japanischen Krise von ebendieser Logik der Anarchie geprägt. Es stellte sich lediglich die Frage, ob die *konzilianten* oder *konfliktuellen* Elemente der Kultur der Rivalität im Zeitraum 1971-2012 dominierten.

Immer wenn die *konzilianten* Elemente der Kultur der Rivalität in den Vordergrund traten, war nach strukturell konstruktivistischer Logik mit der Aufrechterhaltung der absoluten Stabilität zu rechnen. Waren hingegen die *konfliktuellen* Elemente der Kultur der Rivalität dominant, mussten andere Theorien herangezogen werden, um Aussagen über die Aufrechterhaltung der absoluten Stabilität zu treffen, da der strukturelle Konstruktivismus in diesem Aspekt die nicht falsifizierbare Hypothese aufstellt, dass der Ausbruch eines bewaffneten Konfliktes zumindest denkbar ist. Die *konzilianten* Elemente der Kultur der Rivalität erlangten im Verlauf der ersten Krise 1970-1972 und vor dem Auftreten der zweiten Krise 1978, der dritten Krise 1990 und der sechsten Krise 2010 Dominanz. Allerdings zeigte sich anschließend im Kontext der dritten und sechsten Krise, dass die VR China und Japan mit dem Auftreten der jeweiligen Krise entgegen der strukturell konstruktivistischen Hypothese nicht mehr bereit waren, ihre souveränen Ansprüche in den Hintergrund treten zu lassen. In diesen beiden Fällen besteht keine Korrelation zwischen der *konzilianten* Kultur der Rivalität und der Aufrechterhaltung der absoluten Stabilität.

Bezüglich des Grades der relativen Stabilität wichen die strukturell konstruktivistischen Hypothesen häufig von den empirischen Befunden ab. Die Kultur der Rivalität stellte eine Konstante innerhalb der sino-japanischen Interaktion dar, aber der Grad der relativen Stabilität variierte über die Jahrzehnte hinweg beträchtlich. Im Kontext der ersten und zweiten Krise wäre nach strukturell konstruktivistischer Logik eine höhere Krisenintensität zu erwarten gewesen, da Beijing und Tokyo keinen Prozess der Versöhnung losgetreten hatten. Im Kontext der dritten Krise wäre zu erwarten gewesen, dass beide Staaten das stillschweigende Abkommen von 1972 und 1978 erneuern können. Im Kontext der vierten Krise wäre wiederum eine höhere Krisenintensität zu erwarten gewesen, da Beijing begann, die Bilder der sino-japanischen Feindschaft im Rahmen seiner patriotischen Bildungspolitik zu beschwören, während Tokyo dieselben Bilder durch das Instrument der nationalen Mythenbildung in den Hintergrund treten lassen wollte. Im Kontext der sechsten Krise wäre wiederum eine geringere Krisenintensität zu erwarten gewesen, da sich beide Staaten dazu bekannten, das Ostchinesische Meer in ein Meer des Friedens, der Kooperation und der Freundschaft zu transformieren. Aufgrund dieser Abweichungen erscheint es sinnvoll, bei der Analyse der sino-japanischen Interaktion im Ostchinesischen Meer andere Theorien vorzuziehen. Lediglich im Kontext der fünften und siebten Krise war die strukturell konstruktivistische Hypothese bezüglich des Grades der Stabilität zutreffend.

EINE OFFENSIV REALISTISCHE WELT

Um die sino-japanische Interaktion im Ostchinesischen Meer 1970-2012 zu verstehen, eignet sich keine Theorie besser, als der offensive Realismus. Der offensive Realismus erklärt als einzige Theorie ohne Abweichungen sowohl die Aufrechterhaltung der absoluten Stabilität als auch die Varianz des Grades der relativen Stabilität. Das Testen der drei anderen Theorien hat zusätzlich Erkenntnisse erbracht, die für die Aufrechterhaltung der absoluten Stabilität und für die Varianz des Grades der relativen Stabilität von hoher Bedeutung sind. Für die Aufrechterhaltung der absoluten Stabilität sprach nicht nur die Abwesenheit eines potentiellen regionalen Hegemonen und die Anwesenheit eines *offshore balancers*, sondern auch eine defensivlastige ODB und positive Handelserwartungen.

Im Falle der Varianz des Grades der relativen Stabilität wichen die Hypothesen des defensiven Realismus, der Theorie der Handelserwartungen und des strukturellen Konstruktivismus teilweise oder erheblich von den empirischen Befunden im Ostchinesischen Meer ab. Der defensive Realismus überlässt dem offensiven Realismus immer dann das Feld, wenn die Akteure die Absichten ihres Gegenübers als revisionistisch wahrnehmen und zu *worst case*-Annahmen gelangen. Die Theorie der Handelserwartungen hat wiederum von der dritten Krise bis zur siebten Krise einen höheren Grad der Stabilität vorhergesagt als im Ostchinesischen Meer zu beobachten war, was darauf schließen lässt, dass diese Theorie die offensiv realistische Machtvariable im vorliegenden Fall nicht ausreichend berücksichtigt. Die erratischen Ergebnisse für den strukturellen Konstruktivismus bezüglich des Grades der relativen Stabilität zeigen wiederum, dass ideelle Faktoren im Ostchinesischen Meer nur dann vollständig durchschlagen, wenn materielle Faktoren dies erlauben. Aus diesen Gründen erscheint vor dem Auge des Beobachters des Ostchinesischen Meeres 1970-2012 eine offensiv realistische Welt.

Tabelle IV: Vorhersagen der Theorien über die absolute Stabilität und den Grad der relativen Stabilität im Ostchinesischen Meer

	Defensiver Realismus	Offensiver Realismus	Liberalismus	Konstruktivismus
Krise I 1970-1972	SD für Japan ruhend SD für VR China schwach ausgeprägt/moderat absolute Stabilität ☑	Bipolarität absolute Stabilität ☑	Keine positiven Handelserwartungen absolute Stabilität ◊ ☑	Kultur der Feindschaft geht in Kultur der konzilianten Rivalität über absolute Stabilität ☑

	Defensiver Realismus	**Offensiver Realismus**	**Liberalismus**	**Konstruktivismus**
	sehr hoher Grad der relativen Stabilität ☑	sehr hoher Grad der relativen Stabilität ☑	sehr hoher Grad der relativen Stabilität ◊	sehr hoher Grad der relativen Stabilität ☒
Krise II 1978	SD für Japan ruhend SD für VR China schwach ausgeprägt	Bipolarität	Positive Handelserwartungen	Kultur der konzilianten Rivalität
	absolute Stabilität ☑	absolute Stabilität ☑	absolute Stabilität ☑	absolute Stabilität ☑
	sehr hoher Grad der relativen Stabilität ☑	sehr hoher Grad der relativen Stabilität ☑	sehr hoher Grad der relativen Stabilität ☑	sehr hoher Grad der relativen Stabilität ☒
Krise III 1990	SD für Japan ruhend SD für VR China schwach ausgeprägt/moderat	Tripolarität ausbalanciert USA als offshore balancer	Positive Handelserwartungen	Kultur der konzilianten Rivalität
	absolute Stabilität ☑	absolute Stabilität ☑	absolute Stabilität ☑	absolute Stabilität ◊
	hoher Grad der relativen Stabilität ☒	hoher Grad der relativen Stabilität ☑	hoher Grad der relativen Stabilität ☒	hoher Grad der relativen Stabilität ☒
Krise IV 1996	SD für Japan schwach ausgeprägt/moderat SD für VR China moderat/ausgeprägt	Tripolarität ausbalanciert USA als offshore balancer	Positive Handelserwartungen	Kultur der konfliktuellen Rivalität
	absolute Stabilität ☑	absolute Stabilität ☑	absolute Stabilität ☑	absolute Stabilität ◊
	hoher Grad der relativen Stabilität ☑	hoher Grad der relativen Stabilität ☑	hoher Grad der relativen Stabilität ☒	hoher Grad der relativen Stabilität ☒
Krise V 2003-2008	SD für Japan schwach ausgeprägt/moderat SD für VR China schwach ausgeprägt/moderat	Tripolarität ausbalanciert	Abnehmende positive Handelserwartungen	Kultur der konfliktuellen Rivalität
	absolute Stabilität ☑	absolute Stabilität ☑	absolute Stabilität ☑	absolute Stabilität ◊
	mittlerer Grad der relativen Stabilität ☒	mittlerer Grad der relativen Stabilität ☑	mittlerer Grad der relativen Stabilität ☒	mittlerer Grad der relativen Stabilität ☑

	Defensiver Realismus	Offensiver Realismus	Liberalismus	Konstruktivismus
Krise VI 2010	SD für Japan schwach ausgeprägt/moderat SD für VR China schwach ausgeprägt/moderat	Tripolarität ausbalanciert	Abnehmende positive Handelserwartungen	Kultur der konzilianten Rivalität
	absolute Stabilität ☑ mittlerer Grad der relativen Stabilität ☒	absolute Stabilität ☑ mittlerer Grad der relativen Stabilität ☑	absolute Stabilität ☑ mittlerer Grad der relativen Stabilität ☒	absolute Stabilität ◊ mittlerer Grad der relativen Stabilität ☒
Krise VII 2012	SD für Japan schwach ausgeprägt/moderat SD für VR China schwach ausgeprägt/moderat	Tripolarität ausbalanciert	Abnehmende positive Handelserwartungen	Kultur der konfliktuellen Rivalität
	absolute Stabilität ☑ mittlerer Grad der relativen Stabilität ☒	absolute Stabilität ☑ mittlerer Grad der relativen Stabilität ☑	absolute Stabilität ☑ mittlerer Grad der relativen Stabilität ☒	absolute Stabilität ◊ mittlerer Grad der relativen Stabilität ☑

☑ = empirische Befunde bestätigen Hypothese ☒ = empirische Befunde weichen von Hypothese ab ◊ = keine Aussage möglich

In der Spalte Liberalismus wurden nur die Ergebnisse der Theorie der Handelserwartungen, aber nicht die Ergebnisse der Theorie des neoliberalen Institutionalismus eingetragen

AUSBLICK

Besorgniserregend erscheint die Tatsache, dass der Grad der Stabilität im Ostchinesischen Meer kontinuierlich abgenommen hat. Die erste Krise 1970-1972 und die zweite Krise 1978 waren von einem *sehr hohen* Grad der Stabilität geprägt, wohingegen die dritte Krise 1990 und die vierte Krise 1996 einen *hohen* Grad der Stabilität aufwiesen. Ein *mittlerer* Grad der Stabilität ergab sich für die fünfte Krise 2004-2008, die sechste Krise 2010 und die siebte Krise 2012. Aus diesem Grund stellt sich die Frage, ob die absolute Stabilität im Ostchinesischen Meer in der Zukunft zusammenbrechen wird. Während der offensive Realismus alle Facetten und der defensive Realismus, strukturelle Liberalismus sowie der strukturelle Konstruktivismus zahlreiche Facetten der Stabilität im Ostchinesischen Meer 1970-2012 aufzeigen, geben alle vier Theorien düstere Prognosen für die fortwährende Aufrechterhaltung der Stabilität in der Zukunft ab. Aus diesem Grund schliesst die vorliegende Arbeit mit der Forderung, dass sich die Entscheidungsträger in Beijing und Tokyo dieser gefährlichen Situation bewusst werden und und politische Prozesse zur Veränderung der Situation einleiten müssen.

OFFENSIVER REALISMUS

Da die Wirtschaftsleistung und die Militärausgaben in der VR China in den folgenden Dekaden mit großer Wahrscheinlichkeit höher sein werden als in Japan, wird Beijing im Verlauf des 21. Jahrhunderts in die Position eines potentiellen regionalen Hegemonen gelangen und die regionalen Subsysteme Nordostasiens und des Ostchinesischen Meeres in unausbalancierte multipolare Systeme transformieren. In dieser Position könnte die VR China Machtungleichgewichte nutzen, um seine Interessen im Ostchinesischen Meer durch Gewaltandrohung oder Gewaltanwendung durchzusetzen. Unter diesem Szenario könnte die Aufrechterhaltung der absoluten Stabilität nur dann garantiert werden, falls Washington gewillt sein wird, seiner Rolle als *offshore balancer* weiterhin nachzukommen und Beijing vor Gewaltandrohung und Gewaltanwendung abschrecken kann. Zunächst könnte eine Situation eintreten, die in Randall L. Schwellers Schema tripolarer Machtstrukturen als Paradoxon der Macht, A > B = C, A < B + C, bezeichnet wird. Beijing (A) wäre zwar der mächtigste Pol im System, könnte jedoch einer Allianz, die aus Tokyo (B) und Washington (C) besteht, nicht standhalten. Selbst wenn die Macht der VR China weiter wachsen und Schwellers ausbalanciertes tripolares System, A = B + C, B = C, entstehen würde, könnte die Aufrechterhaltung der absoluten Stabilität sichergestellt werden, da die Dynamik dieses Systems einer bipolaren Ordnung gleicht. Offensive Realisten kommen daher unweigerlich zu dem Schluss, dass die Stabilität im Ostchinesischen Meer bei einer stabilen inneren Entwicklung der VR China in der Zukunft vom Ausmaß des amerikanischen Engagements abhängen wird. Das Ausmaß dieses Engagements kann jedoch unmöglich vorhergesagt werden, sodass offensive Realisten ein hohes Maß an Ungewissheit unter der instabilsten Konstellation der unausbalancierten Multipolarität (die Existenz eines potentiellen regionalen Hegemonen) vorhersagen.

DEFENSIVER REALISMUS

Defensive Realisten müssen sich wiederum die Frage stellen, ob die Offensiv-Defensiv-Balance im Ostchinesischen Meer weiterhin defensivlastig bleiben wird. In dieser Sache müssen berechtigte Zweifel geäußert werden, da es keine Anzeichen dafür gibt, dass die VR China bei wachsenden Militärausgaben auf die Anschaffung offensiver Machtprojektionsmittel verzichten wird. Im Rahmen einer *antiaccess/area denial* (A2/AD)-Strategie ist Beijing an der Aneignung aller (offensiven) Machtprojektionsmittel interessiert, die alle (offensiven) Einheiten der USA, die innerhalb der ersten Inselkette stationiert sind, verwundbar machen.[718] Eine offensivlastige ODB hätte weitreichende Folgen, da Beijing und Tokyo im Falle der Informationsvariablen bereits dazu neigen, ihrem Gegenüber revisionistische Absichten zu unterstellen oder übermäßig kompetitive Maßnahmen ergreifen, die der Intensität des Sicherheitsdilemmas nicht gerecht werden.

Die bloße Existenz offensiver Machtprojektionsmittel ist jedoch keine hinreichende Bedingung für die Erschaffung einer offensivlastigen ODB. Aus defensiv realistischer Sicht sollte Japan damit weiterhin alle Anstrengungen unternehmen, offensive Machtprojektionsmittel Beijings mit entsprechenden defensiven Technologien zu kontern und seine Allianz zu den USA aufrechtzuerhalten. Allerdings vermag niemand vorherzusagen, ob die USA ihre Allianzen mit demselben Nachdruck aufrechterhalten werden, zukünftige militärische Technologien offensive Operationen begünstigen werden, die ODB von den Eliten korrekt wahrgenommen wird oder Informationsvariablen eine höhere Bedeutung als materiellen Variablen eingeräumt wird.

STRUKTURELLER LIBERALISMUS

Auch die Theorie der Handelserwartungen gibt Anlass zur berechtigten Sorge. Die VR China und Japan sind in einer Phase angelangt, in der das Wachstum des bilateralen Handelsvolumens keine positiven Erwartungen mehr erzeugen kann. Nachdem das bilaterale Handelsvolumen 2011 einen Höchststand erklommen hat, der 2012-2015 nicht erreicht werden konnte, ist auch nach Analyse der Prognosen für 2016 absehbar, dass der sino-japanische Handelsaustausch rückläufig ist oder stagniert.[719] Unter diesen Umständen büßt die friedensstiftende liberale Vision ihre Wirkung ein, sodass Gewaltandrohung und Gewaltanwendung wieder denkbar werden. Selbstverständlich würde der bilaterale Handel zwischen Beijing un Tokyo im Falle eines bewaffneten Konfliktes im Ostchinesischen Meer nicht vollständig zum Erlie-

---

[718] Cliff et al. (2007) *"Entering the Dragon's Lair"*; Montgomery (2014) "Contested Primacy in the Western Pacific", 130-139; Robert Haddick (2014) *"Fire on the Water: China, America, and the Future of the Pacific"*, Annapolis, MD: Naval Institute Press.
[719] *jetro.go.jp* "Japanese Trade and Investment Statistics", abgerufen am 17. Februar 2016.

gen kommen, aber die bloße Existenz von Handelsbeziehungen würde bei einem jährlich stagnierenden oder rückläufigen Handelsvolumen gemäß der Theorie der Handelserwartungen keinen zwingenden Grund mehr darstellen, von Gewaltandrohung oder Gewaltanwendung abzusehen.

STRUKTURELLER KONSTRUKTIVISMUS

Auch der strukturelle Konstruktivismus sagt erhöhtes Konfliktpotential hervor. Es ist zum gegenwärtigen Zeitpunkt zwar äußerst unwahrscheinlich dass die VR China und Japan eine Kultur der Feindschaft internalisieren werden (indem Beijing beispielsweise öffentlich Rache für den Großostasiatischen Krieg schwört und/oder Tokyo *alle* Aspekte des Krieges leugnet), aber die Kultur der *konfliktuellen* Rivalität wird wohl in den folgenden Jahren und womöglich Jahrzehnten die bestimmende Logik der sino-japanischen Anarchie darstellen. Nachdem in den 1990er Jahren die VR China eine patriotische Bildungspolitik institutionalisiert hat und in Japan hochrangige Politiker regelmäßig zum Instrument der nationalen Mythenbildung gegriffen haben, gelang es beiden Staaten in der Phase 2006-2010 die Kultur der *konzilianten* Rivalität wiederzubeleben. Allerdings scheiterte der darauf folgende Versuch, das Ostchinesische Meer in eine Meer des Friedens, der Kooperation und der Freundschaft zu transformieren. Unter den erneut vorherrschenden Vorzeichen der Kultur der *konfliktuellen* Rivalität werden beide Staaten weiterhin darauf bedacht sein, ihre eigenen souveränen Ansprüche im Ostchinesischen Meer zu verteidigen und den souveränen Ansprüchen der Gegenseite die Legitimität abzusprechen. Gewaltandrohung und Gewaltanwendung werden unter diesen Umständen immer wahrscheinlicher, zumal die Variablen der drei anderen Theorien ebenfalls einen geringeren Grad der Stabilität vorhersagen. Eine Rückkehr zu den Verhältnissen der ersten Krise 1970-1972 und der zweiten Krise 1978, als beide Staaten durch ein stillschweigendes Abkommen Respekt für die Belange der Gegenseite aufbrachten, erscheint ausgeschlossen, solange die VR China den Prozess der patriotischen Bildungspolitik und Japan den Prozess der nationalen Mythenbildung nicht umkehren.

DIE ZUKUNFT DER STABILITÄT IM OSTCHINESISCHEN MEER

Ist der Zusammenbruch der absoluten Stabilität im Ostchinesischen Meer in der Zukunft unausweichlich? Zumindest lässt sich feststellen, dass eine Fortsetzung der gegenwärtigen Trends unweigerlich einen Prozess in Gang setzen wird, an dessen Ende tatsächlich der Zusammenbruch der absoluten Stabilität im Ostchinesischen Meer steht. Um die Aufrechterhaltung der absoluten Stabilität auch in der Zukunft zu garantieren, müssen in den folgenden Jahrzehnten nachhaltige Veränderungen eintreten, die eine gravierende Abkehr von den bestehenden Trends darstellen. Offensive Realisten setzen in diesem Zusammenhang voraus, dass sich der Aufstieg Beijings zu einem potentiellen regionalen Hegemonen nicht realisiert, da soziale, politische, ökologische und ökonomische Probleme im inneren der VR China die Ressourcen des Landes vereinnahmen. Strukturelle Liberale würden hingegen entgegengesetzte Argumente vortragen und eine ökonomische Revolution herbeisehnen, die erneut positive Handelserwartungen zwischen der VR China und Japan zu generieren vermag.

Pragmatischere Optionen, die nicht auf das mögliche oder unmögliche Eintreten epochaler Entwicklungen beruhen, halten indessen der defensive Realismus und strukturelle Konstruktivismus bereit. Gerade weil die ODB im Ostchinesischen Meer immer noch defensivlastig ist und sich die PLAN sowie MSDF auf Augenhöhe begegnen, sind beide Staaten *nicht* darauf angewiesen, sich beim Auftreten von Krisen so zu verhalten, als ob es sich bei der Gegenseite ohne Zweifel um eine revisionistische Macht handelt. Gegenwärtig existiert kein potentieller regionaler Hegemon in den regionalen Subsystemen Nordostasiens und des Ostchinesischen Meeres und aufgrund dieser vorteilhaften materiellen Basis sollten sich Beijing und Tokyo dazu veranlasst sehen, wieder die *konzilianten* Elemente der Kultur der Rivalität in den Vordergrund zu rücken. Dies gelang beiden Seiten bereits vor dem Auftreten der ersten, zweiten, dritten und sechsten Krise. Der Unterschied zwischen diesen vier Krisen lag letztlich darin begründet, dass Beijing und Tokyo den Rückenwind eines atmosphärisch guten politischen Klimas am Ende der dritten und sechsten Krise im Gegensatz zur ersten und zweiten Krise nicht in greifbare Ergebnisse nach den Maßgaben des stillschweigenden Abkommens von 1972 und 1978 verwerten konnten. Solange die strategische Umwelt jedoch der Aufrechterhaltung der absoluten Stabilität förderlich sein wird, müssen sino-japanische Krisen dazu genutzt werden, die Robustheit der sino-japanischen Beziehungen und die transformative Kraft politischer Willensleistungen, so wie sie der strukturelle Konstruktivismus beschreibt, unter Beweis zu stellen. Andernfalls wird die sino-japanische Interaktion im Ostchinesischen Meer von ihren Anfängen bis zum Ausbruch eines bewaffneten Konfliktes zum offensiv realistischen Fallbeispiel des 21. Jahrhunderts werden.

LITERATURVERZEICHNIS

BÜCHER, MONOGRAPHIEN & BUCHKAPITEL

Acharya, Amitav & Barry Buzan (Hrg., 2010) *"Non-Western International Relations Theory: Perspectives On Asia and Beyond"*, London, UK & New York, NY: Routledge.

Adler, Emanuel & Michael Barnett (Hrg., 1998) *"Security Communities"*, Cambridge, UK: Cambridge University Press.

Angell, Norman (1933) *"The Great Illusion"*, 2nd ed., New York, NY: G. P. Putnam's Sons.

Axelrod, Robert (1984) *"The Evolution of Cooperation"*, New York, NY: Basic Books.

Bachmann, David (1998) "Structure and Process in the Making of Chinese Foreign Policy" in Samuel S. Kim (Hrg.) *"China and the World, 4th ed."*, Boulder, CO: Westview Press.

Bedelski, Robert E. (1983) *"The Fragile Entente"*, Boulder, CO: Westview Press.

Berger, Thomas U. (1998) *"Cultures of Antimilitarism: National Security in Germany and Japan"*, Baltimore, MA: John Hopkins University Press.

Boulding, Kenneth E. (1962) *"Conflict and Defense: A General Theory"*, New York, NY: Harper and Brothers.

Brecher, Michael (1993) *"Crises in World Politics: Theory & Reality"*, Oxford, UK & New York, NY: Pergamon Press.

Brecher, Michael & Jonathan Wilkenfeld (1989) *"Crisis, Conflict and Instability"*, Oxford, UK: Pergamon Press.

Brecher, Michael & Jonathan Wilkenfeld (1997) *"A Study of Crisis"*, Ann Arbor, MI: University of Michigan Press.

Boutros-Ghali, Boutros (1992) *"An Agenda for Peace: Preventive Diplomacy, Peacemaking, and Peace-Keeping"*, New York, NY: United Nations.

Bundy, McGeorge (1988) *"Danger and Survival: Choices about the Bomb in the First Fifty Years"*, New York, NY: Random House.

Buruma, Ian (1995) *"The Wages of Guilt: Memories of War in Japan and Germany"*, New York, NY: Farrar, Strauss & Giroux.

Bush, Richard C. (2010) *"The Perils of Proximity: China-Japan Security Relations"*, Washington, DC: Brookings Institution Press.

Butterfield, Herbert (1951) *"History and Human Relations"*, London, UK: Collins.

Chung, Chien-Peng (2004) *"Domestic Politics, International Bargaining and*

China's Territorial Disputes", London, UK & New York, NY: Routledge Curzon.

Christensen, Thomas J. (1996) *"Useful Adversaries: Grand Strategy, Domestic Mobilization, and Sino-American Conflict, 1947-1958"*, Princeton, NJ: Princeton University Press.

Cliff, Roger et al. (2007) *"Entering the Dragon's Lair: Chinese Antiaccess Strategies and Their Implications for the United States"*, Santa Monica, CA: RAND Corporation.

Cobden, Richard (1903) *"The Political Writings of Richard Cobden"*, London, UK: T. Fischer Unwin.

Colaresi, Michael P., Karen Rasler & William R. Thompson (2008) *"Strategic Rivalries in World Politics: Position, Space and Conflict Escalation"*, Cambridge, UK: Cambridge University Press.

Cole, Bernard D. (2008) *"Sea Lanes and Pipelines: Energy Security in Asia"*, Westport, CN: Praeger Security International.

Cole, Bernard D. (2010) *"Great Wall at Sea: China's Navy in the 21st Century"*, Annapolis, MD: Naval Institute Press.

Copeland, Dale C. (2000) *"The Origins of Major War"*, Ithaca, NY: Cornell University Press.

Copeland, Dale C. (2015) *"Economic Interdependence and War"*, Princeton, NJ: Princeton University Press.

Coté Jr., Owen R. (2012) "Assessing the Undersea Balance between the United States and China", in Thomas G. Mahnken (Hrg.) *"Competitve Strategies for the 21st Century: Theory, History, and Practice"*, Stanford, CA: Stanford University Press, 186.

D'Andrade, Roy (1995) *"The Development of Cognitive Anthropology"*, Cambridge, UK: Cambridge University Press.

Deutsch, Karl et al. (Hrg., 1957) *"Political Community and the North Atlantic Area"*, Princeton, NJ: Princeton University Press.

Downs, George W., David M. Rocke & Randolph M. Siverson (1986) "Arms Races and Cooperation" in Kenneth A. Oye *"Cooperation Under Anarchy"*, Princeton, NJ: Princeton University Press.

Drifte, Reinhard (2003) *"Japan's Security Relations with China since 1989: From Balancing to Bandwagoning?"*, London, UK & New York, NY: RoutledgeCurzon.

Emmers, Ralf (2010) *"Geopolitics and Maritime Territorial Disputes in East Asia"*, London, UK & New York, NY: Routledge.

Erickson, Andrew S. & Lyle J. Goldstein (Hrg., 2011) *"Chinese Aerospace Power: Evolving Maritime Roles"*, Annapolis, MD: Naval Institute Press.

Erickson, Andrew S. & Jingdong Yuan (2011) "Antiaccess and China's Air-

Launched Cruise Missiles" in Andrew S. Erickson & Lyle J. Goldstein (Hrg.) *"Chinese Aerospace Power: Evolving Maritime Roles"*, Annapolis, MD: Naval Institute Press.

Eykholt, Mark (2000) "Aggression, Victimization, and Chinese Historiography of the Nanjing Massacre" in Joshua F. Vogel (Hrg.) *"The Nanjing Massacre in History and Historiography"*, Berkeley & Los Angeles, CA: University of California Press.

Fox, William T. R. (1944) *"The Superpowers: The United States, Britain, and the Soviet Union – Their Responsibilities for Peace"*, New York, NY: Harcourt Brace.

Fravel, M. Taylor (2008) *"Strong Borders, Secure Nation: Cooperation and Conflict in China's Territorial Disputes"*, Princeton University Press.

Friedberg, Aaron L. (2011) *"A Contest for Supremacy: China, America, and the Struggle for Mastery in Asia"*, New York, NY: W. W. Norton.

Gilpin, Robert (1981) *"War and Change in World Politics"*, Cambridge, UK: Cambridge University Press.

Glaser, Charles L. (2010) *"Rational Theory of International Politics: The Logic of Competition and Cooperation"*, Princeton, NJ: Princeton University Press.

Godwin, Paul (1999) "The PLA Faces the Twenty-First Century: Reflections on Technology, Doctrine, Strategy, Operations" in James R. Lilley & David Shambough (Hrg.) *"China's Military Faces the Future"*, New York, NY: M.E. Sharpe.

Graham, Euan (2006) *"Japan's Sea Lane Security: 1940-2004: A Matter of Life and Death?"*, London, UK & New York, NY: Nissan Institute/Routledge Japanese Studies Series.

Gray, Christine (2008) *"International Law and the Use of Force"*, Oxford, UK: Oxford University Press.

Green, Michael J. (2001) *"Japan's Reluctant Realism: Foreign Policy Challenges in an Era of Uncertain Power"*, New York, NY: Palgrave Macmillan.

Grimal, Francis (2013) *"Threats of Force: International Law and Strategy"*, New York, NY & London, UK: Routledge.

Haas, Ernst B. (1958) *"The Uniting of Europe: Political, Economic, and Social Forces, 1950-1957"*, Stanford, CA: Stanford University Press.

Haas, Ernst B. (1964) *"Beyond the Nation-State: Functionalism and International Organization"*, Stanford, CA: Stanford University Press.

Haas, Ernst B. (1968) "Technology, Pluralism, and the New Europe" in Joseph S. Nye, Jr., (Hrg.) *"International Regionalism"*, Boston, MA: Little Brown.

Haddick, Robert (2014) *"Fire on the Water: China, America, and the Future of the Pacific"*, Annapolis, MD: Naval Institute Press.

Haftendorn, Helga, Robert O. Keohane & Celeste Wallander (Hrg., 1999) *"Imperfect Unions: Security Institutions over Time and Space"*, Oxford, UK: Oxford University Press.

Hagström, Linus (2005) *"Japan's China Policy: A Relational Power Analysis"*, London, UK & New York, NY: Routledge.

Harrison, Selig S. Harrison (19977) *"China, Oil, and Asia: Conflict Ahead?"*, New York, NY: Columbia University Press.

Hasenclever, Andreas, Peter Mayer & Volker Rittberger (1997) *"Theories of International Regimes"*, Cambridge, UK: Cambridge University Press.

He, Yinan (2009) *"The Search for Reconciliation: Sino-Japanese and German-Polish Relations Since World War II"*, Cambridge, UK: Cambridge University Press.

Heazle, Michael (2007) "Nationalism, Security, and Prosperity: The Three Dimensions of Sino-Japan Relations" in Michael Heazle und Nick Knight (Hrg.) *"China-Japan Relations in the Twenty-first Century: Creating a Future Past?"*, Cheltenham, UK: Edward Elgar.

Herz, John H. (1951) *"Political Realism and Political Idealism: A Study in Theories and Realities"*, Chicago: University of Chicago Press [(1959) *"Politischer Realismus und politischer Idealismus: Eine Untersuchung von Theorie und Wirklichkeit"*, Meisenheim am Glan: Verlag Anton Hain KG].

Hinsley, F. H. (1967) *"Power and the Pursuit of Peace: Theory and Practice in the History of Relations between States"*, Cambridge, UK: Cambridge University Press.

Hirschman, Albert O. (1977) *"The Passions and the Interests"*, Princeton, NJ: Princeton University Press.

Holdridge, John H. (1997) *"Crossing the Divide: An Insider's Account of the Normalization of U.S.-China Relations"*, Lanham, MA: Rowman & Littlefield.

Holmes, James R. & Toshi Yoshihara (2008) *"Chinese Naval Strategy in the 21st Century: The Turn to Mahan"*, London, UK & New York, NY: Routledge.

Holsti, Kalevi J. (1991) *"Peace and War: Armed Conflicts and International Order 1648-1989"*, Cambridge UK: Cambridge University Press.

Hook, Glenn D., Julie Gilson, Christopher W. Hughes & Hugo Dobson (2005) *"Japan's International Relations: Politics, Economics and Security"*, London, UK: Routledge.

Hoppens, Robert (2015) *"The China Problem in Postwar Japan: Japanese National Identity and Sino-Japanese Relations"*, London, UK: Bloomsbury Academic.

Hsiao, Gene T. (1974) *"Sino-American Detente and its Policy Implications"*, New York, NY: Praeger.

Hughes, Christopher W. (2009) *"Japan's Remilitarisation"*, New York, NY: Routledge.

Ikenberry, G. John (2001) *"After Victory: Institutions, Strategic Restraint, and the Building of Order after Major Wars"*, Princeton, NJ: Princeton University Press.

Itoh, Mayumi (2012) *"Pioneers of Sino-Japanese Relations: Liao and Takasaki"*, New York, NY: Palgrave Macmillan.

James, Patrick (1988) *"Crisis and War"*, Kingston & Montreal: McGill-Queen's University Press.

Jervis, Robert (1976) *"Perception and Misperception in International Politics"*, Princeton, NJ: Princeton University Press.

Jervis, Robert (1986) "From Balance to Concert: A Study of International Security Cooperation" in Kenneth A. Oye *"Cooperation Under Anarchy"*, Princeton, NJ: Princeton University Press.

Jervis, Robert (1989) *"The Meaning of the Nuclear Revolution: Statecraft and the Prospect of Armageddon"*, Ithaca, NY: Cornell University Press.

Johnston, Alastair Iain (1999) "The Myth of the ASEAN Way? Explaining the Evolution of the ASEAN Regional Forum" in Helga Haftendorn, Robert O. Keohane & Celeste Wallander (Hrg., 1999) *"Imperfect Unions: Security Institutions over Time and Space"*, Oxford, UK: Oxford University Press.

Kaplan, Morton A. (1957) *"System and Process in International Relations"*, New York, NY: Wiley.

Katzenstein, Peter (Hrg., 1996) *"The Culture of National Security: Norms and Identity in World Politics"*, New York, NY: Columbia University Press.

Keohane, Robert O. (1984) *"After Hegemony: Cooperation and Discord in the World Political Economy"*, Princeton, NJ: Princeton University Press.

Keohane, Robert O. (Hrg., 1986) *"Neorealism and Its Critics"*, New York, NY: Columbia University Press.

Keohane, Robert O. (1989) *"International Institutions and State Power: Essays in International Relations Theory"*, Boulder, CO: Westview Press.

Keohane, Robert O. (1990) "International Liberalism Reconsidered" in John Dunn (Hrg.) *"The Economic Limits to Modern Politics"*, Cambridge, UK: Cambridge University Press.

Keohane, Robert O. & Joseph S. Nye, Jr., (1973) "World Politics and the International Economic System" in C. Fred Bergsten (Hrg.) *"The Future of the International Economic Order"*, Lexington: D. C. Heath.

Keohane, Robert O. & Joseph S. Nye, Jr., (1977) *"Power and Interdependence: World Politics in Transition"*, Boston, MA: Little Brown.

Kimura, Hiroshi (1986) "The Soviet Military Build-up: It's Impact on Japan and its Aims" in Richard H. Solomon & Masataka Kosaka (Hrg.) *"The Soviet Far East Military Build-up: Nuclear Dilemmas and Asian Security"*, Dover, MA: Auburn House.

Kinoshita, Junji (1986) "What the War Trials Made me Think About" in Chihiro Hosoya, Nisuki Ando, Yasuaki Onuma & Richard H. Minear (Hrg.) *"The Tokyo War Crimes Trial: An International Symposium"*, Tokyo: Kodansha.

Kissinger, Henry A. (1979) „*Memoiren: Band I-III*", München: C. Bertelsmann Verlag GmbH.

Klare, Michael T. (2001) *"Resource Wars: The New Landscape of Global Conflict"*, New York, NY: Metropolitan Books.

Koo, Min Gyo (2009) *"Island Disputes and Maritime Regime Building in East Asia: Between a Rock and a Hard Place"*, New York, NY: Springer.

Lai, Yew Meng (2013) *"Nationalism and Power Politics in Japan's Relations with China: A Neoclassical Realist Interpretation"*, London, UK & New York, NY: Routledge.

Lapid, Yosef & Friedrich V. Kratochwil (Hrg., 1996) *"The Return of Culture and Identity in World Politics"*, New York, NY: Columbia University Press.

Lebow, Richard Ned (1981) *"Between Peace and War: The Nature of International Crisis"*, Baltimore, MA & London, UK: The John Hopkins University Press.

Levy, Jack S. & William R. Thompson (2010) *"Causes of War"*, West Sussex, UK: Wiley-Blackwell.

Liberman, Peter (1996) "*Does Conquest Pay? The Exploitation of Occupied Industrial Societies*", Princeton, NJ: Princeton University Press.

Lind, Jennifer (2008) *"Sorry States: Apologies in International Relations"*, Ithaca, NY: Cornell University Press.

Mann, James (1999) *"About Face: A History of America's Curious Relationship with China from Nixon to Clinton"*, New York, NY: Alfred A. Knopf.

Mansfield, Edward D. (1994) *"Power, Trade, and War"*, Princeton NJ: Princeton University Press.

Maoz, Zeev (1982) *"Paths to Conflict: International Dispute Initiation, 1816-1976"*, Boulder, CO: Westview Press.

Mearsheimer, John J. (1992) "Disorder Restored" in Graham Allison & Gregory F. Treverton (Hrg.) *"Rethinking America's Security"*, New York, NY: W. W. Norton & Company.

Mearsheimer, John J. (2001) *"The Tragedy of Great Power Politics"*, New York, NY & London, UK: W. W. Norton & Company.

Mitrany, David (1944 [1966]) *"A Working Peace System"*, London, UK: Royal Institute of International Affairs [Chicago, IL: Quadrangle Books].

Moore, John (1994) *"Jane's Fighting Ships:1993-94"*, Coulsdon, UK: Jane's Information Group.

Murray, William S. (2007) "An Overview of the PLAN Submarine Force" in Andrew S. Erickson et al. (Hrg.) *"China's Future Nuclear Submarine Force"*, Annapolis, MD: Naval Institute Press.

Onuf, Nicholas Greenwood (1989) *"World of our Making: Rules and Rule in Social Theory and International Relations"*, Columbia, SC: University of South Carolina Press.

O'Rourke, Ronald (2011) "PLAN Force Structure: Submarines, Ships, and Aircraft" in Phillip C. Saunders et al. (Hrg.) *"The Chinese Navy: Expanding Capabilities, Evolving Roles"*, Washington, DC: National Defense University Press.

Orr, James J. (2001) *"The Victim as Hero: Ideologies of Peace and National Identity in Postwar Japan"*, Honolulu, HA: University of Hawai'i Press.

Parkinson, F. (1977) *"The Philosophy of International Relations: A Study in the History of Thought"*, Beverly Hills, CA: Sage Publications.

Pasic, Sujata (1996) "Culturing International Relations Theory" in Yosef Lapid & Friedrich Kratochwil (Hrg.) *"The Return of Culture and Identity in IR Theory"*, Boulder, CO: Lynne Rienner.

Popper, Karl R. (1982) *"The Open Universe: An Argument for Indeterminism"*, Totowa, NJ: Rowman & Littlefield.

Popper, Karl R. (1982) "The Place of Mind in Nature" in Richard Q. Elvee (Hrg.) *"Mind in Nature"*, San Francisco, CA: Harper & Row.

Posen, Barry R. (1984) *"The Sources of Military Doctrine: France, Britain, and Germany between the World Wars"*, Ithaca, NY: Cornell University Press.

Quester, George (1977) *"Offense and Defense in the International System"*, New York, NY: Wiley.

Radtke, Kurt Werner (1990) *"China's Relations with Japan, 1945-83: The Role of Liao Chengzhi"*, Manchester, UK: Manchester University Press.

Reilly, James (2012) *"Strong Society, Smart State: The Rise of Public Opinion in China's Japan Policy"*, New York, NY: Columbia University Press.

Rose, Caroline (2005) *"Sino-Japanese Relations: Facing the Past, Looking to the Future?"*, New York, NY: RoutledgeCurzon.

Rosecrance, Richard (1986) *"The Rise of the Trading State: Commerce and Conquest in the Modern World"*, New York, NY: Basic Books.

Ross, Robert S. (1995) *"Negotiating Cooperation: The United States and China, 1969-1989"*, Stanford, CA: Stanford University Press.

Russo, Federica (2009) "*Causality and Causal Modelling in the Social Sciences: Measuring Variations*", Springer Science+Business Media.

Schelling, Thomas C. & Morton H. Halperin (1961) "*Strategy and Arms Control*", New York, NY: Twentieth Century Fund.

Schoenbaum, Thomas J. (Hrg., 2008) "*Peace in Northeast Asia: Resolving Japan's Territorial and Maritime Disputes with China, Korea and the Russian Federation*", Cheltenham, UK & Northampton, MA: Edward Elgar.

Schweller, Randall L. (1998) "*Deadly Imbalances: Tripolarity and Hitler's Strategy of World Conquest*", New York, NY: Columbia University Press.

Shambough, David (2006) "Return to the Middle Kongdom?: China and Asia in the Early Twenty-First Century" in David Shambaugh (Hrg.) "*Power Shift: China and Asia's New Dynamics*", Berkeley & Los Angeles, CA: University of California Press.

Sil, Rudra & Peter J. Katzenstein (2010) "*Beyond Paradigms: Analytic Eclecticism in the Study of World Politics*", Basingstroke, UK: Palgrave Macmillan.

Simon, Sheldon W. (2007) "*ASEAN and Its Security Offspring: Facing New Challenges*", Carlisle, PA: Strategic Studies Institute, U.S. Army War College.

Snyder, Glenn H. (1997) "*Alliance Politics*", Ithaca, NY: Cornell University Press.

Snyder, Jack (1991) "*Myths of Empire: Domestic Politics and International Ambition*", Ithaca, NY: Cornell University Press.

Spiro, Melford (1987) "Collective Representations and Mental Representations in Religious Belief Systems" in B. Kilborne & L. Langness (Hrg.) "*Culture and Human Nature: Theoretical Papers of Melford Spiro*", Chicago, IL: University of Chicago Press.

Stein, Arthur (1983) "Coordination and Collaboration: Regimes in an Anarchic World" in Stephen D. Krasner (Hrg.) "*International Regimes*", Ithaca, NY: Cornell University Press.

Stürchler, Nikolas (2007) "*The Threat of Force in International Law*", Cambridge, UK: Cambridge University Press.

Suganuma, Unryu (2000) "*Sovereign Righty and Territorial Space in Sino-Japanese Relations: Irredentism and the Diaoyu/Senkaku Islands*", Honolulu: HA: Hawai'i University Press.

Tang, Shiping (2010) "*A Theory of Security Strategy for Our Time: Defensive Realism*", New York, NY: Palgrave Macmillan.

Tang, Shiping (2013) "*The Social Evolution of International Politics*", Oxford, UK: Oxford University Press.

Twomey, Christopher P. (2002) "The Dangers of Overreaching: International Relations Theory, the US-Japanese Alliance, and China" in Benjamin L. Self und Jeffrey W. Thompson (Hrg.) *"An Alliance for Engagement: Building Cooperation in Security Relations with China"*, Washington, DC: Henry L. Stimson Center.

Uchitel, Anne (1993) "Interdependence and Instability" in Jack Snyder & Robert Jervis (Hrg.) *"Coping with Complexity in the International System"*, Boulder, CO: Westview Press.

Ueki, Chikako Kawakatsu (2006) *"The Rise of 'China Threat' Arguments"*, Phd Dissertation, Cambridge, MA: Massachusetts Institute of Technology.

Van Evera, Stephen (1999) *"Causes of War: Power and the Roots of Conflict"*, Ithaca, NY: Cornell University Press.

Vasquez, John A. (1993) *"The War Puzzle"*, Cambridge, UK: Cambridge University Press.

Vasquez, John A. (2008) *"The Steps to War: An Empirical Analysis"*, Princeton, MA: Princeton University Press.

Vasquez, John A. (2009) *"The War Puzzle Revisited"*, New York, NY: Cambridge University Press.

Vogel, Ezra F. (2011) *"Deng Xiaoping and the Transformation of China"*, Cambridge, MA & London, UK: Harvard University Press.

Wakaizumi, Kei (2002) *"The Best Course Available: A personal account of the Secret U.S.-Japan Okinawa Reversion Negotiations"*, Honolulu, HI: University of Hawai'i Press.

Wakamiya, Yoshibumi (1998) *"The Postwar Conservative View of Asia: How the Political Right Delayed Japan's Coming to Terms with Its History of Aggression in Asia"*, Tokyo: LTCB International Library Foundation.

Wallander, Celeste A. & Robert O. Keohane (1999) "Risk, Threat, and Security Institutions" in Helga Haftendorn, Robert O. Keohane & Celeste Wallander (Hrg., 1999) *"Imperfect Unions: Security Institutions over Time and Space"*, Oxford, UK: Oxford University Press.

Walt, Stephen M. (1987) *"The Origins of Alliances"*, Ithaca, NY: Cornell University Press.

Walt, Stephen M. (1995) *"Revolution and War"*, Ithaca, NY: Cornell University Press.

Waltz, Kenneth N. (1959) *"Man, the State, and War"*, New York, NY: Columbia University Press.

Waltz, Kenneth N. (1979) *"Theory of International Politics"*, Reading, MA: Addison-Wesley.

Wan, Ming (2001) *"Japan between Asia and the West: Economic Power and Strategic Balance"*, Armonk, NY: M. E. Sharpe.

Wan, Ming (2006) *"Sino-Japanese Relations: Interaction, Logic, and Transformation"*, Stanford, CA: Stanford University Press.

Wendt, Alexander (1999) *"Social Theory of International Politics"*, Cambridge, UK: Cambridge University Press.

Whiting, Allen S. (1989) *"China Eyes Japan"*, Berkeley, CA: University of California Press.

Wight, Martin (1991) "The Three Traditions of International Theory" in G. Wight & B. Porter (Hrg.) *"International Theory: The Three Traditions"*, Leicester, UK: Leicester University Press.

Yahuda, Michael (2013) *"Sino-Japanese Relations after the Cold War: Two Tigers Sharing a Mountain"*, New York, NY: Routledge.

Yan, Xuetong (2011) *"Ancient Chinese Political Thought, Modern Chinese Power"*, Princeton, NJ: Princeton University Press.

Yoshida, Shigeru (1961) *"The Yoshida Memoirs"*, London, UK: Heinemann.

Yoshihara, Toshi & James R. Holmes (2010) *"Red Star over the Pacific: China's Rise and the Challenge to U.S. Maritime Strategy"*, Annapolis, MD: Naval Institute Press.

Yuzawa, Takeshi (2007) *"Japan's Security Policy and the ASEAN Regional Forum"*, London, UK & New York, NY: Routledge.

Zhang, Yunling & Shiping Tang (2006) "China's Regional Strategy" in David Shambaugh (Hrg.) *"Power Shift: China and Asia's New Dynamics"*, Berkeley & Los Angeles, CA: University of California Press.

Zhu, Jianrong (2008) "Japan's Role in the Rise of Chinese Nationalism: History and Prospects" in Tsuyoshi Hasegawa und Kazuhiko Togo (Hrg.) *"East Asia's Haunted Present: Historical Memories and the Resurgence of Nationalism"*, Westport, CN: Praeger Security International.

Zou, Keyuan (2005) *"China's Marine Legal System and the Law of the Sea"*, Leiden: Martinus Nijhoff Publishers.

CHINESISCHE BÜCHER & MONOGRAPHIEN

Liu Huaqing (2004) *"Liu Huaqing Huiyilu"*, Beijing: Jiefang Junshi Chubanshe ［刘华清（2004年）"刘华清回忆录"，北京解放军出版社］.

Mao Zedong (1987-1990) *"Jianguo Yilai Mao Zedong Wengao"*, Beijing: Zhongyang Wenxian Chubanshe, 13 ［毛泽东（1987－1990年）"建国以来毛泽东文稿"北京中央文献出版社，13］.

Tian Huan, Ji Chaoqin & Jiang Lifeng (1996) *"Zhanhou Zhongri Guanxi Wenxianji, 1945-1970"*, Beijing: Zhongguo Shehui Kexue Chubanshe ［田桓，纪朝钦，蒋立峰（编，1996年）"战后中日关系文献集，1945－1970"，北京中国社会科学出版社］.

Zhang Haiwen & Gao Zhiguo (Hrg., 2012) *"Zhongguo de Lingtu Diaoyudao"*, Beijing: Haiyang Chubanshe［张海文，高志国（编，2012年）"中国的领土钓鱼岛"，北京海洋出版社］.

Zhang Xiangshan (1998) *"Zhongri Guanxi: Guankui yu Jianzheng"*, Beijing: Dangdai Shijie Chubanshe［张香山（1998年）"中日关系管窥与见证"北京当代世界出版社］.

Zhang Yuliang (2006) *"Zhan Yi Xue"*, Beijing: Guofang Daxue Chubanshe［张玉良（2006年）"战役学"，北京国防大学出版社］.

JAPANISCHE BÜCHER & MONOGRAPHIEN

Abe Junichi (2006) *"Chûgoku to Higashi Ajia no Anzen Hoshô"*, Tôkyô: Meitokusha［阿部純一（2006年）『中国と東アジアの安全保障』東京明德社］.

Akioka Ieshige (1973) *"Pekin Tokuhain: Bunka Daikakumei Kara Nitchû Kokkô Kaifuku Made"*, Tôkyô: Asahi Shinbunsha［秋岡家栄（1973年）『北京特派員：文化大革命から日中国交回復まで』朝日新聞社］.

Anami Yûsuke (2007) "Kaiyô wo Meguru Nitchû Kankei" in Iechika Ryôko, Duan Ruicong und Matsuda Yasuhiro (Hrg.) *"Kiro ni Tatsu Nitchû Kankei: Kako to no Taiwa・Mirai he no Mosaku"*, Tôkyô: Kôyô Shobô［阿南友亮 (2007年)『海洋をめぐる日中関係』家近亮子、段瑞聡、松田康博（編集）『岐路に立つ日中関係：過去との対話・未来への模索』東京晃洋書房］.

Chen Zhaobin (2000) *"Sengo Nihon no Chûgoku Seisaku: 1950 Nendai Higashi Ajia Kokusai Seiji no Bunmyaku"*, Tôkyô: Tôkyô Daigaku Shuppansha［陳肇斌（2000年）『戦後日本の中国政策：1950年代東アジア国際政治の文脈』東京大学出版社］.

Edo Yûsuke (1996) *"Senkaku Shotô: Dô Suru Nihon"*, Tôkyô: Kôyûsha［江戸雄介（1996年）『尖閣諸島：どうする日本』東京恒友社］.

Hara Kimie (2005) "San Furanshisuko Heiwa Jôyaku no Môten: Ajia Taiheiyô Chiiki no Reisen to 'Sengo Mikaiketsu no Shomondai'", Tôkyô: Keisuisha［原貴美恵（2005年）『サンフランシスコ平和条約の盲点：アジア太平洋地域の冷戦と「戦後未解決の諸問題」』東京渓水社］.

Hattori Kenji & Marukawa Tomoo (Hrg., 2012) *"Nitchû Kankeishi: II Keizai"*, Tôkyô Daigaku Shuppansha
［服部健治、丸川知雄（編、2012年）『日中関係史1972-2012年：II経済』東京大学出版社］.

Hiramatsu Shigeo (2002) *"Chûgoku no Senryakuteki Kaiyô Shinshutsu"*, Tôkyô: Keisô Shobô ［平松茂雄（2002年）『中国の戦略的海洋進出』東京勁草書房］.

Honda Katsuichi (1972) *"Chûgoku no Tabi"*, Tôkyô: Asahi Shinbunsha ［本多勝一（1972年）『中国の旅』東京朝日新聞社］.

Kayahara Ikuo (1994) *"Chûgoku Gunjiron"*, Tôkyô: Ashishobô ［茅原郁生（1994年）『中国軍事論』東京芦書房］.

Kazankai (Hrg., 1998) *"Nichû Kankei Kihon Shiryôshû"*, Tokyo: Kazankai, 1090 ［霞山会（編、1998年）『日中関係資料集1949年-1997年』東京：霞山会、1090］.

Kim Il-Myon (1976) *"Tennô no Guntai to Chôsenjin Ianfu"*, Tôykô: Sanichi Shobô ［金一勉（1976年）『天皇の軍隊と朝鮮人慰安婦』東京三一書房］.

Kôsaka Masataka (1965) *"Kaiyô Kokka Nihon no Kôsô"*, Tôkyô: Chûô Kôronsha ［高坂正堯（1965年）『海洋国家日本の構想』東京中央公論社］.

Liu Zhiming (1998) *"Chûgoku no Masu Media to Nihon Imeji"*, Kobe: Epikku ［劉志明（1998年『中国のマスメディアと日本イメージ』神戸：エピック］.

Miyamoto Yûji (2011) *"Kore Kara, Chûgoku to Dô Tsukiau Ka"*, Tôkyô: Nihon Keizai Shimbun Shuppansha ［宮本雄二（2011年）『これから、中国とどう付き合うか』東京：日本経済新聞出版社］.

Ônuma Yasuaki, Shitamura Mitsuko & Wada Haruki (Hrg., 1998) *"'Ianfu' Mondai to Ajia Josei Kikin"*, Tôkyô: Tôshindô ［大沼保昭、下村満子、和田春樹（編集、1998年）『「慰安婦」問題とアジア女性基金』東京東信堂］.

Ozawa Ichirô (1993) *"Nihon Kaizô Keikaku"*, Tôkyô: Kôdansha ［小沢一郎（1993年）『日本改造計画』東京講談社］.

Senda Kakô (1973) *"Jûgun Ianfu"*, Tôkyô: Futabasha ［千田夏光（1973年）『従軍慰安婦』東京双葉者］.

Serita Kentarô (2002) *"Nihon no Ryôdo"*, Tôkyô: Chûô Kôron Shinsha ［芹田健太郎（2002年）『日本の領土』東京中央公論新社］.

Shimizu Yoshikazu (2003) *"Chûgoku ha Naze 'Hannichi' ni Natta no ka"*, Tôkyô: Bunshun Shinsho ［清水美和（2003年）『中国はなぜ「反日」になったのか』東京文春新書］.

Shinoda Tomohito (2006) *"Reisengo no Nihon Gaikô"*, Tôkyô: Minerva Shobô ［信田智人（2006年）『冷戦後の日本外交：安全保障政策の国内過程』東京ミネルヴァ書房］.

Sô Sunwon (2004) *"Nihon no Keizai Gaikô to Chûgoku"*, Keiô Gijuku Daigaku Shuppankai

［徐承元（2004年）『日本の経済外交と中国』慶應義塾大学出版会］.
Soeya Yoshihide (2005) *"Nihon no 'Midoru Pawâ' Gaikô: Sengo Nihon no Sentaku to Kôsô"*, Tôkyô: Chikuma Shinsho ［添谷芳秀（2005年）『日本の「ミドルパワー」外交：戦後日本の選択と構想』東京ちくま新書］.
Tawara Yoshifumi (2001) *"Tettei Kenshô: Abunai Kyôkasho"*, Tôkyô: Gakushû no Yûsha ［俵義文（2001年）『徹底検証：あぶない教科書』東京学習の友社］.
Ueda Naruhiko, Takayama Masaji und Sugiyama Katsumi (2006) *"Higashi Shinakai ga Abunai!"*, Tôkyô: Kôjinsha ［上田愛彦、高山雅司、杉山徹宗（2006年『東シナ海が危ない！』東京光人社］.
Yabuki Susumu (2013) *"Senkaku Mondai no Kakushin: Nitchû Kankei ha Dô Naru"*, Tôkyô: Kadensha ［矢吹晋（2013年）『尖閣問題の核心：日中関係はどうなる』東京：花伝社］.

ZEITSCHRIFTENARTIKEL & AUFSÄTZE

Acharya, Amitav & Barry Buzan (2007) "Why is There No Non-Western International Relations Theory? An Introduction", *International Relations of the Asia-Pacific,* 7: 3, 287-312.
Adler, Emanuel (1997) "Seizing the Middle Ground: Constructivism in World Politics", *European Journal of International Relations,* 3: 3, 319-363.
Adler, Emanuel & Michael Barnett (1996) "Governing Anarchy: A Research Agenda for the Study of Security Communities", *Ethics and International Affairs,* 10: 1, 63-98.
Akaha, Tsuneo (1991) "Japan's Comprehensive Security Policy: A New East Asian Environment", *Asia Survey,* 31: 4, 324-340.
Art, Robert J. (1998/1999) "Geopolitics Updated: The Strategy of Selective Engagement", *International Security,* 23: 3, 79-113.
Ashley, Richard (1984) "The Poverty of Neorealism", *International Organization,* 38: 2, 225-286.
Au, Kung-wing (2013) "Japan's Purchase of Disputed Islands: Fallout and Misperception", *East Asia: An International Quarterly,* 30: 3, 183-198.
Axelrod, Robert & Robert O. Keohane (1985) "Achieving Cooperation Under Anarchy: Strategies and Institutions", *World Politics,* 38: 1, 226-254.
Azar, Edward E., Paul Jureidini & Ronald McLaurin (1978) "Protracted Social Conflict: Theory and Practice in the Middle East", *Journal of Palestine Studies,* 8: 1, 42-60.

Benfell, Steven T. (2002) "Why Can't Japan Apologize? Institutions and War Memory since 1945", *Harvard Asia Quarterly*, 6: 2, 1-21.

Betts, Richard K. (1993-1994) "Wealth, Power, and Instability: East Asia and the United States after the Cold War", *International Security*, 18: 3, 34-77.

Bially Mattern, Janice (2001) "The Power Politics of Identity", *European Journal of International Relations*, 7: 3, 349-397.

Blanchard, Jean-Marc F. (2000) "The U.S. Role in the Sino-Japanese Dispute over the Diaoyu (Senkaku) Islands 1945-1971", *The China Quarterly*, 161, 95-123.

Brecher, Michael (1984) "International Crises and Protracted Conflicts", *International Interactions*, 11: 3-4, 237-297.

Brecher, Michael & Patrick James (1988) "Patterns of Crisis Management", *Journal of Conflict Resolution*, 32: 3, 426-456.

Brooks, Stephen G. (1997) "Dueling Realisms", *International Organization*, 51: 3, 445-477.

Brooks, Stephen G., G. John Ikenberry & William C. Wohlforth (2012/2013) "Don't Come Home, America: The Case against Retrenchment", *International Security*, 37: 3, 7-51.

Bush, Richard C. (2009) "China-Japan Tensions, 1995-2006: Why They Happened, What To Do", *Brookings Policy Paper*, 16, 1-37.

Buszynski, Leszek (2006) "Oil and Territory in Putin's Relations with China and Japan", *The Pacific Review*, 19: 3, 287-303.

Buszynski, Leszek (2009) "Sino-Japanese Relations: Interdependance, Rivalry and Regional Security", *Contemporary Southeast Asia*, 31: 1, 143-171.

Calder, Kent (1992) "The United States-Japan Relationship", *The Pacific Review*, 5: 3, 125-134.

Cave, Peter (2013) "Japanese Colonialism and the Asia-Pacific War in Japan's History Textbooks: Changing Representations and Their Causes", *Modern Asian Studies*, 47: 2, 542-580.

Cheng, Dean (2012) "China's Military Role in Space", *Strategic Studies Quarterly*, 6: 1, 55-77.

Cheng, Tao (1974) "The Sino-Japanese dispute over the Tiao-yu-tai (Senkaku) Islands and the Law of Territorial Acquisition", *Virginia Journal of International Law*, 14: 2, 221-266.

Christensen, Thomas J. (1997) "Perceptions and Alliances in Europe, 1860-1940", *International Organization*, 51: 1, 65-98.

Christensen, Thomas J. (1999) "China, the U.S.-Japan Alliance, and the Security Dilemma in East Asia", *International Security*, 23: 4, 49-80.

Christensen, Thomas J. (1999) "A Troubled Triangle: US-Japan Relations and Chinese Security Perceptions", *China-Japan-U.S. Triangular Relations Conference, Asia Center of Harvard University*.

Christensen, Thomas J. & Jack Snyder (1990) "Chain Gangs and Passed Bucks: Predicting Alliance Patterns in Multipolarity", *International Organization*, 44: 2, 137-168.

Chubb, Andrew (2013) "Radar Incident Obscures Beijing's Conciliatory Turn Toward Japan", *China Brief*, 13: 4.

Chung, Chien-Peng (1998) "The Diaoyu/Tiaoyutai/Senkaku Islands Dispute: Domestic Politics and the Limits of Diplomacy", *American Asian Review*, 16: 3.

Clinton, Hillary (2011) "America's Pacific Century", *Foreign Policy*, 189.

Contessi, Nicola P. (2010) "China, Russia and the Leadership of the SCO: a Tacit Deal Scenario", *China and Eurasia Forum Quarterly*, 8: 4, 101-123.

Cooper, Richard C. (1972) "Economic Interdependence and Foreign Policies in the 1970's", *World Politics*, 24: 2, 158-181.

Copeland, Dale C. (1996) "Economic Interdependence and War: A Theory of Trade Expectations", *International Security*, 20: 4, 5-41.

Copeland, Dale C. (1999) "Trade Expectations and the Outbreak of Peace: Détente 1970-1974 and the End of the Cold War 1985-1991", *Security Studies*, 9: 1-2, 15-58.

Copeland, Dale C. (2000) "The Constructivist Challenge to Structural Realism: A Review Essay", *International Security*, 25: 2, 187-212.

Coté Jr., Owen R. (2011) "Assessing the Undersea Balance between the U.S. and China", *MIT Security Studies Program Working Paper*, 1-28.

Cronin, Patrick M. (2014) "The Challenge of Responding to Maritime Coercion", *Center for a New American Security: Maritime Security Series*, September 2014.

Davis, Jr., James W. (1998-1999) "Correspondence: Taking Offense at Offense-Defense Theory", *International Security*, 23: 3, 179-182.

Daly, John C. K. (2004) "Energy Concerns and China's Unresolved Territorial Disputes", *China Brief*, 4: 24, 10-12.

Deans, Phil (2000) "Contending Nationalisms and the Diaoyu-tai/Senkaku Dispute", *Security Dialogue*, 31: 1, 119-131.

Deng, Yong (1997) "Chinese Relations with Japan: Implications for Asia-Pacific Regionalism", *Pacific Affairs*, 70: 3, 373-391.

Deudney, Daniel (1995) "The Philadelphian System: Sovereignty, Arms Control, and Balance of Power in the American States-Union", *International Organization*, 49: 2, 191-228.

Deutsch, Karl W. & J. David Singer (1964) "Multipolar Power Systems and International Stability", *World Politics,* 16: 3, 390-406.

Diehl, Paul (1985) "Contiguity and Military Escalation in Major Power Rivalries, 1816-1980", *Journal of Politics,* 47: 4, 1203-1211.

Dower, John W. (1995) "Japan Addresses Its War Responsibility", *The Journal of the International Institute,* 3: 1.

Drifte, Reinhard (2006) "The Ending of Japan's ODA Loan Programmes to China: All's Well that Ends Well?", *Asia-Pacific Review,* 13: 1, 94-117.

Drifte, Reinhard (2008) "From 'Sea of Confrontation' to 'Sea of Peace, Cooperation and Friendship'?: Japan Facing China in the East China Sea", *Japan Aktuell,* 3: 27-51.

Drifte, Reinhard (2008) "Japanese-Chinese Territorial Disputes in the East China Sea: Between Military Confrontation and Economic Cooperation", *London School of Economics Asia Research Center Working Paper.*

Drifte, Reinhard (2009) "Territorial Conflicts in the East China Sea: From Missed Opportunities to Negotiation Stalemate", *The Asia-Pacific Journal: Japan Focus,* 22.

Drifte, Reinhard (2013) "The Senkaku/Diaoyu Islands Territorial Dispute Between Japan and China: Between the Materialization of the 'China Threat' and Japan 'Reversing the Outcome of World War II'?", *UNISCI Discussion Papers,* 32, 1-62.

Dutton, Peter A. (2006) "International Law and the November 2004 '*Han* Incident'", *Asian Security,* 2: 2, 87-101.

Dutton, Peter A. (2014) "China's Maritime Disputes in the East and South China Seas", *Naval War College Review,* 67: 3, 7-18.

Elman, Colin (1996) "Cause, Effect, and Consistency: A Response to Kenneth Waltz", *Security Studies,* 6: 1, 58-61.

Elvenes Braekhus, Kyrre & Indra Overland (2007) "A Match Made in Heaven? Strategic Convergence between China and Russia", *China and Eurasia Forum Qurterly,* 5: 2, 41-61.

Emmers, Ralf & See Seng Tan (2011) "The ASEAN Regional Forum and Preventive Diplomacy: Built to Fail?", *Asian Security,* 7: 1, 44-60.

Emmott, Bill (1992) "Japan's Global Reach after the Sunset", *The Pacific Review,* 5: 3, 232-240.

Erickson, Andrew S. (2014) "Rising Tide, Dispersing Waves: Opportunities and Challenges for Chinese Seapower Development", *Journal of Strategic Studies,* 37: 3, 372-402.

Erickson, Andrew S. & David D. Yang (2009) "Using the Land to Control the Sea: Chinese Analsysts Consider the Antiship Ballistic Missile", *Naval War College Review,* 62: 4, 53-86.

Foyle, Douglas C. (1997) "Public Opinion and Foreign Policy: Elite Beliefs as a Mediating Variable", *International Studies Quarterly*, 41: 1, 141-169.

Fravel, M. Taylor (2008) "China's Search for Military Power", *The Washington Quarterly*, 31: 3, 125-141.

Friedberg, Aaron L. (1993-1994) "Ripe for Rivalry: Prospects for Peace in a Multipolar Asia", *International Security*, 18: 3, 5-33.

Funabashi, Yoichi (1991-1992) "Japan in the New World Oder", *Foreign Affairs*, 70: 5, 58-74.

Funabashi, Yoichi (1993) "The Asianization of Asia", *Foreign Affairs*, 72: 5, 75-85.

Gaddis, John Lewis (1986) "The Long Peace: Elements of Stability in the Postwar International System", *International Security*, 10: 4, 99-142.

Gallagher, Michael G. (1994) "China's Illusory Threat to the South China Sea", *International Security*, 19: 1, 169-194.

Garrett, Banning & Bonnie Glaser (1997) "Chinese Apprehensions about Revitalization of the U.S.-Japan Alliance", *Asian Survey*, 37: 4, 383-402.

Gholz, Eugene, Daryl G. Press & Harvey M. Sapolsky (1997) "Come Home, America: The Strategy of Restraint in the Face of Temptation", *International Security*, 21: 4, 4-48.

Gill, Bates & Michael O'Hanlon (1999) "China's Hollow Military", *The National Interest*, 56, 55-62.

Gilpin, Robert (1996) "No One Loves a Political Realist", *Security Studies*, 5: 3, 3-26.

Glaser, Charles L. (1992) "Political Consequences of Military Strategy: Expanding and Refining the Spiral and Deterrence Models", *World Politics*, 44: 4, 497-538.

Glaser, Charles L. (1994/1995) "Realists as Optimists: Cooperation as Self-help", *International Security*, 19: 3, 50-90.

Glaser, Charles L. (1997) "The Security Dilemma Revisited", *World Politics*, 50: 1, 171-201.

Glaser, Charles L. (2011) "Will China's Rise lead to War?", *Foreign Affairs*, 90: 2, 80-90.

Glaser, Charles L. & Chaim Kaufmann (1998) "What is the Offense-Defense-Balance and Can We Measure It?", *International Security*, 22: 4, 44-82.

Gochman, Charles S. & Zeev Maoz (1984) "Militarized Interstate Disputes, 1816-1976: Procedures, Patterns, and Insights", *Journal of Conflict Resolution*, 28: 4, 585-616.

Goldstein, Avery (1992) "Robust and Affordable Security: Some Lessons from the Second-Ranking Powers During the Cold War", *Journal of Strategic Studies*, 15: 4, 476-527.

Goldstein, Avery (1997/1998) "Great Expectations: Interpreting China's Arrival", *International Security,* 22: 3, 36-73.

Goldstein, Avery (2001) "The Diplomatic Face of China's Grand Strategy: A Rising Power's Emerging Choice", *The China Quarterly,* 168, 835-864.

Gordon, Bernard K. (1979) "Loose Cannon on a Rolling Deck?" Japan's Changing Security Policies", *Orbis,* 22: 4, 967-1005.

Gowa, Joanne & Edward D. Mansfield (1993) "Power Politics and International Trade", *American Political Science Review",* 87: 2, 408-420.

Green, Michael J. & Benjamin L. Self (1996) "Japan's Changing China Policy: From Commercial Liberalism to Reluctant Realism", *Survival,* 38: 2, 35-57.

Grieco, Joseph M. (1987) "Anarchy and the Limits of Cooperation: A Realist Critique of the Latest Liberal Institutionalism", *International Organization,* 42: 3, 485-507.

Gries, Peter Hays (2005) "China's 'New Thinking' on Japan", *The China Quarterly,* 184, 831-850.

Hagström, Linus (2012) "'Power Shift' in East Asia? A Critical Reappraisal of Narratives on the Diaoyu/Senkaku Islands Incident in 2010", *The Chinese Journal of International Politics,* 5: 3, 267-297.

Hagström, Linus & Jon Williamsson (2009) "'Remilitarization,' Really? Assessing Change in Japanese Foreign Security Policy", *Asian Security,* 5: 3, 242-272.

Harrison, Selig S. (2002) "Quiet Struggle in the East China Sea", *Current History,* 101: 656, 271-277.

Hassner, Ron E. (2003) "'To Halve and to Hold': Conflicts over Sacred Space and the Problem of Indivisibility", *Security Studies,* 12: 4, 1-33.

Hassner, Ron E. (2006-2007) "The Path to Intractability: Time and the Entrenchment of Territorial Disputes", *International Security,* 31: 3, 107-138.

He, Yinan (2007) "Remembering and Forgetting the War: Elite Mythmaking, Mass Reaction, and Sino-Japanese Relations, 1950-2006", *History and Memory,* 19: 2, 43-74.

He, Yinan (2008) "Ripe for Cooperation or Rivalry? Commerce, Realpolitik, and War Memory in Contemporary Sino-Japanese Relations", *Asian Security*, 4: 2, 162-197.

Herz, John H. (1950) "Idealist Internationalism and the Security Dilemma", *World Politics,* 2: 2, 157-180.

Hiramatsu, Shigeo (2001) "China's Advances in the South China Sea: Strategies and Objectives", *Asia-Pacific Review,* 8: 1, 40-50.

Hirasawa, Kazushige (1975) "Japan's Emerging Foreign Policy", *Foreign Affairs*, 54: 1, 155-171.

Hirschman, Albert O. (1982) "Rival Interpretations of Market Society: Civilizing, Destructive, or Feeble?", *Journal of Economic Literature*, 20: 4, 1463-1484.

Hopf, Ted (1998) "The Promise of Constructivism in International Relations Theory", *International Security*, 23: 1, 171-200.

Hornung, Jeffrey W. (2014) "Japan's Growing Hard Hedge Against China", *Asian Security*, 10: 2, 97-122.

Hsiung, James C. (2004) "The Strategic Triangle: Dynamics between China, Russia, and the United States", *Harvard International Review*, 26: 1.

Hsiung, James C. (2005) "Sea Power, Law of the Sea, and China-Japan East China Sea 'Resource War'", *Forum on China and the Sea, Institute for Sustainable Development. Macao University of Science & Technology*, October 9th-11th, 1-22.

Hughes, Christopher W. (2009) "Japan's Response to China's Rise: Regional Engagement, Global Containment, Dangers of Collision", *International Affairs*, 85: 4, 837-856.

Hurd, Ian (1999) "Legitimacy and Authority in International Politics", *International Organization*, 53: 2, 379-408.

Ikenberry, G. John (1998/1999) "Institutions, Strategic Restraint, and the Persistence of American Postwar Order", *International Security*, 23: 3, 43-78.

Iklé, Fred Charles & Terumasa Nakanishi (1990) "Japan's Grand Strategy", *Foreign Affairs*, 69: 3, 81-95.

Inoguchi, Takashi (2007) "Are There any Theories of International Relations in Japan?", *International Relations of the Asia-Pacific*, 7: 3, 369-390.

Ito, Kobun (1970) "Japan's Security in the 1970s", *Asian Survey*, 10: 12, 1031-1039.

Jacobs, Justin (2011) "Preparing the People for Mass Clemency: The 1956 Japanese War Crimes Trials in Shenyang and Taiyuan", *The China Quarterly*, 205, 152-172.

Jeans, Roger B. (2005) "Victims or Victimizers? Museums, Textbooks, and the War Debate in Contemporary Japan", *The Journal of Military History*, 69: 1, 149-195.

Jerdén, Björn & Linus Hagström (2012) "Rethinking Japan's China Policy: Japan as an Accommodator in the Rise of China", *Journal of East Asian Studies*, 12: 2, 215-250.

Jervis, Robert (1978) "Cooperation under the Security Dilemma", *World Politics*, 30: 2, 167-214.

Jervis, Robert (2001) "Was The Cold War a Security Dilemma?", *Journal of Cold War Studies*, 3: 1, 36-60.

Johnston, Alastair Iain (1995/1996) "China's New 'Old Thinking': The Concept of Limited Deterrence", *International Security*, 20: 3, 5-42.

Kaifu, Toshiki (1990) "Japan's Vision", *Foreign Policy*, 80, 28-35.

Katz, Richard (2013) "Mutual Assured Production", *Foreign Affairs*, 92: 4, 18-24.

Kawasaki, Tsuyoshi (1997) "Between Realism and Idealism in Japanese Security Policy: the Case of the ASEAN Regional Forum", *The Pacific Review*, 10: 4, 480-503.

Kaysen, Carl (1990) "Is War Obsolete?", *International Security*, 14: 4, 42-64.

Kendall, James R. (2010) "Deterrence by Presence to Effective Response: Japan's Shift Southward", *Orbis*, 54: 4, 603-614.

Keohane, Robert O. (1986) "Economic Limits of Modern Politics: International Liberalism Reconsidered", unveröffentlichtes Manuskript.

Keohane, Robert O. & Lisa L. Martin (1995) "The Promise of Institutionalist Theory", *International Security*, 20: 1, 39-51.

Kesavan, K. V. (1990) "Japan and the Tiananmen Incident: Aspects of the Bilateral Relationship", *Asian Survey*, 30: 7, 669-681.

Kissinger, Henry A. (1979) "The Future of NATO", *The Washington Quarterly*, 2: 4, 3-17.

Kitano, Mitsuru (2011) "China's Foreign Strategy", *Asia-Pacific Review*, 18: 2, 37-59.

Kitaoka, Shinichi (2007) "Japan-China Joint History Research Gets under Way", *Gaiko Forum*, 7: 2, 3-13.

Kitaoka, Shinichi (2011) "A New Asian Order and the Role of Japan", *Asia-Pacific Review*, 18: 2, 1-13.

Koo, Min Gyo (2009) "The Senkaku/Diaoyu Dispute and Sino-Japanese Political-Economic Relations: Cold Politics and Hot Economics?", *The Pacific Review*, 22: 2, 205-232.

Kotler, Mindy L., Naotaka Sugawara & Tetsuya Yamada (2007), "Chinese and Japanese Public Opinion: Searching for Moral Security", *Asian Perspective*, 31: 1, 93-125.

Krauthammer, Charles (1990/19991) "The Unipolar Moment", *Foreign Affairs*, 70: 1, 23-33.

Kydd, Andrew H. (1997) "Game Theory and the Spiral Model", *World Politics*, 49: 3, 371-400.

Lam, Peng Er (1996) "Japan and the Spratlys Dispute: Aspirations and Limitations", *Asian Survey*, 36: 10, 995-1010.

Layne, Christopher (1993) "The Unipolar Illusion: Why New Great Powers Will Rise", *International Security*, 17: 4, 5-51.

Layne, Christopher (1997) "From Preponderance to Offshore Balancing: America's Future Grand Strategy", *International Security*, 22: 1, 86-124.

Lee, Chae-Jin (1979) "The Making of the Sino-Japanese Peace and Friendship Treaty", *Pacific Affairs*, 52: 3, 420-445.

Legro, Jeffrey W. & Andrew Moravcsik (1999) "Is Anybody Still a Realist?", *International Security*, 24: 2, 5-55.

Leng, Russell J. (1983) "When Will They Ever Learn? Coercive Bargaining in Recurrent Crises", *Journal of Conflict Resolution*, 27: 3, 379-419.

Levy, Jack S. (1984) "The Offensive/Defensive Balance of Military Technology: A Theoretical and Historical Analysis", *International Studies Quarterly*, 38: 2, 219-238.

Levy, Jack S. (1997) "Prospect Theory, Rational Choice, and International Relations", *International Studies Quarterly*, 41: 1, 87-112.

Li, Nan (2009) "The Evolution of China's Naval Strategy and Capabilities: From 'Near Coast' and 'Near Seas' to 'Far Seas'", *Asian Security*, 5: 2, 144-169.

Liao, Janet Xuanli (2007) "The petroleum factor in Sino-Japanese relations: beyond energy cooperation", *International Relations of the Asia-Pacific*, 7: 1, 23-46.

Liao, Janet Xuanli (2008) "Sino-Japanese Energy Security and Regional Stability: The Case of the East China Sea Gas Exploration", *East Asia: An International Quarterly*, 25:1, 57-78.

Liberman, Peter (1993) "The Spoils of Conquest", *International Security*, 18: 2, 125-153.

Liberman, Peter (1999) "The Offense-Defense Balance, Interdependence, and War", *Security Studies*, 9: 1-2, 59-91.

Lind, Jennifer (2009) "Apologies in International Politics", *Security Studies*, 18: 3, 517-556.

Lipson, Charles (1984) "International Cooperation in Economic and Security Affairs", *World Politics*, 37: 1, 1-23.

Lynn-Jones, Sean M. (1995) "Offense-Defense Theory and Its Critics", *Security Studies*, 4: 4, 660-691.

Manicom, James (2008) "Sino-Japanese Cooperation in the East China Sea: Limitations and Prospects", *Contemporary Southeast Asia*, 30: 3, 455-478.

Manicom, James (2008) "The Interaction of Material and Ideational Factors in the East China Sea Dispute: Impact on Future Dispute Management", *Global Change, Peace & Security*, 20: 3, 375-391.

Manicom, James (2010) "Japan's Ocean Policy: Still the Reactive State?", *Pacific Affairs*, 83: 2, 307-326.

Mastanduno, Michael (1997) "Preserving the Unipolar Moment: Realist Theories and U.S. Grand Strategy after the Cold War", *International Security*, 21: 4, 49-88.

May, Michael M. (1993-1994) "Correspondence: Japan as a Superpower?", *International Security*, 18: 3, 182-187.

McMillan, Susan M. (1997) "Interdependence and Conflict", *Mershon International Studies Review*, 41: 1, 33-58.

Mearsheimer, John J. (1990) "Back to the Future: Instability in Europe After the Cold War", *International Security*, 15: 1, 5-56.

Mearsheimer, John J. (1994/1995) "The False Promise of International Institutions", *International Security*, 19: 3, 5-49.

Mearsheimer, John J. (2010) "The Gathering Storm: China's Challenge to US Power in Asia", *The Chinese Journal of International Politics*, 3: 4, 381-396.

Mearsheimer, John J. & Stephen M. Walt (2016) "The Case For Offshore Balancing: A Superior U.S. Grand Strategy" *Foreign Affairs*, 95: 4, 70-83.

Meyer, John W. et al. (1997) "World Society and the Nation-State", *The American Journal of Sociology*, 103: 1, 144-181.

Midford, Paul (2000) "Japan's Leadership Role in East Asian Security Multilateralism: the Nakayama Proposal and the Logic of Reassurance", *The Pacific Review*, 13: 3, 367-397.

Midford, Paul (2002) "The Logic of Reassurance and Japan's Grand Strategy", *Security Studies*, 11: 3, 1-43.

Mochizuki, Mike M. (1983/1984) "Japan's Search for Strategy", *International Security*, 8: 3, 152-179.

Montgomery, Evan Braden (2014) "Contested Primacy in the Western Pacific: China's Rise and the Future of U.S. Power Projection", *International Security*, 38: 4, 115-149.

Morris, Lyle (2013) "Taming the Five Dragons? China Consolidates its Maritime Law Enoforcement Agencies", *China Brief*, 13: 7.

Morse, Edward S. (1970) "The Transformation of Foreign Policies: Modernization, Interdependence, and Externalization", *World Politics*, 22: 3, 371-392.

Nishihara, Masashi (1983/1984) "Expanding Japan's Credible Defense Role", *International Security*, 8: 3, 180, 180-205.

Nye, Jr., Joseph S. (1988) "Neorealism and Neoliberalism", *World Politics*, 40: 2, 235-251.

Nye, Jr., Joseph S. (1995) "The Case for Deep Engagament", *Foreign Affairs,* 74: 4, 90-102.

Noguchi, Kazuhiko (2013) "Bringing Realism Back In: Explaining China's Strategic Behavior in the Asia-Pacific", *Asia-Pacific Review,* 18: 2, 60-85.

Okazaki, Hisahiko (1982) "Japanese Security Policy: A Time for Strategy", *International Security,* 7: 2, 188-197.

Okazaki, Hisahiko (2003) "The Strategic Value of Taiwan", *The US-Japan-Taiwan Trilateral Strategic Dialogue, Tokyo Round,* March 2nd, 2003.

Okita, Saburo (1979) "Japan, China and the United States: Economic Relations and Prospects", *Foreign Affairs,* 57: 5, 1090-1110.

Papayoannou, Paul A. (1996) "Interdependence, Institutions, and the Balance of Power: Britain, Germany, and World War I", *International Security,* 20: 4, 42-76.

Papayoanou, Paul A. & Scott L. Kastner (1999) "Sleeping with the (Potential) Enemy: Assesing the U.S. Policy of Engagement with China", *Security Studies,* 9: 1-2, 157-187.

Patalano, Alessio (2008) "Shielding the 'Hot Gates': Submarine Warfare and Japanese Naval Strategy in the Cold War and Beyond (1976-2006)", *Journal of Strategic Studies,* 31: 6, 859-895.

Patalano, Alessio (2014) "Japan as a Seapower: Strategy, Doctrine, and Capabilities under Three Defence Reviews, 1995-2010", *Journal of Strategic Studies,* 37: 3, 403-441.

Pillsbury, Michael P. (1977) "Future Sino-American Security Ties: The View from Tokyo, Moscow, and Peking", *International Security,* 1: 4, 124-142.

Pollock, Jonathan D. (1990) "The Sino-Japanese Relationship and East Asian Security: Patterns and Implications", *The China Quarterly,* 124, 714-729.

Posen, Barry R. & Andrew L. Ross (1996/1997) "Competing Visions for Grand Strategy", *International Security,* 21: 3, 5-53.

Powell, Robert (1991) "Absolute and Relative Gains in International Relations Theory", *American Political Science Review,* 85: 4, 1303-1320.

Powell, Robert (1994) "Anarchy in International Relations Theory: The Neorealist-Neoliberal Debate", *International Organization,* 48: 2, 313-344.

Przystup, James J. (2006) "Japan-China Relations: Searching for a Summit", *Comparative Connections,* 8: 3.

Przystup, James J. (2007) "Japan-China Relations: Wen in Japan: Ice Melting But...", *Comparative Conncetions,* 9: 2.

Przystup, James J. (2012) "Japan-China Relations: Happy 40th Anniversary...?", *Comparative Connections,* 14: 1.

Qin, Yaqing (2007) "Why is There no Chinese International Relations Theory", *International Relations of the Asia-Pacific*, 7: 3, 313-340.

Rapkin, David R., William R. Thompson & Jon A. Christopherson (1979) "Bipolarity and Bipolarization in the Cold War Era: Conceptualization, Measurement, and Validation", *Journal of Conflict Resolution*, 23: 2, 261-295.

Raymond, Gregory A. & Charles W. Kegley, Jr. (1990) "Polarity, Polarization, and the Transformation of Alliance Norms", *Political Research Quarterly*, 43: 1, 9-38.

Reilly, James (2014) "A Wave to Worry About? Public Opinion, Foreign Policy and China's anti-Japan Protests", *Journal of Contemporary China*, 23: 86, 197-215.

Richardson, Neil R. & Charles W. Kegley, Jr. (1980) "Trade Dependence and Foreign Policy Compliance", *International Studies Quarterly*, 24: 2, 191-222.

Rosecrance, Richard N. (1966) "Bipolarity, Multipolarity, and the Future", *Journal of Conflict Resolution*, 10: 3, 314-327.

Ross, Robert S. (1997) "China II: Beijing as a Conservative Power", *Foreign Affairs*, 76: 2, 33-44.

Ross, Robert S. (1999) "The Geography of Peace: East Asia in the Twenty-first Century", *International Security*, 23: 4, 81-118.

Roy, Denny (1994) "Hegemon on the Horizon? China's Threat to East Asian Security", *International Security*, 19: 1, 149-168.

Roy, Denny (1996) "The 'China Threat' Issue: Major Arguments", *Asian Survey*, 36: 8, 758-771.

Rozman, Gilbert (2002) "A Chance for a Breakthrough in Russo-Japanese Relations: Will the Logic of Great Power Relations Prevail?", *The Pacific Review*, 15: 3, 325-357.

Sakuwa, Kentaro (2009) "A not so Dangerous Dyad: China's Rise and Sino-Japanese Rivalry", *International Relations of the Asia-Pacific*, 9: 3, 497-528.

Samuels, Richard J. (2007-2008) "'New Fighting Power!' Japan's Growing Maritime Capabilities and East Asian Security", *International Security*, 32: 3, 84-112.

Sasaki, Tomonori (2010) "China Eyes the Japanese Military: China's Threat Perception of Japan since the 1980s", *The China Quarterly*, 203, 560-580.

Satoh, Yukio (1995) "Emerging Trends in Asia-Pacific Security: The Role of Japan", *The Pacific Review*, 8: 2, 267-281.

Sayers, Eric (2013) "The 'Consequent Interest' of Japan's Southwestern Islands", *Naval War College Review*, 66: 2, 45-61.

Schofield, Clive H. & Ian Townsend-Gault (2011) "Choppy Waters ahead in 'a Sea of Peace Cooperation and Friendship'?: Slow Progress Towards the Application of Maritime Joint Development to the East China Sea", *Marine Policy*, 35: 1, 25-33.

Schweller, Randall L. "Bandwagoning for Profit: Bringing the Revisionist State Back in", *International Security*, 19: 1, 72-107.

Schweller, Randall L. & Xiaoyu Pu (2011) "After Unipolarity: China's Vision of International Order in an Era of U.S. Decline", *International Security*, 36: 1, 41-72.

Schweller, Randall L. & William Wohlforth (2000) "Power Test: Evaluating Realism in Response to the End of the Cold War", *Security Studies*, 9: 3, 60-107.

Scobell, Andrew & Scott W. Harold (2013) "An 'Assertive' China? Insights from Interviews", *Asian Security*, 9: 2, 111-131.

Segal, Gerald (1993) "The Coming Confrontation between China and Japan", *World Policy Journal*, 10: 2, 27-32.

Segal, Gerald (1999) "Does China Matter?", *Foreign Affairs*, 78: 5, 24-36.

Sekino, Hideo (1971) "Japan and her Maritime Defence", *US Naval Institute Proceedings*, 97: 5, 98-121.

Shambaugh, David (1996) "China's Military: Real or Paper Tiger?", *Washington Quarterly*, 19: 2, 19-36.

Shambough, David (1996) "Containment or Engagement of China? Calculating Beijing's Responses", *International Security*, 21: 2, 180-209.

Shambough, David (1999-2000) "China's Military Views the World: Ambivalent Security", *International Security*, 24: 3, 52-79.

Shaw, Han-yi (1999) "The Diaoyutai/Senkaku Islands Dispute: its History and an Analysis of the Ownership Claims of the P.R.C., R.O.C., and Japan", *Occasional Papers/Reprints Series in Contemporary Asian Studies*, 3, 1-148.

Siverson, Randolph M. & Michael R. Tennefoss (1984) "Power, Alliance, and the Escalation of International Conflict, 1815-1965", *The American Political Science Review*, 78: 4, 1057-1069.

Smith, Sheila A. (2012) "Japan and the East China Sea Dispute", *Orbis*, 56: 3, 370-390.

Sneider, Daniel (2013) "Textbooks and Patriotic Education: Wartime Memory Formation in China and Japan", *Asia-Pacific Review*, 20: 1, 35-54.

Snyder, Glenn (1984) "The Security Dilemma in Alliance Politics", *World Politics*, 36: 4, 461-495.

Soeya, Yoshihide (1994) "The Evolution of Japanese Thinking and Politics on Cooperative Security in the 1980s and 1990s", *Australian Journal of International Affairs*, 48: 1, 87-95.

Strecker Downs, Erica & Phillip C. Saunders (1998/1999) "Legitimacy and the Limits of Nationalism: China and the Diaoyu Islands", *International Security*, 23: 3, 114-146.

Taliaferro, Jeffrey W. (2000/2001) "Security Seeking under Anarchy: Defensive Realism Revisited", *International Security*, 25: 3, 128-161.

Tang, Shiping (2010) "Offence-Defence Theory: Towards a Definitive Understanding", *The Chinese Journal of International Politics*, 213-260.

Tang, Shiping (2011) "Review Article: Reconciliation and the Remaking of Anarchy", *World Politics*, 63: 4, 713-751.

Till, Geoffrey (1996) "Maritime Disputes in the Western Pacific", *Geopolitics and International Boundaries*, 1: 3, 327-345.

Tow, William T. (1983) "Sino-Japanese Security Cooperation: Evolution and Prospects", *Pacific Affairs*, 56: 1, 51-83.

Tretiak, Daniel (1979) "The Sino-Japanese Treaty of 1978: The Senkaku Incident Prelude", *Asian Survey*, 18: 12, 1235-1249.

Twomey, Christopher C. (2000) "Japan, a Circumscribed Balancer: Building on Defensive Realism to Make Predictions about East Asian Security", *Security Studies*, 9: 4, 167-205.

Van Evera, Stephen (1998) "Offense, Defense, and the Causes of War", *International Security*, 22: 4, 5-43.

Van Evera, Stephen (1998-1999) "Correspondence: Taking Offense at Offense-Defense Theory", *International Security*, 23: 3, 195-200.

Valencia, Mark J. (2000) "Domestic Politics Fuels Northeast Asian Maritime Disputes", *Asia Pacific Issues*, 43, 1-8.

Valencia, Mark J. (2007) "The East China Sea Dispute: Context, Claims, Issues, and Possible Solutions", *Asian Perspective*, 31: 1, 127-167.

Valencia, Mark J. (2008) "A Maritime Security Regime for Northeast Asia", *Asian Perspective*, 32: 4, 157-180.

Vasquez, John A. (1997) "The Realist Paradigm and Degenerative vs. Progressive Research Programs: An Appraisal of Neotraditional Research on Waltz's Balancing Proposition", *American Political Science Review*, 91: 4, 899-912.

Vasquez, John A. (2005) "Assessing the Steps to War", *British Journal of Political Science*, 35, 607-633.

Wakabayashi, Bob T. (2000) "The Nanking 100-Man Killing Contest Debate: War Guilt amid Fabricated Illusions, 1971-1975", *Journal of Japanese Studies*, 26: 2, 307-340.

Wallace, Corey J. (2013) "Japan's Strategic Pivot South: Diversifying the Dual Hedge", *International Relations of the Asia-Pacific*, 13: 3, 479-517.

Waltz, Kenneth N. (1964) "The Stability of a Bipolar World", *Daedalus*, 93: 3, 881-909.

Wang, Qingxin Ken (1993) "Recent Japanese Economic Diplomacy in China: Political Alignment in a Changing World Order", *Asian Survey*, 33: 6, 625-641.

Weinberger, Seth (2003) "Institutional Signaling and the Origins of the Cold War", *Security Studies*, 12: 4, 80-115.

Weiss, Jessica Chen (2013) "Authoritarian Signaling, Mass Audiences, and Nationalist Protest in China", *International Organization*, 67: 1, 1-35.

Wendt, Alexander (1987) "The Agent-Structure Problem in International Relations Theory", *International Organization*, 41: 3, 335-370.

Wendt, Alexander (1992) "Anarchy is What States Make of it: The Social Construction of Power Politics", *International Organization*, 46: 2, 391-425.

Wendt, Alexander (1994) "Collective Identity Formation and the International State", *American Political Science Review*, 88: 2, 384-396.

Wendt, Alexander (1995) "Constructing International Politics", *International Security*, 20: 1, 71-81.

Whiting, Allen S. (1995) "Chinese Nationalism and Foreign Policy after Deng", *The China Quarterly*, 142, 295-316.

Whiting, Allen S. (1996) "The PLA and China's Threat Perceptions", *The China Quarterly*, 146, 596-615.

Wohlforth, William C. (1999) "The Stability of a Unipolar World", *International Security*, 24: 1, 5-41.

Wu, Xinbo (2000) "The Security Dimension of Sino-Japanese Relations: Warily Watching One Another", *Asian Survey*, 40: 2, 296-310.

Wu, Xinbo (2005/2006) "The End of the Silver Lining: A Chinese View of the U.S.-Japanese Alliance", *The Washington Quarterly*, 29: 1, 117-130.

Yahuda, Michael (2003) "Chinese Dilemmas in Thinking about Regional Security Architecture", *The Pacific Review*, 16: 2, 189-206.

Yoshida, Shigeru (1951) "Japan and the Crisis in Asia", *Foreign Affairs*, 29: 2, 171-181.

Yuzawa, Takeshi (2005) "Japan's Changing Conception of the ASEAN Regional Forum: From an Optimistic Liberal to a Pessimistic Realist Perspective", *The Pacific Review*, 18: 4, 463-497.

Yuzawa, Takeshi (2006) "The Evolution of Preventive Diplomacy in the ASEAN Regional Forum: Problems and Prospects", *Asian Survey*, 46: 5, 785-804.

Zheng, Bijian (2005) "China's 'Peaceful Rise' to Great-Power Status", *Foreign Affairs,* 84: 5, 18-24.

CHINESISCHE ZEITSCHRIFTENARTIKEL

Ge Gengfu (1989) "Riben Fangwu Zhengce he Fangwei Liliang de Fazhan Bianhua", *Guoji Wenti Yanjiu,* 1, 20-25 ［戈更夫（1989年）"日本防务政策和防卫力量的发展变化"，国际问题研究，1，20－25］.

Ma Licheng (2002) "Dui Ri Guanxi Xin Siwei", *Zhanlüe Yu Guanli,* 10: 6, 41-47 ［马立诚（2002年）"对日关系新思维"，战略与管理，10:6，41－47］.

Zhang Wenjin (1987) "Zhenxi he Fazhan Zhongri Liangguo de Youhao Guanxi", *Guoji Wenti Yanjiu,* 3, 1-3 ［章文晋（1987年）"珍惜和发展中日两国的友好关系"，国际问题研究，3，1－3］.

JAPANISCHE ZEITSCHRIFTENARTIKEL

Hamakawa Kyôko (2006) "Higashi Shinakai ni Okeru Nitchû Kyôkai Kakutei Mondai: Kokusaihô kara Mita Gasu Den Kaihatsu Mondai", *Kokuritsu Kokkai Toshokan Issue Brief,* 547 ［濱川今日子（2006年）『東シナ海における　日中境界画定問題：国際法から見たガス田開発問題』国立国会図書館ISSUE BRIEF、547］

Hane Jirô (2012) "Senkaku Mondai ni Naizai Suru Hôriteki Mujun: 'Koyû no Ryôdo' Ron no Kokufuku no Tame ni", *Sekai,* 836: 11, 112-120 ［羽根次郎（2012年）『尖閣問題に内在する法理的問題：「固有の領土」論の克服のために』世界、836：11、112–120］.

Hiramatsu Shigeo (1992) "Chûgoku no Ryôkaihô to Senkaku Shotô Mondai (Chû)", *Kokubô,* 41：10，42-53 ［平松茂雄（1992年）『中国の領海法と尖閣諸島問題（中）』国防、41：10、42–53］.

Hiramatsu Shigeo (2000) "Chûgokugun o Tsuyoku Suru ODA", *Seiron,* November 2000, 152-160 ［平松茂雄『中国軍を強くするODA』正論、2000年11月、152–160］.

Jin Yongming (2007) "Higashi Shinakai ni Okeru Shigen Mondai Oyobi Sono Kaiketsu Hôhô ni Tsuite", *Hiroshima Hôgaku,* 31：3, 1-17 ［金永明（2007年）『東シナ海における資源問題およびその解決方法について』広島法学 31：3、1-17］.

Katsumata Hajime (2010) "Senkaku Shôtotsu no Saki ni Aru Higashi Shinakai Jûichigatsu Kiki", *Chûô Kôron,* 125: 11, 54-61 ［勝股秀通（2010年）『尖閣衝突の先にある東シナ海十一月危機』中央公論、.125: 11, 54-61］.

Kayahara Ikuo (2005) "Chûgoku no Kokubô Kindaika to Ajia no Kinchô", *Chûô Kôron,* 120：5，204-215 ［茅原郁夫（2005年）『中国の国防近

代化とアジアの緊張』中央公論、120：5、204-215].
Kôda Yôji (2009) "'Hyûga' he no Michi Kaiji Herikoputâ Unyôkan no Ayumi", *Sekai no Kansen*, 710, 92-99 [香田洋二『「ひゅうが」への道　海自ヘリコプター運用艦の歩み』世界の艦船、710、92-99].
Morimoto, Satoshi (1993) "Ajia Taiheiyô no Anzen Hoshô to Sono Wakugumi", *Gaikô Jiho*, 1302, 4-20 [森本敏（1993年）『アジア・太平洋の安全保障とその枠組み』外交時報、1302、4-20].
Nakajima Takuma (2002) "Nakasone Yasuhiro Bôeichôkan no Anzen Hoshô Kôsô", *Kyûshû Hôgaku*, 84, 107-160 [中島琢磨（2002年）『中曽根康弘防衛長官の安全保障構想』九州法学、84、107-160].
Okazaki Hisahiko & Komori Yoshihisa (1999) "'No' to Ieru Nitchû Kankei ni Mukete: Saraba 'Kôtô・Shazai Gaikô'", *Shokun!*, 31: 8, 64-75 [岡崎久彦、古森義久（1999年）『「ノー」と言える日中関係に向けて：さらば「叩頭・謝罪外交」』諸君！、31：8、64-75].
Shiroyama Hidemi (2013) "Fûin Sareta Senkaku Gaikô Bunshô: Jikoku no Rekishi ni Sae Musekinin na Chûgoku Gaikô no Akireta Jitai", *Bungei Shunju*, 91: 7, 264-271 [城山英巳（2013年）『封印された尖閣外交文書：自国の歴史にさえ無責任な中国外交の呆れた事態』文芸春秋、91：7、264-271].
Tsuchiyama Jitsuo (1993) "Araiansu Direnma to Nihon no Dômei Gaikô", *Leviathan*, 13: 10, 50-75 [土山實男（1993年）『アライアンス・ディレンマと日本の同盟外交：日米同盟の終わり？』レヴィアサン、13：10、50-75].
Tsukamoto Katsuichi (1990) "Kyokutô no Gunji Jôsei to Kyôi no Yôsô", *Shin Bôei Ronshû*, 18: 2, 31-40 [塚本勝一（1990年）『極東の軍事情勢と脅威の様相』新防衛論集、18：2、31-40].
Zhu Jianrong (2012) "Chûgokugawa kara Mita 'Senkaku Mondai': Tairitsu wo Koeru 'Chie' ha Doko ni", *Sekai*, 836: 11, 103-111 [朱建荣（2012年）『中国側から見た「尖閣問題」：対立を超える「知恵」はどこに』世界、836：11、103-107].

ZEITUNGSARTIKEL & RADIOSENDUNGEN

BBC Worldwide Monitoring "China Defends 'Interim' Japan Gas Deal amid Online Criticism", June 19th, 2008.
Bryant, Ashleigh "F-2 Makes Live Bomb Debut During Exercise", *Air Force News Agency*, June 15th, 2007.
Central People's Radio Network (Beijing) "We Will Never Allow Encroachment of Chinese Territory", September 9th, 1996.
Chao, Han-Ching "We Want Diaoyu Islands; We Do Not Want Japanese Yen", *Cheng Ming*, November 1st, 1990.

Crowell, Todd "United in Rage", *Asiaweek,* September 20th, 1996.
Economist, The "Russia's Armed Forces: The Threat That Was", August 28th, 1993
Economist, The "Could Asia really go to war over these?", September 22nd, 2012.
Fravel, M. "The Dangerous Math of Chinese Island Disputes", *The Wall Street Journal,* October 29th, 2012.
French, Howard W. "At a Military Museum, the Losers Write History", *The New York Times,* 30th October, 2002.
Hutzler, Charles "China to Japan: Back Off Claim", *Associated Press,* September 30th, 1996.
Japan Times, The "China Spurns Demand to Pay for Senkaku Ship Collisions", February 13th, 2011.
Jen, Hui-wen "Zhongnanhai Points Out Three Aspects Which Should Not Be Ignored in Dealing with Japan and the United States", *Hsin Pao,* September 13th, 1996.
Kristof, Nicholas D. "An Asian Mini-Tempest Over Mini-Island Group", *The New York Times,* September 16th, 1996.
Lo, Ping "Jiang Zemin Seen Facing Crisis over Diaoyutai Issue", *Cheng Ming,* October 1st, 1996.
New York Times, The "Prevent the Re-Emergence of a New Rival", March 8th, 1992.
Nikkei Weekly, The "Gas Field Deal Signals China's PR Challenge", July 7th, 2008.
Peking Review "Statement of the Ministry of Foreign Affairs Of the People's Republic of China, December 30, 1971" & "Tiaoyu and Other Islands Have Been China's Territory Since Ancient Times", 15:1, January 7th, 1972, 12-14.
Peking Review "China and Japan Sign Peace and Friendship Treaty", 21: 33, August 18th, 1978, 6-7.
People's Daily "Beware of Militarism", September 6th, 1996.
Reid, T. R. "Japan's WWII Self-Image Conflict", *The Washington Post,* August 6th, 1995.
Standard, The "Opinion Chinese Press", September 17th, 1996.
Strom, Stephanie "Japan Beginning to Flex its Military Muscles", *The New York Times,* April 8th, 1999
Takahara, Kanaka "China Posing a Threat: Aso", *The Japan Times,* December 23rd, 2005.
Xinhua "Japan, Do Not Do Foolish Things", August 30th, 1996

CHINESISCHE ZEITUNGSARTIKEL

Chen Fengxiong, *Renmin Ribao*, 4. September 1985 ［陈封雄"日本的细菌战罪行不容抹煞"，人民日报，1985年9月4日］.

Ding Gang, Xilai Wang & Wu Yun, *Renmin Ribao*, 23. September 2010 ［丁刚，席来旺，吴云"温家宝敦促日方立即无条件释放中国船长"人民日报，2010年9月23日］.

Gao Xinghua, *Renmin Ribao*, 11. September 1996 ［高兴华"外交部发言人表示中国强烈抗议日本右翼分子再登钓鱼岛"，人民日报，1996年9月11日］.

Hu Xijin, *Renmin Ribao*, 19. September 1990 **[胡锡进"外交部**发言人发表谈话 钓鱼岛是中国固有领土"，人民日报，1990年9月19日］.

Liu Wenyu, *Renmin Ribao*, 30. August 1996 ［刘文玉"日在我钓鱼岛制造事端侵犯中国领土人愤慨"人民日报，1996年8月30日］.

Renmin Ribao, 29. Dezember 1970 ［人民日报"决不容许美日反动派掠夺我国海底资源"，1970年12月29日］.

Renmin Ribao, 30. April 1971 ［人民日报"强烈抗议美日反动派玩弄'归还'冲绳的骗局"，1971年4月30日］.

Renmin Ribao, 7. Januar 1972 ［人民日报"中华人民共和国外交部声明一九七一年十二月三十日"，1971年12月31日］.

Renmin Ribao, 5. September 1985 ［人民日报"全国各地连日来举行各种活动 隆重纪念抗日战争和世界反法西斯战争胜利四十周年"1985年9月5日］.

Renmin Ribao, 23. Oktober 1990 ［人民日报"外交部发言人重申 钓鱼岛是中国固有领土 强烈要求日本政府立即停止侵犯中国主权"1990年10月23日］.

Renmin Ribao, 18. September 1996 ［人民日报"日本面临严重抉择"，1996年9月18日］.

Renmin Ribao, 26. August 2003 ［人民日报"外交部发言人发表谈话 强烈抗议日本右翼团体成员登上钓鱼岛"，2003年8月26日］.

Renmin Ribao, 26. März 2004 ［人民日报"我外交部向日方提出严正交涉 对日方非法阻拦中国公民登钓鱼岛并强行将中方登岛人员扣留表示强烈抗议"，2004年3月26日］.

Renmin Ribao, 16. Juli 2005 ［人民日报"外交部抗议日方侵犯我东海主权权益"2005年7月16日］.

Renmin Ribao, 26. September 2010 ［人民日报"就日方非法抓扣我渔民和渔船 中国外交部发表声明全面阐述严正立场"2010年9月26日］.

Sun Dongmin, *Renmin Ribao*, 15. August 1985 ［孙东民"日宣布中曾根首相正式参拜靖国神社"人民日报，1985年8月15日］.

Sun Dongmin, *Renmin Ribao*, 28. Oktober 1990 ［孙东民"齐怀远紧急约见

日本驻华大使　强烈要求日本停止在钓鱼岛单方行动　希望日本政府对向海外派兵慎重行事"，人民日报，1990年10月28日］.

Xin Junshi, *Renmin Ribao*, 16. September 1985 ［辛军石"抗日战争中的牺盟会和山西新军（上）"，人民日报，1985年9月15日］.

Yu Qing, *Renmin Ribao*, 18. April 2012 ［于青"日本东京都知事称都政府将购买钓鱼岛我外交部发言人表示，日方任何单方举措都不能改变钓鱼岛及其附属岛屿属于中国的事实"2012年4月18日］.

Zhu Changdu & Chang Baolan, *Renmin Ribao*, 30. August 1996 ［朱昌都，常宝兰"钓鱼岛是中国的固有领土"，人民日报，1996年8月30日］.

Zou Chunyi, *Renmin Ribao*, 19. Juli 1996 ［邹春义"外交部发言人答记者问钓鱼岛自古以来就是中国领土"人民日报，1996年7月19日］.

JAPANISCHE ZEITUNGSARTIKEL

Asahi Shinbun Chôkan, 2. Juni 1969 ［朝日新聞朝刊『尖閣列島へ海底油田調査団　総理府』1969年6月2日］.

Asahi Shinbun Chôkan, 30. August 1969 ［朝日新聞朝刊『尖閣列島（沖縄）周辺の海底石油やガスの宝庫？』1969年8月30日］.

Asahi Shinbun Chôkan, 5. September 1970 ［朝日新聞朝刊『中国、一段と対日硬化　人民日報など共同社説
成田訪日に影響か』1970年9月5日］.

Asahi Shinbun Chôkan, 12. September 1970 ［朝日新聞朝刊『来月初め日本と会談「尖閣列島」で国府外相談』1970年9月12日］.

Asahi Shinbun Yûkan, 4. Dezember 1970 ［朝日新聞夕刊『中国も領有主張　新華社論評　日韓台の開発非難』『具体的行動はとるまい中国のねらい　外務省の見方』1970年12月4日］.

Asahi Shinbun Chôkan, 22. November 1970 ［朝日新聞朝刊『日中関係どう打開　政府・自民・社会の三氏に聞く木村官房副長官　古井自民党代議士　石原社党国際局長』1970年11月22日］.

Asahi Shinbun Chôkan, 22. Dezember 1970 ［朝日新聞朝刊『尖閣列島三国開発委を設置』1970年12月22日］.

Asahi Shinbun Chôkan, 31. Januar 1971 ［朝日新聞朝刊『日本総領事館に中国系米人デモ　尖閣列島領有権に反対』1971年1月31日］.

Asahi Shinbun Chôkan, 10. April 1971 ［朝日新聞朝刊『米石油調査船、尖閣列島付近を引揚げ　国務省が対中国配慮』1971年4月10日］.

Asahi Shinbun Chôkan, 12. April 1971 ［朝日新聞朝刊『「軍事占領めざす」新華社　国府外交部　米に引渡しを要求』『米首都などでデモ』1971年4月12日］.

Asahi Shinbun Chôkan, 2. Mai 1971 ［朝日新聞朝刊『日本返還に抗議尖閣列島の領土権主張』1971年5月2日］.

Asahi Shinbun Chôkan, 9. März 1972 ［朝日新聞朝刊『尖閣列島領有で文書　外務省　中国側主張に反論』1972年3月9日］.

Asahi Shinbun Chôkan, 20. März 1972 ［朝日新聞朝刊『尖閣列島とわが国の領有権　社説』1972年3月20日］.

Asahi Shinbun Yûkan, 28. März 1973 ［朝日新聞夕刊『日中条約の締結へ意見調査始める　大平外相答弁』1973年3月28日］.

Asahi Shinbun Chôkan, 13. April 1978 ［朝日新聞朝刊『尖閣列島に中国漁船群　領海侵犯で退去求める』、『中国旗掲げる　侵犯の漁船団』、『政府は冷静な対応　中国漁船群の尖閣列島侵犯　日中慎重派は勢いづく？』1978年4月13日］.

Asahi Shinbun Yûkan, 13. April 1978 ［朝日新聞夕刊『中国漁船、警告を無視　尖閣列島沖　日本領海に38隻』1978年4月13日］.

Asahi Shinbun Chôkan, 15. April 1978 ［朝日新聞朝刊『「友好関係阻害望まぬ」外務省首脳　中国が表明と語る　中国側の態度』、『「外交努力で平和解決」防衛庁長官　自衛隊出動を否定』1978年4月15日］.

Asahi Shinbun Chôkan, 16. April 1978 ［朝日新聞朝刊『「尖閣」打開へ双方動く　中国「漁船出魚は偶発」耿副首相が表明』1978年4月16日］.

Asahi Shinbun Chôkan, 26. Juni 1982 ［朝日新聞朝刊『教科書さらに「戦前復権へ　文部省　高校社中心に検定強化　「侵略」表現薄める』1982年6月26日］.

Asahi Shinbun Chôkan, 22. Oktober 1990 ［朝日新聞朝刊『聖火の上陸、阻止された　台湾紙一斉報道』1990年10月22日］.

Asahi Shinbun Yûkan, 22. Oktober 1990 ［朝日新聞夕刊『沖縄・尖閣列島の台湾漁船退去は「適切」　坂本官房長官』1990年10月22日］.

Asahi Shinbun Chôkan, 23. Oktober 1990 ［朝日新聞朝刊『中国外務省、日本を激しく非難　尖閣列島での台湾漁船退去措置』1990年10月23日］.

Asahi Shinbun Chôkan, 20. Juli 1996 ［朝日新聞朝刊『中韓との水域交渉は難航か　海洋法条約が発効』1996年7月20日］.

Asahi Shinbun Chôkan, 31. August 1996 ［朝日新聞朝刊『人民日報が日本の動きを非難』1996年8月31日］.

Asahi Shinbun Chôkan, 10. September 1996 ［朝日新聞朝刊『首相の靖国参拝、中止要請　尖閣諸島問題含め、対日批判強める　中国』1996年9月10日］.

Asahi Shinbun Chôkan, 22. September 1996 ［朝日新聞朝刊『橋本首相は「困惑」靖国再参拝せず？　尖閣問題巡り対日批判強く』1996年9月22日］.

Asahi Shinbun Yûkan, 25. September 1996［朝日新聞夕刊『中国外相、尖閣・靖国問題で懸念　池田外相、灯台認めぬ意向』1996年9月25日］.

Asahi Shinbun Chôkan, 4. Januar 2003［朝日新聞朝刊『沖縄・尖閣3島を借り上げ　政府、一元管理徹底図る』2003年1月4日］.

Asahi Shinbun Chôkan, 6. Januar 2003［朝日新聞朝刊『中国外務次官も日本大使に抗議　尖閣3島借り上げ』2003年1月6日］.

Asahi Shinbun Chôkan, 7. Januar 2003［朝日新聞朝刊『尖閣借り上げ問題で中国抗議』2003年1月7日］.

Asahi Shinbun Yûkan, 24. März 2004［朝日新聞夕刊『中国の活動家が尖閣諸島に上陸』2004年3月24日］.

Asahi Shinbun Chôkan, 25. März 2004［朝日新聞朝刊『尖閣上陸の中国人逮捕　活動家7人、不法入国容疑で』2004年3月25日］.

Asahi Shinbun Yûkan, 25. März 2004［朝日新聞夕刊『「日米安保は尖閣諸島に適用」　米国務省のエアリー副報道官』2004年3月25日］.

Asahi Shinbun Chôkan, 27. März 2004［朝日新聞朝刊『尖閣上陸の7人を強制送還　法務当局の見解受けて、県警が送検せず』2004年3月27日］.

Asahi Shinbun Yûkan, 27. März 2004［朝日新聞夕刊『「尖閣諸島上陸の再発防止を」　川口外相、中国側に』2004年3月27日］.

Asahi Shinbun Chôkan, 20. Mai 2004［朝日新聞朝刊『中国メジャー、投資活発　油・ガス田開発、製油所も増強』2004年5月20日］.

Asahi Shinbun Chôkan, 22. Juni 2004［朝日新聞朝刊『川口外相がガス田掘削の詳報迫る　中国側は共同開発提案』2004年6月22日］.

Asahi Shinbun Yûkan, 29. Juni 2004［朝日新聞夕刊『日本EEZ、来月にも調査　東シナ海ガス田』2004年6月29日］.

Asahi Shinbun Chôkan, 1. Juli 2004［朝日新聞朝刊『日本の調査に中国が不満表明　東シナ海ガス田』2004年7月1日］

Asahi Shinbun Yûkan, 7. Juli 2004［朝日新聞夕刊『海底資源の調査始まる　日中の境界近く』2004年7月7日］.

Asahi Shinbun Chôkan, 8. Juli 2004［朝日新聞朝刊『日本の調査に中国側が抗議　海底資源問題』2004年7月8日］.

Asahi Shinbun Chôkan, 19. Februar 2005［朝日新聞朝刊『「日本側まで及ぶ可能性」経産省、試掘検討　東シナ海の中国ガス田』2005年2月19日］.

Asahi Shinbun Chôkan, 24. Februar 2005［朝日新聞朝刊『東シナ海ガス田の開発中止を要請　外務省から中国に』2005年2月24日］.

Asahi Shinbun Chôkan, 19. März 2005［朝日新聞朝刊『民間の鉱業権認可へ　経産省、中国の開発牽制　東シナ海ガス田』2005年3月19日］.

Asahi Shinbun Chôkan, 29. März 2005 ［朝日新聞朝刊『データ提供と開発中止を中国に要請　日中ガス田問題協議』2005年3月29日］.

Asahi Shinbun Chôkan, 9. Juli 2005 ［朝日新聞朝刊『ガス田試掘、来週にも付与　経産省、帝国石油に』2005年7月9日］.

Asahi Shinbun Chôkan, 15. Juli 2005 ［朝日新聞朝刊『帝国に試掘権許可　東シナ海ガス田、中国に対抗』2005年7月15日］.

Asahi Shinbun Chôkan, 16. Juli 2005 ［朝日新聞朝刊『試掘権許可に中国が抗議　東シナ海ガス田』2005年7月16日］.

Asahi Shinbun Chôkan, 10. September 2005 ［朝日新聞朝刊『「春暁」ガス田で中国軍艦を確認　日中中間線は超えず』2005年9月10日］.

Asahi Shinbun Chôkan, 26. September 2005 ［朝日新聞朝刊『「中国の侵攻」も想定　北方重視から転換　陸自の防衛計画判明』2005年9月26日］.

Asahi Shinbun Yûkan, 8. September 2010 ［朝日新聞夕刊『中国漁船の船長逮捕　に衝突、公務執行妨害容疑』2010年9月8日］.

Asahi Shinbun Chôkan, 11. September 2010 ［朝日新聞朝刊『中国政府、3度目の抗議　丹羽大使呼び　尖閣沖衝突』2010年9月11日］.

Asahi Shinbun Chôkan, 11. September 2010 ［朝日新聞夕刊『中国、ガス田交渉延期　尖閣沖衝突の船長逮捕に対抗』2010年9月11日］.

Asahi Shinbun Yûkan, 13. September 2010 ［朝日新聞夕刊『丹羽・駐中大使、呼び出し5度　尖閣沖衝突』2010年9月13日］.

Asahi Shinbun Yûkan, 13. September 2010 ［朝日新聞夕刊『中国漁船員14人帰国へ　捜査終了、漁船も返還　尖閣沖衝突』2010年9月13日］.

Asahi Shinbun Chôkan, 14. September 2010 ［中国強硬、異例の抗議　深夜の大使呼び出し、仙谷氏「遺憾」漁船衝突事件、漁長逮捕』2010年9月14日］.

Asahi Shinbun Chôkan, 18. September 2010 ［朝日新聞朝刊『国内業界は拡大懸念　中国1万人訪日キャンセル』2010年9月18日］.

Asahi Shinbun Yûkan, 18. September 2010 ［朝日新聞夕刊『日本大使館周辺反日デモ　柳条湖事件から79年、中国当局は拡大警戒』2010年9月18日］.

Asahi Shinbun Chôkan, 20. September 2010 ［朝日新聞朝刊『中国「閣僚級交流を停止」大使には電話で抗議　尖閣・漁船衝突、船長の勾留延長』2010年9月20日］.

Asahi Shinbun Chôkan, 21. September 2010 ［朝日新聞朝刊『中国、1000人招待延期　日本に通知、出発の2日前』2010年9月21日］.

Asahi Shinbun Chôkan, 18. Dezember 2010 ［朝日新聞朝刊『「尖閣の日」条例案、石垣市議会が可決　日本領編入の1月14日』2010年12月18日］.

Asahi Shinbun Chôkan, 19. Dezember 2010［朝日新聞朝刊『石垣市「尖閣の日」に中国反発』『中国、尖閣に常時監視船　権益確保、態勢拡充へ』2010年12月19日］.

Asahi Shinbun Chôkan, 14. Dezember 2011［朝日新聞朝刊『野田首相訪中、25・26日』2011年12月14日］.

Asahi Shinbun Yûkan, 17. April 2012［朝日新聞夕刊『尖閣諸島、都が購入方針　石原知事「所有者側も同意」』、『日中間に新たな火種「尖閣購入」発言に閣僚ら不快感示す』2012年4月17日］.

Asahi Shinbun Yûkan, 18. April 2012［朝日新聞夕刊『国有化も含め「あらゆる検討」石原都知事「購入」発言で野田首相』2012年4月18日］.

Asahi Shinbun Chôkan, 19. April 2012［朝日新聞朝刊『石原氏の尖閣発言、中国外務省が批判「両国関係損なう」』2012年4月19日］.

Asahi Shinbun Yûkan, 11. September 2012［朝日新聞夕刊『尖閣購入費を閣議決定　20.5億円、地権者と売買契約』2012年9月11日］.

Asahi Shinbun Chôkan, 17 September 2012［朝日新聞朝刊『反日デモ激化、想定以上　中国、恐れる弱腰批判』2012年9月17日］.

Asahi Shinbun Chôkan, 14. Dezember 2012［朝日新聞朝刊『中国機、初の領空侵犯　尖閣、空自が緊急発進』、『領空侵犯、常態化懸念、尖閣に中国機、日本「極めて遺憾」レーダーで捕捉できず』2012年12月14日］.

Asahi Shinbun Chôkan, 24. November 2013［朝日新聞朝刊『中国、尖閣に防空識別圏　上空飛行、届け出義務付け』2013年11月24日］.

Asahi Shinbun Yûkan, 25. November 2013［朝日新聞夕刊『首相、中国に防空識別圏撤回求める「領土・領空守り抜く」』2013年11月25日］.

Asahi Shinbun Yûkan, 26. November 2013［朝日新聞夕刊『「挑発的だ」米、再び非難　中国・防空識別圏問題』2013年11月26日］.

Asahi Shinbun Chôkan, 27. November 2013［朝日新聞朝刊『国内各社、飛行計画提出を中止　中国・防空圏問題』2013年11月27日］.

Asahi Shinbun Yûkan, 27. November 2013［朝日新聞夕刊『米軍、中国防空圏を飛行　爆撃機2機、事前告せず』2013年11月27日］.

Mainichi Shinbun Chôkan, 22. Oktober 1990［毎日新聞朝刊『［解説］一気に国際問題へ　台湾「対日批判」強化も』1990年10月22日］.

Tôkyô Shinbun Chôkan, 24. Oktober 2005［東京新聞朝刊『東シナ海のガス田開発　なぜ対立解けないの？　境界未画定が根本原因』2005年10月24日］.

Yomiuri Shinbun Chôkan, 12. März 1971［読売新聞朝刊『台湾海峡の石油　日台共同開発に断念　中国刺激さける　政府が業界に指示』1971年3月12日］.

Yomiuri Shinbun Chôkan, 10. März 1972［読売新聞朝刊『「社説」わが国の尖閣領有権は明確』1972年3月10日］.

Yomiuri Shinbun Chôkan, 28. Oktober 1990［読売新聞朝刊『尖閣諸島は日中共同開発を　中国次官、橋本大使に提案』1990年10月28日］.

Yomiuri Shinbun Chôkan, 18. Juli 1996［読売新聞朝刊『「尖閣」に都内団体が灯台　わが国に領有権、合法なら何も問わぬ／梶山官房長官』1996年7月18日］.

Yomiuri Shinbun Chôkan, 19. Juli 1996［読売新聞朝刊『「尖閣諸島に灯台設置」で中国が非難』1996年7月19日］.

Yomiuri Shinbun Yûkan, 25. September 1996［読売新聞夕刊『中国外相が尖閣灯台撤去求める　日本側、冷静対応を要求／日中外相会談』1996年9月25日］.

Yomiuri Shinbun Yûkan, 1. Oktober 1996［読売新聞夕刊『「尖閣」の自民公約明記、政府方針とは差／橋本首相』1996年10月1日］.

Yomiuri Shinbun Yûkan, 30. Oktober 1996［読売新聞夕刊『橋本首相が中国次官と会談　尖閣諸島問題は平行線』1996年10月30日］.

Yomiuri Shinbun Yûkan, 28. November 1996［読売新聞東京夕刊『「尖閣」米次官補代理発言　同盟堅持を重視「領土」判断には言及せず（解説）』、『尖閣諸島は安保条約の適用対象　有事には防衛義務　米国防次官補代が見解』1996年11月28日］.

Yomiuri Shinbun Chôkan, 23. Juni 2001［読売新聞朝刊『中国国交正常化交渉の記録　外務省開示文書から』、『72年の田中首相と周中国首相、日中正常化会談の秘録　外務省が公開』2001年6月23日］.

Yomiuri Shinbun Yûkan, 24. September 2010［読売新聞夕刊『船長拘置延長の翌日拘束　フジタ4社員　中国の報復との見方』2010年9月24日］.

Yomiuri Shinbun Yûkan, 24. September 2010 ［読売新聞夕刊『レアアース　対日輸出停止を確認　経済相「WTO規定に違反」』2010年9月24日］.

Yomiuri Shinbun Chôkan, 24. September 2010［読売新聞朝刊『尖閣に日米安保適用　外相会談　米国務長官が明言』2010年9月24日］.

Yomiuri Shinbun Chôkan, 8. September 2011［読売新聞朝刊『中国の尖閣監視常態化　漁船衝突1年「実行支配」へ着々』2011年9月8日］.

Yomiuri Shinbun Yûkan, 11. Juli 2012［読売新聞夕刊『尖閣領海に中国監視船　国有化方針、けん制か　政府抗議』2012年7月11日］.

Yomiuri Shinbun Chôkan, 12. Juli 2012［読売新聞朝刊『「中国の海」誇示　尖閣領海に監視船　秋に指導部交代　日中安定模索も』2012年7月12日］.

Yomiuri Shinbun Chôkan, 12. Juli 2012［読売新聞朝刊『日中外相「尖閣」平行線　玄葉氏、国有化方針説明　楊氏「中国固有の領土」』2012年7月12日］.

Yomiuri Shinbun Chôkan, 28. Juli 2012［読売新聞朝刊『尖閣購入の意見広告　東京都が米紙に掲載』2012年7月28日］.

REGIERUNGSDOKUMENTE & INTERNATIONALE VERTRÄGE

ASEAN Regional Forum "ASEAN Regional Forum: Concept and Principles of PD", The Eighth Meeting of the ASEAN Regional Forum, 25th July, 2001.

ASEAN Regional Forum "Enhanced Role of the ARF Chair, Annex B to Chairman Statement", The Eighth Meeting of the ASEAN Regional Forum, 25th July, 2001.

Institute for National Strategic Studies, National Defense University "The United States and Japan: Advancing Toward a Mature Partnership", *INSS Special Report*, October 11th, 2000.

International Monetary Fund (1998) *"Direction of Trade Statistics: Yearbook 1998"*, Washington, DC: International Monetray Fund.

Japan Defense Agency (1976) *"Defense of Japan 1976"*.

Japan Defense Agency (1977) *"Defense of Japan 1977"*.

Japan Defense Agency (1985) *"Mid-Term Defense Plan (FY 1985-1989)"*, September 18th, 1985.

Japan Defense Agency (1995) *"Defense of Japan 1995"*.

Japan Defense Agency (1995) *"Mid-Term Defense Plan (FY 1996-2000)"*, December 7th, 1995.

Japan Defense Agency (1996) *"Defense of Japan 1996"*.

Japan Defense Agency (2000) *"Mid-Term Plan"*, December 15th, 2000.

Japan Defense Agency (2003) *"On Introduction of Ballistic Missile Defense System and Other Measures"*, December 19th, 2003.

Japan Defense Agency *"National Defense Program Guidelines, FY 2005 and Beyond"*, December 10th, 2004.

Japan Ministry of Defense (2007) *"Defense of Japan 2007"*.

Japan Ministry of Defense (2008) *"Defense of Japan 2008"*.

Japan Ministry of Defense (2010) *"National Defense Program Guidelines for FY 2011 and Beyond"*, December 17th, 2010.

Japan Ministry of Defense (2013) *"Defense of Japan 2013"*.

Karotkin, Jesse "Trends in China's Naval Modernization", Testimony to the U.S.-China Economic and Security Review Commission, January 30th, 2014.

Ministry of Foreign Affairs of Japan *"Joint Communique of the Government of Japan and the Government of the People's Republic of China"*, September 29th, 1972.

Ministry of Foreign Affairs of Japan *"Statement by Prime Minister Tomiichi Murayama 'On the Occasion of the 50th Anniversary of the War's End' (15 August 1995)"*.

Ministry of Foreign Affairs of Japan "Recent Developments in China and Japan-China Relations", January 1999.

Ministry of Foreign Affairs of Japan *"Statement by the Press Secretary/ Director-General for Press and Public Relations, Ministry of Foreign Affairs, on the Collision between Japan Coast Guard Patrol Vessels and a Chinese Fishing Trawler in Japan's Territorial Waters off the Senkaku Islands"*, September 25th, 2010.

Ministry of Foreign Affairs of Japan *"Japan-China Summit Meeting (Overview)"*, November 13th, 2011.

Ministry of Foreign Affairs of Japan *"Fact Sheet on the Senkaku Islands"*, November 2012.

National Air and Space Intelligence Center (2013) *"Ballistic and Cruise Missile Threat"*, Wright-Patterson Air Force Base, OH: National Air and Space Intelligence Center Public Affairs Office.

National Institute for Defense Studies (2012) *"Japan: Toward the Establishment of a Dynamic Defense Force"*, Tokyo: East Asian Strategic Review.

Niksch, Larry A. (1996) "Senkaku (Diaoyu) Islands Dispute: The U.S. Legal Relationship and Obligations", *CRS Report for Congress*, September 30th, 1996.

Office of the Secretary of Defense (2010) *"Annual Report to Congress: Military and Security Developments Involving the People's Republic of China 2010"*, Washington, DC: Department of Defense.

Office of the Secretary of Defense (2012) *"Annual Report to Congress: Military and Security Developments Involving the People's Republic of China 2012"*, Washington, DC: Department of Defense.

Office of the Secretary of Defense (2013) *"Annual Report to Congress: Military and Security Developments Involving the People's Republic of China 2013"*, Washington, DC: Department of Defense.

People's Republic of China Ministry of National Defense, The (2005) *"China's National Defense in 2004"*.

People's Republic of China Ministry of National Defense, The (2007) *"China's National Defense in 2006"*.

People's Republic of China Ministry of National Defense, The (2011) *"China's National Defense in 2010"*.

Policy Council: The Japan Forum on International Relations, The (2012) *"Expansion of China and Japan's Response"*, January 2012.

Seerechtsübereinkommen der Vereinten Nationen.

State Council Information Office of The People's Republic of China *"Diaoyu Dao, an Inherent Territory of China"*, September 2012.

U.S. Department of Defense (1995) *"United States Security Strategy for the East Asia Pacific Region"*.

U.S. Department of Defense (2010) *"Quadrennial Defense Review Report"*, Washington, DC: Department of Defense.

JAPANISCHE REGIERUNGSDOKUMENTE & PRIMÄRQUELLEN

Bôeishô (2006) *"Heisei 18 Nenban Bôei Hakusho"*［防衛省『平成18年版防衛白書』］.

Gaimushô (2000) *"21 Seiki ni Muketa Tai Chû Keizai Kyôryoku no Arikata ni Kan Suru Kondankai"*［外務省（2000年）『21世紀に向けた対中経済協力のあり方に関する懇談会』］.

Gaimushô (2005) *"Heisei 17 Nenban Gaikô Seisho"*［外務省『平成17年版外交青書』］

Gaimushô (2006) *"Heisei 18 Nenban Gaikô Seisho"*［外務省『平成18年版外交青書』］.

Gaimushô (2006) *"Nitchû Kyôdô Puresu Happyô"*, 8. Oktober 2006 ［外務省『日中共同プレス発表』平成18年10月8日］.

Gaimushô (2008) *"'Senryakuteki Gokei Kankei' no Hôkatsuteki Suishin ni Kan Suru Nitchû Kyôdô Semei"*, 7. Mai 2008 ［外務省『「戦略的互恵関係」の包括的推進に関する日中共同声明』2008年5月7日］.

Gaimushô (2008) *"Higashi Shinakai ni Okeru Nitchûkan Kyôryoku ni Tsuite (Nitchû Kyôdô Puresu Happyô)"*, 18. Juni 2008 ［外務省『東シナ海における日中間協力について（日中共同プレス発表）』2008年6月18日］.

Gaimushô (2008) *"Nitchûkan no Higashi Shinakai ni Okeru Kyôdô Kaihatsu ni Tsuite no Ryôkai"*, 18. Juni 2008 ［外務省『日中間の東シナ海における共同開発についての了解』2008年6月18日］.

Gaimushô (2008) *"Shirakaba (Chûgokumei: 'Chunxiao') Yu Gasu Den Kaihatsu no Ryôkai"*, 18. Juni 2008 ［外務省『白樺（中国名：「春暁」）油ガス田開発の了解』2008年6月18日］.

Gaimushô (2008) *"Saikin no Nitchû Kankei (Senkaku Shotô wo Meguru Kihon Jôhô Oyobi Saikin no Chûgoku Gyosen Shôtotsu Jiken"*, Oktober 2010 ［外務省『最近の日中関係（尖閣諸島をめぐる基本情報及び最近の中国漁船衝突事件）』平成22年10月］

Nitchû Keizai Kyôkai (1987) *"Nitchû Keizai Kyôkai Kaihô"*, November 1987 ［日中経済協会（1987年）『日中経済協会会報』1987年11月］.

CHINESISCHE REGIERUNGSDOKUMENTE & PRIMÄRQUELLEN

Zhongguo Xiandai Guoji Guanxi Yanjiuyuan (2006) *"Guoji Zhanlue Yu Anquan Xingshi Pinggu"*, Beijing: Shishi Chubanshe ［中国现代国际关系研究院（2006年）"国际战略与安全形势评估"北京时事出版社］.

ONLINERESSOURCEN

boeing.com "KC-767 Global Tanker: Japan KC-767", abgerufen am 27. Juni 2014.

Carafano, James Jay "How to Halt the Slide towards a Hollow U.S. Military", *nationalinterest.org,* October 2nd, 2014.

Channer, Hayley "How Japan Can Support America's Pivot: TPP and a Strong Economy", *nationalinterest.org,* May 19th, 2014.

CNN.com "Japan Raises First-Strike Question", October 1st, 2004.

Funabashi, Yoichi "Japan Locks into China", *eastasiaforum.org,* July 19th, 2011.

globalsecurity.org "F-15J", abgerufen am 25. Juni 2014.

Holmes, James R. "The Sino-Japanese Naval War of 2012", *foreignpolicy.com,* August 20th, 2012.

japan.kantei.go.jp "Message from Prime Minister Shinzo Abe on the Occassion of 'Marine Day'", July 12th, 2013.

japantimes.co.jp "As G-20 leaders gather for summit, all eyes on Abe and Xi", September 4th, 2016.

jeffhead.com/worldwideaircraftcarriers "Hyuga Class", abgerufen am 7. September 2014.

jetro.go.jp "Japanese Trade and Investment Statistics", abgerufen am 31. Juli 2014 und 17. Februar 2016.

kantei.go.jp "21 Seiki Nihon Gaikô no Kihon Senryaku: Arata na Jidai, Arata na Bijon, Arata na Gaikô", 28. November 2002 [『21世紀日本外交の基本戦略：新たな時代、あらたなビジョン、新たな外交』2002年11月28日].

McLannahan, Ben "Abe Urges China to Withdraw Air Zone Plan", *ft.com,* November, 25th, 2013

Mearsheimer, John J. "Can China Rise Peacefully?", *nationalinterest.org,* April 8th, 2014.

Ministry of Foreign Affairs of Japan "ASEAN-Japan Comprehensive Economic Partnership Agreement", *mofa.go.jp,* abgerufen am 1. August 2014.

Mizokami, Kyle "Five Japanese Weapons of War China Should Fear", *nationalinterest.org,* June 14th, 2014.

Moss, Trefor "Japan's New (Defensive) Attack Force", *thediplomat.com,* November 3rd, 2013.

news.xinhuanet.com "China's U. N. Ambassador rebuts remarks by Japanese representative on Diaoyu Islands", September 28th, 2012.

news.xinhuanet.com "Announcement of the Aircraft Identification Rules for the East China Sea Air Defense Identification Zone of the P.R.C.", 23. November 2013.

Preble, Christopher A. "About that Pivot to Asia", *nationalinterest.org*, June 11th, 2012.

Ratner, Ely "Learning the Lessons of Scarborough Reef", *nationalinterest.org*, November 21st, 2013.

scmp.com "Japan 'stole' Diaoyu Islands, China tells UN", September 28th, 2012.

Tiezzi, Shannon "Japanese Military Drill, Chinese Coast Guard Patrol Both Aim At Disputed Islands", *thediplomat.com*, January 14th, 2014.

INTERVIEWS & EMAILKORRESPONDENZ

Chung, Chien-Peng, Wissenschaftler, Email-Korrespondenz am 5. September 2014.

Yoshihara, Toshi, Wissenschaftler, Email-Korrespondenz am 7. Februar 2011.

Japanischer Regierungsvertreter, Interview am 8. April 2013 in Tokyo.

Japanischer Diplomat, Interview am 5. Juni 2014 in München.

Sebastian Balmes

Die rituelle Errettung der Murasaki Shikibu

Buddhistische Genji-Zeremonien und ihre Spuren in der japanischen Kulturgeschichte

Münchner Schriftenreihe Japanforschung, Bd. 1

2015; 172 Seiten; 17,80 EUR [D] zzgl. Versandkosten

ISSN 2199-6237
ISBN 978-3-89733-355-0

David Michael Malitz

Japanese-Siamese Relations from the Meiji Restoration to the End of World War II

Relations and Representations

Münchner Schriftenreihe Japanforschung, Bd. 2

2016; 418 Seiten; 29,80 EUR [D] zzgl. Versandkosten

ISSN 2199-6237
ISBN 978-3-89733-407-6